© Durand-Peyroles Prestations Éditoriales, 2018

Tous droits réservés. Le Code de la propriété intellectuelle interdit les copies ou reproductions destinées à une utilisation collective. Toute représentation ou reproduction intégrale ou partielle faite par quelque procédé que ce soit, sans le consentement de l'auteur ou de ses ayants droit, est illicite et constitue une contrefaçon sanctionnée par les articles L.335-2 et suivants du Code de la propriété intellectuelle.

ISBN-13 : 978-2-36688-070-0

Alexandre Olivier EXQUEMELIN
dit Oexmelin

HISTOIRE DES AVENTURIERS QUI SE SONT SIGNALÉS DANS LES INDES

Contenant ce qu'ils y ont fait de remarquable, avec la vie, les mœurs et les coutumes des boucaniers et des habitants de S. Domingue et de la Tortue...

~

À partir de l'édition de 1678 et suivantes,
texte complet entièrement révisée.

Durand-Peyroles
2018

Avant-propos

L'histoire de la Flibuste s'étend entre les XVIe et XVIIe siècles, période où les les puissantes nations européennes concrétisent leurs grandes conquêtes des Amériques. Principalement l'Espagne, qui a littéralement « pillé » les civilisations autochtones pour convoyer vers la mère patrie des tonnes de richesses, tout en colonisant et « christianisant » les populations locales.

Mais les autres nations européennes ne sont pas restées inactives durant cette conquête : Angleterre, France, Pays-Bas, Portugal… toutes ces nations se sont ruées vers cet *eldorado* aux ressources réputées infinies et prometteuses.

Tandis qu'en Europe même, les monarchies « absolues », ne laissant aux gens du peuple que peu de libertés et encore moins de richesses, et les conflits religieux autour de la Réforme combattue avec vigueur par l'Église de Rome, vont jeter des milliers d'aventuriers et d'exclus sur la *Route des Indes*, dans l'espoir d'y trouver une vie meilleure… .

Ces aventuriers sont de natures diverses : paysans sans espoir, bourgeois endettés, criminels en fuite, etc. Tous vont embarquer pour l'aventure et la recherche d'un idéal de liberté. Mais si quelques-uns vont vouloir s'établir « sagement » sur une terre pour l'exploiter, beaucoup d'autres vont s'enrichir en pillant sans vergogne les galions et les colonies espagnols… (et quelques autres vaisseaux au passage…)

Au premier regard, ce monde-là serait sans foi ni loi…

Mais les *Frères de la Coste* avaient établi entre eux une sorte de république libre, avec ses lois de justice et d'entraide. Ils n'avaient de compte à rendre à quiconque, et surtout pas à leurs rois ou à leurs églises, même si le sentiment religieux existait parmi certains, et que s'élevaient ici et là des églises ornées des trésors pillés dans les églises des colonies espagnoles.

Le monde de la Flibuste est violent, mouvant, libre... Il n'est guère étonnant que, plus tard, tout un courant littéraire où l'aspect « aventure, bravoure, loyauté, etc. » soit mis à l'honneur. Et, bien sûr, durant tout le XXe siècle, et même de nos jours, la fascination pour cette période intense est intacte. Nombre de films, de livres, de jeux, abordent le thème de la piraterie dans les mers des Caraïbes.

D'ailleurs, Pirate, Flibustier, Boucanier, Corsaire... que désignent vraiment ces noms souvent synonymes dans l'esprit commun ?

Eh bien, les réponses sont dans ce très précieux témoignage qui a été écrit par un contemporain, mainte fois traduit et publié à diverses époques, et que vous allez lire comme un vrai roman d'aventure.

L'auteur, lui-même, mériterait bien un roman ou un film à son sujet. Son texte demeure le plus complet sur le propos, le plus authentique, et vous aurez toutes les réponses à vos questions...

Cette nouvelle édition, totalement recomposée, en présente le texte complet.

Allez, maintenant, à l'abordage !

Frontispice de la première édition des *Boucaniers d'Amerique*, 1678

Sur la vie et les éditions d'Œxmelin

On ne sait à peu près rien de l'auteur de ce livre. Son nom même est incertain : les Hollandais l'appellent Exquemelin, les Espagnols et les Anglais Esquemeling, et les Français Œxmelin[1]. On l'a longtemps cru hollandais, mais une phrase du traducteur espagnol permet de le dire français[2].

Il était d'une naissance « peu considérable », ainsi que nous l'apprend le sieur de Frontignières qui le connut[3], et il avait entrepris à Paris des études de chirurgie et de médecine quand il s'embarqua au Havre, le 2 mai 1666, en qualité « d'engagé »[4] de la Compagnie française des Indes occidentales. Œxmelin garde le silence sur les événements qui donnèrent lieu à ce départ, et dont le récit, dit-il, ne pourrait qu'être ennuyeux pour le lecteur. Lui fallait-il expier quelque péché de jeunesse, ou bien se trouvait-il, au seuil de sa vingtième année, dans l'impérieuse obligation de gagner sa vie ?... Toutes les explications que nous pourrions donner ici ne seraient qu'hypothèses.

Arrivé à l'île de la Tortue le 7 juillet suivant, il fut aussitôt exposé en vente et acheté pour trente écus par M. de la Vie, ancien

---

1. De même son prénom est A. O. dans l'édition hollandaise, et Jean dans les éditions anglaise et espagnole. L'édition française traduit A. O. par Alexandre-Olivier. Il est à noter que W. von Archenholtz prénomme notre auteur Joseph dans sa *Geschichte der Flibustier* (Tübingen, 1803).
2. « J. Esquemeling, *Frances de Nation*, escrivió el año pasado è hizo imprimir en lengua flamenca... (*Los Piratas de la America*, Cologne, 1681. El traductor al lector, lign. 17-20) Cf. aussi ces trois passages de l'édition originale française « Quelques navires hollandais qui craignaient d'être attaqués par des frégates anglaises, parce qu'ils étaient en guerre *aussi bien que nous* (il s'agit des Français) avec cette nation » (éd. de 1686, T. I, p. 3) ; « De la Vie est allé en France et a osé aller chez mes parents leur dire qu'il m'avait fait tous les biens imaginables, dont ils l'ont remercié avec beaucoup d'honnêteté et de présents... » (1686, T. I, p. 192) ; et « Nous autres *Français*, nous sommes étonnés... » (Éd. de 1744, tome II, p. 238).
3. Préface de 1686 (f. b iij vo).
4. Serviteur pour trois ans, dans des conditions parfois très dures, proches de l'esclavage dans certains cas.

lieutenant général de l'île, qui venait d'être nommé commis général de la Compagnie. Ce « mauvais maître » condamna l'engagé à un dur esclavage. En vain celui-ci lui rappela qu'on lui avait donné le droit d'exercer « sa profession » ; il offrit même deux écus par jour pour que ce droit lui fût reconnu. La Vie n'en continua pas moins d'occuper Œxmelin aux choses « les plus serviles » ; il le privait de nourriture et interceptait les lettres de ses parents[5].

M. d'Ogeron, gouverneur de la Tortue, eut pitié de l'engagé et le recommanda à un chirurgien « célèbre dans le pays à cause d'une infinité de belles cures qu'il y avait faites ». Le chirurgien versa trente écus au commis général et garda Œxmelin auprès de lui. Quelque temps après, comme un vaisseau aventurier se préparait à aller en course, l'engagé demanda à son protecteur d'y monter. « Et c'est ainsi, dit-il, qu'il se trouva parmi les aventuriers[6]. »

Il s'associa à toutes leurs entreprises, pansant les blessés, soignant les malades et recueillant des observations curieuses sur la faune et la flore des régions qu'il parcourait. Tandis que les boucaniers font ripaille et méditent de nouvelles expéditions, il étudie le système circulatoire de la tortue et remarque que son cœur palpite très longtemps après qu'on l'a tuée. Il éprouve la vertu médicinale de petits reptiles que l'on nomme soldats, et découvre en l'huile d'olive un antidote certain contre l'empoisonnement par les poissons qui auront mangé les fruits du mancenillier. Il fait des autopsies, dissèque des yeux de lamantins et, poussé par une curiosité singulière, suce le lait d'une femelle de lamantin, qu'il trouve aussi bon que le lait de vache[7].

Mais l'intérêt de ces études ne compensait point pour Œxmelin les fatigues et les souffrances sans nombre, auxquelles le condamnait la vie aventureuse de ses compagnons. Au surplus, il ne s'était

---

5. Éd. de 1686, t. I, pp. 188-191.
6. Éd. de 1686, t. I, p. 192. Le récit de l'édition espagnole est beaucoup plus bref que le récit français. La Vie n'y est pas nommé ; il y est dit qu'Œxmelin resta un an au service du chirurgien et qu'il s'engagea à verser cent « pessos » à son maître pour son rachat, le jour qu'il le pourrait (éd. esp., pp. 18-19).
7. Ed. de 1686, t. I., pp. 121, 21, 23, 26, 135, 137.

jamais senti un goût très vif pour les combats[8]. Aussi saisit-il la première occasion qui se présenta de quitter « l'ordre inique des écumeurs de mer ». En 1672, deux navires d'Amsterdam relâchaient dans le golfe de Xagua pour réparer leur mâture fort endommagée par la tempête ; il monta à leur bord sans demander son congé[9].

Rentré en Europe, Œxmelin rédigea ses mémoires, qui parurent en hollandais à Amsterdam, en 1678. Il s'était évidemment fixé à Paris où sa condition résultait de quelque haut et bienfaisant patronage. À l'entendre célébrer le Prince, « supérieur à tous les autres en force, en équité et en grandeur d'âme, et dont toutes les entreprises ont été importantes à l'Église, glorieuses à lui-même et avantageuses à ses sujets », il est évident qu'il n'avait qu'à se louer de la munificence royale[10]. Mais il était d'humeur trop vagabonde pour demeurer longtemps en place. Jusqu'en 1686, il retourne trois fois en Amérique, tant avec les Hollandais qu'avec les Espagnols[11]. Il se rend en Palestine et visite le jardin de l'université de Leyde, dont il admire les bananiers[12].

Œxmelin connaissait la gloire. Des traductions de ses aventures avaient paru en allemand (1679), en espagnol (1681), en anglais (1684) et en français (1686). Le comte d'Estrées, vice-amiral et maréchal de France, dont l'escadre lui avait donné la chasse au large de Maracaïbo, le faisait mander et le priait de lui rendre compte des particularités de ses voyages[13]. Retourna-t-il en Amérique et prit-il part, avec les Français, à l'attaque de Carthagène qui eut lieu en 1697 ? Rien ne permet de l'affirmer. Nous ne savons pas davantage la date de sa mort, qu'Alfred de Lacaze, rédacteur de la *Biographie Hœfer-Didot*, place, sans prouver son assertion, après l'année 1707.

---

8. Édition de 1686, t. II, p. 245.
9. Éd. de 1686, t. II, p 311, et éd. esp., p. 19.
10. Éd. de 1686, dernier chapitre du tome II.
11. Éd. de 1686, t. II, p. 312.
12. Id., t. I, p. 87.
13. Préface de 1686.

Comme nous l'avons déjà dit, c'est en hollandais que le livre d'Œxmelin parut pour la première fois, sous la forme d'un in-quarto de 186 pages, orné de 4 portraits, de 6 figures et de deux cartes. On nous excusera d'en transcrire intégralement le titre, encore qu'il soit d'une longueur inusitée :

> *De Americaensche Zee-Roovers. Behelsende een pertinente en waerachtige Beschrijving van alle de voornaemste Rove-ryen, en onmenschlijcke wreedheden, die de Engelse en Franse Rovers, tegens de Spanjaerden in America gepleeght hebben. Verdeelt in drie deelen : Het Eerste Deel verhandelt hoe de Fransen op Hispanjola gekomen zijn, de aerdt van't Landt, Inwoonders, en hun manier van leven aldaer. Het Tweede Deel, de opkomst van de Rovers, hun regel en leven onder malkander, nevens verscheyde Roveryen aen de Spanjaerden gepleeght. Het Derde 't verbranden van de Stadt Panama, door d'Engelsche en Franse Rovers gedaen, nevens het geen de Schrijver op sijn Reys voorgevallen is. Hier achter is byge-voeght, Een korte verhandeling van de Macht en Rijkdommen, die de Koninck van Spanje, Karel de Tweede, in America heeft, nevens des selfs Inkomsten en Regering aldaer. Als mede een kort begrijp van alle de voornaemste Plaetsen in het selve gewest, ender Christen Potentaten behoorende. Beschreven door A. O. Exquemelin. Die self alle dese Roveryen, door noodt, bygewoont heeft. Met schoone Figuren, Kaerten, en Conterfeytsels, alle na't leven geteeckent, versien, t'Amster-dam, By Jan ten Hoorn, Boeckverkoper, over't Oude Heeren Logement.* ANNO 1678.[14]

L'édition originale de 1678 est d'une insigne rareté. Les traduc-teurs anglais et français du XVIIIe siècle en ignoraient l'existence. Rich et Ternaux-Compans n'en font aucune mention, et cependant Ternaux décrit beaucoup de livres hollandais d'une moindre

---

14. Cette édition fut réimprimée de façon très incorrecte, sous le titre : *His-torie der Boecaniers... Mit Figuuren...* t'Amsterdam, by Nicolaas ten Hoorn, 1700 (in-4°).

importance. Quant à Grinville, qui a entendu parler du texte hollandais, il se demande si ce texte a été imprimé ou bien est resté à l'état de manuscrit. Enfin, si nous consultons les notices consacrées par M. F. Muller aux livres hollandais relatifs à l'Amérique, nous y apprenons que le savant libraire d'Amsterdam n'a jamais rencontré que trois exemplaires de l'édition ten Hoorn [15].

En 1679 parut à Nuremberg une traduction allemande dont voici le titre :

> *Americanische Seeräuber. Beschreibung der grössesten durch die Französische und Englische Meer-Beuter, wider die Spanier in America verübten Raubery Grausamkeit... Durch A. O. Nürnberg, 1679 (In-12. Figures, cartes et portraits).*

Deux ans après, le libraire Laurent Struickman publiait à Cologne une traduction espagnole du livre d'Œxmelin. Le titre, dont nous donnons ci-dessous la transcription, omet le nom de l'auteur :

> *Piratas de la America, y luz à la defensa de las costas de Indias Occidentales. Dedicado à don Bernardino Antonio De Pardiñas Villar-de Francos, Cavallero del Orden de S. Tiago, Secretario del Exme. Sr. Duque de Medina-Cœli, en el empleo de Primer Ministro de su Magestad Catholica. Por el zelo y cuidado de don Antonio Freyre, Natural de la Inclyta Ciudad de la Coruña en el Reyno de Galicia, y Vezino de la Herculeä de Cadiz. Traducida de la lengua Flamenca en Española, por el Dor. Alonso de Buena-Maison, Español, Medico Practico en la Amplissima y Magnifica Ciudad de Amsterdam. Impresso en Colonia Agrippina, en Casa de Lorenzo Struickman. Año de 1681 (In-4, 28 ff. + 328 pp. + 2 ff. Figures, portraits et cartes copiées sur l'édition hollandaise)* [16].

---

15. Ces trois exemplaires ont été vendus à des amateurs américains.
16. Deux nouvelles éditions de cette traduction parurent, l'année suivante, chez le même libraire dans le format in-12. Une quatrième édition fut donnée à Madrid par Ramon Ruiz en 1793 (in-4°).

Une longue épître dédicatoire de D. Antonio Freyre, la préface de l'imprimeur hollandais V. Hoorn et une description en vers des îles de l'Atlantique par le capitaine D. Miguel de Barrios accompagnent un avis au lecteur, où le docteur Alonso de Buena-Maison, qui traduisit l'ouvrage, se plaint du mal extrême qu'il eut à faire passer du flamand en espagnol les discours « mal tissés » d'Œxmelin[17].

Traduite en anglais d'après la version du « praticien » espagnol d'Amsterdam, l'*Histoire des Avanturiers* parut pour la première fois à Londres en 1684, chez William Crook qui tenait boutique à l'enseigne du Dragon vert. On en trouvera ici le titre :

> *Bucaniers of America : Or, a true Account of the Most remarkable Assaults Committed of late years upon the Coasts of The West Indies, By the Bucaniers of Jamaica and Tortuga, Both English and French.* Wherein are contained more especially, *The Unparalleled Exploits of Sir Henry Morgan, our English Jamaican Hero, who sacked Puerto Velo, burnt Panama, etc. Written originally in Dutch, by John Esquemeling, one of the Bucaniers, who was present at those Tragedies ; and thence translated into Spanish, by Alonso de Bonne-maison, Doctor of Physick, and Practitioner at Amsterdam Now faitfully rendred into English. London : Printed for William Crooke, at the green Dragon, without Temple-bar 1684*[18].

L'édition originale française parut en 1686 chez Jacques Le Febvre à qui Christophe Journel, « imprimeur et marchand

---

17. La Historia, el merito de su Author (aunque la escriviò en hombre comun, muy noticioso, però mal trabados discursos, segun los mesmos Flamencos que la léen en su lengua lo dizen, y iô lo asseguro ; pues nadie leyendo mi Traduccion creerà el summo trabaxo que hé tenido en ponérla en el orden que està en idyoma Castellano)y las razones alegadas, me obligaron à emprehenderla... » (*El Traductor al Lector*, 3ᵉ alin.)

18. Voici la liste des réimpressions anglaises jusqu'à la fin du XVIIIᵉ siècle : London, Printed for Tho. Malthus, 1684 ; William Crooke, 1684 ; William Whitwood, 1695 ; Tho. Newborough, 1699 et 1704 (deux éditions sous cette date) ; Evans and Richardson, 1771 ; Evans, 1774 ; D. Midwinter, 1791. Dublin, Edward Exshaw, 1741. Glasgow, James Knox, 1772 et 1773.

libraire », avait cédé son privilège. Elle se compose de deux volumes in-12 dont voici la collation :

> *Histoire des avanturiers qui se sont signalez dans les Indes, contenant ce qu'ils ont fait de plus remarquable depuis vingt années. Avec La Vie, les Mœurs, les Coutumes des Habitans de Saint Domingue & de la Tortuë, & une Description exacte de ces lieux ; Où l'on voit L'établissement d'une Chambre des Comptes dans les Indes, & un Etat tiré de cette Chambre, des Offices tant Ecclesiastiques que Seculieres, où le Roy d'Espagne pourvoit, les Revenus qu'il tire de l'Amerique, & ce que les plus grands Princes de l'Europe y possèdent. Le tout enrichi de Cartes Geographiques & de Figures en Taille-douce. Par Alexandre Olivier Œxmelin.*
> Tome Premier. A Paris, chez Jacques le Febvre, au dernier pillier de la Grand'Salle, vis-à-vis les Requestes du Palais. M. DC LXXXVI. Avec privilege du Roy. (Tome premier : 15 ff. lim. + 342 pp. + 12 ff. n. ch. – frontispice gravé, 2 cartes et 3 figures ; Tome second : 3 ff. lim. + 384 pp. + 13 ff. – 1 carte et 1 figure.)

L'ouvrage est dédié au directeur de la Caisse des Consignations, en « reconnaissance de l'ardeur et de l'application » que ce personnage avait mis à rendre service au traducteur.

Une seconde édition parut en 1688 chez le même libraire. Sa collation est la suivante : Tome premier : 11 ff. lim + 248 pp + 8 ff. pour la table. Tome second : 3 ff. + 285 pp. + 17 pp. pour la table et le privilège[19].

La traduction française est due au sieur Jean de Frontignières, qui occupait en 1653 la charge de prévôt des maréchaux de Montfort l'Amaury, et qui avait déjà publié en 1684, chez Christophe Journel, les « Avertissements de Vincent de Lérins touchant les Nouveautés profanes de tous les hérétiques ». On a souvent

---

19. Une édition, datée de 1713, porte l'adresse suivante : « A Paris, et se vend à Bruxelles chez les T'Serstevens, Libraires et Imprimeurs. M.DCC.XIII. Avec approbation et privilège. » Elle n'est autre que l'édition de 1688, munie d'un nouveau titre.

prétendu que Frontignières n'avait fait que mettre en français la version anglaise. Il nous paraît plus vraisemblable qu'il ait pris pour modèle la version espagnole ; car il montre en vingt endroits qu'il savait cette langue, tandis que rien ne nous permet de penser qu'il entendît l'anglais. Cependant, si l'on compare à la version française le texte espagnol – ou le texte anglais qui n'est que l'exacte reproduction de l'espagnol –, on relève chez Frontignières de très nombreux passages et même des chapitres entiers qui ne figurent pas dans les versions antérieures. La précision des détails nouveaux – faits, dates et noms de personnages – nous interdit de les considérer comme des interpolations de l'éditeur. Il faut en conclure que Frontignières, qui connaissait Œxmelin comme cela ressort de la préface française, a réellement travaillé sur un manuscrit nouveau, écrit sans doute en français[20], et dont le texte était plus copieux que celui de l'originale hollandaise et des versions qui en dérivent. « Ce manuscrit, dit d'ailleurs Frontignières, était difficile à entendre, et encore plus à faire entendre aux autres, parce qu'il se rencontrait presque partout des endroits obscurs... Il a été nécessaire de changer les mauvaises expressions, de déterminer les sens suspendus et d'éclaircir les endroits obscurs. Car nous sommes dans un siècle où l'on veut que toutes choses frappent d'abord dans un ouvrage, sautent aux yeux et s'offrent d'elles-mêmes, où l'on ne voit que trop de gens qui ne veulent pas se donner la peine de chercher : aussi n'a-t-on rien oublié pour leur épargner cette peine... »

Une nouvelle édition, fort peu connue[21], parut en 1699 chez Jacques Le Febvre. En voici la collation :

> *Histoire des Avanturiers flibustiers qui se sont signalez dans les Indes. Contenant ce qu'ils y ont fait de remarquable. Avec*

---

20. À la page 18 de la préf. de 1686, on voit Œxmelin « traduire en notre langue » un manuscrit espagnol que publie Frontignières.

21. Nous remercions M. Chadenat de nous en avoir signalé un exemplaire dans la collection du prince Roland Bonaparte.

La Vie, les Mœurs et les Coutumes des Boucaniers, et des Habitans...
Nouvelle édition, Augmentée des Expeditions que les Flibustiers ont faites jusqu'à present, et des Cartes Geographiques des lieux où ils ont fait descente, avec les Plans des Villes et des Places dont ils se sont rendus maistres. || Tome Premier. || A Paris, chez Jacques le Febvre, rue de la Harpe, au Soleil d'Or, vis-à-vis la rue S. Severin. M. DC. XCIX. Avec privilege du Roy. (Tome premier : 8 ff. lim + 486 pp. ; Tome second : 2 ff. lim. + 537 pp + II pp. n. ch. pour la table. Cette édition contient un nouveau privilège daté du 18 décembre 1698.)

L'*Histoire des Avanturiers* y est « augmentée sur des mémoires que quelques-uns d'entre eux ont apportés. Ces mémoires contiennent la relation du naufrage de monsieur d'Ogeron à Puerlo-Rico[22], l'histoire du Capitaine Montauban[23], les expéditions de Campêche, de la Vera-Cruz, de Carthagène et les Courses de plusieurs capitaines flibustiers, dont la valeur est aussi connue en Europe quelle est estimée dans les Indes »[24].

Dans une épître « à Monsieur l'abbé Baudrand, protonotaire apostolique, prieur de Rouvres, du Neuf-Marché et de Gesseins », que l'on trouve en tête du premier volume, le sieur de Frontignières expose ce que le public doit à l'abbé au sujet de l' Histoire des Flibustiers : « L'Auteur donne cet ouvrage pour l'imprimer et se trouve en même temps obligé de retourner dans l'Amérique. Qui pouvait mieux que vous, Monsieur, faire exécuter ponctuellement ce dessein pendant son absence ? Vous y avez réussi, et le succès qu'il a eu n'est dû qu'à l'exactitude que l'on remarque dans ses Cartes de Géographie et à la fidélité de tout ce qu'il rapporte... »

Cette citation établit nettement que Frontignières avait trouvé en 1686 un collaborateur aussi dévoué que discret ; c'était cet abbé

---

22. Ce récit figurait déjà dans l'édition espagnole (pp. 312-320).
23. La relation du voyage du capitaine Montauban sur les côtes de Guinée avait déjà été imprimée en plaquette.
24. Préface de l'éd. de 1699.

Baudrand, « curieux des différentes religions des peuples superstitieux et qui n'épargnait rien afin de procurer leur conversion ».

Une nouvelle édition « corrigée » parut à Trévoux en 1744 ; elle reproduit le texte de 1699 à quelques corrections près [25].

Cette édition fut réimprimée page pour page, à Trévoux, en 1775.

Comme on l'a vu par cet exposé, il y a trois textes d'Œxmelin, très différents les uns des autres : l'édition hollandaise de 1678, l'édition française de 1686 et celle de 1699. C'est le texte de 1699 que nous avons choisi pour notre réimpression, bien qu'il soit probable qu'Œxmelin n'ait point collaboré à son établissement ; mais, ainsi que nous l'avons dit plus haut, il reproduit, en la complétant par de nouveaux chapitres, l'édition de 1686 qui fut préparée sous les yeux de l'auteur.

Il y aurait beaucoup à dire de la véracité d'Œxmelin. Le mieux est de laisser sur ce sujet la parole à Frontignières :

« Certainement on peut faire fond sur ce que dit cet auteur, d'autant plus qu'on sait qu'il y a beaucoup de personnes d'expérience qui ont voyagé dans les pays dont il parle. J'ai eu la même curiosité d'en consulter plusieurs, à mesure que j'ai trouvé des choses un peu extraordinaires dans sa relation, et dont lui-même ne voulait pas être cru sur sa parole ; et je dois rendre ce témoignage au public, que je ne leur en ai jamais proposé aucune, qu'ils ne m'aient assuré qu'elle était véritable ; et je puis dire que ce sont des gens à qui l'on ne saurait en faire accroire, parce qu'ils connaissent le pays à fond pour y avoir été longtemps, et qu'ils ont des correspondances certaines pour bien savoir ce qui s'y passe, maintenant qu'ils n'y sont plus.

« Parmi ceux à qui je communiquai ces mémoires, il s'en trouva quelques-uns qui furent ravis lorsqu'ils tombèrent sur la description de quelques pays où ils avaient été. Cette description leur

---

25. L'édition de Trévoux est en 4 volumes : les deux premiers tomes sont consacrés à Œxmelin, le troisième contient le *Voyage de Raveneau de Lussan*, et le quatrième, l'*Histoire des pirates anglois* de Johnson. Voici la collation des deux volumes d'Œxmelin : Tome premier : xii ff. + 394 pp. ; tome II : 428 pp.

semblait si juste, qu'ils s'imaginaient y être encore, et qu'on les y conduisait comme par la main. D'autres étaient surpris que cet auteur n'ait rien dit qui ne soit considérable, et qu'il n'ait rien dit que ce qu'il a vu ou que des personnes dignes de foi lui ont récité. Encore est-il aisé de remarquer que c'est avec de grandes circonspections qu'il rapporte ce qu'il a su de ces personnes, toutes croyables quelles puissent être, et qu'il écrit bien plus volontiers les choses qu'il a vues que celles qu'il a apprises, ayant grand soin par toute son histoire de distinguer les unes d'avec les autres, afin que le lecteur en puisse faire tel jugement qu'il lui plaira. »

Mais aucun des éloges que l'on vient de lire n'égale ce témoignage que décerna à Œxmelin le comte d'Estrées, vice-amiral de France : « Si tous ceux qui ont voyagé parlaient comme vous des pays et des choses qu'ils ont vues dans leurs voyages, on n'aurait que faire d'aller dans les lieux pour les connaître. »

Bertrand Guégan.

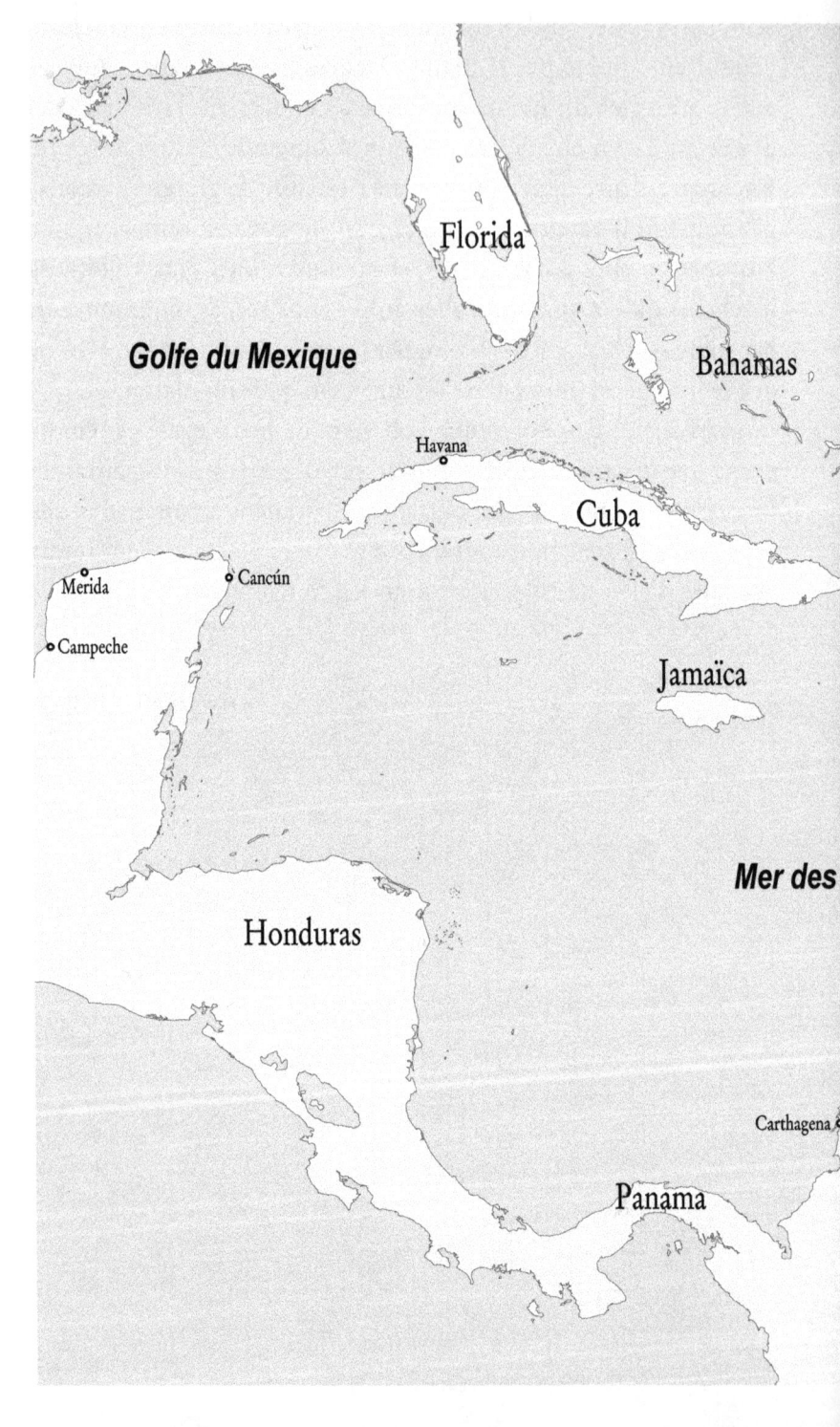

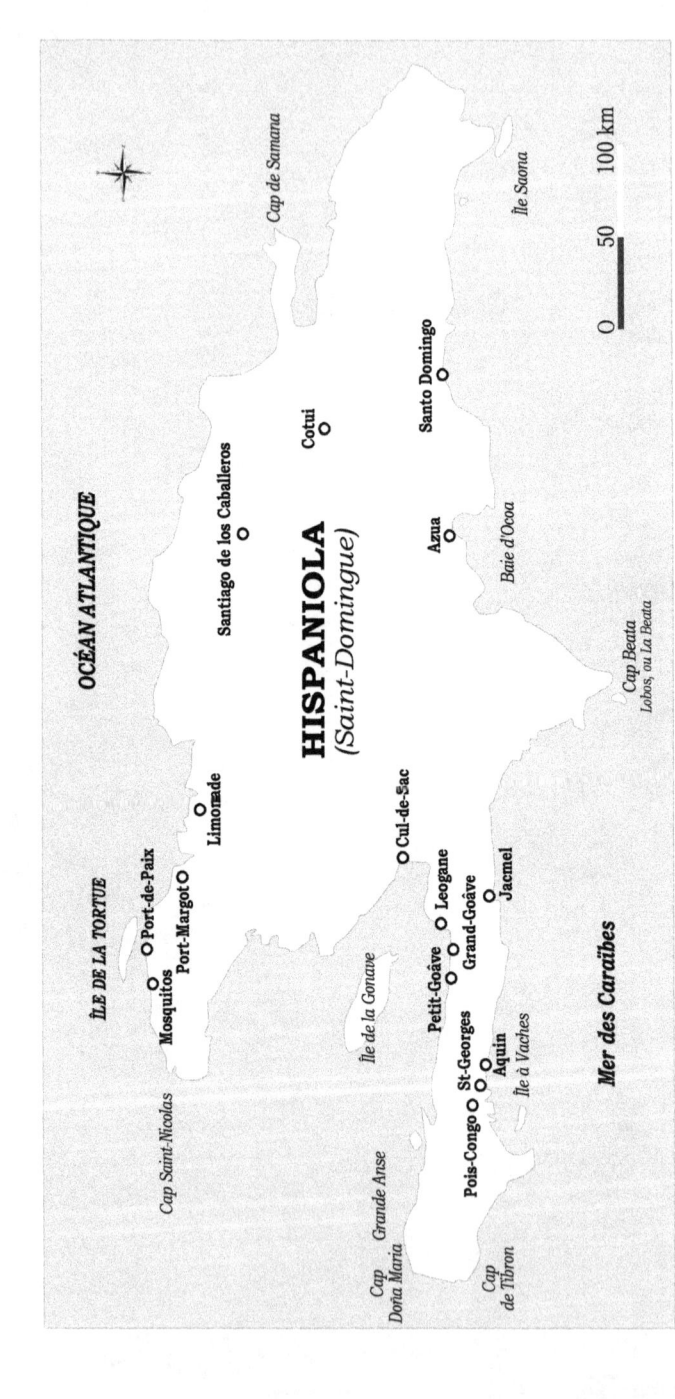

HISTOIRE DES AVENTURIERS QUI SE SONT SIGNALÉS DANS LES INDES

CHAPITRE PREMIER

Départ de l'auteur.
Ce qui lui est arrivé jusqu'à son débarquement
dans l'île de la Tortue.

Les voyageurs aiment naturellement à parler de ce qui leur est arrivé, surtout lorsqu'ils sont hors de danger, et qu'ils croient que leurs aventures méritent d'être sues. Je ne veux donc point dissimuler que je prends quelque plaisir à raconter ce qui s'est passé dans mon voyage. Peut-être même ne sera-t-on pas fâché de l'apprendre ; je tâcherai du moins d'en rendre la relation aussi agréable qu'elle est vraie.

Nous nous embarquâmes le 2 mai 1666 ; et le même jour, après avoir levé l'ancre de la rade du Havre-de-Grâce, nous allâmes mouiller à la Hogue, sous le cap de Barfleur. Nous étions dans le vaisseau *Saint-Jean*, qui appartenait à MM. de la Compagnie Occidentale, commandé par le capitaine Vincent Tillaye. Nous allâmes joindre le chevalier de Sourdis, qui commandait, pour le roi, le navire dit l'*Hermine*, monté de trente-six pièces de canon, avec ordre d'escorter plusieurs vaisseaux de la Compagnie qui allaient en divers endroits, les uns au Sénégal, en Afrique et aux Antilles de l'Amérique, les autres vers la Terre-Neuve.

Tous ces vaisseaux s'étaient joints aux nôtres, de peur d'être attaqués par quatre frégates anglaises qu'on avait vues croiser peu de jours auparavant. Quelques navires hollandais qui craignaient la même chose, parce qu'ils étaient en guerre aussi bien que nous avec les Anglais, en firent autant, après en avoir demandé la permission à M. de Sourdis ; et notre flotte, alors composée de quarante vaisseaux ou environ, fit voile le long de la côte de France.

Peu de jours après, nous passâmes le raz de Fonteneau, que l'on trouve au sortir de la Manche, et que les Français ont appelé ainsi du mot flamand *raz*, qui signifie une chose d'une grande vitesse. Le *raz* de Fonteneau est fort périlleux, parce que les courants y traversent un grand nombre de rochers qui ne se montrent qu'à fleur d'eau, et bien des navires s'y sont perdus. Le danger que l'on y court a donné lieu à une cérémonie particulière, que les mariniers de toutes sortes de nations pratiquent, non seulement dans cet endroit-là, mais encore lorsqu'ils passent sous les tropiques du Cancer et du Capricorne et sous la ligne équinoxiale. Voici le rite que les Français observent :

Le contre-maître du vaisseau s'habille grotesquement avec une longue robe, un bonnet sur la tête, et une fraise à son col, composée de poulies et de certaines boules de bois qu'on appelle sur mer pommes de raque. Il paraît le visage noirci, tenant d'une main un grand livre de cartes marines, et de l'autre un morceau de bois représentant un sabre. Le livre étant ouvert à l'endroit où la ligne est marquée, tous ceux qui sont dans le vaisseau mettent la main dessus, prêtent serment et déclarent s'ils ont passé sous cette ligne ou non. Ceux qui n'y ont jamais passé viennent s'agenouiller devant le contre-maître, qui leur donne de son sabre sur le col ; après quoi, on leur jette de l'eau en abondance, s'ils n'aiment mieux en être quittes moyennant quelques bouteilles de vin ou d'eau-de-vie. Ceux qui y ont déjà passé sont exempts de la peine. Personne ne peut éviter cette espèce d'initiation, pas même le capitaine ; et si le navire qu'il monte n'y a jamais passé, il est obligé de faire quelques largesses à l'équipage, sinon les matelots scieraient le devant, qu'on appelle le galion ou la poulaine ! Après cette cérémonie on boit la quantité de vin ou d'eau-de-vie que l'on a amassée, et on la distribue également à chacun des matelots.

 Les Hollandais s'y prennent d'une autre manière. L'écrivain du vaisseau apporte le rôle de tout l'équipage ; il appelle chacun par nom et prénom et demande à tous s'ils ont passé par là ou non. Dans le doute que quelqu'un ne dise pas la vérité, on lui fait manger du pain et du sel, ce qui est une espèce de serment pour affirmer qu'il y a passé. Ceux qui sont convaincus du contraire ont le choix de payer quinze sols, ou d'être attachés à une corde et guindés au bout de la grande vergue, ou d'être plongés trois fois dans la mer. On oblige un officier de vaisseau, quel qu'il soit, à payer trente sols. Si c'est un passager, ils en tirent le plus qu'ils peuvent. Il y a des marchands dont ils exigent quelquefois plus de cent écus ; et quand il se trouve des soldats, leur capitaine est obligé de payer pour eux. À l'égard des garçons au-dessous de quinze ans, ils les mettent sous des mannes d'osier et leur jettent plusieurs seaux d'eau sur le corps. Ils en font de même à tous les animaux qui sont dans le navire. L'argent qui provient de cette collecte est mis entre les mains du contre-maître, qui doit, au premier port, en acheter du vin qu'on partage à tout l'équipage. Les Hollandais ne font cette cérémonie qu'au passage du Raz et des Barlingots, rochers qui sont devant la rivière de Lisbonne en Portugal et encore à l'entrée de la mer Baltique, qu'ils nomment le Zund. Quand on demande aux mariniers pourquoi ils en usent ainsi, soit sous la Ligne, soit ailleurs, ils répondent que c'est une vieille coutume.

 Les Hollandais pensent pourtant que l'eau que l'on jette sur les personnes qui doivent passer la Ligne les garantit de plusieurs maladies qu'elles pourraient contracter par changement de climat. Mais cette raison me paraît très faible, puisqu'il n'est pas vrai que ceux qui ne se baignent pas sous la Ligne soient plus incommodés que ceux qui s'y baignent. Je crois plutôt que cet usage vient de ce que, tous les pays qui se trouvent sous la Ligne ayant été jusqu'alors estimés inhabitables par saint Augustin et par d'autres grands hommes, les premiers qui furent assez hardis pour y pénétrer, se voyant entrer comme dans un nouveau monde, firent une sorte d'allusion au baptême que les chrétiens donnent à leurs enfants nouveau-nés. En effet, on se sert encore du mot de *baptiser sous le Tropique*, pour désigner cette cérémonie.

Peut-être que cette observation paraîtra peu considérable à ceux qui ne sortent point de leur pays ; mais les voyageurs ne la regarderont pas de même. Aussi ne la fais-je que pour eux, comme beaucoup d'autres plus importantes, qu'ils pourront lire dans la suite ; car je juge moi-même que ceux qui voyagent ou qui ont dessein de voyager veulent être informés des choses par avance, afin de savoir à quoi s'en tenir quand elles arrivent et de n'en être point surpris.

Après que nous eûmes passé le raz de Fonteneau, une partie de la flotte nous quitta, et nous nous trouvâmes réduits à sept vaisseaux qui faisaient la même route. En peu de jours, nous fûmes conduits, par un vent favorable, jusqu'au cap Finisterre, où est la pointe septentrionale de l'Espagne. Il fut ainsi nommé par César, qui, après avoir conquis toutes les Espagnes et être enfin arrivé à ce cap, y borna ses conquêtes en disant qu'il était venu aux extrémités de la terre.

Là, nous fûmes surpris par une furieuse tempête. Dans cette extrémité, je vis un effet sensible de ces paroles de saint Paul, que « pour apprendre à prier, il faut aller sur la mer. » Chacun avait recours aux prières, et je ne fus pas des derniers.

La tempête dura deux jours ; après quoi, la mer se calma, le vent devint bon, et nous poursuivîmes notre route à toutes voiles ;

cependant, les navires qui étaient avec nous s'écartèrent tellement, que nous demeurâmes seuls. Quand nous fûmes à deux cents lieues des Antilles, nous rencontrâmes un vaisseau anglais, contre lequel nous nous battîmes quatre heures de temps : les boucaniers qui étaient dans notre bord voulaient l'accrocher, mais notre capitaine le défendit.

Nous étions pour lors réduits à un demi-setier d'eau par jour. Peu de temps après, nous arrivâmes à la vue des Antilles, et la première île que nous aperçûmes fut celle de Sancta-Lucia. Nous voulions aller à la Martinique, mais comme nous étions trop bas, et que le vent et le courant ne nous permettaient pas d'y aborder, nous fîmes route vers la Guadeloupe, où nous ne pûmes arriver, non plus qu'à la Martinique. Enfin, quatre jours après, nous arrivâmes à l'île Hispaniola, que les Français nomment Saint-Domingue, et les Espagnols Santo-Domingo, arrivée qui nous combla de joie, car il n'y avait personne de nous qui ne fût extrêmement incommodé de la soif et des fatigues de la mer. Le premier jour, nous mouillâmes au port Margot, où M. d'Ogeron, gouverneur de la Tortue, l'île voisine, avait une belle habitation.

Aussitôt vint à nous un canot où il y avait six hommes, qui causèrent assez d'étonnement à la plupart de nos Français qui n'étaient jamais sortis de France. Ils n'avaient pour tout habillement qu'une petite casaque de toile et un caleçon qui ne leur venait qu'à la moitié de la cuisse. Il fallait les regarder de près pour savoir si ce vêtement était de toile ou non, tant il était imbu de sang. Ils étaient basanés ; quelques-uns avaient les cheveux hérissés, d'autres noués ; tous avaient la barbe longue et portaient à leur ceinture un étui de peau de crocodile, dans lequel étaient quatre couteaux avec une baïonnette. Nous sûmes que c'étaient des boucaniers. J'en ferai, dans la suite, une description particulière, parce que je l'ai été moi-même.

Ceux-ci nous apportèrent trois sangliers, qui suffirent à tout ce que nous étions de monde sur le vaisseau, et en récompense nous les régalâmes d'eau-de-vie. Les habitants vinrent aussi à notre bord, et nous présentèrent toutes sortes de fruits pour nous rafraîchir. Notre chaloupe alla à terre quérir de l'eau. Tout cela nous remit tellement que, dès le soir même, nous cessâmes de faire des réflexions sur les incommodités de la faim et de la soif que nous avions souffertes sur la route.

Le lendemain matin, à la pointe du jour, nous fîmes voile pour l'île de la Tortue, dont nous n'étions qu'à sept lieues. Nous y mouillâmes l'ancre sur le midi, septième jour de juillet 1666. Dès que nous eûmes salué le fort avec sept coups de canon, et que notre navire fut en parage, nous descendîmes à terre et allâmes saluer M. le Gouverneur, qui nous attendait au bord de la mer avec les principaux habitants de l'île. Il nous reçut très bien, et de ce premier jour j'eus le bonheur de recevoir des marques de la grande bonté qu'il a continué de me montrer dans les occasions où il a pu me faire du bien, comme je le ferai voir dans la suite. Tous ceux qui, comme moi, étaient engagés dans la Compagnie furent conduits au magasin du commis général, à qui le capitaine du vaisseau apporta les paquets qui contenaient les ordres. On nous donna deux jours pour nous rafraîchir et nous promener dans l'île, en attendant qu'on eût déterminé à quoi on nous emploierait. Les paquets furent ouverts, et on trouva que la Compagnie déposait le sieur Le Gris, commis général, et qu'elle donnait sa commission au sieur de la Vie, qui était lieutenant général dans l'île, avec ordre de renvoyer le sieur Le Gris en France, y rendre ses comptes.

Le temps qu'on nous avait donné étant expiré, on nous exposa en vente aux habitants. Nous fûmes vendus chacun trente écus, que l'on payait à la Compagnie : elle nous obligeait à servir trois ans pour cette somme, et pendant ce temps-là, nos maîtres pouvaient disposer de nous à leur gré, et nous employer à ce qu'ils voulaient. Je ne dis rien de ce qui a donné lieu à mon embarquement, suivi d'un si fâcheux esclavage : ce serait un discours hors de propos. M. le Gouverneur avait dessein de m'acheter pour me renvoyer en France, voyant bien à mon visage que si je rencontrais un mauvais maître, je ne résisterais jamais aux fatigues du pays ;

mais le sieur de la Vie m'avait déjà retenu ; ils eurent quelque différend là-dessus ; cependant, je demeurai à ce méchant maître : je puis bien lui donner ce nom, après ce qu'il m'a fait souffrir. Je rapporterai la manière dont il en a agi avec moi, quand je parlerai du traitement que les habitants ont coutume de faire subir à leurs domestiques.

Disons auparavant un mot de l'île de la Tortue et de la manière dont les Français y ont établi leur colonie.

CHAPITRE II

Description de la Tortue.

L'île de la Tortue, ainsi nommée parce qu'elle a la figure d'une tortue, est située sous le 20ᵉ degré, 30 à 40 minutes au nord de la ligne équinoxiale, et peut avoir seize lieues de tour. Elle n'est accessible que du côté du midi, par un canal large de deux lieues, qui la sépare de l'île de Saint-Domingue, où elle a un assez bon port. On y est à l'abri de tous les vents, qui ne sont jamais violents dans ces quartiers ; elle n'a aucun port que celui-là qui puisse servir d'abri aux navires ; elle est toute environnée de grands rochers, que les habitants nomment côtes de fer. Elle a quelques anses de sable aux quartiers habitables des rivages, mais on n'y peut aborder qu'avec des chaloupes : son havre est commandé par un fort d'une très bonne défense. Au bord de la mer on voit une batterie de canon qui donne aussi dans le havre. Il n'y a qu'un petit bourg qu'on nomme la Basse-Terre où sont les magasins des habitants et des gargotiers qui demeurent devant le port.

M. Blondel, ingénieur du roi, étant en 1667 aux Antilles, descendit à la Tortue, et traça un plan pour y construire un nouveau fort ; mais il paraît qu'on n'a pas bien exécuté son dessin, car on n'en a bâti que la tour qui ressemble mieux à un colombier qu'à la tour d'une forteresse. Il y a dans cette île six quartiers habités, savoir : la Basse-Terre, Cayonne, la Montagne, le Ringot et la Pointe-au-Maçon. On pourrait encore en habiter un septième qu'on nomme le Capsterre, dont la terre est assez bonne, mais on n'y trouve point d'eau ; et en général il y en a peu dans l'île, excepté quelques sources où les habitants vont puiser ; ce qui les oblige à ramasser l'eau de la pluie. Ainsi le Père du Tertre paraît mal informé, lorsque décrivant l'île de la Tortue dans la première partie de son *Histoire des Antilles*, il dit que cette île est arrosée de quantité de rivières.

Le terrain en est bon et fertile aux endroits où elle est habitée. Il s'y trouve quatre sortes de terres, et il y en a de rouge et de grise, dont on ferait d'aussi beaux vases que ceux qui nous viennent de Gênes. Toutes les montagnes y sont d'une espèce de roche aussi dure que le marbre, et cependant elles produisent des arbres aussi gros et aussi grands que nos plus belles forêts d'Europe. Leurs racines, qui sont toutes découvertes, se cramponnent dans les cavités que forme l'inégalité des rochers. Ils sont extrêmement secs de leur naturel, en sorte que lorsqu'ils sont coupés, ils se fendent au soleil en plusieurs éclats, et que ce bois n'est bon qu'à brûler.

On trouve dans l'île de la Tortue tous les fruits qui nous viennent des Antilles ; on y fait d'excellent tabac, qui surpasse en bonté celui de toutes les autres îles. Les cannes à sucre y viennent d'une grosseur extraordinaire et y sont plus sucrées qu'ailleurs, c'est-à-dire qu'elles sont moins aqueuses. Il y croît plusieurs arbres et plantes médicinaux. Il y a peu de chasse ; les seules bêtes à quatre pieds que l'on y voit sont des sangliers, qu'on y a apportés de la Grande-Île, et qui y ont assez multiplié. Mais, par une ordonnance de M. d'Ogeron, qui en était gouverneur de mon temps, il est défendu de chasser avec des chiens, pour ne pas faire une trop grande destruction de ces animaux, en sorte que, dans la nécessité, les habitants puissent s'en nourrir. On permet seulement d'aller à l'affût.

Il est surprenant de voir combien de fois l'île de la Tortue a été reprise et reperdue, tantôt occupée par les Espagnols, tantôt par les Français qui, enfin, en sont demeurés les maîtres. Les aventuriers ont trop de part dans toutes ces différentes expéditions, et dans l'établissement de la colonie dont cette île est aujourd'hui peuplée, pour n'en pas faire l'histoire sans interruption. Il est nécessaire de la reprendre de plus haut. Je crois que le récit n'en sera pas désagréable.

CHAPITRE III

Établissement d'une colonie française dans l'île de la Tortue. — Les Français, chassés par les Espagnols, y reviennent. — Après divers changements, ils en demeurent les maîtres.

Les Français, ayant établi une colonie dans l'île de Saint-Christophe, commençaient d'en recueillir les fruits, lorsque les Espagnols interrompirent leurs progrès par plusieurs descentes qu'ils y firent en allant à la Nouvelle-Espagne. Ces traverses les obligèrent presque tous à suivre les Zélandais, qui faisaient des courses sur les Espagnols et qui remportaient de riches prises sur eux. Ils y réussirent si bien, que le bruit en vint en France, et que plusieurs aventuriers de Dieppe équipèrent, à dessein d'y faire fortune. Ils furent heureux dans toutes leurs entreprises ; mais comme les îles de Saint-Christophe, où ils amenaient leur butin, étaient trop éloignées, et qu'il leur fallait deux ou trois mois pour y remonter, à cause des vents et des courants contraires, ils résolurent de chercher un lieu plus commode, sans autre dessein que de s'y retirer. Quelques-uns d'entre eux allèrent à Saint-Domingue pour sonder s'ils ne trouveraient pas aux environs quelque petite île où ils pussent se réfugier en sûreté.

Les Espagnols, ayant considéré que la Tortue pourrait un jour servir de retraite à de telles gens, s'en étaient déjà emparés, et y avaient mis un *alferez*[26] avec vingt-cinq hommes. Comme ceux-ci s'ennuyaient de se voir éloignés du passage des Espagnols, qui ne s'empressaient pas de leur apporter leurs nécessités, les aventuriers français n'eurent pas de peine à les faire sortir de là, et s'étant rendus les maîtres de l'île, ils délibérèrent entre eux de quelle manière ils s'y établiraient.

Quelques-uns, voyant des habitations commencées, et la commodité qu'ils recevraient de la Grande-Ile, d'où ils pourraient tirer de la viande quand ils voudraient, avantage qui leur manquait à Saint-Christophe, résolurent de se fixer dans celle de la Tortue, et jurèrent à leurs compagnons qu'ils ne les abandonneraient pas. La moitié de ceux-ci alla à Saint-Domingue tuer des bœufs et des porcs, pour en saler la viande, afin de nourrir les autres qui travaillaient à rendre l'île habitable. On assura ceux qui allaient en mer, que, toutes les fois qu'ils reviendraient de course, on leur fournirait de la viande.

Voilà donc nos aventuriers divisés en trois bandes :

Ceux qui s'adonnèrent à la chasse, prirent le nom de *boucaniers* ;

Ceux qui préféraient la « course », s'appelèrent *flibustiers*, du mot anglais « flibuster » qui signifie corsaire ;

Ceux qui s'appliquèrent au travail de la terre retinrent le nom d'*habitants*.

Les habitants qui étaient en fort petit nombre, ne laissèrent pas de demeurer possesseurs de l'île, sans qu'on pût les en empêcher. Quelques Anglais, qui se présentèrent pour augmenter le nombre, furent très bien reçus. Il vint des navires de France traiter avec eux ; les flibustiers apportaient dans l'île un butin considérable, et les boucaniers, des cuirs de bœuf ; en sorte que les navires qui

---

26. Chevalier.

y négociaient, trouvaient leur compte, et remportaient la valeur de leur cargaison, non seulement en cuirs, mais encore en tabac, en pièces de huit et en argenterie.

L'accroissement de cette colonie ne pouvait être que très préjudiciable aux Espagnols ; ils résolurent de reprendre la Tortue. La chose ne leur fut pas difficile, car les aventuriers, n'ayant encore été inquiétés par aucune nation, ne s'étaient point précautionnés pour se défendre.

Les Espagnols prirent donc le temps que les boucaniers étaient à la chasse sur la Grande-Ile et les aventuriers en mer. Un petit nombre d'habitants, peu capables de résistance, ne put tenir contre la flotte des Indes d'Espagne ; le général lui-même, à la tête d'un grand nombre de soldats, fit descente à la Tortue ; il passa au fil de l'épée tous ceux qu'il put joindre, fit pendre les autres qui vinrent à lui, et se mit ainsi en possession de l'île, cependant qu'à la faveur de la nuit une bonne partie des habitants se sauvaient dans les canots.

Après cette expédition, le général espagnol retourna à Saint-Domingue, sans mettre de garnison dans la Tortue ; et comme il y avait dans cette Grande-Ile quantité de boucaniers qui détruisaient tout le bétail, il ordonna qu'on levât quelques compagnies de gens de guerre pour s'en défaire. Ces compagnies furent appelées cinquantaines, et les Espagnols les ont entretenues jusqu'à présent.

La flotte d'Espagne étant partie, les fugitifs de la Tortue se rassemblèrent et se remirent en possession de l'île, sous la conduite d'un capitaine anglais nommé Villis.

Peu après, un aventurier français y arriva ; le changement qu'il trouva ne lui plut pas ; il voyait à regret les Anglais maîtres de l'île, et craignait qu'ils ne fissent là comme à Saint-Christophe, d'où ils voulurent chasser les Français quand ils se sentirent les plus forts. Il partit donc sans rien dire, et alla à Saint-Christophe trouver M. le chevalier de Poincy, qui y commandait en qualité de général, au nom de l'Ordre de Malte. Il lui donna avis de ce qui se passait à la

Tortue, et lui fit connaître les avantages qu'il tirerait de cette île, s'il en chassait les Anglais. Il l'assura que leur chef était sans aveu, et que les Français, lassés d'être sous la domination anglaise, ne manqueraient pas de prendre les armes en sa faveur en cas que cette nation voulût faire résistance.

M. de Poincy reçut cet avis comme il devait, et en fit l'ouverture à M. Le Vasseur, nouvellement arrivé de France. Personne n'était dans cette île plus capable que lui d'une telle entreprise ; car non seulement il était homme d'esprit et de cœur, bon ingénieur et bon capitaine, mais il avait encore une connaissance toute particulière des îles de l'Amérique. Et comme il ne manquait pas de pénétration, il reconnut bientôt que cette expédition lui serait avantageuse ; il se disposa donc promptement à partir.

La convention portait que Le Vasseur irait prendre possession de l'île de la Tortue et en serait gouverneur au nom de M. de Poincy, et que pour cela ils payeraient chacun par moitié les dépenses nécessaires. M. de Poincy lui promit d'en faire les avances et de lui fournir tout ce dont il aurait besoin. Cet accord étant conclu, M. Le Vasseur amassa quarante hommes de la religion protestante comme lui, les fit embarquer, et, après avoir pris des vivres autant qu'il lui en fallait, il partit de Saint-Christophe pour l'île de Saint-Domingue où, en peu de jours, il vint mouiller l'ancre au port Margot, dont j'ai déjà parlé, au nord de l'île, à environ sept lieues de la Tortue. Dès qu'il fut arrivé, il s'informa en quel état était la Tortue, et assembla environ quarante boucaniers français, à qui il découvrit son dessein, leur proposant de se mettre de la partie ; ce que ceux-ci ne refusèrent point. Après avoir pris ses mesures, s'être assuré de ses boucaniers, il descendit à la Tortue, vers la fin du mois d'août 1640.

Lorsqu'il fut à terre, il fit dire au gouverneur anglais qu'il était venu pour venger l'affront que sa nation avait fait aux Français, et que si en vingt-quatre heures il ne sortait avec son monde, il mettrait tout à feu et à sang. Les Anglais, voyant que la partie n'était pas égale, jugèrent à propos de se retirer. À l'heure même, ils s'embarquèrent assez confusément dans un vaisseau qui était à la rade, et partirent sans oser rien entreprendre pour la défense de l'île. À la vérité, quand ils auraient voulu, ils n'auraient rien pu faire ; car dès le moment que les Français qui étaient avec eux virent arriver M. Le Vasseur, ils tournèrent les armes contre les Anglais, mirent tout au pillage et les obligèrent ainsi de leur côté à partir avec précipitation.

  M. Le Vasseur, devenu maître de la Tortue sans répandre une goutte de sang, fit voir sa commission aux habitants qui le reçurent très bien. Il visita l'île afin d'observer les lieux qui auraient besoin de fortification, car il avait envie de se garantir mieux des attaques des Espagnols que ceux qui avaient été comme lui en possession de l'île. Il remarqua qu'elle était inaccessible de tous côtés, excepté du côté du sud, où il trouva bon de bâtir un fort ; il choisit pour cela le lieu le plus commode du monde, et qui n'avait pas besoin de grande dépense, étant fortifié naturellement. Ce lieu était sur une montagne éloignée environ de six cents pas de la rade qu'elle pouvait commander. Sur cette montagne était une roche de quatre à cinq toises de hauteur, et dont la plate-forme contenait un espace de vingt-cinq à trente pas en carré ; et à dix ou douze pas de là sortait de terre une source d'eau douce, grosse comme le bras. Ce fut là que M. Le Vasseur fit bâtir une maison pour y établir sa demeure. On y montait d'abord par dix ou douze marches qu'il avait fait tailler dans le roc ; mais on ne pouvait y arriver qu'au moyen d'une échelle de fer que l'on tirait en haut, quand on était monté. Il fortifia cette maison de deux pièces de canon de fonte et de deux de fer. Il fit, outre cela, environner le roc de bonnes murailles, et se trouva, par ce moyen, en état de résister à toutes les forces que les ennemis pourraient lui opposer. En effet, ce lieu était entouré de halliers, de grands bois et de précipices qui le rendaient inaccessible, et n'avait qu'une seule avenue, où on ne pouvait passer plus de trois hommes de front. Ce fort, à cause de sa situation, fut nommé le fort de la Roche, et il porte encore aujourd'hui ce nom.

Les peuples des îles voisines, voyant que M. Le Vasseur avait mis la Tortue en état de se défendre, y vinrent avec plus de courage et de résolution que jamais. On y vit renaître les aventuriers ou flibustiers, les boucaniers, et un nouveau peuple d'habitants qui se mirent sous la protection du nouveau gouverneur. Ils n'ambitionnaient que la faveur d'être du nombre des siens ; il la leur accordait volontiers, et leur promettait toute sorte de secours.

Les Espagnols, avertis de cette seconde entreprise des Français, résolurent de les chasser une seconde fois de la Tortue. Dans ce dessein, ils équipèrent à Saint-Domingue six navires ou barques, sur lesquelles ils mirent cinq à six cents soldats sous la conduite de Don B. D. M.

Avec cet équipage, ils vinrent mouiller l'ancre devant le fort, ne sachant pas qu'il y en eût un, et ils en furent bientôt avertis par quelques coups de canon qui les obligèrent de se retirer promptement.

Cependant, ils ne perdirent pas courage ; ils allèrent mouiller deux lieues plus bas, à un lieu nommé Cayonne, où ils mirent leurs gens à terre ; mais ils furent contraints d'abandonner leur entreprise avec perte de plus de deux cents hommes, car les habitants qui s'étaient retirés dans le fort, firent sur eux une sortie vigoureuse, et les repoussèrent jusqu'à leurs vaisseaux. M. Le Vasseur, après cette victoire, reçut de grands applaudissements de tous les habitants : ils lui témoignèrent avec joie combien ils s'estimaient heureux de se voir sous la conduite d'un homme qui les avait mis à couvert des insultes de leurs ennemis.

Le bruit de cette action parvint jusqu'à M. de Poincy qui était à Saint-Christophe, il en fut réjoui ; néanmoins, comme il craignait que quand M. Le Vasseur en serait venu au point qu'on ne pourrait lui nuire dans son île, il ne s'en rendît le maître absolu et qu'il n'exécutât pas le contrat passé entre eux, il envoya deux de ses parents pour l'observer, sous prétexte de se réjouir avec lui de sa victoire et de se ménager une habitation à la Tortue. M. Le Vasseur, qui était fin et subtil, vit d'abord où cette démarche tendait.

Il reçut fort bien ces deux messieurs, leur fit mille amitiés, mais il les obligea adroitement de quitter l'île et de retourner à Saint-Christophe.

Ce nouveau gouverneur, se voyant considéré de tout le monde, crut que sa fortune était parfaitement établie, et que dorénavant il pourrait en profiter sans rien craindre. Il commença donc par maltraiter ces habitants, tirant plus de tribut d'eux qu'ils n'en pouvaient payer ; pour les y contraindre, il les faisait mettre en prison dans une machine de fer, où on les tourmentait si cruellement, qu'elle en tira le nom d'enfer. Il alla même jusqu'à leur interdire l'exercice de la religion catholique, à brûler leurs églises, et chassa un prêtre qu'ils avaient pour les instruire et pour leur administrer les sacrements.

M. de Poincy, étant averti de toutes ces violences, tâcha de le tirer de là par de belles promesses, et il lui fit faire des propositions avantageuses, mais le gouverneur était trop habile pour ne pas voir où tendaient ces pièges ; il sut toujours les éviter, sans donner sujet à M. de Poincy de se plaindre de lui. Une fois cependant il s'en moqua assez ouvertement. Sur la prière que lui fit M. de Poincy de lui envoyer une grande Notre-Dame d'argent qui avait été prise dans un navire espagnol, il lui en envoya une de bois de la même grandeur en lui marquant que les catholiques étaient trop spirituels pour s'attacher à la matière, et que pour lui, il aimait un peu le métal. La plaisanterie ne plut guère à M. de Poincy, qui n'était pas accoutumé à se laisser jouer impunément. En effet, il était aussi intelligent que politique, et sévère jusqu'à l'excès envers les gens de mauvaise foi ; il est étonnant que M. Le Vasseur l'ait si peu ménagé. Mais peut-être se croyait-il assez fort pour lui résister et trop éloigné pour le craindre.

Pendant que le sieur Le Vasseur gouvernait en souverain, deux de ses meilleurs amis conspiraient sa mort. C'était deux capitaines qu'on disait être ses compagnons de fortune ; quelques-uns ont dit qu'ils étaient ses neveux. Quoiqu'il en soit, il les aimait tellement, que n'ayant point d'enfants, il les adopta pour ses fils et les déclara ses héritiers. On croit que le sujet de cette conspiration fut une maîtresse que M. Le Vasseur leur avait ravie. Enfin ils vinrent à l'exécution, persuadés que les habitants leur seraient bien obligés de les avoir délivrés d'un tyran et qu'après cet assassinat, ils posséderaient ses biens et gouverneraient paisiblement dans l'île.

Un jour donc que le sieur Le Vasseur descendait de la Roche pour aller au bord de la mer visiter un magasin qu'il y avait, comme il était sur le point d'entrer, un de ces assassins lui tira un coup de fusil dont il ne fut que légèrement blessé. Il courut à un nègre qui portait son épée, mais l'autre assassin, nommé Thibaut, le prévint. Il se retourna vers celui-ci pour parer avec le bras un coup de poignard qu'on lui portait, et l'ayant reconnu, il s'écria comme autrefois César à Brutus : « C'est donc toi, mon fils, qui m'assassines ! » Puis, se sentant frappé de plusieurs coups redoublés : « Ah ! C'en est trop ! dit-il ; qu'on me fasse venir un prêtre, je veux mourir catholique. » Il tomba mort en achevant ces paroles.

CHAPITRE IV

Le chevalier de Fontenay prend possession du gouvernement de la Tortue au nom du général des Antilles : il en est chassé par les Espagnols. — Les boucaniers la reprennent, établissent M. du Rosay leur gouverneur. — Sa mort. — Son neveu lui succède.

Pendant que cette sanglante tragédie se jouait à la Tortue, M. de Poincy, lassé de se voir ainsi trompé par le sieur Le Vasseur, qui s'était servi de ses biens et de son autorité pour se mettre en possession de l'île, sans lui avoir rendu compte de rien, ni même témoigné qu'il dépendît de lui, ne songeait plus qu'aux moyens de l'en chasser. Il n'en trouva pas de meilleur pour y réussir, que de se servir du chevalier de Fontenay, nouvellement arrivé de France dans une frégate, pour faire des courses sur les Espagnols. Il lui déclara donc son dessein et lui recommanda le secret, l'assurant qu'il ne manquerait ni d'hommes ni de munitions pour l'exécution de son entreprise. Le chevalier, qui n'était venu que dans l'intention de faire fortune, accepta avec joie la proposition, quoique le succès en fût douteux ; car si le sieur Le Vasseur, encore en vie, eût eu le moindre soupçon de cette affaire, toutes les forces du général de Poincy ne l'eussent pas tiré de la Roche.

Pendant que ce général faisait préparer en secret les choses nécessaires pour la prise de la Tortue, le chevalier de Fontenay partit avec son vaisseau, faisant mine d'aller croiser devant Carthagène, ville espagnole, afin que personne ne se doutât de son dessein. Mais le sieur de Tréval, neveu du général, qui était secrètement de la partie, et à qui il avait donné rendez-vous, devait commander un bâtiment chargé de munitions et de gens de guerre.

Ces deux gentilshommes s'étant trouvés au rendez-vous, qui était au port de Paix de l'île de Saint-Domingue, à douze lieues du port de la Tortue, apprirent la mort du sieur Le Vasseur, et la manière dont il avait été assassiné. Ils ne laissèrent pas de conclure entre eux qu'il fallait vaincre ou mourir, plutôt que de retourner à Saint-Christophe, prévoyant bien que les deux meurtriers, qui ne devaient espérer aucune grâce, les recevraient en braves gens et se défendraient en désespérés. Ils allèrent donc mouiller l'ancre à la rade de la Tortue, où ils furent reçus comme les Espagnols l'avaient été peu de temps auparavant ; en sorte qu'ils furent contraints de lever l'ancre et d'aller mouiller à Cayonne, où ils mirent cinq cents hommes à terre, après avoir disposé leur canon pour favoriser la descente, si on eût voulu s'y opposer.

Les deux assassins étaient résolus de se bien défendre ; mais les habitants, n'ayant pas voulu les soutenir, ils capitulèrent, et promirent de rendre l'île aux sieurs Fontenay et de Tréval, à condition qu'on ne les inquiéterait point au sujet de la mort du sieur Le Vasseur, et qu'on les laisserait en possession des biens qu'il leur avait donnés par un testament qu'on trouva après sa mort. Cette condition ayant été acceptée, le chevalier de Fontenay demeura maître de l'île et de la forteresse.

Elle reprit bientôt son état florissant ; la religion catholique et le négoce y furent rétablis. Le chevalier remit sur pied le fort qui était tombé en ruine ; il y ajouta deux bons bastions, fit faire une plate-forme, et mit six pièces de canon en batterie, qui défendaient l'abord des ennemis à la rade. Les aventuriers revinrent à la Tortue plus fréquemment et en plus grand nombre qu'auparavant ; le chevalier les traita bien, car il était aventurier lui-même, mais d'une autre espèce que les autres, ayant fait pendant toute sa jeunesse des courses continuelles avec les chevaliers de Malte. C'est pourquoi il aimait à équiper des vaisseaux, qu'il employait à de grandes entreprises.

Les boucaniers revinrent aussi à la Tortue, qui se vit ainsi plus peuplée qu'elle ne l'avait encore été, et la bonne intelligence qui régna entre les uns et les autres causa beaucoup de dommages aux Espagnols ; car les aventuriers n'avaient pas plutôt fait une prise, qu'au lieu de la porter dans quelque île éloignée (ce qui les obligeait souvent de faire des voyages de deux ou trois mois), ils ne faisaient que la poser dans le havre de la Tortue, et dès le lendemain, on les voyait à l'embouchure des ports et des rivières, tout prêts à recommencer. Enfin, ils devinrent si redoutables aux Espagnols, qu'aucun bâtiment ne pouvait plus entrer dans leurs ports ni en sortir sans être pris. Un marchand de Carthagène m'a dit qu'il a perdu en ce temps-là, dans une année, trois cent mille écus, tant en bâtiments qu'en marchandises.

Le chevalier, se voyant si bien affermi dans son île, crut que toutes les forces espagnoles ne seraient pas capables de l'ébranler. Il permit à tous ceux qui le voudraient, d'aller en course et se laissa ainsi dégarnir. Il ne songeait à rien moins qu'à une attaque, lorsqu'un jour un boucanier vint l'avertir qu'il avait vu paraître une armée navale espagnole qui, selon toutes les apparences, avait quelque dessein sur la Tortue. Le chevalier, qui était actif et tout de feu, mit à l'instant ce qui lui restait de monde en ordre, comme si les ennemis eussent déjà été en présence. Alors, quelques boucaniers s'éprouvèrent à jeter des grenades au bas des bastions, ce qui donna lieu à un étrange accident.

Thibaut, l'un des assassins dont j'ai parlé, qui avait évité la justice des hommes et qui devait craindre celle de Dieu, prit, à l'exemple des autres, une grenade ; mais comme il se préparait à la jeter en l'air, son bras s'engourdit, et la grenade creva dans sa main, qui était celle dont il avait poignardé M. Le Vasseur. Ce fut un spectacle horrible à voir : la main toute fracassée pendait plus d'un pied au-dessous du poignet, attachée encore à quelques nerfs que la violence du coup avait allongés. On regarda cet accident comme une juste punition du ciel, sans se distraire néanmoins de l'empressement que chacun témoignait pour la défense de l'île.

Mais ces soins étaient bien inutiles ; les Espagnols, sachant le peu de monde qu'il y avait pour la défendre, étaient venus avec un armement considérable, et voyant que personne ne leur résistait, ils avaient mis leurs troupes à terre, au lieu de mouiller à la rade comme ils avaient fait autrefois. Le chevalier, n'ayant que très peu d'habitants, se retira avec eux dans le fort de la Roche : les ennemis l'y attaquèrent en vain ; mais étant les maîtres de faire ce qu'ils voulaient, sans que personne pût s'y opposer, ils tinrent les Français bloqués et cherchèrent cependant une place d'où l'on pût battre le fort. Ils trouvèrent une montagne plus haute que la Roche, mais on n'y pouvait monter à cause des précipices. Comme les Espagnols ont beaucoup de flegme, ils tracèrent peu à peu leur chemin, et rencontrèrent à la fin un petit passage entre deux rochers ; on y montait par un trou, comme si on passait par une trappe, et il n'y avait que la difficulté d'y monter un canon, car la chose était impossible avec des chevaux. Voici de quelle manière ils s'y prirent : ils attachèrent deux pièces de bois ensemble, sur lesquelles ils mirent une pièce de canon, qu'ils firent monter par plusieurs esclaves sur leurs épaules ; par ce moyen, ils montèrent quatre pièces, qu'ils mirent en batterie vis-à-vis le fort des Français.

Le chevalier avait fait abattre les bois qui l'environnaient, afin de n'être point surpris par les ennemis, et ce fut ce qui causa sa perte ; car ces arbres, étant d'une grandeur et d'une grosseur prodigieuse, couvraient le fort et auraient empêché l'effet de la batterie des Espagnols, qui n'auraient pu le découvrir. Les assiégés n'en eurent pas plus tôt ressenti les premiers effets qui les incommodèrent extrêmement, qu'ils crurent opportun de capituler. Pour le cas où le gouverneur n'y voudrait pas consentir, ils s'armèrent en vue de l'y contraindre et, sans perdre de temps, ils allèrent le trouver.

Un nommé Bedel, qui marchait à leur tête, s'avança et lui dit brusquement qu'il fallait rendre la place : « Rendre la place ! s'écrie le chevalier, indigné de la proposition. Va, traître ! Si j'y suis forcé, tu n'auras pas la satisfaction de le voir ! » En même temps, il lui donna un coup de pistolet dans la tête et le renversa mort à ses pieds. Le coup étonna étrangement ces mutins ; le chevalier en prit occasion de leur reprocher leur faiblesse, et il leur parla avec tant de résolution et de courage, qu'il leur fit promettre à tous de se défendre jusqu'au bout. Mais ils tinrent mal leur promesse ; car la conjuration recommença dès le lendemain, et ils vinrent tous de nouveau proposer au chevalier de se rendre à composition. « Les Espagnols sont cruels, lui dirent-ils ; si nous attendons à l'extrémité, peut-être ne pourrons-nous rien obtenir d'eux. » Le chevalier n'y voulait point entendre ; mais à la fin, son parti étant le plus faible, il y fut contraint. On convint avec les Espagnols que tous les Français sortiraient tambour battant, mèche allumée, avec armes et bagages, et qu'ils rendraient le fort avec le canon et toutes les munitions de guerre. Les Espagnols leur donnèrent quarante-huit heures pour se retirer. Il y avait à la rade deux bâtiments coulés à fond, qu'ils tâchèrent de mettre à flot. Comme ils allaient s'embarquer, le général espagnol fit la réflexion que, s'ils étaient munis encore de toutes leurs armes, ils pourraient se joindre à quelques-uns de leurs aventuriers, et l'attendre au passage quand il s'en retournerait. Il leur demanda donc des otages jusqu'à ce qu'il fût arrivé à Saint-Domingue, et le chevalier ne put s'exempter de lui donner le sieur Hotman, son frère ; après quoi, il s'embarqua dans un des bâtiments, et les deux auteurs de la mort du sieur Le Vasseur dans l'autre. Ces deux hommes, accoutumés à exercer des cruautés, ne se mirent point en peine d'en commettre encore en cette occasion une assez grande ; ils se détachèrent de la compagnie du chevalier, et laissèrent toutes les femmes avec quelques enfants dans une petite île déserte ; après quoi ils allèrent courir le bon bord.

On a su qu'un vaisseau hollandais, jeté par la tempête contre cette île, avait sauvé quelques-unes de ces femmes. J'ai vu même une relation de ce qui leur était arrivé dans ce désert, écrite par l'une d'elles, espagnole de nation et qui, dans sa manière de s'exprimer, marquait avoir beaucoup d'esprit. Voici en abrégé comme elle s'expliquait :

« Après qu'on nous eut malheureusement abandonnées dans cette île déserte, nous trouvâmes d'abord quantité de bêtes sauvages dont nous aurions pu nous nourrir ; mais nous craignions plutôt d'en être dévorées, et de devenir leur pâture. Sans doute, elles voyaient bien qu'elles avaient affaire à des femmes faibles et désarmées, de qui même les plus timides de ces animaux se faisaient craindre. Il n'en était pas ainsi, lorsque les habitants des pays voisins, gens cruels et grands voleurs, y descendaient pour la chasse ; car ils en faisaient un si prodigieux carnage, que nous pouvions vivre facilement de celles qu'ils n'avaient pu ou qu'ils avaient négligé d'emporter avec eux. Nous avions grand soin de nous cacher pour éviter également et ces hommes et ces bêtes. Cependant la faim qui nous pressait nous obligeait souvent à sortir de nos retraites et nous donnait même la hardiesse d'avancer dans le pays. Nous marchâmes longtemps de précipice en précipice, et après avoir fait cent détours, nous nous égarions de plus en plus ; une infinité de chemins s'offrait à nous de toutes parts, excepté celui qui nous aurait menées au bord de la mer, que nous avions depuis longtemps perdu de vue et d'où enfin nous aurions pu découvrir quelque vaisseau qui nous aurait tirées d'un pas si dangereux. Un jour que nous errions à notre ordinaire, une troupe des chasseurs dont j'ai parlé, armée de perches pointues, vint tout d'un coup fondre sur nous et nous dépouilla facilement. Une femme fit résistance et se défendit, plutôt pour exciter ces barbares à lui ôter la vie, que pour conserver ses habits qu'ils lui arrachèrent enfin aussi bien qu'à nous ; à la fin ils nous quittèrent sans nous faire d'autre mal.

Cette femme, confuse au dernier point de se voir nue, quoiqu'elle ne fût alors qu'avec des personnes de son sexe, et trouvant en cet état la lumière du jour aussi affreuse que la mort, alla s'enterrer toute vive dans le sable, et le reste qui pouvait paraître de son corps, elle le couvrit de ses cheveux épars. Toutes ses compagnes furent surprises de sa résolution ; mais comme elles voulaient l'en détourner et qu'elles tâchaient de la secourir, du moins autant qu'il leur était possible dans l'extrémité où elles la voyaient, et dans celle où elles étaient elles-mêmes :

« Laissez-moi, dit-elle aux plus empressées ; dans ce dernier moment, je n'ai plus besoin que de vos prières qui me serviront beaucoup, et de la mort qui finira toutes mes misères. »

Après ces paroles elle garda le silence et, ne parlant plus que par ses larmes, elle expira au milieu des femmes qui l'environnaient. »

N'en déplaise à ceux qui nous ont débité cette petite relation, il me semble, sans toutefois la mépriser, qu'elle est un peu romanesque. Quoi qu'il en soit, revenons à l'île de la Tortue.

Le général espagnol fit réparer le fort, et y mit une garnison de soixante hommes commandés par un capitaine et un alferez, à qui il laissa assez de vivres et de munitions de guerre pour pouvoir attendre qu'on leur en envoyât d'autres. Dès qu'il fut arrivé à Saint-Domingue, il renvoya le sieur Hotman, après lui avoir fait toutes sortes de bons traitements, jusqu'à lui offrir même de l'emploi, quoique les ordres du roi d'Espagne défendissent expressément d'employer aucun étranger à son service dans les Indes Occidentales.

Le sieur Hotman ne retrouva, dit-on, son frère que six mois après. Comme ils savaient l'un et l'autre en quel état l'île était demeurée, ils rassemblèrent quelques boucaniers français et plusieurs habitants pour tenter de la reprendre ; mais les Espagnols s'y étaient si bien mis en défense qu'ils furent obligés de se rembarquer avec perte. On dit que le chevalier de Fontenay demeura toujours avec son frère et que, leur bâtiment venant à tirer beaucoup d'eau, ils relâchèrent aux îles Açores, d'où ils repassèrent en France.

Pendant que les Espagnols étaient maîtres de la Tortue, le général de Poincy mourut, aimé de peu de gens, haï de plusieurs, et redouté de tous. Sa mort causa beaucoup de désordre dans les îles de Saint-Christophe, et en d'autres encore que les Français occupaient. Du Roffey, gentilhomme périgourdin, qui avait été autrefois boucanier, ayant appris cette nouvelle, revint à Saint-Domingue : les boucaniers l'y reçurent fort bien, car ils l'aimaient et ne l'appelaient que leur père. Ils lui proposèrent d'aller reprendre la Tortue, l'assurant que s'il voulait être leur chef, ils le feraient leur gouverneur et lui obéiraient. Du Roffey, qui connaissait leur fidélité, ne refusa point ces offres ; ils s'assemblèrent quatre à cinq cents hommes, tant boucaniers qu'aventuriers ou flibustiers et habitants, qui avaient autrefois demeuré à la Tortue. Ayant tous pris une ferme résolution d'y retourner, ils se jurèrent une fidélité inviolable, protestant de ne se point abandonner les uns les autres dans une entreprise de cette importance. Ils n'avaient point d'autres bâtiments que des canots, qui leur servirent pour aller jusqu'à l'île de Saint-Domingue, où ils tinrent conseil touchant la manière d'attaquer leurs ennemis. Il fut résolu que cent hommes descendraient à la bande nord de l'île de la Tortue ; qu'ils viendraient par derrière surprendre les Espagnols postés sur la montagne qui commandait le fort de la Roche, pendant que les autres s'avanceraient pour le prendre ; et qu'on attendrait la nuit pour l'exécution.

Ceux qui furent choisis pour descendre à la bande nord partirent les premiers et débarquèrent dès le point du jour. Les Espagnols de la grande montagne n'étaient presque pas retranchés, ne se doutant nullement qu'on pût les attaquer de ce côté-là. Les autres, qui étaient dans le fort de la Roche, furent bien étonnés d'entendre battre la diane de si grand matin, à coups de canon. Ils sortirent pour voir ce que ce pouvait être, et n'aperçurent aucun vestige de troupes ennemies ; mais leur surprise augmenta bien davantage, lorsqu'ils se trouvèrent environnés du gros de cette troupe de boucaniers, qui les empêchèrent de rentrer dans leur fort, taillèrent en pièces la plus grande partie d'entre eux et firent les autres prisonniers. Ainsi, le combat fut bientôt terminé.

Les Français, après un succès si heureux, ne songèrent plus qu'à bien garder la Tortue. Ils envoyèrent leurs prisonniers à l'île de Cuba, qui n'en est éloignée que de quinze lieues ou environ. Ils firent du Roffey leur gouverneur, et lui prêtèrent tous serment de fidélité et d'obéissance. Il mourut peu de temps après, et M. de la Place, son héritier présomptif, fut reconnu et gouverna paisiblement jusqu'en l'année 1664, que la Compagnie des Indes Occidentales fut rétablie.

Messieurs de la Compagnie Occidentale, s'étant remis en possession des îles Antilles, qui appartenaient aux Français, se rendirent aussi les maîtres de la Tortue, et y envoyèrent un navire en 1664, avec un lieutenant et soixante soldats de garnison, un commis général, trois sous-commis et plusieurs engagés, pour travailler à une habitation. Ils apportèrent en même temps une commission à M. d'Ogeron, gentilhomme angevin de bonne conduite, fort expérimentédans la connaissance de ces lieux-là, très bien venu dans l'esprit des habitants. À l'arrivée du vaisseau, M. de la Place eut ordre du Roi de se retirer en France. M. d'Ogeron, lui ayant succédé en qualité de gouverneur pour le Roi et pour

Messieurs de la Compagnie, fit bâtir un magasin, dans lequel on déchargea toutes les marchandises que ce vaisseau avait apportées et qui étaient nécessaires aux habitants.

CHAPITRE V

La Compagnie Occidentale abandonne la Tortue et permet aux marchands d'y négocier.
Gouvernement de M. d'Ogeron dans cette île.

M. d'Ogeron, étant en possession de ce gouvernement, songea plus à l'accroissement de la colonie que tous les autres n'avaient fait. Il avait un navire à lui, dans lequel étaient venus beaucoup de Français, attirés par le bruit de sa bonne administration ; il faisait valoir les marchandises des habitants, et leur prêtait à crédit, afin de les obliger à demeurer sur le lieu et à oublier les commodités de la France. Il s'appliquait à garder les flibustiers et les boucaniers, et tâchait d'en attirer d'autres. En ce temps-là, les Espagnols étaient en guerre contre les Portugais. Il procurait à ces flibustiers des commissions portugaises pour piller sur les Espagnols, et ces flibustiers amenaient leurs prises à la Tortue. Il a peuplé presque toute la bande Nord de l'île de Saint-Domingue, depuis le port Margot, où il avait une habitation, jusqu'aux trois rivières qui sont vis-à-vis la pointe du Ponant de la Tortue. Les habitations du Cul-de-Sac de Saint-Domingue ont été presque toutes fondées sous son gouvernement ; ce qui y a attiré beaucoup de monde des îles Antilles et de France. Tous les quartiers étaient fournis d'officiers, qu'il prenait parmi les habitants mêmes, afin de faire mieux exécuter ses ordres. Par ce moyen, il prévenait les troubles, il pacifiait les différends, et chacun vivait content. Afin d'engager de plus en plus les habitants à y demeurer, il fit venir de France des femmes et fournit ainsi des épouses à la plupart d'entre eux, ce qui donna envie aux boucaniers et aux aventuriers de se marier eux aussi.

Un jour qu'il était arrivé un vaisseau avec un grand nombre de femmes, les flibustiers en ayant eu avis, se rendirent au port où chacun d'eux choisit celle qu'il trouva le plus à son gré. Il ne survient jamais entre eux aucune dispute pour le choix, parce que l'ascendant qu'ils ont pris les uns sur les autres en vivant ensemble, prévient toutes les contestations qui pourraient naître à cet égard, le plus faible cédant toujours au plus fort. Un flibustier de ce caractère s'approcha de celle qui lui avait agréé et se tenant debout devant elle, appuyé sur son fusil, lui parla en ces termes : « Je ne vous demande point compte du passé, vous n'étiez pas à moi. Répondez-moi seulement de l'avenir, à présent que vous allez m'appartenir ; je vous quitte de tout le reste. » Puis frappant de la main sur le canon de son fusil : « Voilà, dit-il, ce qui me vengera de vos infidélités ; si vous me manquez, il ne vous manquera pas. » Ensuite il l'emmena et les autres flibustiers en firent de même. Il n'en demeure point, à moins qu'il ne se trouve plus de filles que d'aventuriers.

Messieurs de la Compagnie, ne voyant venir que fort peu ou point de marchandises qu'ils avaient envoyées à la Tortue depuis deux ans qu'ils en étaient en possession, résolurent de faire payer ce qu'on leur devait et d'y laisser aller les marchands. Ils envoyèrent, comme je l'ai déjà dit, cet ordre par le navire nommé le *Saint-Jean* en l'année 1666. M. d'Ogeron se servit de cette occasion pour y faire venir des navires marchands, où il était intéressé. Ceux-ci apportèrent des marchandises et en remportèrent d'autres qui se fabriquaient là, comme du tabac et des cuirs. L'année suivante, il alla lui-même en France, laissant M. de Poincy, son neveu, à sa place.

À son arrivée, il fit connaître à quelques particuliers l'état de la colonie et les grands profits qu'on pourrait tirer de ce pays-là.

Il les pria de lui faire renouveler sa commission et il s'associa avec eux, à condition qu'ils lui enverraient tous les ans douze navires chargés de marchandises. Il s'obligea outre cela de fournir les habitants esclaves et de détruire les chiens sauvages de l'île de Saint-Domingue.

L'année suivante, M. d'Ogeron retourna à la Tortue et fit signifier sa commission aux habitants. Il leur promit qu'ils ne manqueraient de rien et les assura qu'ils pouvaient dorénavant envoyer leurs marchandises pour leur compte.

Avant ce temps-là, les marchands étrangers et français n'osaient venir négocier dans cette île ni à la côte de Saint-Domingue. On n'y voyait que des bâtiments de cette Compagnie, et ils étaient si petits que les habitants ne pouvaient y embarquer leurs marchandises sans une grande faveur. On préférait toujours les principaux d'entre eux à qui on donnait des billets adressant aux capitaines des vaisseaux ; en sorte que la marchandise des autres se pourrissait avant qu'ils pussent l'embarquer. Enfin, au lieu de remédier à ce désordre, on leur défendait expressément de traiter avec des étrangers, quels qu'ils fussent. Mais malgré ces défenses quelques habitants allèrent dans leurs canots à bord des vaisseaux zélandais. Les premiers qui commencèrent avec les Flamands, leur proposèrent de demeurer encore quelque temps, sur l'assurance qu'ils verraient bientôt les autres habitants venir à eux et qu'il y avait assez de tabac fait pour les charger. Ces gens qui ne cherchaient que cette occasion, voyant qu'il n'y avait là aucun fort et que le pays ne dépendait point du roi de France, se déterminèrent à demeurer.

M. d'Ogeron, en étant averti, renouvela la défense qu'il avait faite aux habitants de négocier avec des étrangers. Ils la méprisèrent, et ils traitèrent avec les Zélandais qui leur donnaient les marchandises à un tiers meilleur marché que M. d'Ogeron. Ils embarquèrent aussi des marchandises pour leur compte et tirèrent parole des Zélandais qu'ils reviendraient l'année suivante.

Peu de temps après, M. d'Ogeron arriva avec deux bâtiments

qui étaient venus de France chargés de marchandises. Les habitants se liguèrent tous et résolurent de ne le point recevoir. Ils tirèrent même quelques coups de fusil sur ses chaloupes, et il fut contraint de se réfugier à la Tortue, craignant quelque chose de pire. Aussitôt il dépêcha un vaisseau pour la France et un autre pour les Antilles, afin d'avoir du secours contre ces rebelles, qui furent même dans le dessein de se saisir de la Tortue et d'en chasser M. d'Ogeron, espérant que s'ils devenaient les maîtres, ils seraient suffisamment appuyés des Hollandais qui ne demandaient pas mieux que de traiter avec eux. Plusieurs mois s'écoulèrent, après lesquels M. d'Ogeron reçut du secours de M. le chevalier de Sourdis, qui était alors dans les îles avec des navires de guerre. Dès que ces nouvelles troupes eurent mis pied à terre, on arrêta quelques-uns des mutins et l'on en pendit un ; les autres, intimidés, s'accommodèrent, à condition qu'on ne les laisserait plus manquer de navires ni de marchandises.

Les Zélandais qui étaient sur le point de revenir, avertis de ce qui s'était passé et craignant qu'on ne leur jouât un mauvais tour, n'osèrent aborder. Cependant M. d'Ogeron, voyant que ses desseins ne réussissaient pas, permit le trafic à tous les marchands français, en payant cinq pour cent de sortie et d'entrée.

Cette disgrâce n'a pas empêché que M. d'Ogeron n'ait beaucoup augmenté la colonie ; il y a fait venir quantité de familles de Bretagne et d'Anjou qui présentement y sont bien établies.

Les boucaniers y sont rares, parce qu'il n'y a plus de chasse, toutes les bêtes à cornes étant détruites. En effet, les Espagnols, voyant qu'ils ne pouvaient empêcher les Français de chasser, en firent autant de leur côté, et les aidèrent, pour ainsi dire, à détruire toute l'espèce, persuadés que, par ce moyen, ils les obligeraient enfin à se retirer. Mais ils furent trompés dans leur attente.

Les uns, à défaut de la chasse, ont formé des habitations, et se sont rendus aussi puissants que les Espagnols, excepté qu'ils n'ont ni ville ni forteresses.

Les autres, que l'on appelle maintenant aventuriers ou

flibustiers, ont armé des navires pour aller en course, et se sont adonnés à faire des prises sur mer. Dans la suite, leur nombre s'est tellement accru, qu'ils se sont vus assez forts pour faire des descentes et prendre des villes.

En 1675, le commandant de l'armée du Roi, qui avait engagé une expédition contre Curaçao, mandait à M. d'Ogeron, gouverneur de Saint-Domingue, de lui envoyer le plus possible de flibustiers, estimant difficile de réduire cette place sans leur concours.

M. d'Ogeron en embarqua donc quatorze ou quinze cents, commandés par Tributor, le Gascon, Grammont, Pierre Ovinet et le grand Ovinet – car ils étaient deux cousins de ce nom très fameux –, Beau-Regard, et autres, tous gens résolus et capables d'une grande entreprise.

Chemin faisant, dans les parages de Porto-Rico, à nuit fermante, on fut pris d'un coup de vent du Nord et la *Grande Infante* s'échoua. Le lendemain, le reste de la flotte, qui ne s'était pas rendu compte de l'accident, continuait sa route, sans s'informer de rien davantage, dans la pensée que le navire se trouverait au rendez-vous.

Sur le vaisseau échoué à Porto-Rico, il y avait non seulement des gens de l'armée du Roi, mais encore près de 400 aventuriers ; et ceux-ci, connaissant la perfidie des Espagnols, voulurent aussitôt prendre les armes et se fortifier dans l'île. M. d'Ogeron, qui en était aussi persuadé, se mit à leur tête. Mais M. de Montorquier, commandant du Roi sur l'*Infante*, et les officiers qui l'accompagnaient, résolurent d'aller de bonne foi trouver les Espagnols : puisque l'on n'était nullement en guerre, ceux-ci ne pourraient que traiter humainement des naufragés qui ne se servaient pas de l'avantage qu'ils avaient de se trouver les armes à la main, dans leur pays. Ainsi pensaient-ils.

Néanmoins, la chose tourna comme les aventuriers l'avaient prévu. Les Espagnols violèrent le droit des gens, et, au lieu de fournir des bâtiments à ceux qui avaient échoué sur leurs côtes, ils les firent tous prisonniers dans Porto-Rico : les plus considérables eurent la ville comme prison, et les autres furent distribués deux à deux dans l'île chez les habitants. Ceux-ci, voyant que les aventuriers, adroits et ingénieux, ne laissaient échapper aucune occasion de les tromper et de se dérober à leur vigilance, tantôt au nombre de six, tantôt au nombre de huit ou dix, et que, enfin, se sauvant les uns après les autres, il n'en serait pas demeuré un seul, eurent la barbarie de tuer tous ceux qui restaient.

Par bonheur, M. d'Ogeron ne fut pas de ce nombre ; il prévint leur cruauté, se sauvant, lui quatrième, dans un canot. À l'égard de ceux qui avaient la ville pour prison, on les enferma, et on les garda soigneusement pendant plus de quinze mois, dans le dessein de les envoyer à Lima pour travailler aux mines du Pérou, d'où l'on ne revient jamais. On profita donc de l'occasion d'un navire qui faisait voile pour Carthagène, sur lequel on les embarqua ; mais ils furent assez heureux pour être repris par le capitaine Pitrians, flibustier anglais, le long de la côte de Saint-Domingue, vers l'île à Vache ; ils étaient au nombre de dix-sept, tous gens de mérite et de distinction.

Ce ne fut pas là le seul avantage qu'eut cet aventurier : outre l'honneur d'avoir sauvé de si braves gens, il prit encore cent mille écus en escalins, que les Espagnols avaient destinés à payer les soldats de la Havane, et des marchandises, chose que les flibustiers estiment d'ailleurs assez peu, ne cherchant que de l'argent.

Le combat fut sanglant ; le capitaine du vaisseau espagnol fut blessé de cinq coups de fusil, et eut près de cent hommes tués. Les aventuriers auraient passé tout le reste au fil de l'épée, si M. de Poincy, qui était du nombre de ceux que l'on venait de délivrer, n'eût empêché le carnage. La générosité naturelle aux Français alla si loin dans cette rencontre que, quoiqu'il eût été fort maltraité par les Espagnols pendant sa captivité, il prit un soin particulier du capitaine espagnol, et ne l'abandonna point qu'il ne fût entièrement guéri de ses blessures ; après quoi il le renvoya.

D'autre part, M. d'Ogeron et les trois autres qui s'étaient sauvés avec lui, eurent beaucoup à souffrir sur mer. Ils étaient dans un canot sans vivres et sans provisions, n'ayant pour tout équipage que leurs chapeaux qui leur servaient de rames, et leurs chemises, de voiles. En cet état, ils arrivèrent à l'île de Samana plus morts que vifs, en sorte qu'ils faisaient pitié à ceux entre les mains de qui ils tombèrent, et qui n'épargnèrent ni soins ni peines pour leur procurer du soulagement.

M. d'Ogeron, étant rétabli, rassembla quatorze cents à quinze cents aventuriers, et il alla à Porto-Rico redemander les Français que l'on y retenait prisonniers. Les Espagnols n'étaient plus en état de les rendre ; ils les avaient tous tués, et n'osaient l'avouer aux aventuriers. Pour les mieux tromper, ils envoyèrent des religieux faire de leur part toutes soumissions imaginables ; ils promirent de rendre tous ceux qu'on leur demandait, mais ils assurèrent qu'ils étaient dispersés çà et là, et ils ne demandèrent que le temps de les rassembler pour pouvoir les renvoyer. Cependant, ils assemblaient des troupes pour faire tête aux aventuriers.

M. d'Ogeron, indigné de cet artifice, se mit à courir l'île avec son monde, brûlant, ravageant et passant au fil de l'épée tout ce qui se trouva sous les mains, poursuivant même les fuyards jusqu'aux portes de la ville de Porto-Rico, sans que les Espagnols osassent paraître pour s'opposer à ses efforts, tant ils redoutaient la valeur des aventuriers.

C'était un étrange spectacle de voir la destruction des hattos des Espagnols ; on ne rencontrait de tous côtés que bœufs qui avaient les jarrets coupés, que porcs tués et que membres sanglants d'une infinité d'autres animaux confusément épars dans l'étendue de cette contrée ravagée. À la fin, les aventuriers, ne trouvant plus rien à saccager ni à brûler, ne pensèrent plus qu'à leur retour.

Sur ces entrefaites, ils donnèrent dans une embuscade de six mille Espagnols qui s'étaient cachés dans un bois après s'être tous enivrés d'une boisson appelée guilledine, faite avec du jus de canne à sucre, et beaucoup plus forte que notre eau-de-vie ; car ils n'osent jamais attaquer de sang-froid les aventuriers. Le combat commença sur les deux heures du matin, et dura le reste du jour, sans que les Espagnols pussent interrompre la marche de leurs adversaires, qui continuèrent leur route jusqu'à une grande prairie, où ils campèrent et firent bonne garde toute la nuit. Le lendemain matin, ils poursuivirent leur chemin sans rencontrer qui que ce fût qui s'opposât à leur passage, et regagnèrent ainsi leurs bâtiments. Toute cette expédition s'est faite sans que les aventuriers aient perdu plus de quinze hommes.

Après cela, M. d'Ogeron retourna à la Tortue où il a gouverné assez tranquillement, et ayant enfin repassé en France, il y est mort. M. de Poincy, son neveu, dont j'ai déjà parlé, lui a succédé. Tous les habitants sont très satisfaits de lui, et vivent aujourd'hui fort contents sous son gouvernement.

CHAPITRE VI

Description générale de l'Ile Espagnole appelée Saint-Domingue.

L'île Espagnole est située en sa longueur du Levant au Ponant depuis le dix-septième degré de latitude septentrionale. Elle peut avoir trois cents lieues de circuit, cent cinquante de long et cinquante de large. Chacun sait qu'en 1492, Ferdinand le Catholique, roi d'Espagne, envoya aux îles de l'Amérique Christophe Colomb, qui découvrit celle-ci et lui donna le nom d'Espagnola, qu'elle conserve encore parmi ceux de cette nation. Ses prairies, que les Espagnols nomment savanes et qui en sont une des principales richesses, sont arrosées d'un grand nombre de rivières, dont quelques-unes sont capables de porter bateau. On y trouve plusieurs mines d'or, d'argent et de fer. Un jour, un Espagnol, fouillant la terre, rencontra du vif argent, et ne sachant ce que c'était, il en mit dans sa poche pour le faire voir à d'autres ; mais peu de temps après, il fut bien surpris de n'y trouver rien, et on se moqua de lui. J'ai vu de l'or qui croît là sur une montagne, située non loin de la ville de San-Yago-Cavallero ; quand il a bien plu, les eaux qui en descendent charrient dans les rivières des paillettes d'or, que les esclaves vont chercher dès que les torrents sont dissipés. On en trouve qui pèsent jusqu'à un demi-écu d'or.

L'histoire de l'expédition des Espagnols, écrite par un Espagnol même, nous apprend qu'ils ont été les premiers chrétiens qui aient découvert et habité cette île, après avoir exterminé plusieurs nations d'Indiens. On y trouve encore aujourd'hui, sous quelques rochers, des cavernes voûtées toutes remplies des ossements de ces peuples massacrés. Ce qui fait connaître que les Espagnols ont exercé de grandes cruautés dans ce pays-là et qu'ils n'en sont pas demeurés maîtres sans beaucoup de peines.

En effet, quelques auteurs dignes de foi rapportent que les anciens habitants de ces lieux étaient des hommes sauvages et barbares, qu'ils vivaient brutalement, allant tout nus, se nourrissant de racines, dormant par les montagnes ou derrière les buissons. Les femmes même suivaient leurs maris à la chasse ; elles laissaient leurs enfants suspendus aux branches d'un arbre, dans un petit panier de jonc, et ne les allaitaient qu'après leur retour. Ces peuples ne connaissaient ni Dieu, ni supérieur, ni loi, ni coutume ; ainsi il était difficile de les réduire par adresse, encore plus par la force ; combattre contre eux c'était proprement chasser aux bêtes sauvages qui se cachent dans les lieux les plus inaccessibles. Ces gens ayant une fois perdu la crainte des chevaux et des fusils, qui d'abord les avait fort étonnés en les renversant, et s'apercevant que les Espagnols tombaient aussi bien que les autres hommes d'un coup de pierre ou de flèche, reprirent bientôt courage et ne craignirent plus de s'exposer eux-mêmes à une mort certaine, pourvu qu'ils pussent arracher la vie à leurs bourreaux. Un d'entre eux, se trouvant un jour pressé dans un lieu étroit, et voyant un de ses compagnons tué à côté de lui, la pique d'un Espagnol prête à lui percer le flanc, s'enferra lui-même sans hésiter et se jeta tout furieux sur son ennemi, qu'il fendit d'un coup de sabre, en sorte qu'ils tombèrent tous deux, baignés dans leur sang en même temps et à la même place.

Par là, on peut juger de la difficulté qu'il y a eu à les vaincre, et surtout à les convertir à la foi, parce qu'il fallait leur apprendre à être hommes avant de leur apprendre à être chrétiens, et, sans doute, l'un était aussi difficile que l'autre. Aussi les Espagnols ne se sont-ils établis dans l'île qu'après les avoir totalement détruits. Ils l'ont peuplée de beaucoup d'animaux à quatre pieds qui n'y étaient point auparavant, comme bœufs, chevaux et sangliers ; ensuite ils y ont bâti des villes, des bourgs et de très belles habitations, dont on ne voit plus que les vestiges, parce que les Hollandais en ont ruiné la plus grande partie. Et comme les Espagnols faisaient tous les jours de nouvelles découvertes dans cette partie du Nouveau Monde, plusieurs ont quitté l'île de Saint-Domingue pour aller s'établir en terre ferme, où ils ont bâti des villes aussi belles et aussi grandes que celles qu'ils possèdent en Espagne.

Les Français étant venus dans la même île, s'y sont tellement accrus, qu'aujourd'hui ils sont plus en état d'en chasser les Espagnols, que les Espagnols d'en chasser les Français. Ils en occupent plus de la moitié, et c'est un excellent fond de terre ; mais ils n'ont aucune forteresse.

La ville capitale de l'île se nomme Saint-Domingue. Colomb y étant descendu un jour de dimanche, et trouvant la place commode, y fit bâtir cette ville qu'il nomma Saint-Domingue, c'est-à-dire le saint jour du dimanche. Elle est tout entourée de murailles, et il y a un fort qui défend l'embouchure de la rivière, sur le bord de laquelle elle est bâtie. On voit aux environs de très beaux jardins et de riches habitations. À l'égard de la police, elle est gouvernée par le capitaine général de l'île. Il y a présidial, grande audience, chancellerie royale et un archevêché qui a plusieurs évêchés suffragants. Il y a aussi une université, et plusieurs couvents de religieux de divers Ordres.

Le port de Saint-Domingue peut contenir des flottes considérables qui n'y craignent que le vent du sud. C'est le seul port de toute l'île où les Espagnols puissent négocier. Il y en a beaucoup d'autres, mais ils n'en sont pas les maîtres, et ils n'oseraient y entrer, à cause des aventuriers. Cette ville fournit les places, que les Espagnols ont dans cette île, des choses nécessaires à la vie et de toutes sortes de marchandises, et les habitants des autres villes y apportent les leurs afin de les vendre sur le lieu, ou de les embarquer pour l'Espagne ou ailleurs.

À vingt lieues de Saint-Domingue, vers l'orient de l'île, il y a une petite ville champêtre nommée Santo-Yago-Cavallero, qui n'est point fortifiée. Ses habitants, excepté quelques marchands, sont tous chasseurs. Leur commerce consiste en cuirs de bœuf et en suif qu'ils portent vendre à Saint-Domingue. On voit quantité de bétail dans les prairies qui sont autour de cette ville. Vers son midi, au bord de la mer, on trouve un gros bourg nommé Le Cotui, où les habitants ne font autre chose que de planter du tabac et du cacao, dont on fait le chocolat. Ces habitants naviguent de là à une petite île déserte nommée Sarna, qui n'en est éloignée que de cinq à six lieues. Le terrain en est sablonneux, et ne produit point d'autres bois que du gayac. Il n'y a point d'eau, et on est obligé de creuser des puits pour en avoir. Les Espagnols l'avaient autrefois peuplée de bêtes à cornes, mais les aventuriers, y étant venus, les ont entièrement détruites, en sorte que cette nation n'y vient plus qu'en passant pour y pêcher.

Du côté du ponant de Saint-Domingue, au midi de l'île, s'ouvre la baie d'Ocoa, qui peut contenir un grand nombre de vaisseaux. Sur cette baie est situé le bourg d'Asso. Ceux qui y demeurent ne font trafic que de cuirs et de tabac. On y voit plusieurs hattos, c'est-à-dire, en espagnol, des maisons de campagne où se retirent les chasseurs et où on nourrit quantité de bêtes privées. Ces hattos appartiennent à des seigneurs qui y laissent leurs esclaves pour les garder. Près du bourg d'Asso, il y en a un autre nommé Saint-Jean-de-Goave, lequel est bâti au bord d'une grande prairie que les

Espagnols nomment la Savana-Grande de Santo-Juan, et les Français, le Grand-Fonds. Ces deux nations se sont souvent escarmouchées dans cette prairie, comme je le dirai au chapitre de la vie des boucaniers. Le bourg de Saint-Jean-de-Goave n'est habité que par des *mulatos*, c'est-à-dire des gens de sang mêlé. Il faut expliquer ce que c'est que les mulatos, et combien il y en a de sortes.

Lorsqu'un homme blanc s'allie à une femme noire, les enfants qui en proviennent sont demi-noirs ; les Espagnols les nomment mulatos, et les Français mulâtres. Quand un homme blanc s'allie à une femme mulâtre, les enfants qui en proviennent sont nommés quarterons par les Espagnols, et par les Français, comme dans le premier cas, mulâtres. Ils ont le fond des yeux jaune, sont hideux à voir, de mauvaise humeur, traîtres et capables des plus grands crimes. On voit aujourd'hui plusieurs endroits dans l'Amérique uniquement peuplés de ces gens-là. En général, ils proviennent d'Espagnols et de Portugais, gens qui s'éprennent volontiers des femmes noires indiennes. Ce n'est pas que les Français et les autres peuples ne s'en éprennent aussi ; mais leurs produits sont plus rares, eux-mêmes n'étant pas en si grand nombre.

Le bourg de Santo-Juan-de-Goave n'est donc peuplé que de ces mulâtres ou quarterons, la plupart esclaves des marchands de Saint-Domingue. C'est là tout ce qui appartient aux Espagnols dans cette île. Il ne reste plus qu'à décrire ce que les Français possèdent.

Les Français tiennent sous leur domination la partie de l'île sise au ponant de la ligne S.-O.-N.-E. qui joindrait le cap de Lobos ou de la Beata au cap de Samana.

Il y a là de belles prairies arrosées de grandes rivières, et je sais par expérience qu'on pourrait y faire des sucreries à peu de frais. Depuis le cap de Lobos, qui est au midi de l'île, jusqu'au cap de Tibron, qui est la pointe du ponant, on ne voit que des chasseurs. Il y a eu autrefois quelques habitants, mais comme les navires marchands ne voulaient pas aller charger chez eux parce que ce lieu était trop éloigné, ils ont quitté leurs habitations.

Depuis le cap de Lobos jusqu'au cap de Tibron, il y a de forts beaux havres, dont le fond est de bonne tenue ; l'on y met facilement des flottes à l'abri de tous les vents, enfin on ne peut rien souhaiter, pour la sûreté des vaisseaux, que la nature n'y ait fait ; en outre ils reçoivent de grandes rivières fort poissonneuses.

Les noms de ces ports sont Jaquemel, où les Espagnols ont eu autrefois un fort ; Jaquin, la baie de Saint-Georges, la baie aux Haments et le Port-Congon, qui est entouré de plusieurs îles, entre lesquelles il y en a une nommée par les Espagnols Ybaca, et par les Français l'île à Vache. Cette île est située le long de la Grande-Ile : elle peut avoir trois à quatre lieues de long et huit de circuit. Le terroir en est bon et consiste en beaucoup de prairies. Les Espagnols y ont mis des bœufs et des vaches, que les boucaniers ont détruits. La terre y est basse en divers endroits, et il s'y trouve quelques marécages pleins de crocodiles, nommés *caïmans*, qui ont aussi détruit une partie des bestiaux.

On ne peut guère demeurer sur cette île, à cause des maringouins qui y sont extrêmement incommodes. Depuis le Port-Congon jusqu'au cap de Tibron, il n'y a point de ports, mais une côte agréable et unie, d'où sortent plusieurs rivières.

Le cap de Tibron a une grande rade, dont le fond est bon, et il ne manque pas de rivières abondantes en poissons. Les aventuriers, tant anglais que français, y viennent prendre de l'eau et du bois.

Vers ce cap, il s'élève une haute montagne, de laquelle on voit Cuba et la Jamaïque. En suivant la côte occidentale, on touche le cap Doña Maria, la Grande-Anse, les petites îles Cayemittes, riches en tortues comestibles ; puis deux quartiers nommés, l'un, la rivière de Nippes, l'autre, le Rochelais, à cause qu'un Rochelais en a été le premier habitant. De là on va aux trois plus célèbres contrées que la France possède dans l'île : le Petit-Goave, le Grand-Goave et Léauganne. Ce dernier mot est dérivé du nom espagnol *liguana*, qui signifie en français lézard, parce que cette contrée a une pointe de terre fort basse qui ressemble à un bec de lézard.

Au sortir de cet endroit, on va au fond d'une grande baie, dont l'embouchure a bien cinquante lieues de large. Devant cette baie, il y a une île qui a plus de sept à huit lieues de tour, qu'on nomme Gonave ; elle n'est point habitée et ne mérite pas de l'être. Du fond de cette baie, que les Français nomment Cul-de-Sac, on va le long de la côte au septentrion, jusqu'au cap Saint-Nicolas, qui forme une pointe qui avance au nord, où il y a un port qui pourrait contenir beaucoup de vaisseaux. Ensuite, en montant le long de la côte vers l'Orient, on trouve le port de Mosquitos que les Français occupent encore avec les deux Ports-de-Paix, grand et petit, baignés de trois rivières, qui sont quelquefois si grosses qu'elles donnent l'eau douce à deux lieues de leur embouchure en pleine mer. De là, le long de la même côte, on rencontre plusieurs endroits où les Français se sont étendus, entre autres l'Orterie et le Massacre, ainsi appelé à cause que les Espagnols, par surprise, y ont autrefois massacré quelques Français qui étaient venus de la Tortue pour tuer des sangliers. Après le Massacre, on passe la petite rivière qui est au Port-Margot, dont j'ai déjà parlé.

Il y a encore plusieurs autres endroits que les Français habitent, mais ils n'y font point d'autre commerce que celui du tabac. Par cette raison, toutes leurs demeures sont situées sur le bord ou le plus près qu'ils peuvent de la mer, afin de n'avoir pas tant de peine à porter leur tabac pour l'embarquer, et aussi à cause qu'ils ont besoin de l'eau de la mer pour le tordre.

Il y a dans l'île de Saint-Domingue de très belles salines qui, sans être cultivées, donnent du sel aussi blanc que la neige ; étant cultivées, elles en pourraient fournir plus que toutes les salines de France, de Portugal, d'Espagne. On rencontre ces salines dans la baie d'Ocoa, dans le Cul-de-Sac, à un lieu nommé Coridon, à Caracol, à Limonade, à Montecristo et en plusieurs autres lieux.

L'on trouve aussi dans les montagnes des mines de sel, qu'on appelle ici sel gemme. Je l'ai trouvé beaucoup meilleur que le sel marin.

Passons à l'histoire des boucaniers.

CHAPITRE VII

Des boucaniers français et espagnols et de leur origine.

Les Caraïbes, Indiens naturels des Antilles, ont coutume de couper en pièces leurs prisonniers de guerre et de les mettre sur des manières de claies, sous lesquelles ils font du feu. Ils nomment ces claies *barbaco*[27] : le lieu où ils sont, *boucan*, et l'action, *boucaner*, pour dire rôtir et fumer tout ensemble. C'est de là que nos boucaniers ont pris leur nom, avec cette différence qu'ils font aux animaux ce que les Indiens font aux hommes. Les premiers qui ont commencé à se faire boucaniers étaient habitants de ces îles et avaient conversé avec les sauvages. Ainsi, par habitude, lorsqu'ils se sont établis pour chasser et qu'ils ont fait fumer de la viande, ils ont dit : *boucaner de la viande* ; ils ont conservé au lieu dont ils se servaient pour cet usage le nom de boucan, et en ont retenu celui de boucaniers. Les Espagnols appellent les leurs *matadores-de-toros*, et le lieu, *materia* ; c'est-à-dire tueurs de taureaux et tuerie. Ils les appellent aussi *monteros*, mot qui signifie coureurs de bois. Les Anglais nomment les leurs d'un mot qui signifie tueurs de vaches.

Les boucaniers ne font point d'autre métier que celui de chasser. Il y en a de deux sortes : les uns ne chassent qu'aux bœufs pour en avoir les cuirs ; les autres aux sangliers, pour en avoir la viande, qu'ils salent et vendent aux habitants. Les uns et les autres ont le même équipage et la même manière de vivre. Cependant, afin que les curieux soient informés de toutes les particularités qui les regardent, j'entrerai dans un plus grand détail.

Les boucaniers qui chassent aux bœufs sont ceux qu'on nomme véritablement boucaniers, car ils veulent se distinguer des autres qu'ils appellent chasseurs. Leur équipage est une meute de vingt-cinq à trente chiens, dans laquelle ils ont un ou deux venteurs qui

---

27. Qui aurait donné le nom moderne de barbecue.

découvrent l'animal. Le prix des chiens est réglé entre eux ; ils se les vendent les uns aux autres six pièces de huit ou six écus. J'ai ouï dire à ces gens qu'un maître de navire de La Rochelle, ayant voulu faire marchandise de chiens avec eux, en apporta grand nombre dans son navire quand il retourna aux îles, croyant les vendre aux boucaniers et faire un gain considérable ; mais ils se moquèrent de lui, et il fut contraint de laisser aller ses chiens ; il en retint le nom de marchand de chiens, et il en eut un si grand dépit que, depuis ce temps-là, il n'est pas revenu traiter avec les boucaniers. Ils ont, avec cette meute, de bons fusils, qu'ils font faire exprès en France. Les nommés Brachie, à Dieppe, et Gelin, à Nantes, ont été les meilleurs ouvriers pour ces armes ; le canon a quatre pieds et demi de long et la monture est autrement faite que celle des fusils ordinaires de chasse dont on se sert en France. Aussi les appelle-t-on fusils de boucaniers. Ils sont tous d'un calibre tirant une balle de seize à la livre. Ces gens portent ordinairement quinze ou vingt livres de poudre, et la meilleure vient de Cherbourg, en Basse-Normandie : on l'appelle poudre de boucanier. Ils la mettent dans des calebasses, bien bouchées avec de la cire, de crainte qu'elles ne viennent à se mouiller, car ils n'ont aucun lieu pour la tenir.

Leurs habillements sont deux chemises, un haut-de-chausses, une casaque ; le tout de grosse toile, et un bonnet d'un cul de chapeau ou de drap, où il y a seulement un bord devant le visage, comme celui d'un Carapoux. Ils font leurs souliers en peau de porc et de bœuf ou de vache. Ils ont avec cela une petite tente de toile fine, afin qu'ils puissent la tordre facilement et la porter avec eux en bandoulière ; car, quand ils sont dans les bois, ils couchent où ils se trouvent. Cette tente leur sert pour se reposer et pour se garantir des moustiques dont j'ai parlé ; car sans cela il leur serait impossible de dormir.

Lorsqu'ils sont ainsi équipés, ils se joignent toujours deux ensemble, et se nomment l'un et l'autre matelot. Ils mettent en communauté ce qu'ils possèdent, et ont des valets qu'ils font venir de France, dont ils payent le passage, et qu'ils obligent de les servir pendant trois ans. On les nomme *engagés*.

Quand les boucaniers partent de la Tortue, où ordinairement ils viennent apporter leurs cuirs et prendre en échange ce dont ils ont besoin, ils s'associent dix ou douze, avec chacun leurs valets, pour aller chasser ensemble en quelque contrée. Arrivés sur le lieu, ils choisissent les uns et les autres un quartier différent, et lorsqu'il y a du péril, ils chassent tous ensemble. D'autres sont seuls avec leurs valets.

Lorsqu'ils arrivent dans un lieu pour y demeurer quelque temps, ils bâtissent de petites loges dite *ajoupas* ; ils les couvrent de queues de palmiste et ils tendent leurs pavillons sur ces loges. Le matin ils se lèvent dès que le jour commence à paraître et font détendre les pavillons par leurs valets, s'ils n'espèrent pas revenir coucher là. S'ils reviennent, ils laissent un homme pour les garder.

Le maître va devant et les valets et les chiens le suivent sans se détourner d'un pas, excepté le venteur ou braque qui va à la recherche du taureau. Quand il en trouve un, il donne trois ou quatre coups d'aboi ; sitôt que les autres chiens l'entendent, ils courent de leur mieux, le maître et les valets après, jusqu'à ce qu'ils soient venus à l'animal. Alors, ils approchent chacun d'un arbre, pour se garantir de sa furie, en cas que le maître manquât de le tuer du premier coup ; car ces animaux sont extrêmement furieux, lorsqu'ils se sentent blessés. Dès que le taureau est à bas, celui qui en est le plus proche va promptement lui couper le jarret, de peur qu'il ne se relève. Après quoi le maître en tire quatre gros os, qu'il casse et dont il suce la moelle toute chaude ; cela lui sert de déjeuner. Il donne un morceau de viande à son venteur, et laisse là un de ses gens pour achever d'écorcher la bête et emporter le cuir au lieu qu'il marque, qui est quelquefois l'endroit d'où ils sont partis le matin ; après quoi, il poursuit la chasse avec ses compagnons. Mais pour entretenir le courage de ses autres chiens, il ne leur donne rien à manger qu'après la chasse de la dernière bête. Quand la première qu'il tue est une vache, il donne ordre à celui qui demeure pour l'écorcher de partir le premier et de prendre de la viande pour la faire cuire, afin que les autres la trouvent prête à leur retour. Ils portent toujours avec eux une chaudière pour cet usage. Ils ne prennent ordinairement que les tétines des vaches et laissent la chair de bœuf et de taureau, parce qu'elle est trop dure.

Le maître poursuit la chasse jusqu'à ce qu'il ait chargé chacun de ses valets d'un cuir, et que lui-même en ait un aussi. S'il arrive qu'étant tous chargés, leurs chiens rencontrent encore quelque bête, ils posent à terre leur charge ; s'ils la tuent, ils l'écorchent et en étendent le cuir ou le pendent à un arbre, de peur que les chiens sauvages ne le prennent et, le lendemain, ils retournent le chercher. À peine sont-ils arrivés au boucan, qu'avant de se mettre à table, chacun va brocheter un cuir, c'est-à-dire l'étendre sur la terre et l'attacher tout autour avec soixante-quatre chevilles qui le tiennent étendu, le dedans de la peau en haut ; ensuite ils le frottent de cendres et de sel battus ensemble, afin qu'il sèche plus tôt, ce qui arrive en peu de jours. Ce travail fini, ils vont souper. Celui qui avait quitté la chasse le premier pour faire cuire la viande, la tire de la chaudière au bout d'un morceau de bois pointu et la pose sur une bâche, qui sert de plat ; ensuite il ramasse la graisse qu'il met dans une calebasse, et on y presse le jus de quelques limons que l'un deux aura apportés, y joignant un peu de piment qui lui donne le goût. C'est là leur sauce, et pour cette raison ils l'appellent pimentade. Tout étant ainsi apprêté, on met la bâche sur laquelle est la viande à une belle place, la calebasse où est la pimentade au milieu ; chacun s'assied autour, armé de son couteau et d'une brochette de bois au lieu de fourchette, et tous mangent de bon appétit. Ce qui reste, on le donne aux chiens.

Après le souper, s'il fait encore jour, les maîtres vont se promener ou fument leur pipe de tabac ; car dès qu'ils ont mangé ils fument. Ils vont voir ici s'ils ne trouveraient pas quelques avenues, c'est-à-dire des chemins tracés que les taureaux font dans les bois. Ils se divertissent encore à tirer au blanc, pendant que leurs engagés hachent du tabac ou étendent la peau des jambes des taureaux, dont ils se servent pour faire des souliers. Souvent ils choisissent des places où il y a des orangers, et s'il s'en trouve quelqu'un proche de leur boucan, ils tirent à balle seule à qui abattra des oranges sans les toucher, en coupant seulement la queue avec la balle. Ces gens tirent parfaitement bien ; ils font aussi exercer leurs valets, lorsqu'ils leur plaisent et qu'ils les aiment : car il s'en trouve parmi eux qui les maltraitent.

Ce métier est à la vérité un des plus rudes qu'on puisse faire dans la vie. Lorsque, le matin, on donne à un homme un cuir qui pèse pour le moins cent ou cent-vingt livres, pour le porter quelquefois trois ou quatre lieues de chemin, dans des bois et des halliers pleins d'épines et de ronces, et que l'on est souvent plus de deux heures à faire un quart de lieue, cela ne peut être qu'une tâche extrêmement pénible à quiconque n'a jamais fait ce métier-là. Quelques-uns de ces boucaniers sont si barbares, qu'ils assomment de coups un garçon qui ne sert pas à leur gré.

Il s'en trouve à la vérité de raisonnables ; ils ne chassent point le dimanche et laissent reposer leurs valets, mais ils les envoient le matin tuer un sanglier, pour se régaler pendant la journée. Ils le fendent pour en ôter les entrailles, et le mettent rôtir tout entier à une broche soutenue sur deux petites fourches, puis ils font du feu des deux côtés.

Un de ces boucaniers avait coutume, le dimanche, de faire porter ses cuirs au bord de la mer, de peur que les Espagnols ne les prissent et ne les brûlassent ; car lorsque ceux-ci trouvent leurs boucans, ils coupent les cuirs en pièces ou les brûlent.

Un valet représentait un jour à son maître qu'il ne devait pas le faire travailler le dimanche, parce que Dieu avait établi ce jour pour le repos en disant :

« — Tu travailleras six jours, et le septième tu te reposeras.

— Et moi, reprit le boucanier, je dis que six jours tu tueras des taureaux pour en avoir les cuirs, et que le septième tu les porteras au bord de la mer. »

Et en lui faisant ce commandement, il le lui imprima sur le dos à coups de bâton. Il faut endurer, car il n'y a point d'endroit où se sauver : ce ne sont que des bois et des montagnes. Et si quelqu'un s'échappe et qu'il rencontre les Espagnols, il n'est pas sûr de sa vie ; ceux-ci, n'entendant point sa langue, le tuent avant qu'il puisse s'expliquer et leur faire entendre qu'il est esclave et fugitif.

Quand ils portent leurs cuirs au bord de la mer, ils font des charges réglées qui sont d'un bœuf et de deux vaches – j'entends le cuir seulement, mais ce sont leurs termes –, ou bien trois cuirs de demi-taureaux, c'est-à-dire qui sont encore jeunes – ils les nomment *couvarts* – ; ils mettent trois couvarts pour deux bœufs, et deux vaches pour un bœuf. Ils plient ces cuirs en banette, pour n'en être point incommodés lorsqu'ils marchent dans les bois parmi les arbres, et vendent ces banettes aux marchands six pièces de huit. On ne compte là que par la monnaie qui a cours, et ce sont des pièces de huit espagnoles, car on n'y voit point de monnaie française. Il y a des boucaniers si allègres et qui courent avec tant de vitesse, qu'ils attrapent les bœufs à la course et leur coupent le jarret. Un mulâtre, nommé Vincent de Rosiers, a été le premier homme de son temps pour cela : on a remarqué que de cent cuirs qu'il envoyait en France, il n'y en avait pas dix qui fussent percés de balles.

Les boucaniers qui ne chassent qu'aux sangliers, ont leur équipage comme ceux dont je viens de parler. Ils chassent les sangliers de la même manière que les autres chassent les bœufs, excepté qu'ils accommodent la chair autrement. Lorsqu'ils sont réunis le soir de la chasse, chacun écorche le sanglier qu'il a apporté et en ôte les os ; il coupe la chair soit par aiguillettes, soit comme les femmes en France dépècent la panse des cochons pour faire des andouilles. Quand cette viande est ainsi coupée, ils la mettent sur des bâches et la saupoudrent de sel battu fort menu ; ils la laissent comme cela jusqu'au lendemain, quelquefois moins si elle a pris son sel et qu'elle jette sa saumure ; après quoi, ils la mettent au boucan.

Ce boucan est une loge couverte de bâches qui la ferment tout autour. Il y a vingt à trente bâtons gros comme le poignet et longs de sept à huit pieds, rangés sur des traverses environ à demi-pied l'un de l'autre. On y met la viande et on fait force fumée dessous ; les boucaniers brûlent pour cela toutes les peaux de sangliers qu'ils tuent, avec leurs ossements, afin de faire une fumée plus épaisse. À la vérité, cela vaut mieux que du bois seul ; car le sel volatil qui est contenu dans la peau et dans les os de ces animaux s'attache à la viande qui a pour lui bien plus de sympathie que pour le sel volatil du bois, qui monte avec la fumée. Aussi cette viande a un goût si exquis, qu'on peut la manger dès qu'elle sort du boucan, sans la faire cuire ; et quand même on ne saurait ce que c'est, l'envie prendrait d'en manger en la voyant, tant elle a bonne mine ; car elle est vermeille comme la rose et a une odeur admirable.

Mais le mal est qu'elle ne dure que très peu en cet état : six mois après avoir été boucanée ou fumée, elle n'a plus que le goût du sel.

Quand ces gens ont amassé une certaine quantité de viande, ils la mettent en paquets ou en ballots, dans ces bâches qui servent à l'emballer. Ils font les paquets de soixante livres de viande nette, et les vendent six pièces de huit chacune ; ils fondent le saindoux du porc-sanglier et le mettent dans des pots pour le débiter aux habitants. Chaque potiche de mantègue, c'est ainsi qu'ils nomment cette graisse, vaut six pièces de huit.

Le plus malhabile de la troupe demeure au boucan pour apprêter à manger aux autres et pour fumer la viande. Il y a des habitants qui envoient en ces lieux leurs engagés lorsqu'ils sont malades, afin qu'en mangeant de la viande fraîche, qui est une bonne nourriture, ils puissent rétablir leur santé.

Le travail étant fini, les maîtres vont se divertir, de même que les autres boucaniers dont j'ai parlé. Cette vie n'est pas, à beaucoup près, si rude que celle des premiers ; aussi n'est-elle pas si profitable. Ces derniers font une grande destruction de sangliers, car ils n'emploient pas tous ceux qu'ils tirent. Quand ils en ont tiré un qui est un peu maigre, ils le laissent là, en vont chercher un autre, et continuent de cette sorte jusqu'à ce qu'ils aient fait leur charge : en sorte qu'ils tuent quelquefois cent sangliers dans un jour et qu'ils n'en rapportent que dix ou douze.

Ils ne sont pas plus indulgents envers leurs serviteurs que les autres. L'un d'entre eux voyant que son valet, nouvellement venu de France, ne pouvait le suivre, lui donna, dans sa colère, au travers de la tête, un coup de la crosse de son fusil qui le fit tomber en syncope. Le boucanier crut l'avoir tué, le laissa là, et alla dire aux autres que ce garçon était *marron*. C'est un mot qu'ils ont entre eux, pour dire que leurs domestiques ou leurs chiens se sont sauvés. Ce mot est espagnol et signifie bête fauve ou sauvage.

Le maître n'était pas encore loin que son valet se releva et tâcha de le suivre. Mais comme il n'avait pas fréquenté ces bois, il ne put le trouver et demeura quelques jours sans pouvoir se reconnaître ni trouver le bord de la mer. La faim commença de le presser, ce qui l'obligea de manger de la viande crue qu'il portait ; car il n'avait rien pour battre du feu, et son maître, croyant qu'il était mort, lui avait ôté son couteau, parce qu'il ne voulait pas perdre une gaine qu'il lui avait donnée, dans laquelle étaient deux couteaux et une baïonnette, que ces gens portent ordinairement à leur ceinture pour écorcher les bêtes qu'ils tuent. Ce pauvre garçon était au désespoir ; l'industrie qu'un autre accoutumé à ce pays aurait pu avoir, lui manquait. Il avait cependant pour compagnie un des chiens de son maître qui ne l'abandonnait point ; il ne faisait qu'aller et revenir sur ses pas, il grimpait sur quelque montagne quand il en rencontrait : de là il découvrait la mer. Mais à peine était-il descendu et croyait-il se diriger vers la mer, la moindre trace des bêtes qui s'offrait à lui, lui faisait perdre la route. En marchant, son chien, que la faim pressait aussi bien que lui, quêtait sans cesse. Quelquefois, il trouvait des truies qui avaient des petits ; il se jetait sur eux, en étranglait quelqu'un ; le maître, le secondant, courait aussi dessus ; et quand ils avaient fait quelque capture, le chien et le maître mangeaient ensemble du même mets. Ayant ainsi passé quelque temps, et s'étant fait à manger de la viande crue qui ne lui manquait plus, il s'accoutuma à cette chasse et apprit à connaître les lieux où il devait aller pour ne pas manquer son coup. Il trouva un jour des petits chiens sauvages ; il les éleva et leur apprit à chasser ; il instruisit même par divertissement des sangliers qu'il avait pris. Enfin, au bout d'une année, il se trouva inopinément au bord de la mer, mais il n'y rencontra point son maître.

Comme il s'était fait une seconde nature de la vie qu'il menait, il ne se donna plus de chagrin, jugeant que tôt ou tard il rencontrerait des hommes, soit espagnols, soit français. En effet, deux mois après, il se trouva parmi une troupe de boucaniers, avec lesquels il se mit, et il leur conta son histoire. Ceux-ci crurent d'abord qu'il avait passé du côté des Espagnols, parce que son maître leur avait dit qu'il s'était fait marron ; mais l'état pitoyable où ils le virent leur fit connaître le contraire. Il n'avait qu'un méchant haillon, reste d'un caleçon, et une chemise dont il cachait sa nudité, avec un morceau de chair crue pendue à son côté ; deux sangliers et trois chiens qui le suivaient s'étaient tellement accoutumés ensemble et avec lui, qu'ils ne voulurent jamais le quitter. Les boucaniers le mirent en liberté, c'est-à-dire qu'ils le dégagèrent du service de son maître. Ils lui donnèrent en même temps des armes, de la poudre, du plomb pour chasser comme eux ; en sorte qu'il est devenu un des plus fameux boucaniers de cette côte.

On a remarqué que ce garçon eut bien de la peine à reprendre l'usage de la viande cuite. Lorsqu'il en mangeait, outre qu'elle ne lui semblait pas bonne, elle lui faisait mal à l'estomac, si bien que, quand il écorchait un sanglier, il ne pouvait s'empêcher d'en manger un morceau tout cru.

La récompense que les boucaniers donnent à leurs valets, lorsqu'ils les ont servis trois ans, consiste en un fusil, deux livres de poudre, six livres de plomb, deux chemises, deux caleçons et un bonnet. Alors, ils deviennent leurs camarades et vont chasser avec eux. Ils envoient leurs cuirs en France. Quelquefois, ils y vont eux-mêmes, et ramènent de là des valets qu'ils n'épargnent non plus qu'on les a épargnés.

Les boucaniers vivent fort librement les uns avec les autres, et se gardent une grande fidélité. Si quelqu'un trouve le coffre où un autre met sa poudre, son plomb et sa toile, il ne fait point de difficulté d'en prendre selon son besoin, et lorsqu'il rencontre celui à qui le coffre appartient, il lui dit ce qu'il en a tiré, et le lui rend quand il en a la commodité. Ils se font cela les uns aux autres sans façon.

Autrefois, quand deux boucaniers avaient quelque différend, les autres les accommodaient. Si cela ne se pouvait, et que les parties demeurassent trop opiniâtres, ils se faisaient raison eux-mêmes en vidant leur querelle à coups de fusil. Ils se mettaient à une certaine distance l'un de l'autre, et le sort marquait celui qui devait tirer le premier. Si celui-ci manquait son coup, l'autre tirait s'il voulait. Quand il y en avait un de mort, les autres jugeaient s'il avait été bien ou mal tué, s'il ne s'était point commis de lâcheté à son égard, si le coup était donné par devant. Le chirurgien en faisait la visite pour voir l'entrée de la balle, et s'il trouvait qu'elle avait pris par derrière ou trop de côté, on imputait le coup à perfidie, et on attachait celui qui avait fait l'assassinat à un arbre où il avait la tête cassée d'un coup de fusil. C'est ainsi qu'ils se faisaient justice les uns aux autres. Mais à présent qu'ils ont des gouverneurs, ils viennent devant eux pour terminer leurs différends.

Les boucaniers espagnols, qui se nomment entre eux *matadors* ou *monteros*, chassent autrement que les Français. Ils ne se servent point d'armes à feu, mais de lances et de croissants. Ils ont des meutes comme les Français, et se font suivre de deux ou trois valets qui animent leurs chiens. Quand ils ont trouvé un taureau, ils le poussent dans une prairie où le matador, qui s'y trouve à cheval, court lui couper le jarret, après quoi il le tue avec sa lance. Cette chasse est très plaisante avoir, car outre que ces gens y sont adroits, ils font autant de cérémonies et de détours que s'ils voulaient courir le taureau devant le roi d'Espagne. Mais ces animaux étant en fougue crèvent les chevaux, blessent et tuent bien des hommes. En 1672, j'ai vu les matadors chasser sur cette île et sur celle de Cuba, où un taureau creva trois chevaux avant que l'Espagnol qui lui donnait la chasse pût le tuer. Aussi fit-il un vœu à Notre-Dame de la Guadeloupe, qui l'avait délivré de ce péril. Les chasseurs espagnols ne se donnent pas tant de peine que les Français. Ils font sécher leurs cuirs comme eux, mais ils se servent de chevaux pour les porter sur les lieux destinés à cet effet. Ils préparent leurs mets avec plus de délicatesse et ne mangent point leur viande sans pain, ou sans cassave, outre qu'ils ont toujours avec eux le régal de vin, d'eau-de-vie ou de confitures. Ils sont aussi, dans leurs habits, infiniment plus propres, et fort curieux d'avoir du linge blanc.

Ces deux nations se font continuellement la guerre. Les Espagnols, dans le dessein de chasser les Français, ont formé cinq compagnies de cent hommes chacune, qu'ils nomment *lanceros*, à cause qu'ils n'ont pour armes que des lances. Il doit toujours y en avoir la moitié en campagne, pendant que l'autre se repose ; et quand il y a quelque grande entreprise, tout le corps est obligé de marcher. Ils sont à cheval et n'ont que quelques mulâtres à pied pour découvrir où sont les Français, et les surprendre s'il se peut ; car lorsque ceux-ci sont sur leurs gardes, les Espagnols n'osent pas s'exposer à leur feu.

Quand les boucaniers français savent que cette cinquantaine est en campagne, ils s'avertissent tous, et le premier qui la découvre le fait savoir aux autres, afin de les attaquer s'il y a moyen. Les Espagnols, de leur côté, ne manquent pas de faire épier où les Français ont leur boucan, et tâchent de les y surprendre de nuit et en temps pluvieux, afin de les massacrer sans qu'ils puissent se servir de leurs armes.

Un boucanier français, étant parti le matin avec son valet pour aller chasser, se trouva au milieu d'une troupe d'Espagnols à cheval avec leurs lances. Ils avaient si bien entouré ce boucanier et ce valet, que ni l'un ni l'autre ne pouvait échapper. Cependant, une généreuse résolution les tira d'affaire. Ils se mirent tous deux dos à dos, répandirent chacun leur poudre et leurs balles dans leur bonnet, et attendirent leurs ennemis de pied ferme. Les Espagnols, qui n'avaient que des lances, les tenaient enfermés dans un rond qu'ils avaient formé, sans approcher ; ils leur criaient de loin de se rendre, qu'ils leur feraient bon quartier, qu'enfin ils ne voulaient point leur faire de mal, mais seulement exécuter l'ordre de leur général. Les deux Français leur répondirent qu'ils ne demandaient point de quartier, et qu'il en coûterait cher aux premiers qui approcheraient. Aucun des Espagnols ne voulut se hasarder. En effet, celui qui aurait avancé aurait payé pour les autres, et pas un ne voulut être le premier. Ainsi, ils aimèrent mieux laisser les deux boucaniers que d'essuyer leur décharge.

Un autre, étant un jour seul à chasser, se trouva en pareille occasion. Traversant une savane, il fut surpris par une troupe d'Espagnols à cheval. Voyant alors qu'il avait beaucoup de chemin à faire avant que de pouvoir gagner le bois, et que les Espagnols seraient à lui avant qu'il y arrivât, il s'avisa de cette ruse. Il mit son fusil en état et courut sur eux en criant : « À moi ! à moi ! » Comme s'il avait eu beaucoup de monde avec lui et qu'il eût cherché les Espagnols. Ceux-ci le crurent et prirent la fuite à toute bride. Dès qu'il les vit partir, il coupa par les bois pour s'échapper lui-même. Je pourrais faire un volume entier de ces sortes de rencontres entre les deux nations, depuis que les Français sont en l'île Saint-Domingue ; mais ces deux exemples suffiront au lecteur pour juger du reste.

Les Espagnols, voyant qu'ils ne pouvaient avec leur cinquantaine détruire les Français, ni leur faire abandonner l'île, ou du moins la chasse, résolurent de détruire le bétail afin d'obliger, par ce moyen, les boucaniers à tout quitter.

Ils dépeuplèrent toute l'étendue de pays qui est depuis Lamana, Monte-Christo, Bayaha, Isabella, Limonada, Iapsi, Caracol, le trou Charles-Morin jusqu'à l'Ancon de Louise, les Gonaittes et le Cul-de-Sac à la Boucle du Sud, où les Français n'avaient jamais pénétré. Ils exécutèrent leur entreprise sans coup férir. Ils étaient soutenus de leur cinquantaine ; il fallut céder à la force.

Cette destruction est cause que présentement il y a très peu de boucaniers. Dès le temps que je partis, leur nombre commençait de diminuer. Les Espagnols cependant n'y ont rien gagné ; car depuis qu'il n'y a plus de chasse, le nombre des habitants français a tellement augmenté que le roi de France, sans employer d'autre force que celle de ses sujets, pourrait se rendre maître de tout le pays.

CHAPITRE VIII

*Des habitants des îles espagnoles et de la Tortue,
et de leurs engagés.*

Ceux qui ont habité les premiers l'île de Saint-Domingue et la Tortue sont venus des Antilles ; et comme leur nombre s'est toujours accru, et que la Tortue leur semblait trop petite, la plupart, ayant éprouvé que le genre de vie de l'habitant était plus doux que le métier de chasseur, résolurent de faire des habitations. Ils allèrent donc se placer à la Grande-Anse, située à l'occident de l'île de Saint-Domingue. Ils choisirent ce lieu, qui est éloigné de plus de cent cinquante lieues des Espagnols, pour n'en être point inquiétés. Leur nombre augmentant tous les jours, ils se sont enfin approchés de l'Eaugane, distante de la Grande-Anse de vingt à vingt-cinq lieues, et pendant vingt ans ou environ, ils n'ont point entrepris de se loger ailleurs ; mais M. d'Ogeron, gouverneur de la Tortue, a tellement augmenté la colonie, qu'elle a enfin peuplé les lieux les plus voisins de cette île, nommés aujourd'hui la Grande Terre, depuis le port de Paix jusqu'au port Margot, où il commença lui-même une habitation. Depuis ce temps-là, ces peuples se sont tellement multipliés qu'ils s'étendent jusqu'à l'Aucon de Louise, au Port Français, au trou Charles-Morin, et jusqu'à Limonade, où ils ne craignent nullement les Espagnols.

Quand ils veulent commencer une habitation, ils s'associent à deux, quelquefois trois, comme je l'ai dit des boucaniers, et se nomment matelots ; ils font un contrat, par lequel ils mettent en commun tout ce qu'ils ont, et ils le rompent quand ils jugent à propos. Si, pendant la société, l'un des deux meurt, l'autre demeure possesseur de tout le bien, au préjudice des héritiers qui pourraient venir d'Europe le réclamer.

Leurs conventions étant faites, ils demandent de la terre au gouverneur, qui envoie un officier du quartier leur mesurer une habitation. S'ils sont deux, on leur donne ordinairement quatre cents pas géométriques de large et soixante de long. S'ils sont trois, ils ont à proportion, afin que s'ils viennent à partager leur habitation, chacun puisse en avoir une de deux cents pas de large sur la même longueur.

L'habitation étant bornée, ils en choisissent l'endroit le plus commode pour y planter leur domicile, et c'est communément assez près de la mer.

Lorsque toutes les habitations du premier étage sont prises – on appelle ainsi celles qui touchent au bord de la mer –, il faut se contenter de celles qui en sont plus éloignées ; et quand le quartier est bon, il s'y forme jusqu'à quatre étages. Les habitants de chaque étage, quel qu'il soit, sont obligés de donner aux autres un passage libre sur leur propre fonds. Cependant les habitations les plus voisines de la mer sont les meilleures et les plus commodes, non seulement pour le transport des marchandises, mais encore parce que les habitants ont besoin de l'eau de la mer pour tordre leur tabac. Pour profiter entièrement de cette place, ils abattent les arbres de haute futaie qui leur nuisent. Quand, au bout de cinq ou six mois, le bois est sec, ils y mettent le feu. Comme les troncs et les souches de ces grands arbres coûteraient trop de temps à débiter, ils s'épargnent, en les brûlant, la peine et les frais de les transporter plus loin. Les sauvages procèdent de même.

Les habitants commencent par planter les légumes. D'abord, ils sèment des pois, ensuite des patates, du manioc, dont ils font de la cassave, des bananiers et des figuiers, qui, dans ces premiers commencements, leur servent de nourriture. Ils plantent ces figuiers dans les lieux les plus bas et les plus humides, le long des rivières et auprès des sources ; car il n'y a guère d'habitant qui n'ait sa demeure proche d'une rivière ou d'une source.

Après avoir pourvu à la nourriture, ils bâtissent une plus grande loge, qu'ils nomment case, à l'imitation des Espagnols ; ils en sont eux-mêmes, ou leurs voisins, les charpentiers et les entrepreneurs ; chacun y donne son avis. Pour cela, ils taillent, en fourches, trois ou quatre arbres de quinze à seize pieds de haut, qu'ils enfoncent en terre ; et, sur les fourchons, ils mettent une pièce de bois, qui forme le faîte. À six pieds de là, ils en placent de chaque côté huit autres, qui n'ont que six à sept pieds de hauteur, sur les fourchons desquels ils posent pareillement des pièces de bois, qu'ils nomment filières. Enfin, de deux en deux pieds, ils mettent des traverses, c'est-à-dire de nouvelles pièces de bois, qui s'accrochent par le moyen d'une cheville sur le faîte, et qui viennent tomber par l'autre bout sur les filières.

Quand cela est fait, ils amassent quantité de feuilles de palmier, ou de roseaux, ou de cannes à sucre, pour couvrir le bâtiment, et les voisins s'aident les uns les autres. En un jour, la case est couverte. Ils la ferment d'une palissade de roseaux ou de planches de palmier. Au pourtour du logis, ils plantent quantité de petites fourches de la hauteur de deux ou trois pieds hors de terre, sur lesquelles ils mettent des bâtons entrelacés en forme de claie. Ils jettent là-dessus des paillasses remplies de feuilles de bananier, et chacun a la sienne ; car c'est là où couchent tous les habitants de la case. Chaque lit est couvert d'une toile de tente blanche, qu'ils nomment pavillon, et le tout s'appelle une cabane.

La case étant construite, le maître de l'habitation donne pour récompense, à ceux qui l'ont aidé, quelques flacons d'eau-de-vie, s'il y en a dans le pays. Cela ne se refuse jamais. Auprès de la case principale, ils en font encore quelque petite, qui leur sert de cuisine.

L'habitant, ainsi accommodé, est au-dessus de ses affaires ; il n'a plus qu'à cultiver les légumes qu'il a plantés, et à abattre du bois pour découvrir une place où il puisse pareillement planter du tabac. Il en abat suivant le monde qu'il a pour le cultiver ; car on compte un homme pour deux mille pieds de tabac. Le lieu où on le plante veut être net de toute sorte d'ordure ou d'herbe étrangère, et, pour cela, on est obligé de sarcler tous les huit jours.

Pendant que le tabac croît, les habitants bâtissent une ou deux cases, pour le mettre à mesure qu'ils le recueillent. Ils en bâtissent aussi une autre moins grande pour le tordre et le serrer, en attendant la commodité de l'embarquer.

Dès qu'ils en ont une certaine quantité, ils l'envoient en France et se procurent alors haches, houes, grattoirs, couteaux, toile pour faire des sacs à manioc et pour s'habiller. Quant au vin et à l'eau-de-vie, c'est la première chose que ces gens-là songent à acheter.

Il y en a qui passent en France lorsqu'ils ont gagné quelque chose ; ils achètent eux-mêmes des marchandises, et engagent des hommes qu'ils amènent aux colonies pour se faire servir, comme je l'ai dit des boucaniers. Comme ils sont ordinairement deux associés, l'un demeure sur l'habitation pendant que l'autre voyage. Quand ils reviennent de France, ils amènent avec eux cinq ou six hommes ou plus, selon qu'ils ont le moyen de payer leurs passages, qui coûtent cinquante-six livres pour chacun.

Ils n'ont pas plus tôt mis pied à terre, qu'ils conduisent ces nouveaux venus à l'habitation, pour les faire travailler. Ils font commercede ces hommes les uns avec les autres, se les vendent pour trois ans, moyennant la somme dont ils conviennent.

Si un habitant a plusieurs engagés, il ne travaille point : il a pour faire travailler ses gens, un commandant, auquel on donne deux mille livres de tabac par an, ou une part du produit du domaine.

Voici de quelle manière ces engagés sont traités. Dès que le jour commence à paraître, le commandant siffle afin que ses gens se rendent à l'ordre ; il permet à ceux qui fument d'allumer leur pipe, et il les mène au travail, qui consiste à abattre du bois ou à cultiver le tabac. Il est là avec un bâton, qu'on nomme une liane ; si quelqu'un d'eux s'arrête un moment sans agir, il frappe dessus comme un maître de galère sur des forçats ; malades ou non, il faut qu'ils travaillent. J'en ai vu battre quelques-uns à un tel point qu'ils ne s'en sont jamais relevés. On les met dans un trou à un coin de l'habitation, et on n'en parle point davantage.

J'ai connu un habitant qui avait un engagé malade à mourir, il le fit lever afin de tourner une meule pour aiguiser sa hache ; et ce pauvre malade ne tournant point à son gré, il lui donna un coup de hache entre les deux épaules, qui entraîna la mort deux heures après. Voilà le traitement que ces habitants infligent à leurs engagés ; cependant, ils ne laissent pas de passer pour indulgents, en comparaison de ceux des Antilles.

Un habitant de Saint-Christophe, nommé Belle-Tête, qui était de Dieppe, se faisait gloire d'assommer un engagé qui ne travaillait pas à son gré. J'ai entendu dire à ses parents qu'il en avait assommé plus de trois cents, et il publiait qu'ils étaient morts de paresse. Un saint religieux lui ayant fait quelque remontrance à ce sujet, il répondit brusquement qu'il avait été engagé et qu'il n'avait pas été épargné ; qu'il était venu aux îles pour gagner du bien et que, pourvu qu'il en gagnât et que ses enfants allassent en carrosse, il ne se mettait pas en peine d'aller au diable.

Un bon homme, extrêmement pauvre, ayant appris que son fils était richement établi à la Guadeloupe, s'engagea à un marchand qui avait reçu de l'argent de ce fils pour lui acheter des gens. Le marchand s'imagina qu'il rendrait un bon office au fils en lui amenant son père, et le père crut être à la fin de ses peines ; mais il fut trompé dans son attente, car ce fils dénaturé l'envoya travailler, et, comme il n'en faisait pas autant que les autres, il n'osa, à la vérité, le battre, mais il le vendit à un autre habitant, qui, sachant ce qu'il était, lui donna de quoi vivre et la liberté.

Il n'est pas besoin que je cite d'autre aventure que celle qui m'est arrivée à moi-même, pour faire connaître leur barbarie. J'ai déjà dit qu'à mon arrivée à la Tortue, je fus exposé en vente par le commis général de Messieurs de la Compagnie et acheté par lui.

Mais au lieu de m'employer à ce qui regardait ma profession, comme j'en étais convenu avec la Compagnie, il me condamna aux emplois les plus bas et les plus serviles. J'offris de lui payer tous les jours deux écus, pourvu qu'il me permît de m'occuper de ma profession : il ne voulut point m'accorder cette grâce.

Un an après mon arrivée, je tombai malade, et, après avoir beaucoup souffert, lorsque je me croyais sur le point de mourir, une sueur me tira d'affaire ; mais, à peine fus-je délivré de ce mal que j'en ressentis un autre aussi cruel. C'était la faim, et, par malheur, je n'avais ni de quoi manger, ni la permission d'aller chercher des vivres : en sorte que j'étais contraint de me nourrir d'oranges amères, qui ne commençaient qu'à nouer.

La nécessité fit que je descendis du fort de la Roche, où demeurait mon maître, à la Basse-Terre. J'y rencontrai un secrétaire de M. le Gouverneur, qui me mena à sa maison et me donna à déjeuner, avec une bouteille de vin qu'il m'obligea d'emporter. Mon maître, qui avait vu ce qui s'était passé avec une lunette d'approche, m'enleva mon vin dès que je fus arrivé et me fit mettre dans un cul de basse-fosse, disant qu'il me ferait périr, en dépit de M. le Gouverneur.

Je fus enfermé trois jours, les fers aux pieds, dans ce cachot plein d'immondices. Le quatrième jour, on m'ouvrit la porte et on voulut m'obliger de dire que M. le Gouverneur m'avait demandé ce que faisait M. de la Vie. Je répondis que, quand je devrais périr, je ne conviendrais jamais d'une chose qui n'était pas.

On me laissa toutefois aller, et on me commanda de défricher une terre qui était autour du fort de la Roche. Comme je me vis seul, et que je n'étais point observé, je quittai tout, résolu de m'aller plaindre à M. le Gouverneur ; mais avant que de le faire, j'allai consulter le R. P. Marc d'Angers, capucin, qui fut touché de l'état déplorable où j'étais. Il me mena sur-le-champ chez le Gouverneur, qui ordonna aux gens de sa maison d'avoir soin de moi. On me donna un bon lit, on ne me laissa manquer de rien, et, en peu de jours, je fus rétabli. Il ne me resta plus d'autre mal que la crainte de retourner chez mon maître, ce qui n'arriva pas. M. le Gouverneur me mit avec un chirurgien célèbre dans le pays, ne trouvant pas à propos de me retenir auprès de lui, et fit rendre par les mains du chirurgien à M. de la Vie l'argent qu'il avait donné pour m'acheter. Je me tirai ainsi des mains de ce méchant maître, qui, ayant depuis repassé en France, a eu le front de dire à mes parents qu'il m'avait fait tout le bien imaginable.

Le lecteur me pardonnera cette digression au sujet des engagés. Je reviens au commandant qui les fait travailler.

Lorsqu'ils vont le matin au travail, l'un d'entre eux a le soin de donner à manger aux porcs, car les habitants nourrissent là toute sorte de bestiaux. Il leur porte des feuilles de patates, ensuite il fait cuire des patates et, les ayant préparées avec de la sauce de pimentade, il appelle ses camarades qui sont au travail pour déjeuner. Quand ils ont mangé, ils allument leur pipe et chacun retourne au travail.

Celui qui a la charge de la cuisine, met cuire des pois avec de la viande et des patates hachées en guise de navets. Lorsque son pot est au feu, il va travailler avec les autres ; et quand il est temps de dîner, il revient pour l'apprêter. Dès qu'on a dîné, on retourne travailler jusqu'au soir ; et on soupe comme on a dîné ; ensuite, on s'occupe à éjamber du tabac, à fendre du mahot, qui est une écorce d'arbre propre à lier le tabac, ou enfin à faire de petits liens pour le pendre, et, dès que minuit sonne, il est permis d'aller prendre son sommeil.

Les fêtes et les dimanches, ils peuvent aller se promener. Les mauvais traitements, le chagrin et le scorbut font mourir beaucoup d'engagés. Si l'on n'a de la résolution, et qu'on ne fasse quelque exercice, on devient comme insensé, et l'on piquerait un homme en cet état qu'il ne le sentirait pas.

Les Anglais traitent leurs engagés encore plus mal que les Français ; ils les retiennent pour sept ans, au bout desquels ils les font boire démesurément et, à la faveur de l'ivresse, les rattrapent pour sept autres années. J'en ai vu qui avaient servi jusqu'à vingt-huit ans. Cromwell a vendu plus de 10 000 Écossais et Irlandais, pour les envoyer à la Barbade. Il s'en sauva un jour un navire plein, que le courant apporta à Saint-Domingue ; les vivres leur manquant et ne sachant pas où ils étaient, ils périrent tous par la faim. Leurs os se voient encore proche du Cap Tiburon, en un lieu qu'on nomme l'Anse aux Ibernois.

Si j'ai fait une description particulière de quelques endroits de l'Amérique, et si je me suis arrêté sur certaines matières intéressantes qui concernent ce pays, ce n'a été que pour préparer le lecteur à entendre mieux la suite de cette histoire. En parlant des boucaniers, par exemple, j'ai voulu montrer que les plus célèbres aventuriers se forment chez eux, de manière qu'on peut dire qu'ils font leur apprentissage à la campagne, dans les bois et sur les animaux, pour faire ensuite des coups de maître sur les mers, dans les villes et contre les hommes.

Quelqu'un s'étonnera peut-être de ce que, tant d'auteurs ayant écrit de l'Amérique, j'aie cru devoir en écrire encore. Il devrait plutôt s'étonner de ce qu'ayant été engagé, habitant et boucanier, je n'en dise pas davantage. Cependant, je me suis contenté de rapporter ce que j'ai vu de plus singulier, étant persuadé que, dans un voyage, il ne s'agit pas d'en dire beaucoup, mais de dire vrai.

CHAPITRE IX

L'auteur s'embarque avec les aventuriers.
Leurs entreprises.

Après avoir été quelque temps avec le chirurgien dont j'ai parlé, je lui demandai permission de me mettre sur un vaisseau aventurier qui était prêt à aller en course, ce qu'il m'accorda volontiers. C'est ainsi que je me trouvai parmi les aventuriers, et je vais maintenant décrire les plus mémorables actions que je leur ai vu faire.

Les Français et les Anglais ne furent pas longtemps à s'apercevoir combien était avantageux aux Espagnols l'établissement de la puissante colonie qu'ils ont dans l'Amérique. Les Français se glissèrent parmi eux, participèrent à leurs aventures ; puis, jugeant insuffisants les bénéfices, ils se replièrent, méditant d'en réaliser de plus grands par leur industrie et d'en jouir sans partage.

Ainsi, les Français et les Anglais, retournés chez eux, proposèrent bientôt à leurs marchands divers moyens de s'enrichir dans ces pays. Ces deux nations équipèrent quelques vaisseaux pour faire le même commerce que les Espagnols ; mais ceux-ci, étant les plus forts, prirent les vaisseaux anglais et français. Toutefois, ils ne purent pas les empêcher de coloniser quelques îles, et la première fut celle de Saint-Christophe, dans les Antilles. Mais, quoique les Français et les Anglais fussent joints ensemble, ils ne se trouvèrent pas néanmoins en état de résister aux Espagnols, qui les chassèrent deux ou trois fois de leurs établissements, et s'attirèrent ainsi une guerre continuelle avec ces deux nations. De là, il est arrivé que les Espagnols ont défendu généralement à tous les étrangers l'entrée de leurs ports.

Le cardinal de Richelieu, qui était alors tout puissant en France, et qui ne tendait qu'à l'agrandissement de cette couronne, créa une compagnie, avec ordre de peupler ces îles. Les Anglais, de leur côté, en firent autant, de sorte que les particuliers qui avaient commencé à s'établir dans ce pays pour commercer, voyant qu'il n'y avait plus rien à faire, abandonnèrent tout, et prirent le parti de courir le bon bord, cherchant partout les Espagnols pour les piller. On les nomma flibustiers ou aventuriers.

Le plus célèbre de ce temps-là fut un nommé Pierre le Grand, natif de Dieppe, lequel, ayant été quelques mois en mer sans pouvoir rien prendre, se trouva en fort mauvais état au cap Tiburon, situé à la pointe occidentale de l'île de Saint-Domingue. Son vaisseau, qui était monté de quatre petites pièces de canon et de vingt-huit hommes, faisait eau de tous côtés ; il manquait de vivres, et ne savait où en prendre. Il avait découvert quelques bâtiments espagnols, mais, les voyant trop forts, son équipage n'avait pu se déterminer à les attaquer.

En cet état, pendant qu'il tenait conseil, celui qui était au haut du mât pour découvrir en mer, cria qu'il voyait un navire, mais qu'il paraissait fort grand. — « Tant mieux, répondit l'équipage, la prise en sera meilleure. » Aussitôt, le conseil cessa et l'on ne songea plus qu'à faire voile, pour donner la chasse au bâtiment, dont ils s'approchèrent en peu de temps. En effet, il leur parut si grand qu'ils commencèrent à chanceler, oubliant ce qu'ils venaient de résoudre. Mais le capitaine les rassura en leur faisant entendre qu'il était sûr de son coup, pourvu qu'ils voulussent le seconder. « Nous n'avons, dit-il, qu'à sauter à bord ; les Espagnols, ne se doutant pas qu'un vaisseau aussi petit que le nôtre ait pu former le dessein de les attaquer, ne se seront point précautionnés... »

Tous lui promirent avec serment qu'ils le suivraient, et qu'ils exécuteraient ponctuellement les ordres. Cependant, il ne s'y fia pas trop, car il prit des mesures secrètes avec le chirurgien qui était son confident. Celui-ci devait monter à bord, le dernier, et avant que d'y monter, il avait l'ordre de crever la barque d'un coup de pince de fer, afin d'obliger par là ses gens à tout entreprendre pour vaincre.

Avant que d'aborder, ils s'armèrent chacun de deux pistolets et d'un bon coutelas, et les Espagnols, au lieu de leur défendre l'abordage, les regardèrent entrer indifféremment. Aussitôt, Pierre le Grand, suivi de dix des siens, entra dans la chambre du capitaine, lui mit le pistolet sous la gorge, et lui commanda de se rendre. Cependant, le reste se saisit de la sainte-barbe et de toutes les munitions ; ils firent descendre les Espagnols dans le fond de cale, et ceux-ci qui ne savaient ce que c'était, voyant ces gens dans leur navire, sans apercevoir celui qui les avait amenés, parce qu'il était déjà coulé à fond, les crurent tombés des nues. Dans leur surprise, ils faisaient des signes de croix, se disant les uns aux autres : *Jesus, son demonios estos !* (Ceux-ci sont des diables !)

Ce n'est pas que, pour prévenir le malheur, quelques matelots, qui remarquaient que ce bâtiment avançait toujours, n'eussent prévenu le capitaine de ce qui pouvait arriver ; mais le capitaine n'en tint aucun compte, ne croyant pas qu'un si petit bâtiment osât l'attaquer. Il retourna dans sa chambre jouer aux cartes, comme si ce n'eût été rien. On alla lui dire une seconde fois que le bâtiment approchait, et qu'il avait l'apparence d'être à des corsaires. On lui demanda enfin s'il ne voulait pas du moins qu'on préparât deux pièces de canon. « Non, non, dit-il, qu'on prépare seulement le palan, et nous le guinderons. » Le palan est une sorte de poulie dont on se sert dans les navires pour guinder les marchandises à bord.

Ainsi le capitaine ne reconnut sa faute que quand il se vit le pistolet sous la gorge, et qu'il fallut rendre son navire à ce misérable qu'il prétendait guinder dans son bord. Le sieur le Grand et tous ses compagnons de mer virent en peu de temps leur fortune bien changée ; car, au lieu d'une méchante barque qui coulait presque à fond et manquait de tout, ils se trouvèrent en possession d'un navire de cinquante-quatre pièces de canon, dont la plupart étaient de bronze, avec quantité de vivres, de rafraîchissements, de munitions, et des richesses immenses. C'était le vice-amiral des galions d'Espagne, égaré de sa flotte.

Dès que nos aventuriers se furent rendus maîtres de ce vaisseau, ils mirent à terre ceux qui le montaient, dans l'île de Saint-Domingue, dont ils étaient fort proches, et gardèrent seulement quelques matelots, qui leur étaient nécessaires pour conduire ce bâtiment en Europe, où ils arrivèrent heureusement, et où le sieur le Grand est demeuré, sans se soucier davantage de retourner en Amérique.

Cette belle et riche prise fit grand bruit partout, et donna occasion à plusieurs particuliers d'équiper des vaisseaux pour faire des courses. D'un autre côté, les Espagnols ayant pris plus de soin de se tenir sur leurs gardes, un assez petit nombre d'aventuriers y gagnèrent ; plusieurs y perdirent, et furent obligés, comme je l'ai déjà dit, de se confiner dans la colonie, parce que leurs bâtiments, devenant vieux, étaient de trop grand entretien, et qu'ils ne pouvaient en faire venir de France, sans une dépense excessive, à quoi il leur était impossible de subvenir. D'autres, qui ne pouvaient se passer de cette vie, cherchèrent le moyen d'avoir des bâtiments qui ne leur coûtassent rien.

Cet expédient leur a si bien réussi, et leur nombre s'est tellement augmenté avec leur valeur, qu'ils font tous les jours des exploits inouïs contre les Espagnols. Comme ils sont braves, déterminés et intrépides, il n'y a ni fatigues ni dangers qui les arrêtent dans leurs courses ; au milieu du combat, ils ne songent qu'aux ennemis et à la victoire, presque toujours pourtant dans l'espoir du gain, et rarement en vue de la gloire. Ils n'ont point de pays certain, leur patrie est le lieu où ils trouvent de quoi s'enrichir ; leur valeur est leur héritage. Ils sont tout à fait singuliers dans leur piété, car ils prient Dieu avec autant de dévotion, lorsqu'ils vont ravir le bien d'autrui, que s'ils le priaient de conserver le leur. Ce qu'il y a de plus précieux dans le monde ne leur coûte qu'à prendre, et quand ils l'ont pris, ils pensent qu'il leur appartient légitimement, et l'emploient aussi mal qu'ils l'ont acquis : puisqu'ils prennent avec violence, et répandent avec profusion.

Le succès de leurs entreprises semble justifier leur témérité, mais rien ne peut excuser leur barbarie, et il serait à souhaiter qu'ils fussent aussi exacts à garder les lois qui maintiennent le bon ordre parmi les autres hommes, qu'ils sont fidèles à observer celles qu'ils établissent entre eux. Ils s'abandonnent aussi volontiers au travail qu'au plaisir ; également endurcis à l'un et sensibles à l'autre, ils sont tantôt riches, tantôt pauvres, tantôt maîtres, tantôt esclaves, sans se laisser abattre par leur malheur, mais sans savoir profiter de leur prospérité.

Voilà, en général, ce que l'on peut dire des aventuriers. Voyons maintenant de quelle manière ils se gouvernent en particulier, et les expédients dont ils se sont servis et se servent encore tous les jours pour avoir des bâtiments.

CHAPITRE X

Particularités des aventuriers ou flibustiers dans leurs courses.
Côtes qu'ils fréquentent ; chasse-partie qu'ils font entre eux.
Leur manière de vivre.

Combien voit-on de personnes capables des plus hautes entreprises, languir dans l'oisiveté faute d'avoir les choses nécessaires pour les exécuter ! Il n'en est pas de même des flibustiers ; leur génie supplée au défaut de leurs moyens : ils ne manquent jamais d'inventions pour trouver les munitions de guerre ou de bouche. Voici comment ils s'y prennent pour avoir des bâtiments.

Ils s'associent à quinze ou vingt, tous bien armés d'un fusil de quatre pieds de canon, tirant une balle de seize à la livre, et ordinairement d'un pistolet ou deux à la ceinture tirant une balle de vingt à vingt-quatre à la livre ; avec cela, ils ont un bon sabre, un coutelas. La société étant formée, ils choisissent un d'entre eux pour chef, et s'embarquent sur un canot qui est une petite nacelle d'une seule pièce, faite du tronc d'un arbre, qu'ils achètent ensemble, à moins que celui qui est le chef ne l'achète lui seul, à condition que le premier bâtiment qu'ils prendront sera à lui en propre. Ils amassent quelques vivres pour subsister depuis l'endroit d'où ils partent jusqu'au lieu où ils savent qu'ils en trouveront, et ne portent pour toutes hardes qu'une chemise ou deux et un caleçon. Dans cet équipage, ils vont se présenter devant quelque rivière ou port espagnol, d'où ils prévoient qu'il doit sortir des barques, et dès qu'ils en découvrent, ils sautent à bord et s'en rendent les maîtres. Ils n'en prennent point sans trouver des vivres et des marchandises et moyennant cela ils s'accommodent et trouvent de quoi se vêtir.

Si la barque n'est pas en bon état, ils vont la caréner dans certaine petite île qu'ils nomment Caye, et ils se servent des Espagnols qu'ils y trouvent pour faire cet ouvrage ; car ils ne travaillent que le moins qu'ils peuvent. Pendant que les Espagnols raccommodent la barque, les flibustiers festoient avec ce qu'ils y ont trouvé, et se partagent les marchandises également. Lorsqu'elle est en état, ils laissent aller leurs prisonniers et retiennent les esclaves s'il y en a. S'il n'y en a point, ils gardent un Espagnol pour faire la cuisine ; après quoi, ils assemblent leurs camarades, afin de fournir leur équipage et d'aller en course. Quand ils se trouvent trente ou quarante, selon le nombre qu'ils ont concerté et la grandeur de leur barque, ils pensent à la ravitailler et ils le font sans débourser d'argent. Pour cela, ils vont en certains lieux épier les Espagnols qui ont des couraux ou parcs pleins de porcs ; ils forcent ceux qu'ils peuvent surprendre à leur apporter deux ou trois cents porcs gras, plus ou moins, selon qu'ils ont besoin, et sur leur refus ils les pendent, après leur avoir fait souffrir mille cruautés.

Pendant que les uns salent ces porcs, les autres amassent du bois et de l'eau pour le voyage, et tous étant convenus d'une commune voix du port où ils iront, ils font un accord qu'ils nomment entre eux chasse-partie, pour régler ce qui doit revenir au capitaine, au chirurgien et aux estropiés. L'équipage choisit cinq ou six de ses principaux membres, lesquels concluent avec le chef ou capitaine cet accord sur les bases suivantes :

1. — En cas que le bâtiment soit commun à tout l'équipage, on stipule qu'ils donneront au capitaine le premier bâtiment qui sera pris, et son lot comme aux autres ; mais si le bâtiment appartient au capitaine, on spécifie qu'il aura le premier qui sera pris, avec deux lots, et qu'il sera obligé de brûler le plus méchant des deux, ou celui qu'il monte, ou celui qu'on aura pris ; et, en cas que le bâtiment qui appartient à leur chef soit perdu, l'équipage sera obligé de demeurer avec lui, aussi longtemps qu'il faudra pour en avoir un autre.
2. — Le chirurgien a deux cents écus pour son coffre de

médicaments, soit qu'on fasse quelque prise ou non, et outre cela, si on en fait une, il a un lot comme les autres. Si on ne le satisfait pas en argent, on lui donne deux esclaves.

3. — Les autres officiers sont tous également partagés, à moins que quelqu'un ne se soit signalé : en ce cas, on lui donne, d'un commun consentement, une récompense.

4. — Celui à l'initiative duquel sera due la capture aura 100 écus.

5. — Pour la perte d'un œil, 100 écus ou un esclave.

6. — Pour la perte de deux, 600 écus ou six esclaves.

7. — Pour la perte de la main droite ou du bras droit, 200 écus ou deux esclaves.

8. — Pour la perte des deux, 600 écus ou six esclaves.

9. — Pour la perte d'un doigt ou d'une oreille, 100 écus ou un esclave.

10. — Pour la perte d'un pied ou d'une jambe, 200 écus ou deux esclaves.

11. — Pour la perte des deux, 600 écus ou six esclaves.

12. — Lorsqu'un flibustier a une plaie dans le corps qui l'oblige de porter une canule, on lui donne 200 écus ou deux esclaves.

13. — Si quelqu'un n'a pas perdu entièrement un membre, mais que ce membre soit complètement hors d'usage, il ne laissera pas d'être indemnisé comme s'il l'avait perdu tout à fait.

Ajoutez à cela qu'il est au choix des estropiés de prendre de l'argent ou des esclaves, pourvu qu'il y en ait.

La chasse-partie étant ainsi arrêtée, elle est signée des capitaines et des principaux qui ont été choisis pour la faire. Ensuite tous ceux de l'équipage s'associent deux à deux en vue de s'entr'aider en cas de blessure ou de maladie. Ils passent un écrit sous seing privé, en forme de testament : cet écrit stipule que si l'un d'eux meurt, l'autre a licence de s'emparer de tout ce qu'il a. Quelquefois ces accords sont permanents, et quelquefois aussi ils ne sont valables que pour le temps du voyage.

Tout étant ainsi disposé, ils partent ; les côtes qu'ils fréquentent ordinairement sont celles de Caracas, de Carthagène, de Nicaragua, etc., lesquelles ont plusieurs ports où il vient souvent des navires espagnols. À Caracas, les ports où ils attendent l'occasion, sont Comana, Comanagote, Coro et Maracaïbo. À Carthagène, la Rancheria, Sancta-Marta et Porto-Bello. Et à la côte de Nicaragua, l'entrée du lagon du même nom. À celle de Campêche, la ville du même nom. À l'île de Cuba, la ville de Santiago et celle de Saint-Christophe-de-la-Havane, où il entre fort souvent des bâtiments. Pour ce qui est des Honduras, il n'y a qu'une saison de l'année où l'on puisse attendre la patache ; mais comme ce n'est pas une chose bien sûre, ils n'y vont que rarement. Les plus riches prises qui se fassent en tous ces endroits sont les bâtiments qui viennent de la Nouvelle-Espagne par Maracaïbo, où l'on trafique le cacao, dont se fait le chocolat. Si on les prend lorsqu'ils y vont, on leur enlève leur argent ; si c'est à leur retour, on profite de tout le cacao. Pour cela, on les épie à la sortie du cap de Saint-Antoine et de celui de Catoche, ou au cap de Corientes, qu'ils sont toujours obligés de venir reconnaître.

Quant aux prises qu'on fait à la côte de Caracas, ce sont des bâtiments qui viennent d'Espagne, chargés de toutes sortes de dentelles et d'autres produits manufacturés.

Ceux qu'on prend au sortir de la Havane sont des bâtiments chargés d'argent et de marchandises pour l'Espagne, comme cuirs, bois de campêche, cacao et tabac. Ceux qui partent de Carthagène sont ordinairement des vaisseaux qui vont négocier en plusieurs petites places, où ceux de la flotte d'Espagne ne touchent point.

Pendant que les aventuriers sont en mer, ils vivent dans une grande amitié les uns avec les autres, et ils s'appellent tous *Frères de la Côte* ; ils nomment leur fusil leur arme. Quand deux d'entre eux rencontrent une belle femme, pour éviter la contestation qu'elle ferait naître, ils jettent à croix-pile à qui l'épousera. Celui que le sort favorise l'épouse, mais son camarade sera reçu à la maison : cela s'appelle *matelotage*.

Tant qu'ils ont de quoi, ils se traitent humainement ; chacun fait son devoir sans murmurer, et sans dire : *J'en fais plus que celui-là*.

Le matin, vers les 10 heures, le cuisinier met la chaudière sur le feu pour cuire de la viande salée dans l'eau douce, ou, au défaut de celle-ci, dans l'eau de mer, En même temps, il fait bouillir du gros mil battu, jusqu'à ce qu'il devienne épais comme du riz cuit ; il prend la graisse de la chaudière à la viande pour la mettre dans ce mil, et dès que cela est fait, il sert le tout dans des plats. L'équipage s'assemble au nombre de sept pour chaque plat. Le capitaine et le cuisinier sont ici sujets à la loi générale, c'est-à-dire que s'il arrivait qu'ils eussent un plat meilleur que les autres, le premier venu est en droit de le prendre et de mettre le sien à la place. Et cependant un capitaine aventurier sera plus considéré qu'aucun capitaine de guerre sur navire du Roi.

Car les aventuriers lui obéissent très exactement, dès le moment qu'ils l'ont élu. Mais s'il arrive qu'il leur déplaise, ils conviennent entre eux de le laisser dans une île déserte, avec son arme, ses pistolets et son sabre, et sept ou huit mois après, s'ils en ont besoin, ils vont voir s'il est encore en vie.

On fait ordinairement deux repas par jour sur les vaisseaux aventuriers, quand il y a assez de vivres ; sinon on n'en fait qu'un. On prie Dieu à l'entrée du repas. Les Français, comme catholiques, disent le cantique de Zacharie, le *Magnificat* et le *Miserere*. Les Anglais, comme prétendus réformés, lisent un chapitre de la Bible ou du Nouveau Testament et récitent des psaumes.

Dans ce moment, ils édifient ; mais leur aveuglement est insupportable, comme nous l'allons voir dans la suite de leurs mœurs, quand ils demandent à Dieu le succès d'une entreprise qui l'offense.

CHAPITRE XI

Conduite des aventuriers pour la prise d'un vaisseau. — Partage du butin. — Droit du gouverneur qui leur a donné la commission. — Îles où ils vont se caréner.

Lorsque les aventuriers découvrent quelque vaisseau, ils lui donnent aussitôt la chasse pour le reconnaître : on dispose le canon, chacun prépare ses armes et sa poudre, dont il est toujours le maître et le gardien. Pour ce qui est de la poudre à canon, elle s'achète aux frais de tout l'équipage ; quelquefois, le capitaine l'avance, et si on l'a prise sur quelque vaisseau ennemi, l'équipage est exempt d'en rien payer. Lors donc qu'ils découvrent quelque vaisseau, s'il est espagnol, on fait la prière comme dans la plus juste guerre du monde, et on demande à Dieu avec ardeur de remporter la victoire et de trouver de l'argent ; après cela, chacun se couche, le ventre sur le tillac, et il n'y a que celui qui conduit le navire qui soit debout et qui agisse, avec deux ou trois autres pour gouverner les voiles. De cette manière, on se met à bord du navire espagnol, sans s'inquiéter de savoir s'il tirera ou non, de sorte qu'en moins d'une heure, on voit un bâtiment changer de maître.

Lorsque le bâtiment est rendu, on songe à soigner les blessés des deux partis et à mettre les ennemis à terre ; et si le navire est riche et qu'il vaille la peine d'être conservé, on se rend dans le lieu ordinaire de retraite, qui est pour les Anglais l'île de Jamaïque, et pour les Français celle de la Tortue. On met sur le vaisseau pris un tiers de l'équipage, et personne n'a le privilège de commander à qui que ce soit d'y aller. On y va de son propre chef, ou encore parce que le sort vous a désigné. Dans ce dernier cas, quelque répugnance que vous puissiez avoir, il faut s'exécuter, sauf si vous êtes malade ; mais alors votre matelot doit prendre votre place.

Quand on est arrivé au lieu de retraite, on paye les droits de la commission au gouverneur ; on paye le chirurgien, les estropiés et le capitaine, s'il a déboursé quelque chose pour l'équipage.

Après quoi, avant que de rien partager, on oblige tous ceux de l'équipage d'apporter ce qu'ils auraient pu mettre de côté, jusqu'à la valeur de cinq sols, et pour cela on leur fait mettre la main sur le Nouveau Testament et jurer qu'ils n'ont rien détourné. Si quelqu'un était surpris dans un faux serment, il perdrait sa part qui passerait au profit des autres ou irait en don à quelque chapelle. Alors on donne à chacun sa part d'argent monnayé. L'argent ouvragé et les pierreries sont mis à l'encan et leur produit est encore partagé. Ensuite on divise l'équipage en plusieurs classes de dix ou de six hommes, selon qu'il est plus ou moins nombreux. Après quoi on fait autant de lots de hardes et marchandises qu'il y a de classes, et chaque classe remet son billet distinctif à une personne désignée qui les jette au hasard sur les différents lots. Enfin chaque lot est repartagé en autant d'autres lots qu'il y a d'hommes dans le groupe.

Le butin étant ainsi réparti, le capitaine garde son navire, s'il veut, et personne ne retourne à bord que tout ne soit dissipé ; ce qui ne prend que très peu de temps ; car le jeu, la bonne chère et les autres débauches ne manquent point.

J'en rapporterai ici une histoire remarquable. Un nommé Vent-en-panne, Français de nation et fort adonné au jeu, perdit un jour tout son voyage, qui valait environ 500 écus, sans compter près de 100 pistoles qu'il avait empruntées à ses camarades. Ceux-ci ne voulant plus lui prêter, le réduisirent à servir les joueurs. Ayant gagné à ce métier plus de 50 écus, il recommença à jouer et gagna environ 12 000 écus. Il paya ses dettes, résolut de ne plus jouer et s'embarqua sur un navire anglais qui allait à la Barbade, et de là en Angleterre. À la Barbade, il se trouva avec un riche juif, et n'ayant pu résister à la tentation du jeu, il lui gagna 1 300 écus en argent monnayé, 100 000 livres de sucre qui étaient déjà embarquées dans un navire prêt à faire voile pour l'Angleterre. Outre cela, il lui gagna un moulin à sucre, avec soixante esclaves. Le juif ayant fait cette perte le pria de lui permettre d'aller quérir quelque argent qu'il avait chez un ami ; ce que Vent-en-panne lui accorda plus par envie de jouer que par générosité. Le juif revint avec 1 500 jacobus d'or, qui tentèrent le malheureux joueur et lui firent reperdre tout ce qu'il avait gagné, c'est-à-dire bien près de 100 000 écus, outre son habit, que le juif lui rendit, lui donnant encore de quoi rallier l'île de la Tortue, car avec son argent il avait perdu l'envie d'aller en Angleterre. Il retourna donc en course où il gagna encore 6 000 ou 7 000 écus ; M. d'Ogeron l'envoya en France avec une lettre de change de cette même somme. Il l'employa en marchandises, mais, revenant aux îles, il fut tué dans le voyage, son vaisseau ayant été attaqué par deux frégates ostendaises.

C'est ainsi que les aventuriers passent leur vie ; lorsqu'ils n'ont plus d'argent, ils retournent en course. Quelquefois à peine leur reste-t-il de quoi acheter de la poudre et du plomb. Il y en a beaucoup qui demeurent redevables aux cabaretiers ; et ceux-ci y trouvent leur profit, quand il vient des navires de France, et parmi ces navires le vaisseau de quelque aventurier. Car à l'aventurier rien ne coûte, jusqu'à ce qu'il n'ait plus d'argent ni de crédit et se décide à aller caréner son bâtiment quelque part.

Les lieux que les flibustiers ont pour cela sont, à la bande sud de l'île de Cuba, ces petites îles que l'on nomme les Cayes-du-Sud. Ils mettent le bâtiment à la côte, ils se divertissent et ne mangent que la chair de tortue, qui est très bonne et qui leur fait évacuer toutes les mauvaises humeurs qu'ils ont amassées pendant leurs débauches. S'ils n'arrêtent pas là, ils vont dans les Honduras, où ils trouvent tout à souhait, et où les femmes indiennes leur sont accueillantes. Ils vont encore dans Boca-del-Tauro, à la côte de Castilla-del-Oro – ou l'île d'Or –, à celle de Carthagène, de Saint-Domingue, à cent autres lieux trop longs à nommer, qu'on verra dans la carte que j'ai fait graver pour ce volume et à laquelle les navigateurs peuvent se fier en toute sûreté.

Après s'être bien divertis, et avoir réparé à loisir leur bâtiment et leur santé, ils se proposent un voyage et l'exécutent de la manière que j'ai dite. Voilà ce que j'avais à noter touchant les mœurs et la conduite des aventuriers. Il ne me reste plus qu'à parler de leurs actions en particulier, et je le ferai dans la suite le plus amplement qu'il me sera possible.

―・◆・―

CHAPITRE XII

*Histoire de Pierre Franc et de Barthélemy,
aventuriers flibustiers.*

Pierre Franc, natif de Dunkerque, ayant monté un petit brigantin avec vingt-six de ses camarades, fut croiser devant le cap de la Vella, afin d'attendre quelques navires marchands qui devaient passer par là, venant de Maracaïbo, et allant à Campêche. Il y fut plus longtemps qu'il ne s'était proposé, sans pouvoir rien prendre ; en sorte que le peu de vivres qu'il avait était presque consommé, et son bâtiment incapable de tenir la mer.

Dans cet état, il proposa à son équipage d'aller à la rivière de la Hache, où il y a une pêcherie de perles, que les Espagnols appellent la Rancheria. Ils y viennent tous les ans de Carthagène avec dix ou douze barques accompagnées d'un navire de guerre, nommé *Armadilla*, qui porte vingt-quatre pièces de canon et deux cents hommes. Cette pêche aux perles se fait ordinairement depuis le mois d'octobre jusqu'au mois de mars ; car pendant ce temps, les vents du Nord qui causent de grands courants ne sont pas si forts. Chaque barque de pêcheur a deux ou trois esclaves qui plongent pour pêcher les huîtres où se trouvent les perles. Ces esclaves ne durent que très peu, à cause du grand effort qu'ils font en plongeant, demeurant quelquefois plus d'un quart d'heure au fond de l'eau ; ce qui fait que la plus grande partie sont rompus, quoiqu'ils portent des bandages pour prévenir le mal. Entre toutes les barques, il y en a une qu'on nomme *La capitana*. Celle-ci est supérieure à toutes les autres, qui sont obligées d'apporter le soir ce qu'elles ont pêchées pendant le jour, afin qu'il ne se fasse point de tromperie. Le navire de guerre n'a d'autre soin que de veiller à leur conservation, contre les invasions des aventuriers. C'étaient ces barques que Pierre Franc avait dessein d'attaquer : il voulait se rendre maître de *La Capitana*, l'enlever même à la vue de toutes les autres.

Le matin, il approcha de cette petite flotte qui se mit sur ses gardes, jugeant bien que c'était un écumeur de mer. Mais comme il se tenait toujours au large, ils crurent qu'il n'osait approcher. Néanmoins, on ne laissa pas d'envoyer de chaque barque trois hommes de renfort sur *La Capitana*, ce que notre aventurier remarqua. Quand la nuit fut venue, il l'alla attaquer et, dans une demi-heure, il s'en rendit le maître et ne perdit que quatre hommes.

Il se voyait bien maître de la barque et de cinquante hommes qui étaient dessus, dont une partie néanmoins étaient déjà morts ou blessés ; mais son propre bâtiment, qu'il n'avait jusque-là maintenu sur l'eau qu'à force de pompe, avait coulé, et il ne voyait aucun moyen de disputer son nouveau bord au navire de guerre qui vint fondre sur lui ; car il ne lui restait que vingt et un hommes. Il s'avisa donc d'une feinte pour tâcher d'échapper. La nuit était assez obscure et le vent très fort. Lorsqu'il vit que le navire espagnol approchait, il fit mettre tous ses Espagnols à bas, et leur défendit de rien dire, sous peine de la vie ; puis il commença à crier en espagnol au navire de guerre : « Victoire, victoire ! Le *ladron* (voleur) qui avait voulu nous prendre est pris » ; car c'est ainsi qu'ils nomment les aventuriers. Le navire de guerre entendant cette voix qui parlait fort bon espagnol, accompagnée d'un hurlement que notre aventurier fit faire à ses gens qui criaient : « Victoria ! Victoria ! », crut véritablement que la barque particulière avait pris le corsaire ; il se contenta de dire que dès qu'il ferait jour, il enverrait quérir ces voleurs, et qu'en attendant il fallait veiller sur eux toute la nuit. Pierre Franc répondit qu'il n'y avait rien à craindre, que ses gens avaient presque tout tué.

Le navire de guerre fut satisfait de cela. Cependant, notre aventurier mit à la voile le plus adroitement qu'il put. Mais il ne fut pas à demi-lieue de la flotte, que le vent cessa et qu'il fut pris du calme, qui le tint là jusqu'au lendemain. Les Espagnols, l'apercevant, mirent aussitôt à la voile pour courir après lui. Comme le calme était grand, ils ne pouvaient pas faire diligence. Sur le soir, le vent devint plus fort ; il sentit renaître son espérance, et poussa à toutes voiles pour échapper. Le navire de guerre le poursuivit longtemps sans gagner beaucoup d'avantage sur lui ; mais, le vent redoublant, il mit autant de voiles qu'il en pouvait porter. L'aventurier laissa toutes celles qu'il avait ; et, ne pouvant pas en soutenir autant que l'autre, son grand mât cassa par la trop grande charge de son hunier. Malgré cela, il ne perdit pas courage : il avait enfermé les Espagnols dans le fond de la cale et cloué les écoutilles[28]. Il fit mettre ses gens en défense, croyant échapper à la faveur de la nuit ; mais enfin le grand navire l'approcha de si près, qu'il fut contraint de composer. Il ne se rendit qu'à condition qu'on lui donnerait quartier, à lui et aux siens, et qu'on ne leur ferait porter ni pierre ni chaux : car c'est ainsi que les Espagnols en usent lorsqu'ils prennent ces sortes de gens ; ils les tiennent deux ou trois ans dans les forteresses qu'ils bâtissent, et les emploient au service de maçon. Tout ce que Pierre Franc demanda lui fut accordé.

Dès que les Espagnols furent maîtres des aventuriers, ils oublièrent ce qu'ils leur avaient promis et les voulurent tous passer au fil de l'épée ; mais il s'en trouva de raisonnables, qui représentèrent qu'il était indigne d'un Espagnol de ne pas tenir sa parole, en sorte qu'on se contenta de les lier et de les mettre à fond de cale, comme ils avaient mis les Espagnols dans la barque perlière.

Dès qu'on fut arrivé à Carthagène, on mena les aventuriers devant le gouverneur, à qui les quelques Espagnols trop passionnés représentèrent qu'il fallait pendre ces gens-là si on ne voulait pas qu'ils se rendissent les maîtres du Nouveau Monde. Ils ajoutèrent

---

28. L'écoutille est une trappe qui ferme les ouvertures des ponts d'un navire.

qu'ils avaient tué un *alferez* qui valait mieux que toute la France. Le gouverneur se contenta de les faire travailler au bastion de Santo-Francisco de la ville de Carthagène.

Après avoir servi deux ans en qualité de manœuvres, sans autre payement qu'un peu de nourriture, ils obtinrent enfin du gouverneur qu'on les enverrait en Espagne, où, lorsqu'ils furent arrivés, ils cherchèrent l'occasion de repasser en France, et de là en Amérique, pour se dédommager sur les Espagnols de la perte de leur salaire.

Une autre histoire que je vais rapporter n'est pas moins tragique ni moins digne de remarque que la précédente. Barthélemy, Portugais de nation, arma une petite barque à l'île de la Jamaïque, et la monta lui-même. Il avait trente hommes et quatre petites pièces de canon, tirant chacune trois livres de balles. Etant sorti du port de la Jamaïque avec un bon vent, il s'en alla croiser devant le cap de Corientes, qui est une pointe au sud-ouest de l'île de Cuba, que viennent ordinairement reconnaître les navires venant de Caracas ou de Carthagène, et cinglant vers Campêche ou La Havane. Il ne fut pas longtemps sans découvrir un navire qui avait assez belle apparence et qui paraissait même être trop fort pour lui. Il consulta son équipage pour savoir ce qu'il y avait à faire ; tous lui dirent qu'ils étaient résolus de faire ce qu'il voudrait, puisqu'il ne fallait point perdre d'occasion, et qu'il était impossible d'avoir quelque chose sans beaucoup risquer. Là-dessus, ils se préparèrent tous et donnèrent la chasse à ce navire, qui n'en fut pas fort alarmé, car il les attendait.

Quand les navires espagnols viennent en ce lieu-là, ils sont toujours sur leurs gardes, comme le sont les navires de l'Europe qui passent le cap de Saint-Vincent, à cause des Turcs qui y croisent ordinairement.

Notre aventurier ne fut pas plutôt à la portée du canon de ce navire espagnol, qu'il essuya toute sa volée, sans néanmoins en recevoir beaucoup de mal. Il n'y répondit rien, mais fut tout à coup bord à bord. Les Espagnols, qui étaient forts, se défendirent ; il fallut se battre. Comme les aventuriers sont extrêmement adroits à tirer, ils quittèrent les côtés du vaisseau, se mirent derrière, et commencèrent à faire feu ; ils ne tirèrent pas un coup sans tuer quelqu'un, si bien qu'en quatre ou cinq heures, ils mirent l'Espagnol hors d'état de résister.

Alors, ils tentèrent une seconde fois de monter à bord, ce qui leur réussit. Ils se rendirent maîtres du navire avec perte de dix hommes seulement et de quatre blessés ; en sorte qu'ils n'étaient plus que quinze avec le chirurgien pour gouverner ce navire, qu'ils trouvèrent monté de vingt pièces de canon et de soixante-dix hommes, dont il ne restait plus que quarante en vie, la plus grande partie blessée, hors de combat. Ils jetèrent les morts dans la mer et mirent les sains et les blessés dans leur barque, qu'ils leur donnèrent pour retourner chez eux : après quoi, ils se mirent à raccommoder les cordages et les voiles, et à compter le butin qu'ils avaient fait. Ils trouvèrent 76 000 écus et 120 000 livres de cacao, qui pouvaient encore valoir 50 000 écus.

Après avoir mis le navire en état de naviguer, ils firent route pour l'île de la Jamaïque ; mais un vent contraire, qui ne leur rendit pas le courant plus favorable, les obligea de relâcher au cap de Saint-Antoine, qui est la pointe occidentale de l'île de Cuba, où ils prirent de l'eau, dont ils avaient besoin. Le mauvais temps passé, ils remirent à la voile.

Quelque temps après, ils aperçurent trois navires qui leur donnaient la chasse, et le leur, extrêmement chargé, ne put pas les sauver du danger. C'étaient des navires espagnols, armés moitié en guerre et moitié en marchandises, et il fallut que notre aventurier se rendît à eux : il fut fait prisonnier lui et tous ses gens.

Comme il parlait espagnol, il s'adressa au capitaine du vaisseau sur lequel on l'avait mis. Il en fut fort bien traité ; on le mena avec tout son équipage et son butin en la ville de Santo-Francisco de Campêche, qui est une ville maritime de la péninsule de Yucatan, où chacun félicita le capitaine espagnol d'avoir fait une si belle prise. Mais un marchand, qui était de ce nombre, ayant reconnu

Barthélemy, le demanda pour le mettre entre les mains de la justice, l'accusant d'avoir fait à lui seul plus de mal aux Espagnols que tous les autres aventuriers ensemble. Et sur le refus qu'en fit le capitaine, il alla au gouverneur, qui le demanda au nom du roi. Le capitaine, obligé de livrer son prisonnier, pria en sa faveur, mais inutilement ; on se saisit de sa personne, et ne le croyant pas assez gardé dans la ville, parce qu'il était subtil, on l'envoya sur un navire, les fers aux pieds et aux mains. Il y demeura, quelque temps sans savoir ce qu'on voulait faire de lui. Enfin quelques Espagnols lui dirent que le gouverneur avait résolu de le faire pendre. Ce qui l'effraya tellement, qu'il imigina tous les moyens possibles pour échapper.

Il trouva le secret de rompre ses fers et prit deux jarres, qu'on nomme potiches, les boucha bien et les attacha avec deux cordes à ses côtés ; de cette sorte, il se laissa doucement couler à l'eau, après avoir tué la sentinelle qui le gardait, et comme la nuit était obscure, il eut le temps de nager jusqu'à terre, où, étant arrivé, il alla se cacher dans le bois. Il eut la prudence de ne pas marcher dès qu'il fut à terre, de peur d'être découvert ; au contraire, il remonta une rivière qui était bordée de halliers fort épais, et se cacha dans l'eau trois jours et trois nuits, afin que si on venait à le chasser avec des chiens, selon la coutume des Espagnols, il n'eût rien à craindre.

Quand il se crut hors de danger, il alla un soir vers le bord de la mer et se mit en marche pour arriver au golfe de Triste, où toute l'année il se rencontre des aventuriers. Cependant, il en était à trente lieues, et il ne pouvait faire ce chemin par terre sans un grand péril. Outre les bêtes sauvages dont il pouvait être attaqué, il fallait passer à la nage plusieurs rivières pleines de crocodiles et de requins. Pour éviter la rencontre de ces monstres, lorsqu'il se présentait quelque rivière à traverser, il jetait auparavant quantité de pierres par terre ou dans l'eau, et de cette manière il les épouvantait. À moitié chemin, il fut obligé de faire cinq ou six lieues sur des arbres que l'on appelle mangles, sans mettre pied à terre.

Enfin, il arriva au golfe de Triste, en douze jours, pendant lesquels il ne mangea que des coquillages crus qu'il rencontrait sur le bord de la mer. Il fut encore assez heureux pour y trouver des aventuriers de sa connaissance, Français et Anglais, à qui il conta ce qui lui était arrivé, et leur proposa le moyen d'avoir un navire pour aller en course ; car ils n'avaient que des canots.

Il leur dit qu'il fallait aller dix à douze hommes dans un de leurs canots, et de nuit, le long de la côte, de crainte d'être découverts, quoiqu'il n'y eût pas grand danger, parce que les canots étaient fréquents à cause de la pêche, et qu'on y était accoutumé ; que, cependant, il fallait bien prendre son temps pour ne pas manquer le coup, surtout qu'il n'avait pas grand monde. Ce qui fut ponctuellement exécuté par ceux à qui il fit la proposition, et qui, pour cet effet, se mirent sous sa conduite. Ils étaient treize en tout, en comptant notre aventurier, pour exécuter cette entreprise.

Sur l'heure de minuit, ils abordèrent un vaisseau d'où la sentinelle demanda : « Qui va là ? » Barthélemy, qui parlait bon espagnol, répondit qu'ils étaient des leurs, venant de terre avec quelques marchandises qu'on leur avait données à porter à bord, pour ne point payer de douane. La sentinelle, dans l'espérance d'avoir sa part du butin, ne fit point de bruit, et en laissa entrer trois ou quatre qui la tuèrent aussitôt et coururent à l'instant aux autres en faire autant, coupèrent le câble et s'enfuirent avec le navire ; avant qu'il fût jour, ils étaient hors de la vue de Campêche. Ils allèrent chercher le reste de leurs camarades qui étaient demeurés à Triste, et aussitôt, pour pouvoir armer leur vaisseau, ils se mirent en devoir de gagner la Jamaïque.

Mais il semble que plus la fortune nous est contraire, plus elle se plaît à l'être : car ces pauvres gens se trouvèrent à la bande sud de l'île de Cuba, où ils furent pris d'un mauvais temps qui les jeta sur les récifs des Jardins de l'île du Pin, où leur bâtiment fut perdu sans qu'on en pût rien sauver.

Ce fut une grande perte pour eux, car il était richement chargé de cacao. Tout ce qu'ils purent faire fut de se sauver avec leurs canots et de gagner l'île de la Jamaïque où chacun chercha fortune.

Telle fut l'aventure de Barthélemy dans ce voyage. Il en eut depuis beaucoup d'autres qui pourraient passer pour autant de romans si je les racontais. À la fin, je l'ai vu mourir misérable.

CHAPITRE XIII

La vie et les actions du capitaine Roc.
Histoire de David Manweld.

Roc, surnommé le Brésilien, est né à Groningue, ville très célèbre de la Frise-Orientale, et faisant partie des États Généraux des Provinces-Unies des Pays-Bas. Ses parents étaient marchands de profession. Les Hollandais ayant pris le Brésil sur les Portugais, et s'en étant rendus paisibles possesseurs, les parents de Roc vendirent ce qu'ils avaient en leur pays, pour y mener leur famille et s'y établir. Roc ne fut pas plutôt dans ce pays, qu'il s'appliqua à en étudier les mœurs et particulièrement les langues, tant indienne que portugaise, qu'il parle comme si elles lui étaient naturelles.

Lorsque les Portugais ont repris le Brésil sur les Hollandais, plusieurs familles hollandaises, craignant que le gouvernement ne fût plus rude à supporter que celui de leur nation, résolurent de tout quitter, et Roc, qui était déjà un homme fait et dont les parents étaient morts, fut un de ceux qui abandonnèrent le pays. Il se retira dans les îles Antilles, qui appartenaient aux Français, et où les Hollandais trafiquaient alors.

Il n'y fut pas longtemps sans parler la langue française comme la sienne propre ; mais ne s'accommodant pas aussi bien avec les

Français qu'il se l'était imaginé, il résolut de chercher ailleurs un lieu et une nation qui lui fussent plus convenables.

Il passa à la Jamaïque avec les Anglais, dont la langue ne lui fut pas plus difficile à apprendre que les autres. Tenté d'éprouver la vie d'aventurier, il s'embarqua sur un vaisseau de ces gens-là, dont il fut fort bien reçu. Les Anglais vivaient en fort bonne intelligence avec lui, et lui avec eux ; en sorte qu'il n'eut pas fait trois voyages comme compagnon de fortune, qu'un équipage s'étant révolté contre son capitaine, le prit pour chef et lui donna un brigantin qu'il montait.

Roc eut le bonheur de prendre un navire espagnol assez riche, qu'il amena à la Jamaïque, où il fut reçu comme capitaine.

Cet homme s'est rendu si terrible, que les Espagnols ne peuvent seulement pas entendre prononcer son nom sans trembler. Il a l'air mâle et le corps robuste, la taille médiocre, mais ferme et droite, le visage plus large que long, les sourcils et les yeux assez grands, le regard fier et toutefois riant. Il est adroit à manier toutes les armes dont se servent les Indiens et les Européens, aussi bon pilote que brave soldat, mais terriblement emporté dans la débauche. Il marche toujours avec un sabre nu sur le bras, et si, par malheur, quelqu'un lui conteste la moindre chose, il ne fait point de difficulté de le couper par le milieu ou de lui abattre la tête. Aussi est-il redoutable à toute la Jamaïque, et cependant on peut dire qu'on l'aime autant quand il est à jeun, qu'on le craint quand il a bu.

Il a une extrême aversion pour les Espagnols, et il leur est si cruel, que quand il en prend quelques-uns, et qu'ils ne veulent pas lui dire où est leur argent ni le mener dans leurs parcs, où ils nourrissent des sangliers, il les fait mourir martyrs. Il a eu même la barbarie d'en faire embrocher plusieurs et de les faire rôtir au feu. Beaucoup d'entre eux croient qu'il est Espagnol, parce qu'il parle fort bien leur langue. Ils disent que c'est un scélérat qui abhorre et déteste sa nation.

Un jour qu'il était au rivage de Campêche pour faire quelque prise, il fut agité d'une tempête qui jeta son bâtiment à la côte et le mit en pièces. Néanmoins, il eut le temps de se sauver, lui, son monde, leurs armes et leurs munitions. On le voyait désolé d'être en pays ennemi, sans avoir aucun moyen d'en sortir ; cependant, comme il n'était pas homme à se laisser abattre par les revers de la fortune, qui sont assez ordinaires aux aventuriers, il encouragea les siens, leur promit de les tirer de là et leur commanda de mettre leurs armes en état. Ensuite, marchant à leur tête, ils prirent la route du golfe de Triste, ne faisant point de difficulté de suivre le grand chemin, comme s'ils avaient été des gens à ne rien craindre, et qu'ils eussent réduit tout le pays. Quelques Indiens, les ayant aperçus, en avertirent les Espagnols, qui vinrent après eux au nombre de cent, bien montés et encore mieux armés.

Quand Roc les vit, au lieu de témoigner la moindre appréhension, il dit à ceux qui l'accompagnaient : « Courage, mes frères, nous avons faim ; nous ferons bientôt un bon repas, vous n'avez qu'à me suivre. » Dans ce moment, il alla droit aux Espagnols qu'il défit entièrement, ne perdant que deux de ses gens qui furent tués, et deux blessés.

Nos aventuriers prirent assez de chevaux pour achever le chemin qu'ils avaient à faire ; ils trouvèrent même des vivres, du vin et de l'eau-de-vie que les Espagnols avaient apportés avec eux, ce qui leur donna des forces pour se battre tout de nouveau, contre deux fois autant de monde, s'ils y avaient été contraints.

Après s'être bien rafraîchis, ils montèrent à cheval, et continuèrentleur route. Au bout de deux jours, ils aperçurent d'assez loin une barque sur le proche du bord de la mer : elle appartenait aux Espagnols qui étaient venus là couper du bois de campêche, qui sert à la teinture. Le capitaine Roc fit cacher son monde, et alla, lui sixième, à pied, proche de la barque pour la prendre ; il passa la nuit caché dans un hallier, et le lendemain, à la pointe du jour, lorsque les Espagnols descendaient à terre pour aller couper du bois, il les surprit et s'empara de la barque où il trouva fort peu de vivres, mais un paquet de sel de deux cents livres pesant, dont il fit saler une partie des meilleurs chevaux, qu'on tua en attendant d'autres vivres. Il donna aux Espagnols les chevaux qui lui restaient, leur disant : « Je ne vous fais point de tort ; ces chevaux valent mieux que votre barque, et vous ne courez point risque d'être noyés. »

Notre aventurier, étant maître d'un bâtiment, ne songea plus qu'à faire capture. Il avait encore vingt-six hommes valides ; il les mena devant la ville de Campêche, où il laissa son bâtiment au large, et descendit avec huit hommes dans son canot, pour enlever quelque bâtiment ; mais cette tentative ne lui réussit pas. Il fut pris par les Espagnols, et mené avec ses camarades au gouverneur qui les voulut tous faire pendre.

Roc, qui était aussi intrépide que subtil, s'avisa d'une feinte pour intimider le gouverneur, et empêcher qu'il ne lui jouât quelque mauvais tour. Il avait fait connaissance avec un esclave, qu'il pria de lui rendre service, lui promettant de le retirer d'esclavage. Cet esclave, en entendant parler de liberté, lui promit tout ce qu'il voulut. « Le gouverneur ne te connaît point, lui dit Roc ; dis-lui que tu as été pris par des aventuriers avec ton maître ; qu'ils t'ont mis à terre avec ordre de remettre cette lettre, et que, pour cela, ils t'ont donné la liberté ; après quoi, retourne-t'en sans parler à personne. »

Il avait écrit cette lettre, comme si elle venait de quelque fameux aventurier, qui, sachant que Roc était pris, menaçait le gouverneur que s'il arrivait mal à qui que ce fût de ses camarades qui étaient entre ses mains, il pouvait s'assurer qu'autant d'Espagnols il prendrait autant il en ferait périr. À la vérité, cette menace intimida le gouverneur, qui fit réflexion sur ce que la ville de Campêche avait déjà été prise par une troupe de ces gens-là et manqué une seconde fois de l'être. Il ne parla donc plus de pendre Roc ; au contraire, il le fit mieux traiter, et, par la première occasion, il l'envoya en Espagne, sans se douter que son prisonnier sût la raison qui l'obligeait à lui faire tant de grâce.

Roc et ceux qu'on avait pris avec lui furent embarqués sur la flotte des galions du roi d'Espagne, et il se fit tellement aimer des

Espagnols, que ses compagnons furent aussi très bien traités à sa considération. Les capitaines lui proposèrent de servir le roi d'Espagne, avec promesse de lui procurer tel emploi qu'il souhaiterait ; mais il ne voulut rien accepter. Il m'a dit qu'il gagna pendant ce voyage près de cinq cents écus à harponner du poisson, ou à le tirer dans l'eau avec des flèches, et comme les Espagnols qui négocient aux îles ont beaucoup d'argent et qu'ils sont délicats, ils ne font pas difficulté de donner vingt écus pour un poisson frais dans l'occasion.

Dès que Roc fut en Espagne, il chercha l'occasion de passer en Angleterre, d'où il retourna à la Jamaïque, en meilleur équipage qu'il n'en était parti. Mais il n'avait point de bâtiment, ce qui fut cause qu'il se joignit avec deux Français, dont le principal se nommait Tributor, vieil aventurier, et fort expérimenté dans les courses. Ces deux aventuriers s'associèrent ensemble pour aller faire une descente sur la péninsule de Yucatan, et pour prendre la ville de Mérida. Roc, y ayant déjà été, servait de guide, avec quelques prisonniers espagnols qui les conduisaient aussi. Cependant ils ne purent si bien prendre leurs précautions, qu'avant de se mettre en chemin, ils ne fussent découverts par les Indiens qui en avertirent les Espagnols, et leur donnèrent le temps de faire venir du monde pour défendre la place. De sorte que, quand nos aventuriers arrivèrent, on les reçut d'une autre manière qu'ils ne se l'étaient imaginé. Ils furent presque tous taillés en pièces par les Espagnols, qui en firent beaucoup prisonniers.

Roc évita de l'être, quoiqu'il ne fût pas celui qui s'exposa le moins, car il se serait regardé comme le plus lâche des hommes, si un autre avait tiré ou donné un coup avant lui, ou s'il n'eût pas été le dernier dans un combat, lors même qu'il se voyait le plus faible, étant toujours plutôt prêt à se faire tuer qu'à céder. J'en parle avec certitude, pour m'être trouvé avec lui dans l'occasion. Malgré cela, il se tira de ce mauvais pas, et son camarade Tributor y demeura.

Les Espagnols, voyant qu'ils recevaient tous les jours de nouvelles insultes des aventuriers, n'osèrent presque plus naviguer et, au lieu qu'auparavant ils avaient coutume de mettre quatre navires en mer, ils n'en mettaient plus qu'un. D'un autre côté, les aventuriers, accoutumés à vivre de butin, voyant qu'ils ne prenaient plus tant de navires, commencèrent à s'associer plusieurs ensemble, à faire des descentes, et enfin à prendre des petites villes et des bourgades.

Le premier qui fit ces sortes d'entreprises fut Louis Scott, Anglais de nation, lequel, avec ses associés, prit la ville de Santo-Francisco de Campêche, la pilla, la mit à rançon, et, après l'avoir abandonnée, s'en retourna à la Jamaïque. Après lui, Manweld y fit plusieurs descentes qui lui réussirent. Un jour, il équipa une flotte avec laquelle il tenta de passer par le royaume de la Nouvelle-Grenade à la mer du Sud, et de piller en passant la ville de Carthagène ; mais il n'en put venir à bout à cause de la dissension qui se mit entre ses gens, Anglais et Français. Ils étaient toujours en contestation pour les vivres.

Je ne parle point ici de ces fameux aventuriers qui ont été en Amérique et qui y ont fait des progrès si surprenants, comme ce célèbre Hollandais qui prit une riche flotte sur les Espagnols. On peut lire tout cela dans les Histoires qu'ont écrites divers auteurs de l'Amérique. Je ne veux rien dire que ce que j'ai vu moi-même et ce qui s'y est passé depuis vingt ans. J'ajouterai seulement quelques réflexions sur l'état où se trouvent présentement ces contrées. Mais continuons l'histoire de nos flibustiers.

Jean David, Hollandais, s'étant réfugié à la Jamaïque, a fait des actions assez hardies. Les places ordinaires, où il allait croiser, étaient la côte de Caraco, de Carthagène et Bocadel Tauro, à dessein d'attendre au passage les navires qui allaient à Nicaragua.

Un jour, ayant manqué son coup, et longtemps battu la mer sans avoir rien pris, il résolut d'entreprendre une chose assez périlleuse avec son équipage, qui était en tout de quatre-vingt-dix hommes. C'était d'aller dans le Lagon de Nicaragua, et de piller la ville de Grenade, qui est située sur ses bords. Il avait un Indien du pays qui promettait de l'y mener sans courir risque d'être découvert. Son équipage fut toujours prêt à le suivre et à exécuter tout ce qu'il voulait entreprendre.

Les choses en cet état, il entra dans la rivière et monta jusqu'à l'entrée du Lagon, qui peut être à trente lieues de la mer. Là, il cacha son navire à l'abri des grands arbres qui sont sur le bord de l'eau ; il distribua quatre-vingts de ses gens dans trois canots, se mit à leur tête, et laissa dix hommes pour garder le vaisseau. Son dessein était de donner un assaut à la ville, vers le milieu de la nuit ; et il y réussit, car, en approchant, une sentinelle demanda qui c'était. Il répondit qu'ils étaient amis, et qu'ils venaient à la pêche. Deux des siens, ayant sauté à terre, tuèrent la sentinelle, et comme le guide qu'ils avaient connaissait le pays, il les menait par un petit chemin couvert droit à la ville, pendant qu'un autre Indien menait les canots à un lieu où ils devaient se rassembler et porter leur butin.

Lorsqu'ils furent arrivés dans la ville, ils se séparèrent ; l'Indien alla frapper à la porte de quelques bourgeois : ils ouvrirent, on les saisit à la gorge, et ils donnèrent vite tout ce qu'ils avaient pour conserverleur vie. On alla ensuite éveiller les sacristains des principaleséglises, on prit les clefs et on pilla tout ce qu'on crut pouvoir emporter d'argenterie.

Ce pillage sourd durait déjà depuis deux heures, lorsque quelques domestiques échappés des mains des aventuriers, publièrent que l'ennemi était dans la ville, sonnèrent les cloches et crièrent aux armes.

Les aventuriers, sur cette alarme, portèrent promptement le butin dans leurs canots, et se retirèrent sans songer davantage à piller. Les Espagnols les suivirent de près, mais ils ne purent leur faire aucun mal ; au contraire, les aventuriers emmenèrent dans leurs navires quelques prisonniers qui n'obtinrent leur liberté qu'au moyen de 500 vaches que les flibustiers se firent apporter pour se ravitailler pendant leur retour. Les Espagnols voulurent les attaquer, mais ils furent contraints de se retirer.

Le butin se trouva monter, tant en argent monnayé que rompu et quelques pierreries, à quarante mille écus, outre quelques meubles qu'ils avaient jetés dans leurs canots ; car ils prirent tout ce qui se trouva sous leurs mains. Le voyage ne dura que huit jours, et le butin ne dura guère davantage à être gaspillé à la Jamaïque.

C'était, à la vérité, une action bien hardie que d'aller, avec si peu de monde, à quarante lieues de chez soi, attaquer une ville où il y avait pour le moins huit cents hommes, tous armés et capables de se défendre

Peu de temps après, ce même aventurier s'associa encore avec deux ou trois autres, qui avaient leur équipage, pour croiser devant la ville de Saint-Christophe de la Havane, sur l'île de Cuba, afin d'y attendre la flotte de la Nouvelle-Espagne et prendre quelque bon navire ; mais elle se déroba à leur poursuite. Se voyant trompés dans leur attente, ils prirent la petite ville de Saint-Augustin de la Floride, gardée par un château qui ne put résister à leurs forces. Ils n'y firent pas grand butin, car les habitants de ce lieu sont fort pauvres.

CHAPITRE XIV

Histoire de l'Olonnais, sixième aventurier.

L'Olonnais, Français de nation, est du Poitou, d'un lieu nommé les Sables-d'Olonne, dont il a retenu le nom sous lequel on le connaît dans toute l'Amérique. Il avait quitté la France dès sa jeunesse, s'étant embarqué à la Rochelle avec un habitant des îles d'Amérique qui le garda à son service trois ans en qualité d'engagé.

Pendant ce temps-là, il entendait souvent parler des boucaniers de la côte de Saint-Domingue, et il fut tellement épris de ce genre de vie que, dès qu'il fut maître de lui, il ne perdit pas la première occasion qu'il put trouver de les joindre, et se mit au service d'un boucanier.

Ensuite, il devint boucanier lui-même, et fut un des plus fameux.

Ayant mené cette vie quelque temps, il s'en ennuya, et voulut faire quelque course avec les aventuriers français de la Tortue. Il semble qu'il était destiné pour ce métier ; car, dès son premier voyage, il s'y montra si adroit, qu'il surpassait tous les autres.

Il fit fort peu de voyages en qualité de compagnon ; ses camarades le choisirent bientôt pour maître, et lui donnèrent un bâtiment, avec lequel il fit quelques prises. Cependant, il perdit tout. M. de la Place, gouverneur de la Tortue, lui donna un autre bâtiment, avec lequel il ne fut pas plus heureux ; car, après avoir fait quelques prises de peu de valeur, il le perdit encore et, outre cela, il eut le malheur d'être pris par les Espagnols, qui tuèrent tout son monde et le blessèrent lui-même. Ceux que les Espagnols épargnèrent furent menés prisonniers à Campêche.

L'Olonnais, pour sauver sa vie, se barbouilla de sang et se mit parmi les morts ; lorsque les Espagnols furent partis, il se leva, et alla se laver à une rivière, prit l'habit d'un Espagnol qui était mort pendant le combat, et s'approcha de la ville, où il trouva moyen de débaucher quelques esclaves ; il leur promit de les mettre en liberté s'ils voulaient lui obéir, ce qu'ils acceptèrent.

Ils prirent donc le canot de leur maître, qu'ils emmenèrent en un lieu où l'Olonnais les attendait pour se sauver, et, en peu de jours, ils arrivèrent à la Tortue. Cependant, les Espagnols croyaient l'avoir tué. Ils en firent un feu de joie, tant ils étaient charmés de s'être défaits d'un homme qui ne leur donnait point de relâche.

L'Olonnais, étant arrivé à la Tortue, tint la promesse qu'il avait faite aux esclaves de les mettre en liberté, et ne songea plus qu'à se venger de la cruauté que les Espagnols lui avaient faite en massacrant des gens qui se sauvaient d'un naufrage. Le désir de faire fortune l'excitait encore à la vengeance.

Il résolut donc d'aller avec son canot à la côte du nord de l'île de Cuba, devant le port de la Boca-de-Caravelas, où il vient des barques pour charger des cuirs, du sucre, de la viande et du tabac, et les porter à la Havane, ville capitale de cette île, afin d'avitailler les flottes qu'on entretient pour l'Espagne.

Quelques aventuriers, ayant été avertis de son dessein, s'assemblèrent et le vinrent joindre au nombre de vingt-et-un hommes, sans compter le chirurgien. Il les fit embarquer avec autant de munitions qu'il en put amasser, et ils se rendirent tous en peu de jours à l'île de Cuba, où ils furent découverts par quelques canots de pêcheurs ; mais ils en prirent un. Et, s'étant mis onze dans chaque canot, ils se retirèrent dans des petites îles, qui sont le long de cette côte, qu'on nomme Cayes-du-Nord.

Les deux canots s'écartèrent à quelque distance l'un de l'autre : chaque canot était assez fort pour se rendre maître d'une de ces barques, qui ne portent ordinairement que quinze ou seize hommes sans armes. Cependant, ils furent là plusieurs mois sans pouvoir rien prendre, quoique ce fût dans le fort de la saison où ces barques naviguent.

À la fin, ils apprirent qu'on avait eu vent de leur marche, que c'était pourquoi aucune barque n'osait ni sortir, ni entrer, qu'enfin les intéressés dans le commerce avaient été se plaindre au gouverneur de la Havane, et le prier de remédier au mal en détruisant les *ladrones*. En effet, sur ces plaintes, le gouverneur avait envoyé une frégate légère, armée de dix pièces de canon et quatre-vingts hommes des plus robustes qui fussent à la Havane et qui jurèrent, en partant, de ne faire aucun quartier. L'Olonnais, apprenant ces nouvelles, dit à ses camarades : « Bon ! Mes frères, nous serons bientôt montés. » Ils se tinrent sur leurs gardes et, peu de jours après, ils aperçurent le bâtiment.

Il vint mouiller dans une rivière d'eau salée, que les Espagnols nomment Effera, et les Français Efferre. La nuit même, nos aventuriers résolurent de l'attaquer : ils sortirent, le soir, de l'endroit où ils étaient cachés et ramèrent fort doucement le long de la terre, à l'abri des arbres qui bordaient la rivière. Dès la pointe du jour, ils commencèrent à charger les Espagnols des deux côtés, à coups de fusils. Eux, qui faisaient bonne garde, leur rendirent la pareille, quoiqu'ils ne les vissent pas ; car les flibustiers avaient rangé leurs canots à terre, sous des arbres qui les couvraient, et s'étaient retirés derrière, en sorte que les canots leur servaient de gabions. Les Espagnols tiraient à cartouche et faisaient de grandes décharges de mousqueterie, sans pouvoir tuer ni blesser aucun de leurs ennemis.

Ce combat avait duré jusqu'à midi, et les Espagnols, se sentant beaucoup affaiblis, faisaient déjà mine de se retirer, quand les aventuriers, voyant couler le sang par les étanchères ou égouts du vaisseau, mirent au plus vite leurs canots à l'eau pour aller à bord : les Espagnols ne firent aucune résistance.

On les fit descendre en cale, et on tua tous ceux qui étaient blessés. Pendant le carnage, un esclave vint se jeter aux pieds de l'Olonnais, et s'écria en sa langue : « *Señor capitan, no me mateis, yo oz dire la verdad !* » L'Olonnais qui entendait l'espagnol, crut qu'à ce mot de *verdad*, il y avait quelque mystère : il l'interrogea, mais cet esclave, tout tremblant, ne put jamais lui répondre, qu'il ne lui eût absolument promis quartier ; ce qu'il fit. Alors, l'esclave reprenant la parole : « Señor capitan, dit-il, monsieur le Gouverneur de la Havane, ne doutant pas que cette frégate, armée comme elle l'était, ne fût capable de vaincre le plus fort de vos vaisseaux, m'a mis dessus pour servir de bourreau, et pour pendre tous les prisonniers que le capitaine ferait, afin d'intimider de telle sorte votre nation, qu'elle n'osât désormais approcher de cette côte. »

L'Olonnais, à ces mots de bourreau et de pendre, devint furieux. Il fit ouvrir l'écoutille, par laquelle il commanda aux Espagnols de monter un à un, et, à mesure qu'ils montaient, il leur coupait la tête avec son sabre. Il fit ce carnage seul et jusqu'au dernier, qu'il garda en vie, et à qui il donna une lettre pour le gouverneur de la Havane, dans laquelle il lui mandait qu'il avait fait de ses gens ce qu'il avait ordonné qu'on fît de lui et des siens ; qu'il était bien aise que cet ordre vînt de sa part, et qu'il pouvait s'assurer qu'autant d'Espagnols il prendrait, autant subiraient ce même traitement ; que, peut-être, il l'éprouverait lui-même ; mais que, pour lui, il était résolu de se tuer plutôt, au besoin, que de tomber entre leurs mains.

Le gouverneur, surpris à cette nouvelle, le fut encore davantage quand il entendit dire que vingt-deux hommes avec deux canots avaient fait ce coup. Cela l'irrita tellement, qu'il donna ordre qu'on allât par tous les ports des Indes faire pendre les prisonniers français et anglais, au lieu de les embarquer pour l'Espagne. Le peuple, ayant appris cette résolution, lui fit représenter que pour un Anglais ou un Français que les Espagnols prenaient, ces nations en prenaient cent des leurs, et qu'ils étaient obligés de naviguer afin de gagner leur vie, qui leur était plus chère que leur bien, à quoi les flibustiers en voulaient seulement, puisqu'ils leur donnaient quartier dans toutes les occasions ; que, pour cette raison, ils le suppliaient de ne pas exécuter son dessein. On a su ceci par des Espagnols que les aventuriers ont pris.

L'Olonnais, se voyant remonté, ne songea plus qu'à faire un bon équipage et, pour cet effet, il se rendit avec sa prise à la Tortue, où il trouva Michel le Basque, un de ses camarades, qui avait aussi fait une prise considérable sur les Espagnols. Deux Français, qui se trouvaient avec ceux-ci, ayant longtemps demeuré avec eux, et pris même des femmes de leur nation dans les Indes, savaient les routes de ces côtes. Comme ils avaient perdu tout leur bien en tombant entre leurs mains, ils donnèrent des avis aux aventuriers, pour faire une descente en terre ferme, et surprendre quelques villes espagnoles. L'Olonnais, à qui ils s'adressèrent, résolut l'entreprise avec le Basque, son ami. Leur convention fut que l'Olonnais serait général de l'armée de mer et que le Basque le serait de celle de terre.

CHAPITRE XV

Descente de l'Olonnais en terre ferme.
Prise de la ville de Maracaïbo et de Gibraltar.

L'Olonnais et le Basque, étant convenus de leur entreprise, firent savoir à tous les aventuriers qu'ils avaient un dessein considérable, et que ceux qui voudraient être de la partie eussent à se rendre incessamment à l'île de la Tortue, ou à Bayaha à la bande nord de Saint-Domingue.

L'Olonnais avait choisi ce lieu pour donner carène à ses bâtiments, et les fournir de vivres, à cause de la commodité de la chasse aux sangliers et aux taureaux. En peu de jours, il se vit fort de quatre cents hommes, avec lesquels il s'en alla à Bayaha, où était le rendez-vous, attendre encore quelques aventuriers et ceux qui pourraient venir de la Tortue joindre sa flotte.

Enfin, cette flotte, composée de cinq à six petits bâtiments, dont le plus grand était celui de l'Olonnais amiral, qui portait dix pièces de canon, mit à la voile et fit route pour doubler la pointe de l'Espada, autrement dite *el Cabo-el-Engano*, qui est la pointe orientale de l'île de Saint-Domingue. La fortune donna dès ce moment à l'Olonnais des marques de ses faveurs : il semblait même qu'elle prît plaisir à l'assurer d'un heureux succès, en le rendant maître de deux bâtiments qu'il rencontra, dont l'un était richement chargé, et tous les deux plus grands qu'aucun des siens. Le plus grand, qui était chargé de cacao, fut envoyé à la Tortue pour y être déchargé et revenir au plus tôt à l'île de Saona où l'Olonnais l'attendait, et où il avait pris l'autre bâtiment chargé de munitions de guerre pour la ville de Saint-Domingue.

M. d'Ogeron, qui gouvernait pour lors à la Tortue, fut ravi de voir cette riche prise, qui valait plus de cent quatre-vingt mille livres. Il offrit ses magasins aux aventuriers pour mettre la marchandise, et le navire, qu'on nomma depuis la *Cacaoyère*, fut bientôt prêt à retourner vers l'Olonnais. Un bon nombre de braves gens, nouvellement arrivés de France, voulurent être de la partie, et s'embarquèrent sur ce vaisseau, s'imaginant qu'un seul voyage comme celui-là les rendrait riches à jamais. M. d'Ogeron envoya même deux de ses neveux qui avaient fait leurs exercices en France, et qui promettaient beaucoup. Ce bâtiment si bien rempli de monde fut bientôt auprès de l'Olonnais, qui était au comble de la joie de voir tant de belle jeunesse remplacer les quelques blessés qu'il avait renvoyés à la Tortue ; car les bâtiments espagnols ne s'étaient pas rendus sans bien disputer leur vie.

L'Olonnais, avant de partir, fit revue de sa flotte, et résolut de déclarer son dessein ; il monta la frégate qu'il avait prise, portant seize pièces de canon et six cent vingt hommes, et donna la sienne à Moïse Vauclin, son vice-amiral, montée de dix pièces de canon et de quatre-vingt-dix hommes. A. Dupuis, son matelot, monta l'autre, qui fut nommée la *Poudrière*, à cause de sa charge, qui n'était que de poudre de munitions de guerre, et de quelque argent pour payer la garnison. Ce bâtiment portait aussi dix pièces de canon et quatre-vingt-dix hommes. Pierre le Picard avait un brigantin avec quarante hommes. Moïse en montait aussi un autre qui en avait autant. Enfin deux petites barques portaient chacune trente hommes. Toute cette flotte consistait en sept vaisseaux et quatre cent quarante hommes, armés chacun d'un bon fusil, de deux pistolets et d'un sabre. Ajoutez à cela que le cœur ni l'adresse ne leur manquaient pas.

La revue de la flotte étant faite, et les vaisseaux en état de naviguer, l'Olonnais découvrit son dessein, qui était d'aller à la ville de Maracaïbo, dans la province de Venezuela, sise sur le bord du lac du même nom, et de piller tous les bourgs qui sont sur le bord de ce lac ; et, montrant les deux guides français qu'il avait, dont l'un était pilote de la Barre qui est à l'entrée du lac de Maracaïbo, il leur dit : « Ces deux hommes répondront du succès de notre entreprise. » Il n'y eut personne qui n'approuvât la proposition et ne consentît à le suivre ; ils prêtèrent même tous serment d'obéir à ses ordres ; qui enfreindrait son serment perdrait sa part du butin. Ce qui fut spécifié dans la chasse-partie que l'on fit, où on marqua ce que le capitaine, les blessés et les guides devaient avoir, outre leur part ordinaire. Mais, afin que le lecteur puisse mieux suivre nos aventuriers, je décrirai toute la région où se développa leur entreprise.

Cette baie commence au cap de Saint-Romain, qui est entre le neuvième et dixième degré de latitude septentrionale et finit au cap de Coquibacao, qui est au neuvième degré de la même latitude. On la nomme Baya de Venezuela ou Petite Venise qui est le nom de la province, ainsi appelée parce qu'elle est fort basse et qu'elle ne se garantit de l'inondation que par des dunes et par d'autres inventions de l'art.

Cette baie est encore connue sous le nom de baie de Maracaïbo. Les aventuriers corrompent le nom propre Maracaïbo, en celui de Maracaye. À dix ou douze lieues au large vis-à-vis de cette baie, sont les îles d'Oruba et las Monges. L'île d'Oruba est peuplée d'Indiens qui parlent l'espagnol, et qui dépendaient autrefois de l'Espagne. Mais depuis que les États-Généraux des Provinces-Unies se sont emparés des îles de Caracas, Bonair et Oruba, ils se sont rendus maîtres de ces Indiens et ont établi des gouverneurs dans chacune de leurs îles, leur laissant néanmoins la liberté de faire venir des ecclésiastiques de Cero, ville voisine, pour leur administrer les sacrements deux ou trois fois l'année.

Ces îles n'ont pour richesse que quelques méchants pâturages, qui servent à nourrir des chèvres et des chevaux, que ces Indiens ont en grand nombre, et dont ils vendent les peaux pour vivre. Les Hollandais, les gardent parce qu'elles leur sont utiles pour le commerce des esclaves, qu'ils font avec les Espagnols. Ils y entretiennent garnison, pour empêcher que d'autres ne s'en emparent. La baie de Venezuela peut bien avoir, depuis son embouchure jusqu'à son fond, douze à quatorze lieues. Dans ce fond, on rencontre deux petites îles, chacune d'une lieue de tour, entre lesquelles passe le Grand Lac de Maracaïbo, pour se décharger dans la mer. Son courant forme, entre ces îles, un canal de la profondeur de vingt-quatre à vingt-cinq palmes, et, s'affaiblissant peu à peu, il entre dans la mer, où il forme un banc de sable, que les Espagnols nomment la Barre. Il y a toujours des pilotes pour faire entrer les vaisseaux par-dessus cette Barre.

Sur une de ces petites îles on voit une vigie et, sur l'autre, nommée l'île des Ramiers, il y a un fort situé sur le bord du canal par où les navires entrent. L'entrée du lac est comme une gorge qui s'élargit beaucoup, car il a plus de trente lieues de largeur, et plus de soixante de longueur. Il est composé de plus de soixante-dix rivières, dont quelques-unes peuvent porter vaisseaux. Tout le côté du levant de ce lac est terre basse et presque toujours noyée, fort fertile néanmoins, mais malsaine, à cause de l'humidité.

De ce même côté, fort près de son embouchure, il y a un lieu nommé Pointe de la Brite, où l'on voit quantité de ramiers et plusieurs habitations. Environ à vingt lieues de là est un lieu nommé Barbacoa, où l'on trouve des Indiens qui pêchent, qui ont leurs maisons sur des arbres, à cause que le pays est presque toujours inondé. Les moustiques les incommodent extrêmement.

À quelques lieues de là, il y a un beau bourg nommé Gibraltar, bâti sur le bord du lac. Proche de ce bourg, sont quantité de belles habitations où l'on fait le tabac tant estimé en Espagne, qu'on nomme tabac de Maracaïbo. On y fait aussi quantité de cacao, et c'est le meilleur qui croisse aux Indes du roi d'Espagne. Il s'y fait assez de sucre pour entretenir le pays, où il s'en consomme une grande quantité. Ce bourg a communication avec plusieurs villes qui sont au delà d'une chaîne de hautes montagnes toujours couvertes de neige, et qu'on nomme monts de Gibraltar. La ville qui a le plus de commerce avec ce bourg est Mérida, dont le gouvernement commande aussi au bourg. On y met un lieutenant.

Tout le pays des environs est plat et arrosé de très belles rivières. Ce terroir produit les plus beaux arbres du monde. J'y ai vu des cèdres que les sauvages des Indes nomment acajou, du tronc desquels on fait des barques d'une seule pièce, qui pourraient porter en mer vingt-cinq à trente tonneaux. Et ces arbres ne sont pas rares dans ce pays. Il y a là de toutes les espèces d'arbres qu'on trouve dans les Indes ; comme les Espagnols ont soin de les cultiver, ils fournissent toute l'année diverses sortes de fruits, suivant le besoin qu'on en a. Le poisson et la viande n'y manquent, non plus que les autres choses que la terre produit et qui sont nécessaires à la vie des hommes. Ce qu'il y a de plus incommode dans ce pays, c'est qu'au temps de pluie l'air est malsain et fiévreux ; aussi n'y reste-t-il que les gens adonnés à cultiver la terre. Tous les marchands se retirent ou à Mérida ou à Maracaïbo.

À six lieues de Gibraltar, il y a une fort belle rivière, nommée la rivière des Épines, qui peut porter des vaisseaux de cinquante tonneaux, plus de six lieues avant dans les terres. Le pays qu'elle arrose n'est point différent de celui de Gibraltar ; on y fait quantité de tabac ; les lieux plus éloignés sont noyés et remplis de grandes forêts. Je n'y ai jamais été ; mais un vieil Espagnol, naturel du pays, m'a raconté qu'il y avait vu certaines gens qui montaient aux arbres comme des chats, n'ayant aucun poil, mais une peau d'un brun jaunâtre, et que, lorsqu'on leur envoyait un coup de lance, ils savaient se ramasser de telle sorte, qu'on ne pouvait les percer. De plus, ajoutait-il, ils sont de forme humaine, et fort âpres à contraindre les femmes quand ils peuvent en attraper ; et quand ils tiennent les hommes, soit blancs, soit noirs, ils les portent sur les arbres et ils les précipitent de haut en bas pour les tuer. Il me rapporta beaucoup d'autres particularités, qui me parurent si peu de chose que je ne veux pas les raconter. Je me figure que ce sont de gros singes, et ce qui me confirme dans cette pensée, c'est que j'en ai vu beaucoup dans ce pays. À la vérité, ils n'avaient ni ces mœurs ni cette taille.

En faisant le tour du lac, on trouve, au sud-est, une nation d'Indiens qui ne sont point encore réduits et que les Espagnols, qui n'y ont aucun accès, nommèrent *Indios Bravos*. En tirant vers l'occident, on trouve une contrée sèche et aride qui ne produit que de petits arbres, lesquels, faute de nourriture, ne croissent pas à dix ou douze pieds de haut. Ce pays rapporte aussi quantité de figuiers d'Inde, qu'on nomme raquettes ou torches, et qui sont très dangereux à traverser, parce qu'ils ont des épines si subtiles qu'elles percent au travers des habits, qui ne sont, en ce pays, que de toile ou de soie. Cependant, comme il y a du pâturage, les Espagnols ne laissent pas de s'y accommoder ; leurs *hattos* ou maisons de campagne sont remplies de cabris, de moutons, de bœufs et de vaches qu'ils y entretiennent toujours en très grand nombre. Ils ne profitent que des cuirs et du suif des animaux ; car il n'y a pas assez de monde pour en consommer la chair, laquelle d'ailleurs ne se perd pas : certains oiseaux, que l'on nomme marchands, la mangent ; ils ont la figure d'une de nos poules d'Inde, mais ils ne sont pas si gros.

Un jour, je fus le plus trompé du monde : j'en tuai six que j'apportai à nos gens, croyant que c'était des poulets d'Inde. Mais on se moqua de moi et on me fit remarquer qu'ils sentaient la charogne. Ces oiseaux sont si carnassiers qu'à quatre ou cinq ils mangeraient en un jour un bœuf assez puissant. Ils défèquent à mesure qu'ils mangent, ce qui fait connaître que leur estomac est fort chaud. S'ils savent bien manger, ils savent bien jeûner aussi ; car ils demeureront huit jours, perchés sur un arbre, sans rien prendre. Ils sont si craintifs que le moindre oiseau, gros comme un moineau, les fait fuir et changer de place. Aussi, les Espagnols les ont-ils nommés gallinacés, donnant le nom de poule – et peut-être de Français par une misérable allusion au mot latin *gallus* – à tout ce qui est craintif. Il y en a dans toutes les villes de la terre ferme de l'Amérique, et ils y font grand bien : ils nettoient les campagnes de toute charogne et de tout autre immondice capable de corrompre l'air.

Du même côté, à six lieues de l'embouchure du lac, on trouve la petite ville de Maracaïbo, qui est bâtie à la moderne, sur le bord de l'eau. On y voit quantité de maisons fort régulières, et ornées de balcons qui regardent sur le lac, que l'on prendrait pour la mer, à cause de sa vaste étendue. Il est sillonné de plusieurs barques qui vont prendre les marchandises qu'on fabrique aux environs, et qui les apportent à Maracaïbo, afin de les charger sur les navires qui viennent d'Espagne pour les acheter. Cette ville peut avoir quatre mille habitants, et huit cents hommes capables de porter les armes. Il y a un gouverneur dépendant de Caracas. On y voit une grande église paroissiale, un hôpital et quatre couvents tant d'hommes que de femmes, dont le plus beau est celui des Cordeliers. Elle est remplie de bons marchands et de bourgeois très riches, qui ont leurs terres à Gibraltar, et qui ne se retirent là que parce que ce lieu est plus sain que l'autre. Les Espagnols y bâtissent aussi des navires, qu'ils envoient négocier par toutes les Indes, et même en Espagne, la commodité du port y étant la meilleure du monde.

Retournons à nos aventuriers et voyons ce qu'ils ont fait à la Maracaye.

L'Olonnais, d'accord avec ses gens, se mit à la voile ; peu de jours après, il descendit à l'île d'Oruba, où il prit quelque rafraîchissement. Il en usa ainsi, à cause qu'il ne voulait arriver devant la Barre du lac qu'à la pointe du jour, afin que, lui n'étant point obligé d'y rester longtemps, les Espagnols n'eussent pas le loisir de se préparer. Le soir, il leva l'ancre de l'île d'Oruba, fit voile toute la nuit et approcha à la sonde jusque devant la Barre, où il fut aperçu de la vigie, qui fit aussitôt un signal au fort, où on tira du canon pour avertir ceux de la ville que les ennemis étaient proches.

L'Olonnais fit au plus vite descendre son monde à terre, et Michel le Basque se mit à la tête pour les commander. L'Olonnais, qui voulait partager le péril, y alla aussi et, sans prendre d'autres mesures, ils attaquèrent le fort, qui n'était que de gabions faits de pieux et de terre, derrière lesquels les Espagnols avaient quatorze pièces de canon, et deux cent cinquante hommes. Le combat fut rude, les deux partis étant fort opiniâtres, mais comme les aventuriers tiraient plus juste que les Espagnols, ils les affaiblirent tellement qu'ils gagnèrent malgré eux les embrasures, entrèrent dans le fort, massacrèrent une partie de la garnison et firent l'autre prisonnière.

Dès que les gabions furent gagnés, l'Olonnais les fit abattre, en fit enclouer le canon, et sans perdre de temps, il alla à Maracaïbo. Mais, quoiqu'il n'y eût que six lieues, les Espagnols, sachant que leur fort n'était pas capable de résister, avaient, au premier coup de canon qu'ils ouïrent, embarqué leurs meilleurs effets, leur or et leur argent, et s'étaient sauvés à Gibraltar, ne croyant pas que les aventuriers les poursuivraient jusque-là, ou s'imaginant, du moins, qu'ils s'arrêteraient à piller ce qui restait dans la ville. Ce qui arriva ; car l'Olonnais étant venu à Maracaïbo, et n'y trouvant que des magasins pleins de marchandises et des caves remplies de toutes sortes de vins, il s'amusa à faire bonne chère, lui et ses gens, et à aller en parti autour de la ville, où il ne fit pas grand butin. Il ne prit que quantité de pauvres gens qui n'avaient pas eu moyen de se sauver sur l'eau, et qui leur dirent que les riches étaient à Gibraltar.

Il ne demeura que quinze jours à Maracaïbo ; après quoi, il résolut d'aller à Gibraltar. Il avait des prisonniers qui lui promettaient de l'y mener ; mais ils l'avertirent que les Espagnols s'y seraient fortifiés. « N'importe, dit-il, la prise en sera meilleure. » Il y arriva trois jours après son départ de Maracaïbo. Il y a là un petit fort en façon de terrasse, sur lequel on peut mettre six pièces de front en batterie. Les Espagnols, outre cela, avaient fait des gabions le long du rivage, et, s'étant retranchés derrière, ils se moquaient des aventuriers, montraient seulement leurs pavillons de soie et tiraient du canon.

Nonobstant tout cela, l'Olonnais mit son monde à terre, et chercha le moyen d'aller dans les bois pour surprendre les Espagnols par derrière. Mais ils s'étaient précautionnés contre toutes sortes d'attaque ou de surprise ; ils avaient même abattu de grands arbres pour boucher les avenues. D'ailleurs, presque tout le pays était noyé, on n'y pouvait marcher sans enfoncer dans la boue jusqu'aux genoux.

Quand l'Olonnais vit qu'il ne lui restait pour avancer qu'un seul chemin que les Espagnols lui avaient laissé, et où on pouvait marcher six de front : « Courage, mes frères, dit-il, il faut avoir ces gens-là ou périr : suivez-moi et, si je succombe, ne vous ralentissez pas. » À ces mots, il fondit tête baissée sur les Espagnols, suivi de tous ses gens aussi braves que lui. Lorsqu'ils se virent à portée de pistolet du retranchement, ils enfoncèrent jusqu'aux genoux dans la vase, et les Espagnols commencèrent à tirer sur eux une batterie de vingt pièces de canon chargées à cartouches. À la vérité, il en tomba beaucoup, mais les dernières paroles de ceux qui tombaient ne faisaient que ranimer le courage des autres : « Courage ! disaient-ils, ne vous épouvantez pas, vous aurez la victoire. » En effet, après bien des efforts, ils franchirent enfin le retranchement.

J'oubliais de dire que, pour le franchir plus facilement, ils avaient coupé des branches d'arbre dont ils comblèrent le chemin et que, de cette manière aplanissant la voie, ils s'étaient ouvert un passage. Ayant forcé les Espagnols dans leur premier retranchement, ils les poussèrent encore jusque dans un autre, où ils les réduisirent à demander quartier. De six cents qu'ils étaient, il demeura quatre cents sur la place, et cent de blessés. Les aventuriers perdirent, de leur côté, cent hommes, tant tués que blessés. Les officiers espagnols périrent presque tous dans cette occasion : le plus signalé d'entre eux fut le gouverneur de Mérida, grand capitaine, qui avait bien servi le roi catholique en Flandre. L'Olonnais et le Basque eurent le bonheur de n'être point blessés ; mais ils eurent le chagrin de perdre plusieurs braves compagnons, ce qui fut cause que, pour venger leur mort, ils firent un plus grand carnage des ennemis qu'ils n'auraient fait sans cette perte.

L'Olonnais, après cette victoire, ayant donné ordre à tout, ne songea plus qu'à amasser le butin. Il envoya des partis aux environs de Gibraltar chercher et l'or et l'argent que les Espagnols avaient cachés dans les bois, et on donnait la question à ceux qu'on enlevait, ou qu'on faisait prisonniers, pour leur faire déclarer où étaient leurs trésors. L'Olonnais, non content de cet avantage, voulut pousser par terre jusqu'à Mérida, qui est à quarante lieues de là ; mais, ses gens n'étant pas de son avis, il n'insista pas davantage.

Les aventuriers demeurèrent là environ six semaines, et voyant qu'ils ne trouvaient plus rien à piller, ils résolurent de se retirer, ce qu'ils auraient été obligés de faire tôt ou tard, parce qu'ils commençaient à se ressentir du mauvais air qu'exhalaient le sang répandu et les corps morts qui n'étaient qu'à demi enterrés : encore n'avait-on pris ce soin que pour ceux qui étaient trop près d'eux, car ils avaient laissé les autres en proie aux oiseaux et aux mouches.

Les soldats qui n'étaient pas bien guéris de leurs blessures furent attaqués de la fièvre, leurs plaies se rouvrirent, ils mouraient subitement. La maladie détermina donc l'Olonnais à partir plus tôt qu'il n'aurait fait. Mais, avant son départ, il fit savoir aux principaux prisonniers qu'ils eussent à lui payer rançon pour ce bourg, ou qu'il allait le réduire en cendres. Les Espagnols se consultèrent là-dessus : quelques-uns opinèrent qu'il ne fallait rien payer parce que ce serait accoutumer ces gens-là à leur faire tous les jours de nouvelles hostilités ; les autres étaient d'un sentiment contraire. Pendant qu'ils contestaient entre eux, l'Olonnais fit embarquer ses gens et tout le butin ; après quoi, il insista toujours sur la rançon. Enfin, voyant que les Espagnols n'avaient rien résolu, il fit mettre le feu aux quatre coins du bourg, et, en moins de six heures, il fut consumé. Ensuite, il signifia aux prisonniers que, s'ils ne faisaient venir au plus tôt leur rançon dans le lieu où il allait les mener, ils devaient s'attendre à recevoir eux-mêmes un pareil traitement. Ils le prièrent de laisser aller un d'entre eux pour traiter de cette affaire, pendant que les autres demeuraient en otages auprès de lui : ce qu'il leur accorda.

Peu de jours après, l'Olonnais rentra dans Maracaïbo, où il fit commandement à ses prisonniers de lui faire apporter 500 vaches grasses, afin de ravitailler ses vaisseaux. Ce que les Espagnols firent promptement, croyant en être quittes pour cela ; mais ce fut bien autre chose, quand il leur demanda encore la rançon de la ville, et qu'il ne leur donna que huit jours pour la payer, faute de quoi il jura de la réduire en cendres, comme il l'avait fait avec Gibraltar.

Pendant que les Espagnols tâchaient d'amasser la rançon que l'Olonnais demandait pour leur ville, les aventuriers démolissaient les églises, et en embarquaient les ornements, les tableaux, les images, les sculptures, les cloches, jusqu'aux croix qui étaient sur les clochers, pour porter tout cela dans l'île de la Tortue, où ils se proposaient de bâtir une chapelle. Le temps que l'Olonnais avait donné aux Espagnols pour la rançon n'était pas expiré, qu'ils l'apportèrent, tant ils étaient ennuyés d'avoir de tels hôtes chez eux.

La rançon de la ville payée, les aventuriers, ne voyant plus rien à prendre, à piller ou à rompre, résolurent enfin de s'en retourner, et, en peu de jours, ils se rendirent à l'île à Vache, où ils parlèrent de partager leur butin. Mais comme tous n'en étaient pas d'accord, ils ne firent ce partage qu'aux Gonaïves, dans l'île de Saint-Domingue.

Là, on s'assembla. L'Olonnais et les capitaines firent serment, selon la coutume, qu'ils n'avaient rien détourné ; qu'au contraire, ils apportaient tout sans réserve, pour être partagé aux aventuriers qui avaient également risqué leur vie pour la cause commune. Le reste de la flotte, jusqu'aux garçons de quinze ans, tous furent obligés d'en faire autant.

Tout ayant été ramassé, on trouva qu'en comptant les joyaux, l'argent rompu, prisé à dix écus la livre, il y avait 260 000 écus, sans le pillage, qui en valait bien encore 100 000, outre le dégât, qui montait à plus d'un million d'écus, tant en églises ruinées que meubles rompus, navires brûlés ; un navire chargé de tabac, qu'ils avaient pris et que l'Olonnais montait, valait pour le moins 100 000 livres.

Avant le partage, on donna les récompenses promises aux blessés, aux estropiés et aux chirurgiens. Les esclaves qui faisaient partie du butin furent vendus à l'encan, et l'argent qui en provint fut encore partagé entre les gens de chaque équipage, de manière que tout le monde se trouva content. Ensuite, on fit voile et on arriva à la Tortue.

Tant que cet argent dura, nos aventuriers firent bonne chère ; on ne voyait parmi eux que danses, que festins, que réjouissances, que protestations mutuelles d'amitié. Quelques-uns, heureux au jeu, gagnèrent encore de nouvelles sommes considérables, et allèrent en France, dans le dessein d'acheter quelques marchandises et de les négocier au retour, comme beaucoup d'autres qu'ils avaient vus exploiter leurs camarades, en leur vendant du vin et de l'eau-de-vie, liqueur que ces gens aiment passionnément, et pour laquelle ils donneraient ce qu'ils ont de plus cher. Si bien que les cabaretiers et les femmes en eurent la meilleure part. Le gouverneur eut aussi la sienne : il acheta le chargement de cacao, qu'il entreposait dans ses magasins depuis l'affaire de la *Soana* : il acheta aussi le vaisseau sur lequel ce chargement avait été capturé et qui maintenant rentrait de la campagne du Venezuela ; il fit recharger cette même marchandise sur ce même bateau, lequel la transporta en France, sur quoi il gagna 120 000 livres, tous frais faits. Il méritait ce gain mieux que qui que ce soit ; car il avait risqué tout son bien et fait des pertes considérables pour maintenir la colonie. D'ailleurs il aimait les honnêtes gens, les obligeait sans cesse et ne les laissait jamais manquer de rien.

CHAPITRE XVI

Nouveau dessein de l'Olonnais.
Son voyage aux Honduras.

L'Olonnais, après un si grand butin, devait être satisfait et penser enfin à une honnête retraite. Cependant, comme il était obligé de faire sans cesse une forte dépense, qu'il ne possédait aucun fonds, et que depuis longtemps il n'avait point fait de prise, il se trouva redevable de plusieurs sommes si considérables, que tout l'argent qu'il avait apporté de Maracaïbo n'aurait pas suffi pour les payer. Afin de remédier à ce malheur, il médita une nouvelle entreprise où il se flattait d'obtenir des résultats plus importants que jamais.

Il en parla à ses camarades, impatients eux-mêmes d'une occasion de recommencer ; car l'argent leur manquait déjà, et ils se voyaient réduits à l'ordinaire d'un habitant, qui est peu de chose pour des gens accoutumés à la bonne chère. Ils approuvèrent le dessein de l'Olonnais, et ne manquèrent pas de le publier partout. L'argent de Maracaïbo avait fait ouvrir les yeux à plusieurs, de sorte qu'un grand nombre d'habitants, qui n'avaient jamais planté que du tabac, jetèrent là le piquet pour aller en course.

Ainsi l'Olonnais trouva beaucoup plus de monde qu'il n'avait de places sur ses bâtiments. Il fit accommoder une grande flûte qu'il avait amenée de Maracaïbo, sur laquelle il monta avec trois cents hommes, et il en mit encore trois cents dans cinq petits vaisseaux. Avec cet équipage, il fit voile pour Bayaha, lieu commode pour caréner les bâtiments et les ravitailler. Il ne fut là que très peu de temps, et on vit aussitôt sa flotte en état.

On sait que caréner signifie le travail que les charpentiers sont obligés de faire pour remettre un vaisseau en état de naviguer.

Il communiqua donc son dessein à tous ses gens et leur montra un Indien, né dans la région du lac de Nicaragua, où il voulait aller piller quelques villes. Il assura qu'on y trouverait des richesses immenses, parce que les aventuriers n'y avaient jamais fait de grandes descentes, et il ajouta qu'ayant un bon guide, il ne manquerait pas de surprendre les Espagnols ; qu'enfin, il ne leur donnerait pas le temps d'emporter leurs richesses.

On fut ravi de l'entendre, et on fit serment de lui obéir et de le seconder en tout. La chasse-partie étant faite à l'ordinaire, il mit à la voile avec sa flotte et donna rendez-vous, en cas que quelqu'un s'écartât, à Mata-Mano, qui est à la bande sud de l'île de Cuba. Il avait choisi ce lieu, à cause qu'il y a quantité de gens qui y pêchent des tortues. On les nomme vareurs chez les Français, et variadors chez les Espagnols. L'Olonnais allait donc là pour prendre des canots, à dessein d'y mettre son monde, quand il serait à l'embouchure de la rivière qui conduit au lac de Nicaragua, afin de pouvoir monter où les bâtiments ne peuvent aller faute d'eau. Lorsqu'il fut à Mata-Mano, il prit tous les canots de ces pauvres pêcheurs, qu'il mit dans ses vaisseaux, et de là fit route pour le cap Gracia-a-Dios, en terre ferme. Le lecteur peut voir ce trajet dans la carte que j'en ai faite, et qui est fort exacte. Pendant ce trajet, les flibustiers furent pris du calme, et le courant qui coule toujours à l'ouest les fit dériver dans le golfe des Honduras, dont ils ne purent se tirer, quelque effort qu'ils fissent. Les petits bâtiments étant maniables, bons voiliers et pouvant mieux tenir le vent que celui de l'Olonnais, se seraient bien retirés ; mais comme le bâtiment de l'Olonnais était le principal, ils furent obligés de l'attendre, parce qu'ils ne pouvaient rien faire sans lui.

Ils employèrent près d'un mois, et toujours inutilement, à vouloir remonter ; car ce qu'ils gagnaient en deux jours, ils le perdaient en une heure, et comme leurs bâtiments n'étaient pas des mieux ravitaillés, ils furent contraints de relâcher dans le premier port. Ils envoyèrent leurs canots avec quelques personnes qui avaient couru autrefois cette côte, et qui remontèrent une rivière, sur le bord de laquelle demeurent quelques Indiens, que les aventuriers nomment Grandes-Oreilles, à cause qu'ils les ont extraordinairement grandes.

Ces Indiens ont été assujettis par les Espagnols, à qui ils obéissent comme tributaires. Quoiqu'ils soient assez éloignés d'eux, les Espagnols ne manquent pas de se transporter tous les ans sur les lieux pour tirer tribut de ces Indiens, et ils amènent un prêtre qui leur administre les sacrements. Ces peuples payent en cacao, poules, pite ou maïs, enfin en d'autres pareilles denrées dont les Espagnols s'accommodent ; car ils ne possèdent point d'argent. Quelquefois les Espagnols viennent traiter avec eux. Ils leur apportent des bracelets de rassade, des couteaux, des miroirs, des aiguilles, des épingles qu'ils échangent contre du cacao.

Nos aventuriers ne cherchaient qu'à manger ; ils pillèrent les habitations des Indiens, ils prirent leurs volailles et leur maïs, qui est ce gros millet qu'on nomme blé de Turquie ; non contents de cela, ils firent ravage et chargèrent leurs canots de tout ce qu'ils purent prendre ; ensuite, ils rejoignirent leurs camarades qui les attendaient avec impatience.

Cette capture ne suffisait pas pour tant de monde ; cependant, on la partagea à tous les vaisseaux, et on tint conseil pour savoir si on suivrait la route avec si peu de vivres. Les plus expérimentés trouvèrent à propos de laisser passer cette saison, qui ne dure que trois ou quatre mois, et cependant de piller les villages et les petites villes qui étaient dans le golfe des Honduras, appartenant aux Espagnols. Chacun fut de cet avis ; on quitta la rivière de Zague et on fit voile le long de la côte jusqu'à Puerto-Cavallo, où la flotte arriva en peu de jours. Les flibustiers y trouvèrent un navire espagnol de vingt-quatre pièces de canon et douze barges qu'ils prirent, mais ils n'y trouvèrent que quelques marchandises qui devaient rester au bord de la mer, en vue d'échanges avec les Indiens de ce pays, les autres ayant été déchargées et enlevées dans les terres.

Le Puerto-Cavallo est un lieu où les navires espagnols qui négocient dans les Honduras viennent ordinairement mouiller, et il y a des magasins dans lesquels on met les marchandises qui descendent de la province de Guatemala, comme de la cochenille, de l'indigo, des cuirs, de la salsepareille, du jalap et du méchoacan. L'Olonnais descendit à terre sans trouver de résistance ni de marchandises dans les magasins. Il les brûla, prit quelques Espagnols à qui il fit donner la gêne pour savoir où était l'argent. S'ils ne lui enseignaient pas le chemin à son gré, s'ils ne lui indiquaient pas les endroits où les plus riches s'étaient réfugiés, il les fendait avec son sabre. Il fit souffrir à un mulâtre les plus cruels tourments qui se puissent imaginer, et ensuite il le fit jeter pieds et mains liés, tout en vie, dans la mer, afin de donner de la terreur à deux de ses camarades qui étaient présents et auxquels il jura d'en faire autant et même davantage s'ils ne lui montraient le chemin de Saint-Pierre, petite ville qu'il voulait prendre. Ces deux misérables, voyant leur camarade ainsi traité, dirent qu'ils l'y mèneraient. Il envoya quelques-uns de ses bâtiments croiser le long de la côte, et il emmena avec lui environ trois cents hommes, à qui il dit résolument, qu'en quelque occasion que ce fût, il marcherait à leur tête, mais que le premier qui reculerait, il le tuerait lui-même.

L'Olonnais se mit donc en chemin. Il n'avait pas encore fait trois lieues qu'il rencontra une embuscade d'Espagnols, retranchés derrière quelques gabions, dans un défilé qu'il était impossible d'éviter, à cause de l'épaisseur des bois et des halliers tout remplis d'épines. Cela ne l'étonna pas : il tua premièrement ses deux guides et donna, lui et ses gens, sur les Espagnols avec tant d'impétuosité, qu'il les contraignit de prendre la fuite, non sans laisser la plus grande partie de leurs gens sur la place.

Il y eut beaucoup de prisonniers, sans les blessés qu'on acheva. Les prisonniers, interrogés, répondirent à l'Olonnais que, quelques esclaves fugitifs ayant répandu le bruit de sa descente, les Espagnols avaient jugé qu'on viendrait attaquer Saint-Pierre, et qu'ils s'étaient mis en défense. Ils ajoutèrent qu'outre cette embuscade, il y en avait encore deux autres plus fortes à passer, avant que d'arriver à la ville. On les interrogea tous séparément, et l'Olonnais connut par leurs réponses qu'il trouverait de la résistance : ce qui l'obligea de les massacrer, n'en gardant que deux ou trois à qui il demanda s'il n'y avait pas moyen d'éviter ce chemin. Ils répondirent que non. Il en fit attacher un à un arbre, et lui ouvrit le ventre, puis il dit aux autres qu'il leur en ferait autant s'ils ne lui enseignaient un autre chemin. Mais quand il vit qu'il n'y en avait point d'autre, il résolut avec sa troupe de suivre le premier et de se garder de ces embuscades, autant qu'il serait possible.

Ces misérables prisonniers, cherchant à sauver leur vie, voulurent néanmoins lui enseigner un autre chemin ; mais il était si mauvais, qu'il trouva plus à propos de suivre la grande route où, sur le soir, il rencontra une seconde embuscade qui ne put non plus tenir que la première. Les Espagnols, voyant cela, jugèrent qu'il valait bien mieux joindre le gros que de se faire tuer par des gens déterminés comme ces aventuriers : ils lâchèrent pied et allèrent se retrancher dans la dernière embuscade, environ à deux lieues de la ville.

Les flibustiers, fatigués du chemin, de la faim et de la soif, avaient peine à marcher et furent obligés de coucher dans le bois, où ils firent bonne garde toute la nuit. Le lendemain, ils poursuivirent leur chemin sans rencontrer la dernière embuscade.

Enfin y étant arrivés, ils firent halte, puis marchèrent généreusement dans le dessein de l'emporter ou de périr. Ils cherchèrent néanmoins les moyens de passer par un autre que celui où les Espagnols, bien retranchés, les attendaient. Mais il n'y en avait aucun ; car toute la ville était environnée de raquettes et de torches épineuses, en sorte qu'il était impossible d'y passer, surtout à des gens qui étaient nu-pieds et qui n'avaient qu'une chemise et un caleçon. Ces épines sont plus dangereuses que les chausse-trappes dont on se sert à l'armée pour gâter les pieds des chevaux ou pour empêcher les soldats de monter à l'assaut.

Toutes ces difficultés ne firent qu'augmenter le courage de l'Olonnais ; comme il se vit réduit à forcer les Espagnols s'il voulait être le maître de la ville ou à s'en retourner sans rien entreprendre – ce qu'il était bien résolu de ne pas faire –, il anima ses gens et leur dit : « Mes frères, point de quartier ; plus nous en tuerons ici, moins nous en trouverons à la ville. » Ensuite il les mena au combat dans le dessein de vaincre ou de périr. Dès que les Espagnols les aperçurent, ils tirèrent leur canon chargé à cartouches, et après les avoir ainsi salués, ils rechargèrent à la faveur de leurs mousquets qu'ils tirèrent aussi. L'Olonnais et ses gens, à cet abord, se couchèrent tous sur le ventre, si bien qu'ils virent faire cette décharge sur eux sans en recevoir la moindre incommodité ; et, dès qu'elle fut faite, ils commencèrent la leur sur les Espagnols qu'ils ne pouvaient presque découvrir. Mais comme ils n'avaient pas beaucoup de poudre, ils ne tiraient point qu'ils ne vissent quelqu'un.

Ce combat dura environ quatre heures et fut fort opiniâtre de part et d'autre ; à la fin, les aventuriers se lassèrent et, résolus de tout risquer, ils donnèrent sur les Espagnols qui, voyant cette grande fermeté, prirent l'épouvante. L'Olonnais y perdit environ trente hommes et en eut bien vingt de blessés. Sa victoire ne ralentit point son ardeur. Après avoir séjourné environ quinze jours dans cette petite ville, il proposa à ses gens d'aller quérir du renfort au bord de la mer et d'attaquer la ville de Guatemala. Mais tous regardèrent ce dessein comme une témérité ; car, sans compter la longueur et la difficulté du chemin, ils n'étaient en tout que cinq cents hommes, et cette ville avait plus de quatre mille combattants.

L'Olonnais, voyant donc que personne n'était de son avis, se contenta de piller la petite ville de Saint-Pierre, où il ne fit pas grand butin ; car les habitants, tous gens pauvres, ne font que l'indigo, qui est le commerce de ce pays. Cependant, si l'Olonnais avait voulu se charger de cet indigo, il en aurait eu pour plus de quarante mille écus ; mais il ne cherchait que de l'argent. J'ai vu les flibustiers laisser quantité de marchandises qui leur auraient valu beaucoup. Leur paresse et la répugnance qu'ils ont à rien faire les uns pour les autres en est cause. D'ailleurs, quand ils ont apporté de la marchandise dans leur pays, on ne leur veut pas donner ce qu'elle vaut. Ils négligent donc d'en apporter, et il arrive, comme je l'ai vu plusieurs fois, que quand ils prennent un bâtiment où il y en a dont ils ne peuvent pas se servir, ils la jettent et la gâtent plutôt que de la porter où ils pourraient le faire commodément. Ce n'est pas que la prise de la ville de Saint-Pierre ne pût être avantageuse aux flibustiers, mais les Espagnols ont toujours la prévoyance de cacher ce qu'ils possèdent de plus précieux, avant que de songer à se défendre, comme s'ils étaient sûrs de succomber et d'être vaincus. Quand l'Olonnais fut prêt à partir, il demanda aux prisonniers qui étaient entre ses mains s'ils voulaient payer la rançon pour leur ville, sans quoi il leur signifia qu'il y mettrait le feu. Ils répondirent résolument qu'on leur avait tout ôté, qu'ainsi ils n'avaient plus rien à donner, qu'il pouvait faire tout ce qu'il lui plairait, mais que pour eux ils n'étaient capables de rien. À cette réponse, il fit mettre le feu à la ville, la laissa brûler et se retira avec ses gens au bord de la mer, où ceux qu'il y avait laissés lui dirent, sur le rapport de quelques Indiens, qu'ils avaient pris, qu'on attendait dans la grande rivière de Guatemala une hourque, c'est-à-dire un navire de sept cents tonneaux, qui va ordinairement tous les ans d'Espagne aux Honduras, pour y apporter tout ce dont la province guatémale a besoin. Cette province n'ayant que très peu de communication avec les galions du roi catholique, quelques marchands d'Espagne ont obtenu du roi et de la maison des Indes la permission d'y envoyer tous les ans un bâtiment. Les marchandises qui se portent là sont du fer, de l'acier, du papier pour imprimer ou écrire, du vin, des toiles, des draps fins, des étoffes de soie, du safran et de l'huile. Le retour est ordinairement chargé de cuirs, de salsepareille, d'indigo, de cochenille, de jalap et de méchoacan.

―――◆―――

CHAPITRE XVII

L'Olonnais prend la hourque de Honduras ; il est abandonné d'une partie des siens. — Son naufrage. — Sa mort.

L'Olonnais, pour mieux surprendre la hourque, se retira dans de petites îles qui sont au fond du golfe, et laissa deux canots à l'embouchure de la rivière de Guatemala, pour épier l'heure à laquelle ce bâtiment arriverait. Chaque équipage de la flotte prit son poste dans ces îles et un nom tel qu'il voulut, comme ils ont coutume de faire en pareille occasion ; ensuite, ayant désagréé, c'est-à-dire ôté tout l'appareil de leurs vaisseaux pour les raccommoder, une partie s'occupa à faire des filets pour pêcher. Il y a en ce lieu quantité de tortues que ces gens savent prendre avec des filets, qu'ils nomment *fotles*. Ils les font avec l'écorce d'un arbre qu'on appelle mahot. Cette écorce est aussi maniable que le chanvre, et on en ferait des cordages aussi bons que ceux de chanvre s'ils étaient travaillés de même.

Les flibustiers passaient le temps assez doucement, en attendant l'occasion de sortir du golfe, où le courant était si fort qu'ils ne pouvaient en aucune façon le remonter. Leur emploi était de pêcher de la tortue qui leur servait de nourriture. J'entends ici la franche, parce qu'on ne mange des autres que par grande nécessité, à cause qu'elles sont de mauvais goût ; que les franches, au contraire, sont excellentes, fort saines, pénétrant tout le corps et n'y souffrant aucune impureté. De sorte que si quelqu'un était infecté de quelque grave maladie, cette nourriture le purifierait mieux que le mercure. On en voit quantité dans ces petites îles, parce qu'il y a de grands fonds d'herbes dont ces animaux vivent, et que le courant les y transporte, comme beaucoup d'autres choses qui n'ont point de vie. On trouve quelquefois sur le rivage de ces îles, des choses que la mer y apporte de plus de quatre cents à cinq cents lieues, comme des canots de la façon des sauvages nommés Araogues, qui sont fort éloignés de là.

Nos aventuriers, n'étant pas toujours occupés, allaient quelquefois se promener dans leurs canots vers les petites îles de Sambales, qui tiennent presque à la péninsule de Yucatan, sur lesquelles on trouve de l'ambre gris aussi bon que celui qu'on nous apporte d'Orient. Quelques Indiens tributaires des Espagnols viennent l'y pêcher pour le leur vendre, et voici la manière dont ils le pêchent. Quand la mer est agitée d'une tempête, les vagues jettent l'ambre gris sur le rivage et les Indiens y viennent lorsque la tourmente commence, afin de prévenir les oiseaux qui, dès que le vent est apaisé, ne manquent pas de chercher aussi l'ambre et de le manger.

Ces gens vont contre le vent, jusqu'à ce qu'ils aient l'odeur de l'ambre qui, lorsqu'il est encore récent, s'exhale en abondance. Quand ils ont l'odeur, ils ne courent plus si fort, ils vont doucement jusqu'à ce qu'ils l'aient perdue, et ensuite ils retournent sur leurs pas. Ayant marqué l'endroit, ils cherchent dans le sable ; quelquefois, les oiseaux en piquant leur enseignent où il est. Lorsqu'ils l'ont trouvé, ils l'amassent et l'emportent sur la péninsule de Yucatan, qui est leur pays naturel, et où ils ont leurs habitations.

Le lecteur sera peut-être bien aise de voir la description de cette péninsule, d'autant plus que j'en ai une entière connaissance, et que j'y ai séjourné assez de temps pour y remarquer ce qu'il y a de plus curieux.

Elle est située depuis le 16e degré de latitude septentrionale jusqu'au 22e, depuis le golfe de Gonajos jusqu'au golfe de Triste. Du côté du sud-ouest, elle est attachée au continent, et son autre pointe, nommée le cap Catoche, est au nord-est. Les Indiens y ont eu autrefois de beaux édifices, dont on voit encore les ruines sur une petite île voisine, nommée Caya-de-Muieris. Du côté de l'ouest ou ponant, les Espagnols ont une belle ville nommée San-Francisco-de-Campêche, et au milieu, une autre nommée Mérida, où il se fait un grand commerce avec les Indiens. Mais Campêche, étant un port de mer, en a un bien plus considérable. Il y a eu beaucoup d'autres villes et de bourgs sur cette péninsule, mais depuis que les étrangers ont fait la guerre aux Espagnols dans ce pays, tout est dépeuplé et réduit presque à rien. Les Espagnols occupent la partie occidentale et les Indiens l'orientale, qui est du côté des Honduras.

Quant à l'étymologie de Yucatan, voici ce qu'on en débite. La première fois que les Espagnols abordèrent en cette péninsule, ils demandèrent aux Indiens le nom du pays. Ceux-ci, qui ne les entendaient pas, leur répondirent *Yucatan*, qui signifie, en leur langue : que dites-vous ? Ce qui fit que les Espagnols l'appelèrent Yucatan, soit que ne sachant pas le langage de cette contrée, ils crussent que c'était son véritable nom, ou qu'en effet, ils lui aient laissé ce même nom en mémoire de ce qui s'était passé.

Cette péninsule est très fertile en tout ce que l'Amérique produit. Autrefois, elle a été fort peuplée d'Indiens ; mais les Espagnols les ont tellement détruits qu'il n'y en a, aujourd'hui, que très peu, et ils sont leurs tributaires ou, pour mieux dire, leurs esclaves, car ils n'ont aucune liberté. Ceux qui sont voisins des Espagnols les servent presque pour rien. Ceux de l'autre bord sont obligés de recevoir, en certains temps de l'année, un ecclésiastique espagnol qu'on leur envoie pour les convertir. Lorsqu'il arrive chez eux, le cacique – c'est le nom qu'ils donnent à leurs chefs, qui sont comme leurs gouverneurs – est obligé de lui donner asile, ou de lui en chercher un parmi ses gens. Tant que le prêtre est en ce lieu, ils n'oseraient exercer leur religion, car ces peuples sont idolâtres. À peine est-il parti, qu'ils recommencent comme auparavant. Ce que j'en ai appris de ceux de la nation qui parlaient espagnol, c'est que chacun d'eux a son dieu particulier. Ils ont pourtant des lieux où ils s'assemblent pour les adorer en commun. (C'est là, d'ailleurs, que le prêtre espagnol, lors de ses brefs séjours, célèbre le culte catholique.)

Lorsqu'un enfant vient de naître, ils le portent dans cette église où il doit passer la nuit, exposé tout nu sur une petite place qu'ils ont parsemée de cendres passées dans un tamis fait d'écorce d'arbre. Le lendemain, ils y retournent et remarquent les vestiges de l'animal qui s'est approché de l'enfant. S'il y en a deux, ils les prennent tous les deux pour patrons. S'il n'y en a eu qu'un, ils ne prennent que celui-là. Ensuite, ils élèvent l'enfant jusqu'à ce qu'il ait connaissance de leur religion. Quand il la connaît, et qu'il est devenu grand, les parents lui nomment son patron, et soit Fourmi, soit Rat, Souris, Chat ou Serpent, il doit l'adorer comme son dieu. Ils ne font jamais appel à lui que dans l'adversité, c'est-à-dire lorsqu'ils ont perdu quelque chose ou qu'on leur a fait déplaisir.

Pour cela, ils vont dans une maison destinée à cet usage et offrent une gomme nommée *copal*, comme nous offrons l'encens.

Après cela, quelque chimère qui leur passe par la tête, soit désir de se venger de quelque affront prétendu, soit tout autre pensée, ils croient que c'est leur patron qui la leur inspire et ils ne manquent point d'agir en conséquence.

Quelques Espagnols m'ont dit que quand c'étaient des femmes, et qu'elles avaient de grands animaux pour patrons, le diable venait sous cette figure hanter leur sommeil. Y a-t-il rien de plus chimérique ?

Dans leurs mariages, ils observent certaines cérémonies et ne prennent qu'une femme. Quand quelqu'un veut se marier, il s'entend avec le père et la mère de la fille, ensuite on s'assemble, on se réjouit ; et le lendemain des noces, la fille vient se présenter devant sa mère, se jette par terre et rompt un petit chapeau de verdure que les vierges portent ordinairement ; enfin, elle fait plusieurs gémissements pour témoigner le regret qu'elle a de n'être plus fille.

Ces Indiens sont laborieux et fort éloignés de la paresse des autres. Leur génie s'exerce à faire mille petits ouvrages jolis, mais peu utiles. Il se trouve dans leur pays quantité de bois qui leur fournit de très belles teintures : celui dont nous nous servons pour le noir et pour le violet vient de là, c'est pourquoi on l'appelle bois de campêche. Leurs habitations sont belles, et ils n'y plantent que des choses nécessaires à la vie. Les femmes filent du coton, dont elles font des hamacs, qui sont une manière de lits très beaux. On ne les voit jamais en guerre avec les autres Indiens, parce qu'ils en sont fort éloignés, et qu'ils n'ont que les Espagnols pour voisins. Leur plus grand voyage se termine aux îles qui sont dans le golfe des Honduras, où ils demeurent quelquefois, mais pour l'ordinaire, ils retournent en terre ferme.

Après cette digression, je reviens à nos aventuriers que nous avons laissés sur les petites îles. Quand ils y eurent séjourné environ trois mois, l'Olonnais eut nouvelle que la hourque dont nous avons parlé approchait. Il donna ordre qu'on appareillât les vaisseaux, de peur qu'elle n'eût le temps de se décharger. Quelques-uns représentèrent qu'il valait mieux attendre son retour, parce qu'elle aurait de l'argent, que de la prendre ainsi lorsqu'elle n'avait que des marchandises. Cet avis fut suivi ; les flibustiers ne laissèrent pas d'envoyer des canots pour l'observer, mais ceux qui la montaient, ayant appris qu'ils étaient à cette côte, se contentèrent de débarquer les marchandises, et ne précipitèrent point leur retour.

L'Olonnais et ses gens, ennuyés d'attendre, eurent quelque soupçon que ce vaisseau leur pourrait échapper ; ils résolurent de l'aller attaquer, ne sachant pas si à mesure qu'on en déchargeait les marchandises, on n'en embarquait de nouvelles.

Dans cette incertitude, ils allèrent à son bord ; mais les Espagnols, qui avaient été avertis, s'étaient déjà précautionnés, ayant préparé leur canon et débâclé leur navire, c'est-à-dire ôté tout ce qui leur pourrait nuire pendant le combat. Leur canon était en batterie au nombre de cinquante-six pièces, outre beaucoup de grenades, de pots à feu, de torches, de saucissons qu'ils avaient sur les châteaux d'avant et d'arrière.

Quand nos aventuriers approchèrent, ils s'aperçurent bien qu'ils étaient découverts et qu'on les attendait ; cependant, ils ne laissèrent pas d'attaquer. Les Espagnols se mirent en défense, et quoique inférieursen nombre, ils leur donnèrent bien de l'exercice. Mais après avoir combattu presque un jour entier, comme ils n'étaient guère plus de soixante hommes, ils se lassèrent, et les aventuriers, voyant que leur feu diminuait, les abordèrent et se rendirent maîtres de la hourque.

Sur le champ, l'Olonnais envoya quelques petits bâtiments dans la rivière, afin de capturer la patache[29] qui venait, disait-on, chargée de cochenille, d'indigo et d'argent. Mais les Espagnols, ayant su la prise de la hourque, ne firent pas descendre la patache et se retranchèrent si bien sur la rivière, que les aventuriers n'osèrent rien entreprendre.

L'Olonnais ne fit pas, en prenant la hourque, le grand butin qu'il s'était imaginé ; s'il l'eut prise lorsqu'elle arriva, il aurait eu

---

29. Une patache est un petit vaisseau de guerre qui mouille à l'entrée d'un port pour connaître les navires qui viennent longer la côte.

toute sa charge qui valait plus d'un million ; et en cela il manqua de conduite, car il pouvait bien juger que, découvert comme il l'était, ayant demeuré près de six mois à cette côte, ce bâtiment ne chargerait jamais à sa vue.

On ne trouva dans la hourque qu'environ vingt mille rames de papier et cent tonneaux de fer en barre qui servait de lest au vaisseau. On y trouva aussi quelques ballots de marchandises, mais de peu de valeur : ce n'était que des toiles, serges, draps et ruban de fil en grande quantité. Tout cela ne laissait pas de valoir de l'argent, et cependant les aventuriers n'en profitèrent presque point ; car, ayant partagé ce qui pouvait être à leur usage, ils dissipèrent le reste, comme le papier et mille autres bagatelles. Quelques huiles d'olive et d'amande furent consumées inutilement.

Un assez grand nombre de ces aventuriers, nouveaux venus de France, qui n'avaient entrepris ce voyage avec l'Olonnais que parce qu'ils l'avaient vu revenir de Maracaïbo comblé de biens, ennuyés de cette misérable vie, commencèrent à se plaindre et à dire hautement qu'ils voulaient retourner à la Tortue. Les vieux aventuriers, accoutumés aux murmures, se moquèrent d'eux, disant qu'ils aimaient mieux périr que de s'en retourner sans argent. Enfin, ils se liguèrent les uns contre les autres. Les plus expérimentés d'entre eux, voyant que le voyage de Nicaragua ne réussirait point, s'embarquèrent, la plupart en secret, sur le bâtiment que montait Moïse Vauclin, qu'on avait pris au port de Cavallo, et qui allait fort bien à la voile.

Leur parti était pris de quitter l'Olonnais, d'aller à la Tortue raccommoder leur bâtiment, et ensuite de retourner en course ; mais lorsqu'ils voulurent sortir, ils échouèrent sur un récif, et leur dessein échoua avec eux. Si ce bâtiment n'eût pas péri de la sorte, il aurait fait bien du mal aux Espagnols, car c'était le meilleur voilier qu'on eût vu depuis cinquante ans dans toute l'Amérique.

Moïse Vauclin, se voyant sans vaisseau, chercha l'occasion d'en recouvrer un autre. Il trouva fort à propos le chevalier du Plessis qui venait de France, exprès pour croiser sur les Espagnols, et comme Vauclin connaissait le pays et les lieux que les Espagnols fréquentent, il fut bien reçu du chevalier, qui lui promit la première prise qu'il ferait, en cas qu'il se retirât en France. Mais il ne put accomplir sa promesse ; car en combattant contre un navire espagnol de trente-six pièces de canon, il fut tué, et Moïse déclaré capitaine de son vaisseau, avec lequel il fit une prise devant La Havane chargée de cacao, qui valait plus de 150 000 livres.

L'Olonnais, qui était dans les Honduras, conçut tant de dépit contre Moïse qui l'avait quitté, qu'il jura de s'en venger si jamais il le rencontrait. Un nommé Picard l'abandonna aussi ; mais au lieu de retourner à la Tortue, il alla le long de la côte de Costa-Rica, où il croisa devant la rivière de Chagre, afin de prendre le premier bâtiment qui se présenterait. Ennuyé d'être là sans rien faire, il résolut, avec son équipage de quatre-vingts hommes ou environ, de descendre dans la rivière de Veragua, et de piller le bourg de même nom, qui est sur cette rivière. Il exécuta son entreprise assez facilement, et sans grande résistance, mais aussi sans trouver beaucoup de choses, parce qu'il ne demeure dans ce bourg que des esclaves qui vont fouiller la terre sur les montagnes voisines.

Ils mettent cette terre dans des sacs pour la laver ensuite, et ils y trouvent des paillettes d'or très pur et très fin. Ils appartiennent à des bourgeois et à des marchands de la ville de Nata, située sur la mer du Sud, à vingt lieues de leur bourg, qui n'est bâti sur cette rivière que pour y occuper des esclaves et quelques bandits espagnols qui s'y sont venus réfugier.

Le Picard ne demeura pas là longtemps ; les Espagnols, qui s'étaient rassemblés à Nata et à Panama, le contraignirent de décamper au plus vite : ce qu'il ne put faire sans laisser plusieurs des siens, tant morts que blessés, outre quelques prisonniers qui étaient demeurés derrière dans un petit canot. Ils n'eurent pas même le loisir de prendre tout leur butin, et n'emportèrent qu'environ trois ou quatre livres d'or qu'ils trouvèrent dans des flacons : si bien que le Picard alla courir le bon bord pour trouver une meilleure fortune.

L'Olonnais était fort en peine, ayant un grand vaisseau équipé de trois cents hommes, sans vivres, en sorte qu'ils étaient contraints d'aller tous les jours à terre pour pourvoir à leur nourriture. Ils tuaient tout ce qu'ils rencontraient, et le plus souvent des oiseaux et des singes. Voilà ce qu'ils faisaient de jour. La nuit, avec vent de terre, ils tâchaient de sortir et de gagner du champ. Après beaucoup de peine, ils arrivèrent au cap Gracia-a-Dios, et allèrent jusqu'aux îles de Las Perlas et de Carneland.

L'Olonnais avait encore quelque espérance de descendre à Nicaragua, d'y laisser son navire et de gagner la rivière de Saint-Jean avec les canots qu'il avait. C'était par cette rivière qu'il se proposait d'entrer dans le Nicaragua. En effet, il y laissa son navire, mais non pas comme il le croyait ; car, ce vaisseau tirant beaucoup d'eau, il voulut l'approcher de la côte et le mit sur un récif, d'où il ne put jamais le retirer. Il eut beau mettre ses canots à terre et décharger le canon, tout cela fut inutile. Comme il n'y avait point de remède, ses gens allèrent à terre, où ils firent des ajoupas, qui sont de petites loges semblables à des baraques, en attendant qu'il passât quelque bâtiment pour les tirer de là.

Cependant l'Olonnais, accoutumé aux traverses, ne prit aucun chagrin de tout ceci, du moins n'en fit-il point paraître ; au contraire, il conjura ses gens de ne point perdre courage, les assurant qu'il avait trouvé le moyen de sortir de ce lieu et de faire fortune avant que de retourner à l'île de la Tortue. Il en occupa une partie à planter des vivres sur cette île, c'est-à-dire des pois que l'on cueille, et qui sont bons à manger au bout de six semaines ; quelques-uns à aller à la chasse et à la pêche ; d'autres à dépecer le bâtiment, pour en tirer autant de bois et de clous qu'ils pourraient, et en faire une barque longue ; enfin, avec leurs canots, ils espéraient encore entrer dans le lac de Nicaragua. Pendant qu'ils feront leur barque, je donnerai ici une petite description des îles de Carneland.

Elles sont voisines de quantité d'autres situées sous le 12e degré cinquante minutes de latitude septentrionale, environ à quarante lieues du cap de Gracia-a-Dios, et habitées par une sorte d'Indiens de terre ferme, qui y viennent quelquefois passer une partie de l'année. L'une de ces îles est plus grande que l'autre ; la plus grande peut avoir quatre à cinq lieues de tour, et l'autre trois. Le terroir en est très bon et fort fertile ; on y voit de grands bois, et on pourrait y demeurer, mais il faut y creuser des puits pour avoir de l'eau, et cette eau est moitié douce et moitié salée.

Les aventuriers y viennent souvent ; car ils n'osent aller en terre ferme où les Indiens sont méchants et ne veulent souffrir aucune nation, étant eux-mêmes sans demeure fixe et toujours errants dans les bois. Les aventuriers n'avaient jamais pu en découvrir lorsqu'enfin ils en trouvèrent trois qui prirent vite la fuite. On les poursuivit si vivement qu'on les vit entrer dans une tanière sous terre où, sans rien craindre, on entra après eux ; on les prit et on les amena au quartier de l'Olonnais, sans leur faire aucun mal. Ils étaient trois, savoir deux femmes et un homme.

Nos aventuriers s'imaginèrent que cette capture était un coup de fortune pour eux ; ils pensèrent faire amitié avec ces sauvages afin de pouvoir ensuite entrer dans leur pays, mais ils furent bien trompés dans leur attente. Après leur avoir fait toutes les caresses du monde, ils donnèrent aux deux femmes quantité de petits miroirs et d'autres choses de cette nature qu'on présente ordinairement aux femmes ; ils firent aussi présent aux hommes de haches, de couteaux et d'instruments pour la pêche. Mais au lieu que les autres Indiens estiment toutes ces choses, ceux-ci les méprisèrent et ne daignèrent pas seulement les regarder. Pendant tout le temps qu'ils furent avec les aventuriers, ils ne se parlèrent jamais. On leur présenta des fruits ; ils en mangèrent. Après cela, on les mit en liberté, et on leur fit signe d'aller rejoindre leurs camarades et de leur porter ces choses que les aventuriers leur avaient données ; mais ils n'en voulurent rien faire. Cependant l'homme prit quelques couteaux et, sur-le-champ, ils se sauvèrent, sans que depuis on les ait vus reparaître. Dès le lendemain, un des aventuriers, s'étant avisé d'aller seul à la chasse, tomba entre leurs mains et fut rôti et mangé, à ce qu'on a pu conjecturer ; car trois jours après, on trouva un pied et une main de ce misérable qui étaient brûlés.

Un jour, un aventurier de la Jamaïque vint mouiller à ces îles. La nuit, ils vinrent sous l'eau, lui emportèrent son ancre qui pouvait peser six cents livres, et attachèrent le câble à un rocher. Il y a le long de cette côte de très méchants Indiens que les Espagnols n'ont jamais pu assujettir. J'en rapporterai encore dans la suite quelques histoires assez curieuses.

L'Olonnais vint enfin à bout de son dessein, et dans l'espace de dix mois qu'il demeura sur ces îles avec son monde, il bâtit une barque longue, capable de porter la plus grande partie de ses gens, qu'il mit dessus, et le reste dans ses canots. En cet équipage, il entra dans la rivière de Saint-Jean, nommée par les Espagnols Desaguadera. Comme il la remontait, il fut découvert par les Indiens qui appartenaient aux Espagnols, et qui en avertirent promptement leurs maîtres. Ceux-ci envoyèrent au devant de lui une troupe d'Indiens qui l'empêchèrent d'aller plus avant, et l'obligèrent de se retirer avec perte de beaucoup de ses gens.

Nos aventuriers étaient désolés de ne pouvoir ni faire quelque prise ni retourner à l'île de la Tortue : car ils n'avaient point de vaisseaux. Ils se séparèrent donc, de peur de s'affamer les uns les autres, et chacun alla à son bord ; une partie se rendit au cap de Gracia-a-Dios où elle demeura avec une nation d'Indiens qui souffrent les aventuriers chez eux et même qui les aiment. L'autre partie alla à Boca-del-Toro, où il arrive souvent des aventuriers cherchant de la tortue pour ravitailler leurs vaisseaux. Ceux-ci avaient en vue, lorsqu'il en arriverait quelques-uns, de s'embarquer avec eux.

Ils descendirent en un lieu nommé la Pointe-à-Diègue, à cause qu'il y a là de l'eau bonne à boire. Ayant tiré leurs canots à terre, ils dressèrent un fort, c'est-à-dire un retranchement de pieux, afin de se garantir des Indiens qui y sont fort à craindre. L'Olonnais, avec sa barque, avait dessein de croiser devant Carthagène en passant les baies Baron, qui sont près du golfe du Darien ; il fut obligé d'aller à terre et de chercher quelque bourgade, soit d'Indiens, soit d'Espagnols, à piller pour avoir des vivres. Mais cette entreprise ne lui réussit pas mieux que les autres fois ; au contraire, il eut le malheur d'être pris par les sauvages que les Espagnols appellent *Indios bravos* : ils le hachèrent par quartiers, le firent rôtir et le mangèrent.

Telle fut la vie et la fin de l'Olonnais ; ses camarades qui échappèrent, arrivèrent à la Tortue avec leur barque, n'ayant jamais fait de course plus funeste que celle-là. J'oubliais de dire qu'une partie des gens de l'Olonnais qui s'était retirée sur une île le long de la côte de Carthagène, nommée l'île Forte, y trouvèrent des Anglais aventuriers, qui avaient dessein de faire descente en terre ferme, et que cette occasion se présenta fort à propos pour les délivrer. Dans l'espérance de faire quelque butin, ils dirent aux Anglais qu'ils avaient encore de leurs camarades en beaucoup de lieux le long de la côte. Les Anglais, réjouis d'apprendre cette nouvelle, les cherchèrent et les prirent dans leurs vaisseaux. Leur dessein était de monter la rivière de Mosquitos, qui est au cap de Gracia-a-Dios, et de trouver quelque petite ville espagnole à piller, parce que personne n'y avait encore été. Un des leurs les avait assurés qu'il y avait communication entre cette rivière et le lac de Nicaragua. Sur cette espérance, les aventuriers s'embarquèrent au nombre de cinq cents dans les canots pour remonter la rivière ; mais après avoir tenté la fortune quinze jours durant sans trouver autre chose que de petits lieux où les Indiens se retiraient, et qui étaient entièrement dénués de vivres, ils cherchèrent divers moyens pour sortir de cet embarras.

Enfin, voyant qu'ils ne gagnaient rien, ils allèrent au travers des bois pour chercher un chemin. Mais après avoir employé quelques jours à courir de côté et d'autre, ils ne purent découvrir aucune route ni faire quelque prisonnier qui leur servît de guide. Ils s'en retournèrent donc sans avoir rien fait. La faim, qui les pressait extrêmement, précipitait encore leur retour ; et s'ils avaient trouvé des sauvages, ils étaient résolus d'en tuer quelques-uns pour se nourrir, car ils ne mangeaient que de l'herbe et des feuilles d'arbres. Ils regagnèrent pourtant peu à peu le bord de la mer, où ils trouvèrent les Indiens du cap de Gracia-a-Dios, qui leur donnèrent des vivres, et ils demeurèrent quelque temps dans ce lieu avant que de se rembarquer. Ils auraient même entrepris encore quelque chose, mais la nécessité fut cause que la dissension se mit entre eux. Toutefois, ils se séparèrent sans autre disgrâce que la faim qu'ils avaient endurée.

CHAPITRE XVIII

Aventure d'Alexandre, surnommé Bras-de-Fer.

Lorsque je fais réflexion à ce que j'ai déjà écrit des aventuriers et à ce qui me reste à en dire, je ne doute point que parmi ceux qui liront leur histoire, il ne s'en trouve quelques-uns de difficile croyance et qui, sur le moindre récit de quelque aventure singulière, ne soient tentés de prendre l'historien pour un romancier. Je ne conseille pas à ces messieurs de lire la vie des flibustiers où tout est extraordinaire.

En effet, comme ils sont presque toujours sur mer, ils font souvent naufrage, et ces naufrages les jettent en des périls aussi surprenants que terribles. Comme ils forment des entreprises hardies et difficiles, l'exécution de ces entreprises les expose à tout moment à des aventures également étonnantes et incroyables.

Ainsi, que peut-on penser quand on voit Pierre le Grand avec un petit vaisseau monté de quatre légères pièces de canon, de vingt hommes, se rendre maître presque en un instant du vice-amiral des galions du roi d'Espagne, et s'en retourner en Europe, riche à jamais ?

Que peut-on s'imaginer lorsqu'on apprend que Roc, après son naufrage, marche en victorieux dans un pays ennemi ; qu'il défait, en chemin faisant, les Espagnols, s'empare de leurs chevaux, se saisit d'une barque, et se tire enfin d'un grand péril, sans autre perte que deux de ses gens blessés et deux tués ?

Que peut-on croire, enfin, en lisant que l'Olonnais, découvert par les ennemis, accompagné d'un petit nombre des siens, ait attaqué et pris une frégate armée de dix pièces de canon et quatre-vingts hommes de la plus belle et de la plus vigoureuse jeunesse de la Havane, et qu'il ait fait ensuite tout ce que nous avons vu ?

Certainement, ces choses sont extraordinaires ; mais aussi, pour peu qu'on soit de bon sens, et sans prévention, il est aisé de voir qu'elles sont accompagnées de circonstances si originales et si naturelles, qu'il est malaisé de douter, puisque enfin elles respirent partout la vérité. D'ailleurs, tout extraordinaires qu'elles soient, je puis bien assurer que je les ai vues moi-même, et si mon témoignage ne suffit pas pour en accréditer le récit, je suis encore en état de le confirmer par celui de quantité de gens de considération, qui sont encore pleins de vie, et que je nommerais volontiers, si ce n'est qu'occupant maintenant des postes avantageux, ils seraient peut-être fâchés qu'on sût qu'ils ont été flibustiers, quoique, exerçant ce métier, ils aient fait mille belles actions qui mériteraient d'être rapportées. Je pense toutefois qu'ils ne se soucient guère qu'on les rapporte, puisque, depuis ce temps-là, ils en ont fait d'aussi belles, mais plus glorieuses pour eux, et plus utiles pour leur patrie, n'ayant plus tiré l'épée que pour le service de leur prince.

Pour revenir à ceux qui donnent le nom de roman à tout ce qui leur cause quelque surprise, que diraient-ils si on leur rapportait les expéditions d'Alexandre, surnommé le Bras-de-Fer, à cause de la force de son poignet ? On peut dire que ce nouvel Alexandre a autant signalé son nom entre les aventuriers, que l'ancien Alexandre a distingué le sien entre les conquérants. On ne doit pas trouver la comparaison étrange ; car enfin, Alexandre le Grand, tout

Alexandre qu'il était, était-il autre chose qu'un aventurier, mais un aventurier de famille royale ? Et celui dont je vais parler était de condition.

Il était beau de visage, robuste de corps ; j'en puis parler pour l'avoir vu de près, parce que je l'ai pansé et guéri d'une blessure considérable. Ma fortune était faite après cette cure, s'il avait été aussi libéral qu'Alexandre ; mais, par malheur pour moi, il ne l'était pas.

Il avait beaucoup de tête quand il s'agissait d'entreprendre, et un grand courage lorsqu'il fallait exécuter.

Bien différent des autres aventuriers, qui vont en course avec des flottes entières, il n'y allait jamais qu'avec un seul vaisseau nommé le *Phœnix*, rempli de gens d'élite et de résolution comme lui. Je ne dirai qu'un seul incident de sa vie ; il me l'a récité lui-même en espagnol, et je le rapporte ici en français.

Un jour qu'il était en mer pour l'exécution d'un dessein de conséquence, qu'il est inutile de dire puisqu'il ne réussit pas, après un long calme il fut tout à coup surpris d'un grand orage accompagné de vents et de tonnerre furieux. Les vents lui brisèrent ses mâts, et le tonnerre mit le feu à la soute aux poudres, qui firent sauter toute la partie du vaisseau qu'elles occupaient, avec ceux qui étaient dessus, et qui furent tués avant que de tomber dans l'eau. Ceux de l'autre partie du vaisseau se trouvèrent tout à coup dans la mer ; mais commeils étaient fort près de terre, il s'en sauva pour le moins trente à quarante à la nage, et notre Alexandre ne fut pas des derniers. Ils abordèrent dans quelques îles aux environs de Boca-del-Drago, habitées par des Indiens qu'on n'a pu encore réduire, et dont je ne dis rien ici, parce que j'en parlerai ailleurs.

Ils parcoururent quelque temps les bords de la mer, pour recueillir ce qu'ils pourraient de débris de leur naufrage. Ils songèrent à se garantir des insultes des Indiens, qui sont terribles dans ces contrées ; à reconnaître les lieux, de peur de surprise ; enfin, à observer quand il passerait quelque bâtiment pour les tirer de cet endroit. Dans ce dessein, ils ne quittèrent guère le bord de la mer.

Un jour qu'ils erraient à leur ordinaire, une troupe d'Indiens vint les assaillir ; ils en tuèrent un bon nombre et en firent quelques-uns prisonniers. Alexandre crut que, pour leur ôter l'envie de venir désormais les attaquer, il fallait leur inspirer de la crainte. Avant que de renvoyer les prisonniers, il fit attacher un bouclier de cuir fort épais aux ossements d'une baleine qui se trouvèrent là par hasard. On fit entendre par signes à ces barbares de tirer leurs flèches contre le bouclier. Ce que quelques-uns des plus robustes firent avec beaucoup d'adresse ; mais les flèches se brisèrent, et à peine purent-elles effleurer le poil du bouclier. Ce fut une espèce de merveille qui les surprit ; car leurs flèches sont si aiguës et si pénétrantes, qu'elles percent d'outre en outre toutes sortes d'animaux. On leur demanda par signes s'ils voulaient voir quelle était la force des armes des aventuriers, parce qu'ils s'imaginaient, comme ils le firent entendre, que l'arquebuse était une espèce d'arc, et la baguette la flèche. Or, afin de leur faire connaître quelle était la force de l'arquebuse, Alexandre donna l'ordre à un flibustier de tirer la sienne contre le bouclier. Ce flibustier, s'étant éloigné de six pas plus qu'eux, déchargea son fusil, et perça non seulement le cuir du bouclier, mais encore l'os de la baleine auquel il était attaché. Les barbares, étonnés, s'approchèrent de plus près pour voir le coup, et demandèrent une balle, dans l'espérance de faire autant. On leur en donna une : ils la mirent au bout d'un dard, et soufflèrent ensuite de toute leur force, croyant que ce souffle était la cause du grand bruit qu'ils avaient entendu ; mais dès qu'ils eurent lâché la balle, elle tomba à leurs pieds, et ils en furent si étonnés, qu'Alexandre les ayant renvoyés, non seulement il n'en a eu depuis aucune nouvelle, mais il n'a même pas vu qui que ce soit qui ait osé l'attaquer.

Nos aventuriers commençaient à s'ennuyer d'être si longtemps dans cet endroit, lorsqu'ils aperçurent d'assez loin un vaisseau en mer, qui tirait droit où ils étaient. Ils se cachèrent, se doutant bien que ce vaisseau n'approcherait pas s'ils se montraient. Les uns étaient d'avis qu'on priât le chef du vaisseau de les prendre dans leur bord ; les autres, au contraire, opinaient à se défendre, craignant qu'on leur ôtât la liberté, et qu'on leur fît peut-être pis. Alexandre, qui était vif à délibérer, et encore plus prompt à se résoudre, décida que, bien loin de se défendre, il fallait attaquer. Les aventuriers déférèrent tous à son sentiment, parce qu'il avait beaucoup d'ascendant sur eux et qu'ils se fiaient entièrement à sa conduite et à sa valeur, qu'ils avaient déjà éprouvée en mille occasions.

Le vaisseau aborde, attiré, comme on a su depuis, par la disette d'eau où il était ; car dans ces îles l'eau est très bonne. C'était un vaisseau marchand, équipé en guerre. Les officiers firent descendre leurs meilleurs soldats à terre et se mirent à leur tête, parce qu'ils savaient les périls qu'on courait dans ce lieu, à cause des Indiens dont j'ai parlé. Ils ne songeaient guère à nos gens, qui se tenaient cachés et tout prêts à exécuter ce que nous allons voir.

Il est bon de remarquer que nos aventuriers avaient demeuré assez longtemps dans ces lieux pour en savoir les détours. Ils se glissèrent donc fort doucement le long des arbres qui étaient très touffus alors, défilèrent ensuite par des routes secrètes qu'ils connaissaient ; en sorte qu'en peu de temps, ils environnèrent le grand chemin qui coupait le bois, et que leurs ennemis tenaient de peur de surprise. Nos aventuriers marchaient tous en bon ordre. Cependant, ils se tenaient derrière les arbres, parce que, s'ils avaient combattu à découvert, les ennemis, qui étaient en plus grand nombre, n'auraient pas manqué de les défaire. Mais comme ils ne les perdaient pas de vue, ils firent tout à coup sur eux une décharge aussi meurtrière qu'imprévue. Aussitôt, les ennemis firent face, sans tirer pourtant, parce qu'ils ne voyaient personne. Mais comme il tombait sans cesse quelques-uns des leurs, et qu'ils n'apercevaient point de flèches, ils comprirent facilement qu'ils avaient affaire à d'autres gens qu'à des Indiens ; et pour rendre inutile le feu de ceux qui les attaquaient, ils s'avisèrent de se mettre ventre par terre et de ne se point relever, ou que ce feu n'eût cessé, ou qu'ils ne vissent quelqu'un paraître.

Les aventuriers, qui regardaient par les ouvertures qu'ils avaient faites dans l'épaisseur du feuillage, furent bien surpris de ne plus rien voir : ils s'imaginèrent d'abord que les ennemis pourraient s'être retirés, mais n'ayant point entendu de bruit qui eût marqué leur retraite, ils ne savaient ce qu'ils étaient devenus, encore moins ce qu'ils devaient faire eux-mêmes.

Alexandre se trouvait dans la même peine ; mais, impatient de vaincre, il se détermina promptement et sortit, accompagné de ceux qui étaient alors auprès de lui, pour chercher les ennemis. Ceux-ci, l'ayant aperçu, jetèrent un cri, se relevèrent et coururent sur-le-champ à lui. Alexandre, les voyant venir avec tant d'impétuosité, se mit à quartier avec les siens et laissa passer le torrent ; ensuite, il s'attacha à celui qui marchait à leur tête et lui porta un coup de sabre, qui coula sans aucun effet le long d'un grand bonnet, dont sa tête était couverte. Il allait redoubler, lorsqu'une racine d'arbre qui sortait de terre et qu'il rencontra malheureusement sous ses pieds, le fit tomber. À l'instant, il se releva, à demi soutenu sur une main, ne pouvant mieux faire, parce qu'il était étrangement pressé par son adversaire, et du revers de l'autre main – car il avait le poignet rude –, il fit sauter le sabre de son ennemi, ce qui lui donna le loisir de se relever tout à fait et de crier : « À moi, camarades ! À moi ! », pour avertir ceux qui étaient encore dans le bois. Ses camarades sortant aussitôt, les uns d'un côté, les autres d'un autre, et prenant les ennemis, tantôt à dos, tantôt à flanc, puis en queue, en firent un grand carnage ; enfin, se réunissant tous à un signal que leur fit Alexandre, ils fondirent sur eux, le sabre à la main, et les trouvèrent tellement affaiblis, qu'ils tuèrent sans peine jusqu'au dernier, ayant pris à cœur de n'en pas laisser échapper un seul.

D'un autre côté, ceux qui étaient demeurés dans le vaisseau, entendant le bruit de la mousqueterie, crurent que leurs gens avaient rencontré quelque embuscade ou quelque parti d'Indiens ; mais comme la troupe de soldats qui avaient fait descente était brave et nombreuse, ils crurent qu'elle avait taillé en pièces ces

Indiens, et que les autres se seraient sauvés dans leurs cavernes. C'est pourquoi ils se contentèrent de tirer le canon de leur bord pour les effrayer.

Cependant, nos aventuriers ne perdirent point de temps. Ils dépouillèrent les morts, se vêtirent de leurs habits, et ayant le visage presque entièrement caché sous de grands bonnets qu'ils avaient ôtés à leurs ennemis, enfin poussant de grands cris pour marque de leur victoire, ils marchèrent vers le vaisseau. Ceux qui étaient dedans, les voyant venir, crurent que c'étaient leurs camarades qui revenaient vainqueurs et les reçurent dans leur bord : c'étaient des marchands, des matelots et quelques miliciens. Aussitôt, les aventuriers passèrent au fil de l'épée tous ceux qu'ils rencontrèrent, et qui, ne s'attendant à rien moins, offrirent peu de résistance. De sorte qu'ils se rendirent bientôt maîtres du vaisseau, qu'ils trouvèrent chargé de toutes sortes de marchandises et de richesses, dont je n'ai point appris le détail. D'ailleurs je n'étais pas de cette expédition.

J'ai su d'Alexandre même plusieurs autres entreprises que je n'écris point ; car j'ai remarqué qu'en les récitant, il passait fort légèrement sur ce qui le regardait et appuyait beaucoup sur ce qui concernait les autres, leur en donnant presque toute la gloire. En sorte que si je rapporte quelques circonstances qui le touchent, je ne les tiens pas de lui, mais de ses camarades.

Je n'étais pas à cette expédition et je ne l'ai rapportée que pour détromper ceux qui ne peuvent rien lire de singulier, sans s'imaginer qu'on leur en impose.

Voici un événement plus surprenant, arrivé au capitaine Montauban, bien connu de toute la ville de Bordeaux.

CHAPITRE XIX

*Voyage du capitaine Montauban en Guinée,
avec quelques particularités de sa vie.*

Le capitaine Montauban a couru pendant plus de vingt années les côtes de la Nouvelle-Espagne, de Carthagène, du Mexique, de la Floride, de la Nouvelle-York, des îles Canaries et du Cap Vert.

La campagne qu'il fit en 1691 fut mémorable par le ravage des côtes de Guinée ; il entra dans la rivière de Sierra-Leone, et, ayant pris la forteresse avec vingt-quatre pièces de canon qui la défendaient, il la fit sauter, de crainte que les Anglais ne vinssent s'établir.

En 1694, on le vit sur la côte de Caracas, et de là monter au vent de Santa-Cruz, où, sur l'avis qu'on lui donna qu'un convoi de vaisseaux devait partir pour les îles Barbades et Nièves, pour passer en Angleterre, il alla à la hauteur de Bermudes à dessein de l'enlever. Peu de temps après son arrivée, il le vit paraître venant à lui ; mais il le prévint en attaquant l'escorte nommée le Loup, qu'il enleva avec deux vaisseaux marchands chargés de sucre, le reste s'étant sauvé pendant le combat.

Comme il emmenait cette prise en France, il se rendit maître d'un vaisseau anglais de seize pièces de canon qui allait en Angleterre, et le vendit à la Rochelle, où l'Amirauté le jugea de bonne prise. Ensuite, continuant sa route, il arriva le 3 septembre 1694 à Bordeaux avec les trois autres vaisseaux qu'il vendit, après qu'on les eut aussi jugés de bonne prise.

Les flibustiers de sa compagnie, qui n'avaient pas vu la France depuis longtemps, se trouvant alors dans une ville abondante en toutes choses, firent des dépenses considérables ; et, sur le bruit qui s'était répandu dans la ville des grosses prises où ils avaient part, on ne faisait aucune difficulté de leur prêter. Leur extravagance alla si loin, que, non contents de courir la ville en masque jour et nuit, ils s'y faisaient porter en chaise, précédés de flambeaux allumés en plein midi. La débauche en fit mourir quelques-uns, d'autres désertèrent, et le capitaine Montauban, voyant que son monde diminuait, se détermina à partir au plus tôt.

Son premier soin fut d'amasser assez de jeunes gens du pays pour remplir le nombre des flibustiers qu'il avait perdu ; et, ayant ravitaillé son vaisseau qui n'avait que trente-quatre pièces de canon, il partit au mois de février 1695 pour aller croiser sur la côte de Guinée.

Sa traversée ne se fit pas sans incidents. Il donna la chasse à deux vaisseaux anglais, vers les îles du Cap Vert, et à deux armateurs de cette nation à l'île de Fuego ou île de Feu. Ensuite, poursuivant sa route, il alla atterrir au cap de Trois-Pointes, où il rencontra la garde-côte. C'était une frégate hollandaise de trente-quatre pièces de canon, qui croisait au large. Lorsqu'elle avança pour le reconnaître, il aborda pavillon hollandais ; mais quand il se trouva à portée, il fit mettre pavillon français. Le combat dura toute la journée, sans que Montauban pût joindre d'assez près son ennemi pour le servir avantageusement de ses fusils boucaniers, ou pour l'empêcher de se mettre à couvert sous la forteresse de Trois-Pointes, où il y avait deux autres vaisseaux hollandais armés en guerre.

Il attendit donc au lendemain, dans l'espérance que ces trois vaisseaux, joints ensemble, viendraient l'attaquer ; mais la frégate se trouva trop maltraitée pour tenter un second combat. Enfin, voyant que ses ennemis ne voulaient point se battre, il fit route pour les îles de Saint-Thomé, et allant reconnaître le cap de Saint-Jean, qui est dans la terre ferme de Guinée, il prit un vaisseau anglais de vingt pièces de canon, chargé de dents d'éléphant, de cire et de trois cent cinquante nègres.

De là, se trouvant à la vue de l'île du Prince, il prit un capre de Brandebourg, qui croisait dans cette hauteur et qui enlevait les petites barques sans distinction de nation ni de pavillon. Avant que de s'engager plus loin, il envoya sa prise anglaise à Saint-Domingue ; mais elle lui fut enlevée au Petit-Goave.

Montauban revint à la rade des îles du Prince et de Saint-Thomé, où il échangea son capre de Brandebourg contre des vivres, de sorte que, se trouvant en état de partir, il leva l'ancre pour aller vers les côtes d'Angola, qui sont par delà la Ligne à plus de deux cent cinquante lieues. Il y arriva le 22 septembre et découvrit, quelque temps après, un vaisseau portant pavillon anglais de cinquante-deux pièces de canon. Comme il faisait toutes les manœuvres nécessaires pour le faire approcher, son ennemi faisait de même, croyant que c'était un vaisseau marchand. Et ces deux vaisseaux étant à portée l'un de l'autre, l'Anglais tira un coup de canon à balle, ce qui obligea le capitaine Montauban de mettre pavillon français. À cette vue, l'Anglais envoya de son travers deux bordées de canon qui tuèrent sept flibustiers, sans que de leur part on tirât aucunement, et cela pour donner la hardiesse à leur ennemi de les aborder, car ils ne le pouvaient pas eux-mêmes, étant sous le vent.

En effet, l'Anglais approcha de manière que le capitaine Montauban, voyant l'occasion favorable, donna le signal à tous les flibustiers qui s'étaient tenus couchés sur le ventre au-dessus du pont. Ces gens, qui n'attendaient que ce moment, se levèrent au plus vite et firent un si grand feu, qu'ils ralentirent bientôt celui des ennemis, dont l'équipage était de plus de trois cents hommes.

Ce grand nombre, selon toutes les apparences, devait les assurer du succès s'ils en venaient aux mains. Aussi les vit-on bientôt venir à l'abordage avec de grands cris, menaçant de ne faire aucun quartier si l'on ne se rendait pas. Leurs grappins n'ayant pu prendre derrière le navire aventurier, l'Anglais courut si promptement qu'il vint abattre le derrière de son bâtiment sur le beaupré de son ennemi.

Ce fut pour lors que les flibustiers, profitant de l'embarras où était la manœuvre, ne perdirent aucun de leurs coups et firent un feu si terrible pendant une heure et demie, que les Anglais, n'y pouvant résister et ayant perdu beaucoup de monde, abandonnèrent leur gaillard et se retirèrent au-dessous, entre les ponts.

Montauban, s'apercevant qu'ils faisaient signe et demandaient quartier, ordonna aux flibustiers de cesser le feu et fit dire aux ennemis de se mettre dans leurs chaloupes pour se rendre à son bord. Cependant, il faisait sauter ses gens dans le vaisseau afin de s'en saisir, se croyant déjà en état de tout entreprendre avec une prise si considérable ; car c'était le garde-côte *Angola*, et le plus grand navire que les Anglais eussent dans ces mers. On voyait les flibustiers à l'envi l'un de l'autre, désaborder ou filer les bosses, lorsque le feu prit aux poudres de la sainte-barbe du vaisseau des Anglais, par le moyen d'une mèche que le capitaine y avait posée, dans l'espérance de se sauver avec ses chaloupes. Les deux vaisseaux, étant accrochés, sautèrent tous deux en l'air et firent le plus terrible bruit qu'on ait jamais ouï.

Il est impossible de faire une peinture de cet affreux spectacle, les acteurs d'une si sanglante scène ne se trouvant en état d'en juger eux-mêmes que par les maux qu'ils ont ressentis. On laisse au lecteur à s'imaginer l'horreur que peut donner la vue de deux vaisseaux que la poudre enlève à plus de deux cents toises avec un fracas épouvantable, faisant comme une montagne d'eau, de feu, de débris de toute espèce. On laisse, dis-je, au lecteur, le soin de se représenter tout cela, et on va dire par quel bonheur le capitaine Montauban fut sauvé.

Montauban était sur son vaisseau, où il donnait ses ordres, lorsque le feu y prit et l'enleva si haut de dessus le pont, qu'il a cru lui-même que c'est ce qui empêcha qu'il ne fût mêlé aux débris qui l'auraient haché en mille pièces ; en sorte qu'il tomba tout étourdi dans la mer, où il demeura quelque temps sans pouvoir se remettre. Enfin, se débattant comme un homme qui craint de se noyer, il s'accrocha à une pièce de mât. Sa surprise fut grande, lorsqu'il vit autour de lui un nombre infini de membres épars et de corps déchirés.

Cela n'empêcha pas que Montauban ne réveillât le courage de quelques-uns des siens qui nageaient auprès de lui, leur donnant espérance de pouvoir se sauver au moyen d'une chaloupe qu'il avait aperçue au milieu de quelques débris qui flottaient sur l'eau. Ils allèrent aussitôt au nombre de quinze ou seize, chacun sur une pièce de bois, dégager cette chaloupe, où ils se mirent, et ils sauvèrent encore un canonnier qui avait eu une jambe emportée dans le combat. Ils se servirent de quelques morceaux de planches pour avirons, et ayant trouvé de quoi faire une voile et un petit mât, ils se confièrent à la Providence qui, seule, pouvait leur donner le salut et la vie.

Dès que le capitaine Montauban put s'occuper de lui, il s'aperçut que le sang coulait d'une blessure qu'il avait reçue à la tête ; on lava sa plaie avec de l'urine, on y mit de la charpie faite de son mouchoir, et on banda sa tête d'un morceau de sa chemise. On en fit autant à ceux qui se trouvèrent pareillement blessés, et cependant la chaloupe allait sans découvrir la terre, sans vivres, sans savoir où en prendre.

Trois jours s'étaient écoulés de la sorte, lorsqu'un des flibustiers, pressé par la faim et la soif, but tant d'eau de la mer, qu'il en mourut ; les autres supportèrent leur mal avec plus de patience, mais ils avaient tant bu en tombant dans la mer, qu'on les voyait comme demi-morts, et le capitaine Montauban eut une hydropisie dont il ne fut guéri que par une fièvre quarte qu'il garda longtemps. Il était méconnaissable : le feu de la poudre lui avait brûlé le côté, les cheveux et le visage, et le grand bruit de ce feu avait causé un tel étonnement dans tous ses organes, qu'on lui avait vu rendre le sang par le nez, par les oreilles et par la bouche, comme il arrive ordinairement aux bombardiers qui servent sur mer.

Ces malheureux ne pouvaient guère s'entr'aider, parce qu'ils étaient tous fort maltraités. Cependant, malgré l'abattement que leur causait la faim qu'ils souffraient, il fallut gagner le cap de Corse et surmonter les obstacles que la nature leur opposait par le moyen de la barre qui en rend la côte inaccessible. Ils y arrivèrent néanmoins, après bien des peines ; quelqu'un de la troupe alla chercher de quoi vivre, et par bonheur il trouva, dans un étang que la mer a formé près de là, des huîtres attachées à des branchages. Ils y allèrent tous en remontant le canal, et se prêtant de bon cœur quelques couteaux qui se trouvèrent dans leurs poches, chacun mangea de grand appétit.

Les flibustiers ayant passé deux jours dans cet endroit, le capitaine Montauban les distribua en trois petites bandes pour aller chercher des vivres et des habitations. Il y alla de son côté et donna ordre de retourner le soir à la chaloupe ; mais ils ne rencontrèrent que quelques troupes de buffles, qui fuyaient à mesure qu'on avançait vers eux ; ainsi ils revinrent à la chaloupe sans avoir trouvé ni habitation ni vestiges d'hommes. Cette dure extrémité les obligea de partir le lendemain pour se rendre au port de Lopez, sous le vent du cap de Corse, où les nègres, avertis par des coups de canon que les vaisseaux tirent à leur arrivée, viennent leur apporter des vivres et tout ce qui leur est nécessaire, pour de l'eau-de-vie, des couteaux et des haches.

Le capitaine Montauban ne doutait pas que parmi ces nègres, dont la plupart lui avaient apporté des rafraîchissements dans les voyages précédents qu'il avait faits sur ces côtes, il ne s'en trouvât plusieurs qui ne le reconnussent. En effet, il dit à quelques-uns de ceux-là en leur langue, qu'il était le capitaine Montauban et qu'il les priait de lui donner des vivres ; mais ces nègres le voyant tout défiguré ne le reconnurent point, et crurent qu'il leur en imposait. Il les pria de le mener chez le prince Thomas, fils du roi de ce pays, espérant qu'il se souviendrait des plaisirs qu'il lui avait faits. Les nègres l'y conduisirent avec son monde, et commençant à s'apprivoiser avec nos aventuriers, ils leur donnèrent des bananes, qui sont des figues plus longues que la main.

Le mauvais état où était Montauban fit que le prince Thomas ne put le reconnaître. Toutefois, ce prince se ressouvenant de lui avoir vu, en se baignant un jour avec lui, la cicatrice d'un coup de mousquet qu'il avait reçu à la cuisse, lui dit : « Je vais bientôt savoir si tu es le capitaine Montauban, et si cela n'est pas, je te ferai couper la tête. » Dans ce moment il lui commanda de montrer sa cuisse, et ayant vu la cicatrice, il embrassa le capitaine, le retint chez lui et fit placer son monde chez des nègres avec ordre d'en avoir soin.

Au bout de quelque temps, le prince Thomas leur donna des pièces d'étoffe pour se mettre en état de paraître devant le roi son père. C'est un grand nègre, assez bien fait, d'environ cinquante ans, à qui il voulait les présenter. Le roi les reçut avec toute sorte d'amitié, et ayant appris du capitaine que le roi de France, son maître, soutenait la guerre contre les Anglais et les Hollandais qu'il connaissait lui-même, et encore contre les Allemands et les Espagnols qui sont des nations plus puissantes que les deux premières, il témoigna que ce récit lui faisait plaisir et se fit apporter du vin de palme qui n'est pas désagréable à boire, afin de porter la santé du roi de France. Le prince Thomas en fit autant ; tous les flibustiers, par ordre du roi, suivirent l'exemple. Ce monarque, rempli du récit qu'on venait de lui faire, demanda comment on appelait le roi de France, et sur la réponse que Montauban lui fit, qu'on le nommait Louis le Grand, il dit qu'il voulait que son petit-fils, que l'on devait bientôt baptiser, portât le nom de Louis le Grand.

En effet, Montauban le tint sur les fonts et fut obligé de le nommer ainsi.

À peine cette cérémonie fut-elle achevée, que le prince Thomas mena promener Montauban et ses gens dans les villages les plus agréables du pays, éloignés les uns des autres de cinq à six lieues. La plupart des nègres, qui n'avaient jamais vu le bord de la mer, et qui, par conséquent, n'avaient jamais vu des blancs, venaient en foule pour les voir ; tantôt ils leur passaient la main sur le visage, ne croyant pas que leur blancheur fût naturelle, tantôt ils leur ratissaient les doigts avec un couteau ; en sorte que le prince Thomas, s'apercevant de leur simplicité, se mit à rire et les fit retirer.

Sur ces entrefaites, quelques gardes du prince Thomas vinrent lui dire qu'il était arrivé des vaisseaux au cap Lopez ; on prépara aussitôt, par son ordre, des canots, et Montauban, après avoir pris congé du prince et l'avoir remercié de toutes les marques de bonté et d'amitié qu'il en avait reçues, s'embarqua pour se rendre avec tout son monde au cap de Lopez, où il trouva un navire portugais dont le commandant était de ses amis. Trois jours après, ils arrivèrent à Saint-Thomé, d'où ils passèrent aux Barbades sur un vaisseau anglais dont le capitaine parut si sincère, que Montauban crut qu'il était de son honneur d'accepter les offres qu'il lui faisait. En effet, cet Anglais en usa bien ; mais le général Russel retint tous les flibustiers prisonniers de guerre, et lui sut mauvais gré de s'être chargé, dans un temps de guerre ouverte, d'un ennemi qui avait fait tant de mal à la nation. Toutefois, il permit que les médecins le visitassent ; il le visita lui-même, et, dans la suite, il lui donna liberté aussi bien qu'à deux flibustiers, avec de l'argent pour leur retour en Europe.

CHAPITRE XX

Relation de la prise de la ville de la Vera-Cruz.

L'entreprise de la Vera-Cruz est l'une des plus considérables qui se soient encore faites par les flibustiers, si l'on regarde la prudence avec laquelle elle a été conduite, la valeur et l'expérience des capitaines qui l'ont exécutée, les divers événements qui l'ont accompagnée ; enfin, les grands avantages que l'on en a tirés. On n'y voit rien qui ne soit surprenant, rien, par conséquent, qui ne mérite d'être su. Le simple récit qui va suivre suffit pour justifier la vérité de ce que j'avance.

Comme le succès de ce dessein demandait beaucoup de soins

et de précautions, en attendant que toutes choses fussent disposées, plusieurs des principaux d'entre les flibustiers prirent chacun leur parti – car les flibustiers ne sont jamais oisifs, ni sans quelque dessein en tête. Les capitaines Laurent et Michel résolurent ensemble de prendre la hourque et sa patache qui faisaient alors leur charge, consistant en indigo, en cochenille et en argent, qui tente plus les flibustiers que tout le reste. Ils étaient à l'île de Rotan dans le golfe des Honduras et la hourque était sur la rivière de Moustic, dans le fond de ce golfe.

Vers le même temps, Van Horn était allé traiter des nègres à Saint-Domingue. Là, il eut à se plaindre des Espagnols. Ceux-ci, en effet, lui retinrent ses nègres, par droit, disaient-ils, de représailles, prétendant avoir été pillés par Van Horn. Cependant, il n'est pas vraisemblable qu'il eût été négocier chez eux s'ils avaient eu lieu de se plaindre de lui ; mais on a toujours tort avec ces messieurs, dès qu'on ne se trouve pas en état de leur résister. Ils ne font point scrupule de tout entreprendre, sans examiner s'ils ont le droit de le faire, et lorsqu'ils n'ont point de raisons légitimes, ils ne manquent point de prétextes pour usurper ce qui les accommode.

Van Horn, outré de leur injustice, les quitta en les menaçant ; mais ils firent peu de cas de ses menaces, dont, néanmoins, peu de temps après, ils ressentirent les terribles effets. Il se rendit au Petit-Goave où, ayant obtenu de M. de Poincy, gouverneur du pays, une commission contre les Espagnols, il munit son vaisseau de tout ce qui était nécessaire pour une grande entreprise ; il assembla le plus de monde qu'il lui fut possible, et recruta près de trois cents hommes des plus braves, parmi lesquels le capitaine Grammont qui était sur le pied des autres flibustiers. Cet officier avait été démonté à la côte de Saint-Domingue par un ouragan ; son vaisseau portait cinquante-deux pièces de canon, et tout ce qu'il pouvait posséder alors. Ainsi, il avait tout perdu, hors le courage qui ne l'abandonnait jamais.

Van Horn savait que les capitaines Laurent et Michel étaient aux Honduras pour guetter la hourque qu'ils voulaient prendre.

N'importe, il partit pour la baie des Honduras et, à l'insu de Laurent et de Michel, s'empara de la hourque. Elle ne contenait rien d'intéressant. Il ne s'en émut pas, contre le naturel des flibustiers qui aiment toujours à trouver quelque chose ; mais il était tellement préoccupé de l'idée avantageuse qu'il se formait des richesses de la Vera-Cruz, que tout le reste ne lui paraissait plus rien. D'ailleurs, n'allait-il pas, en proposant au capitaine Laurent une affaire plus considérable, calmer l'amertume de sa déconvenue ? Il repartit donc sur-le-champ pour le rejoindre. Quand Laurent vit s'avancer la hourque, il se prépara au combat ; mais il fut étrangement surpris de voir pavillon blanc et d'apprendre que le vaisseau qui accompagnait la hourque venait de Petit-Goave, et que Van Horn qui le montait s'était rendu maître de cette prise.

Laurent, irrité de ce coup, quitta Van Horn sans vouloir l'entendre ; mais Van Horn, qui voulait, à quelque prix que ce fût, se venger de l'outrage que les Espagnols lui avaient fait, ne se mit guère en peine de son indignation. Il le suivit à Rotan, où il lui expliqua ses raisons, et lui fit si bien connaître que ses intentions étaient droites, que Laurent, persuadé de sa sincérité, entra avec lui dans le dessein de la Vera-Cruz. Dès ce moment, on le proposa au capitaine Grammont, à Junqué et à plusieurs autres. On tint conseil sur ce sujet, mais tous convinrent qu'il fallait beaucoup plus de monde que l'on n'en avait alors, et qu'il était absolument nécessaire d'amasser le plus de munitions qu'il serait possible, afin de n'avoir besoin de rien sur la route, la nécessité donnant toujours lieu à des mouvements qui font découvrir et avorter les desseins les mieux concertés.

Le capitaine Grammont, qui était du conseil, approuva cet avis : « Ce n'est pas là, dit-il, une de ces entreprises communes et journalières ; je croirais celle-ci presque impossible sans l'expérience et la valeur de ceux qui m'écoutent ; chacun de nous sait que les Espagnols ont toujours de bonnes troupes dans des places aussi considérables que la Vera-Cruz, et pour le commerce qui y est immense, et pour les marchands qui y sont tous fort riches. Cette ville, continua-t-il, entretient au moins trois mille hommes de guerre pour sa défense, et dans vingt-quatre heures, elle peut en faire venir des environs quinze à seize mille, sans compter 800 hommes de garnison et soixante pièces de canon. Il n'y a pas là de quoi ruiner notre projet ; mais celui-ci n'aura vraiment abouti que si sa réussite est assez prompte pour empêcher les plus opulents de ces Espagnols de mettre, comme à l'accoutumée, leurs personnes et leurs richesses à l'abri dans les bois, où ils n'aient plus qu'à attendre tout à loisir notre rembarquement. Pour réaliser notre dessein, il nous faut courage, diligence et secret. »

C'est ce qui manque le moins aux flibustiers. Nous les avons constatés braves et prompts. Ils sont aptes aussi à dissimuler leurs plans. Ils savent que les Espagnols seront renseignés moins sûrement par des gens dépêchés à la découverte que par des rapports de transfuges : aussi faut-il les voir, dans ces circonstances, s'ingénier à ne déplaire à personne, ni parmi eux, ni autour d'eux. Adresse qui n'est pas sans inconvénient : il arrive, en effet, que tout ce miel, qui leur est si peu naturel, paraîtra louche à qui les observe sans bienveillance et révélera mal à propos quelque coup en préparation ; tant il est vrai que l'industrie et la prudence humaine ont beau s'épuiser en expédients pour faire réussir les plus grandes entreprises, il faut encore que le hasard et la fortune s'en mêlent pour leur donner un plein succès.

Le discours du capitaine Grammont paraissait devoir déterminer tout le monde à la prise de la Vera-Cruz ; cependant, le silence qui régnait dans l'assemblée marquait encore un reste d'irrésolution. Les capitaines Laurent et Van Horn, s'en apercevant, achevèrent bientôt de persuader et de résoudre l'assemblée, en produisant quelques prisonniers espagnols qui déposèrent que ceux de la Vera-Cruz attendaient incessamment de Caracas deux vaisseaux richement chargés.

Il n'y avait pas à hésiter : on partirait le plus tôt possible. Ce fut en l'année 1683, après avoir fait une revue générale de la flotte, qui se trouva monter à deux cents flibustiers, tous gens d'élite. On jugea à propos d'en mettre la plus grande partie sur deux vaisseaux seulement lorsqu'on serait à une distance assez éloignée de la terre, afin que les habitants de la Vera-Cruz ne pussent s'apercevoir du stratagème, et qu'ils se persuadassent que ces deux vaisseaux étaient ceux qu'ils attendaient avec tant d'impatience ; que, cependant, les autres resteraient en pleine mer et ne paraîtraient qu'après la réussite de l'entreprise.

Quand ils furent arrivés à la côte de la Nouvelle-Espagne, les flibustiers descendirent à l'ancienne ville de la Vera-Cruz, qui est abandonnée et éloignée de la nouvelle d'environ deux lieues.

Après avoir surpris la vigie, qui était sur le bord de la mer, et passé par plusieurs chemins détournés sous la conduite de quelques esclaves qu'ils avaient trouvés sur leur route et à qui ils avaient promis la liberté, ils atteignirent la Vera-Cruz une heure avant le jour. Ils y entrèrent par surprise à l'ouverture des portes, et le massacre ne dura qu'autant que l'on fit de résistance.

Les Enfants Perdus, commandés par le capitaine Laurent, et qui avaient pour enseigne Charles Roinel, natif de Saint-Christophe, s'emparèrent de la forteresse, munie de douze pièces de canon qu'ils tirèrent sur la ville, sans que personne s'y opposât.

Les Espagnols, éveillés au bruit des coups que tiraient les flibustiers et des cris que jetaient les habitants, ne pouvant distinguer de leurs lits ce que c'était, prirent d'abord ce bruit pour une décharge de mousqueterie et s'imaginèrent qu'on donnait une aubade à quelque notable bourgeois de la ville qui portait le nom du saint dont la fête se célébrait ce jour-là. Les cris qu'ils entendaient, ils les prirent pour les cris de joie de ceux qui donnaient l'aubade ; ainsi, ils demeurèrent tranquillement dans leurs lits, jusqu'à ce que l'heure de se lever fût venue ; mais alors ils furent bien surpris d'apprendre que les flibustiers étaient maîtres de leur ville.

À l'instant, chacun courut aux armes, criant ce que l'on ne savait déjà que trop, que *los ladrones* étaient dans la ville, et ce fut en ce moment que l'horreur du carnage, les clameurs, le trouble, le désordre redoublèrent. Cependant, le calme succéda bientôt à ce tumulte ; car les flibustiers, ne trouvant plus rien qui leur fît tête, cessèrent leurs hostilités. Leurs adversaires étaient en fuite, blessés, tués ou désarmés, et les plus considérables de la ville s'étaient rendus. Comme le nombre des prisonniers surpassait celui des vainqueurs, on les enferma tous dans la grande église, et on mit à chaque porte autant de poudre qu'il en fallait pour faire sauter l'édifice en cas de rébellion.

Les flibustiers, se voyant, de la sorte, maîtres de la plus belle, de la plus riche ville de l'Amérique, ne perdirent point de temps : ils employèrent vingt-quatre heures à chercher, à piller, à prendre et à emporter sur leurs vaisseaux tout ce qui se trouva le plus commode pour le transport, et de plus à leur goût. Ce fut l'argent monnayé, les bijoux, la cochenille et autres choses précieuses, jusqu'à la valeur de six millions de France, je dis de France, parce que parlant d'Espagne cette prise vaudrait six millions d'écus.

Si les flibustiers avaient pu demeurer un mois seulement dans cette ville, ils se seraient vus riches à jamais. Comme ils aiment à l'être, il faut qu'ils aient eu de puissantes raisons pour quitter si tôt la partie.

Ils pouvaient craindre, par exemple, que toutes les milices voisines, assemblées sous un chef, et qui étaient en grand nombre, comme on l'a dit, ne vinssent les investir. Peut-être ne voulaient-ils pas désoler entièrement la ville, ni ruiner ses habitants de fond en comble, afin d'y trouver encore de quoi piller, lorsque l'envie leur prendrait d'y revenir ; car ils hypothèquent tellement ce qui appartient aux Espagnols, que quand leur dépense excessive les a réduits à retourner en course, on les voit au bout de quelques années venir demander l'intérêt de ce qu'ils ont laissé, prétendant que ce reste doit leur profiter comme s'ils en étaient propriétaires, et que l'Espagnol est obligé de leur rendre compte de l'usufruit.

La ville étant pillée, les flibustiers ne songèrent plus qu'à faire payer la rançon à ceux qu'ils avaient enfermés dans l'église. On leur fit parler par un prêtre espagnol qui monta en chaire.

Connaissant l'impatience des flibustiers, il ne leur tint pas un long discours ; il leur fit entendre en peu de mots que les flibustiers n'en voulaient ni à leur liberté ni à leur vie ; qu'ils leur demandaient seulement de l'argent, et comme la liberté et la vie sont plus précieuses que l'argent, il fallait leur en donner au plus tôt, si l'on avait envie de conserver l'une et l'autre.

Ce discours fini, on parcourut toute l'assemblée où se fit une quête générale, et on tira de cette charité forcée deux cent mille écus, qui furent mis sur-le-champ entre les mains des flibustiers. Cependant, ils ne donnèrent la liberté à leurs prisonniers qu'au moment de leur départ, qui fut assez prompt, comme il a déjà été remarqué. La meilleure raison qu'on en puisse rendre, outre celles qui viennent d'être alléguées, c'est qu'ils savaient l'arrivée de la flotte de la Nouvelle-Espagne, composée de dix-sept vaisseaux. Elle passa au large de celle des flibustiers, sans oser l'attaquer. Mais si elle avait été chargée d'argent et que celle des flibustiers n'en eût point été remplie, c'eût été pour ceux-ci une grande tentation, et on ne sait pas trop ce qui en serait arrivé. Il n'y avait que des marchandises, et les flibustiers n'en font pas grand cas.

La valeur du pillage de la Vera-Cruz paraîtrait presque incroyable, si cette ville n'était la capitale de la Nouvelle-Espagne, la plus belle, la plus riche et la plus marchande de toute la côte, ayant un port si vaste, qu'il est capable de contenir un très grand nombre de vaisseaux à l'abri et à couvert.

On peut dire qu'il ne s'est guère rencontré ensemble tant de braves capitaines flibustiers, ni occasion où ils aient mieux fait leur compte qu'en celle-ci. Le capitaine Grammont n'avait plus rien ; il a dû s'enrichir. Les capitaines Laurent, Van Horn, Michel et d'autres, qui témoignaient tant d'avidité et d'empressement pour le butin, en ont trouvé au delà de leurs espérances. Mais ni les uns ni les autres n'en ont su profiter, et l'on verra plus loin l'usage que les flibustiers ont fait de tant de trésors.

Je passe à l'histoire des capitaines Laurent, Van Horn, Grammont et de quelques autres.

CHAPITRE XXI

Histoire du capitaine Laurent.
Particularités curieuses qui regardent ses associés.

On a connu le caractère du capitaine Grammont par le discours qu'il fit aux flibustiers, on ne sera sans doute pas fâché d'apprendre dans ce qui suit les qualités des capitaines Laurent et Van Horn.

Le capitaine Laurent a la taille haute sans être voûté, le visage beau sans paraître efféminé, les cheveux d'un blond doré sans être roux, et une moustache à l'espagnole qui lui sied le mieux du monde ; on n'a guère vu de meilleur canonnier. Il juge aussi certainement d'un endroit où doit donner un boulet de canon, lorsqu'il l'a fait placer, que du lieu où doit porter la balle du fusil qu'il tire. Il est prompt, hardi et déterminé. Résoudre, entreprendre, exécuter, c'est pour lui la même chose. Il est intrépide dans le danger, mais il s'impatiente, il s'emporte et jure trop. Au reste il est parfaitement instruit de la manière de combattre des Espagnols ; il les connaît à fond, parce qu'il a été longtemps parmi eux.

Il a toujours sur son bord des violons et des trompettes dont il aime à se divertir et à divertir les autres, qui y prennent plaisir. Ainsi il se distingue parmi les flibustiers par la politesse et par le bon goût. Enfin il s'est fait un si grand nom, que dès qu'on sait qu'il arrête en quelque lieu, aucuns viennent de tous côtés voir de leurs propres yeux s'il est fait comme un autre homme.

Il a cela de particulier que, tout flibustier qu'il est, il a fort longtemps servi les Espagnols sur mer contre les flibustiers mêmes. S'il avait continué de les servir, il leur aurait épargné bien des chagrins et bien des pertes, et dans la suite on ne pourrait guère répondre de ce qui serait arrivé. En effet, il est venu plusieurs fois aux mains avec les flibustiers des îles de Saint-Domingue, de la Tortue et de la Jamaïque, et après beaucoup de combats où il avait fait quantité de prisonniers, il fut enfin pris lui-même. Se voyant entre des gens dont il estimait la valeur pour l'avoir plusieurs fois éprouvée, il résolut de s'arrêter parmi eux, et de reprendre sur la nation espagnole, autant et plus de gens qu'il n'en avait pris sur la nation française. Pendant qu'il était à leur service, il avait eu tout le temps de connaître leurs perfidies et leurs cruautés ; il désirait ardemment de trouver l'occasion de les en punir. Il la trouva enfin ; s'étant joint avec Van Horn, Michel et d'autres capitaines, il fit plusieurs courses où ses premiers maîtres ressentirent de terribles effets de son animosité. Les Espagnols qui le regardaient comme le fléau des Indes, ayant appris que les flibustiers s'étaient séparés, que les uns allaient à la Tortue, les autres à la Jamaïque, et que Laurent se trouvait le seul capitaine qui commandât alors en mer, envoyèrent plusieurs bâtiments pour lui donner la chasse. Son vaisseau était assez bien équipé d'hommes et de munitions tant de guerre que de bouche. Faisant voile, il aperçut deux bâtiments qu'il crut d'abord appartenir ou au capitaine Grammont ou à quelque autre commandant français. Mais enfin en approchant il reconnut que la manœuvre était espagnole, et que ces deux vaisseaux étaient l'amiral et le vice-amiral des galions du roi d'Espagne, chacun de soixante pièces de canon et de quinze cents hommes.

Comme il joignait la prudence à la valeur, il comprit aussitôt que la partie n'était pas égale, et qu'il y aurait plus de témérité que de valeur à attendre ces deux vaisseaux. Il fit tout son possible pour les éviter ; mais voyant qu'il était trop avancé, qu'il n'y avait plus moyen d'y réussir, le parti qu'il prit dans cette rencontre, et le seul qu'il pouvait prendre, ce fut d'inspirer aux siens de se défendre jusqu'à l'extrémité. Dans cette vue, parcourant des yeux tous ceux de son vaisseau pour découvrir leurs sentiments, et s'adressant préférablement aux Français : « Vous êtes trop expérimentés, dit-il, pour ne pas connaître le péril que nous courons, et trop braves pour le craindre. Il faut ici tout ménager et tout hasarder, se défendre et attaquer en même temps. La valeur, la ruse, la témérité et le désespoir même, tout doit être mis en usage en cette occasion ;

ou si nous tombons entre les mains de nos ennemis, nous ne devons nous attendre à rien qu'à toute sorte d'infamies, aux plus cruels tourments, enfin à perdre la vie. Tâchons donc d'échapper à leur barbarie ; et pour y échapper combattons. »

Ce discours fit une grande impression sur l'esprit des flibustiers, et le capitaine Laurent, voulant profiter de la bonne disposition où il les voyait, s'avisa, pour les mettre à la dernière épreuve, d'appeler le plus intrépide d'entre eux ; il lui donna l'ordre en leur présence de mettre le feu à la soute aux poudres au premier signal qu'il lui en ferait, et il lui commanda dans ce dessein de se tenir à deux pas de là, toujours attentif, et la mèche allumée. Il leur faisait connaître par cette résolution qu'il n'y avait de salut pour eux que dans la mort même ou dans leur courage. Dans le même moment il passa au centre de son vaisseau, et ordonna de faire une bordée de fusiliers de côté et d'autre, ce qui fut exécuté ; puis haussant la voix pour être entendu de tout son monde, et leur montrant de la main les ennemis : « C'est entre leurs bâtiments, dit-il, qu'il nous faut passer, et tirer vigoureusement sur eux. » Peut-être en usait-il de cette manière pour tenir toujours ces deux vaisseaux en échec, les occuper tous deux également en tirant ainsi à droite et à gauche, et les empêcher par ce moyen de venir fondre sur lui, et de l'accabler par le grand nombre. Quoi qu'il en soit, les flibustiers s'engagèrent entre les deux galions, et essuyèrent en passant tout le feu de leurs canons. Ils y répondirent par le feu de tous leurs fusils, qui firent une décharge si meurtrière, qu'à la première fois les Espagnols virent tomber, de l'un et de l'autre de leurs galions, au moins quarante-huit de leurs hommes.

Ce feu continuait de la sorte lorsqu'un coup de canon vint donner dans le vaisseau du capitaine Laurent ; il en eut la cuisse froissée, et il tomba par terre. Mais s'étant relevé aussitôt et voyant ses gens étonnés : « Ce n'est rien », s'écria-t-il d'un ton ferme. Plus vigoureux et plus redoutable que jamais, son pistolet d'une main, son sabre de l'autre, il fit là des choses que l'on a vues, et qu'on aurait peine à décrire.

Cependant voyant que le combat tirait en longueur, impatient de délivrer les siens ou de périr, il lui vint en pensée d'aller aux canons, et d'en pointer lui-même une pièce dont le coup porta si heureusement qu'il brisa le grand mât de l'amiral espagnol. N'ayant plus rien à craindre de celui-ci, il s'attacha uniquement à l'autre, dont le commandant n'osa jamais venir à l'abordage, trop convaincu que les flibustiers sont gens à se faire périr eux-mêmes et tous les autres avec eux plutôt que de se rendre. Le vice-amiral demeura donc quelque temps sans rien faire, et le capitaine Laurent, profitant de cet intervalle, échappa glorieusement à la vue de ses ennemis.

Le commandant espagnol se trouva dans un grand embarras, parce qu'il avait ordre exprès de combattre et de prendre le capitaine Laurent : ce qu'il n'aurait pas osé entreprendre de son chef, connaissant la valeur de ce capitaine.

Le bruit de cette action se répandit par toute la côte, et produisit des effets bien différents à la cour de France et à celle d'Espagne. Celle de France envoya au capitaine Laurent des lettres de naturalisation – il était étranger – et des lettres de grâce – il avait, dans des circonstances que je raconterai plus loin, tué Van Horn.

La cour d'Espagne manda le commandant espagnol pour lui faire rendre compte de sa conduite. Il s'en acquitta le mieux qu'il lui fut possible ; mais on le pressa vivement sur ce qu'ayant trois mille hommes dans ces deux galions équipés à l'avantage, il n'avait pas abordé et pris un vaisseau de flibustiers commandé par un homme qu'il fallait absolument détruire, parce qu'il était la ruine des sujets du roi leur maître sur les côtes des Indes d'Espagne ; qu'on n'allait plus entendre parler que de pertes, de ravages et de désolation sur ces mêmes côtes, dont il répondrait. Il en répondit de sa tête : on lui coupa le col.

Le capitaine Laurent, ayant évité ce péril, en courut quelque temps après un autre dont il se tira encore avec avantage. Comme il ne pouvait demeurer oisif, il alla à la côte de Carthagène à dessein d'y faire quelque prise, et, à cet effet, il se joignit aux capitaines Michel, Junqué, le Sage et Braha.

Cependant les Espagnols qui le regardaient comme leur ennemi capital, et qui s'imaginaient détruire en sa seule personne tous les flibustiers ensemble, ne le perdaient point de vue. Ceux de Carthagène, ayant appris son dessein, armèrent à leurs frais deux vaisseaux de trente-six à trente-huit pièces de canon et de trois à quatre cents hommes, auxquels ils joignirent un bâtiment de six pièces de canon et de quatre-vingt-dix hommes.

Toutes ces mesures prises, ils crurent que pour cette fois le capitaine Laurent ne leur échapperait pas ; mais ils furent trompés dans leur attente.

Les Espagnols, au sortir du port de Carthagène, firent voile vers la baie de Seine, qui est sous le vent de Carthagène, où ils avaient vu paraître les aventuriers. Ils les y trouvèrent encore, et furent surpris de leur voir plus de bâtiments qu'ils ne se l'étaient imaginé ; ils voulurent se retirer. Mais le capitaine Laurent ne leur en donna pas le temps ; il les prévint, et après un combat de huit heures, il prit l'amiral et manqua l'abordage du vice-amiral. Il ne perdit dans ce combat que vingt hommes tant morts que blessés, et on a su que la perte des Espagnols avait été bien plus considérable, sans néanmoins pouvoir dire précisément en quoi elle consistait ; car les Espagnols ne manquent jamais d'expédients pour déguiser les pertes qu'ils peuvent faire.

Alors, abandonnant un autre des vaisseaux espagnols au capitaine Junqué qui l'avait pris, le capitaine Laurent fit voile sur l'amiral ; mais le navire échoua peu après et les prisonniers s'escampèrent. On eut toutes les peines imaginables à le renflouer.

Après cette expédition, les capitaines Laurent et Michel conclurent une association pour toutes les prises qu'ils pourraient faire, et se donnèrent rendez-vous en cas de séparation, soit par tempête ou autrement, à l'île de Rotan dans les Honduras. Le capitaine Michel y arriva avant le capitaine Laurent, qui pendant sa route avait pris un vaisseau de quatorze pièces de canon, chargé de quinquina et de quarante-sept livres d'or. Cette prise se fit de nuit sans qu'on tirât plus de deux coups de fusil. Outre cela il rencontra des Espagnols, qui, s'étant emparés d'un vaisseau anglais, le conduisaient à la Havane, et l'ayant repris sur eux, il le rendit à l'équipage anglais, qui lui témoigna sa reconnaissance d'être ainsi délivré. Le capitaine Michel, qui ne l'avait quitté que la veille au soir, fut bien étonné de le voir arriver avec ce navire si rapidement pris aux uns et restitué aux autres.

Avant que de rien entreprendre, Laurent s'en alla, avec cent hommes seulement, à la côte de Saint-Domingue, pour que le gouvernement régularisât ses prises et lui renouvelât sa commission, laquelle était expirée ; il laissait le commandement de son vaisseau au capitaine Brouage pendant son absence.

Il est à propos de noter ici que fréquemment, lorsque les flibustiers font déclarer leur butin « de bonne prise », ils accomplissent un acte de pure forme ; car fort souvent ils en ont disposé déjà, ayant établi eux-mêmes des évaluations et réservé la part du gouverneur, de bonne foi et comme s'il était présent. S'il arrive que les flibustiers viennent trouver le gouverneur avant d'avoir procédé au partage, leur commandant lui relate ce qui s'est passé, lui fournit un état de la prise et lui représente qu'elle a été faite dans les limites de validité de la commission. Tout se passe courtoisement. Le gouverneur examine la chose et prend le dixième, ou environ, de la valeur en jeu. Le reste se partage alors comme je l'ai expliqué.

CHAPITRE XXII

Incidents qui sont arrivés aux capitaines Michel et Brouage.

Pendant que les flibustiers allaient à Saint-Domingue se faire adjuger leur prise, le capitaine Michel et le capitaine Brouage à qui Laurent, comme on a dit, avait laissé le commandement de son vaisseau, allèrent croiser ensemble devant La Havane. Ils n'y furent pas huit jours qu'ils aperçurent deux vaisseaux à qui ils donnèrent la chasse, et qu'ils joignirent en peu de temps : c'était des Hollandais qui venaient de Carthagène ; ce qui fut découvert par un petit esclave qu'un aventurier surprit dans le fond de cale et qui, le voyant le sabre à la main, le pria de ne le point tuer, ajoutant qu'il allait lui révéler des choses d'importance et lui dire la verdad. À ce mot de *verdad* l'aventurier s'arrêta, et le nègre lui déclara que la charge était espagnole, que ces vaisseaux venaient de Carthagène chargés de deux cent mille écus d'or et d'argent, et que les Espagnols se servaient de la voie de Hollande pour passer par ce moyen leur argent en Espagne. L'esclave révéla encore qu'il y avait un évêque sur ce bâtiment. Les aventuriers prirent les deux cent mille écus, et l'évêque pour sa rançon en promit cinquante mille.

Les deux capitaines hollandais, outrés de se voir ainsi vaincus, dirent en face au capitaine Michel que s'il avait été seul, il n'aurait pas enlevé l'argent des Espagnols. « Recommençons à combattre, repartit fièrement le capitaine Michel, et le capitaine Brouage demeurera spectateur du combat. Si je suis vaincu, je vous réponds, continua-t-il, que je vous rendrai non seulement maîtres de tout l'argent des Espagnols, mais encore de nos deux vaisseaux. » Les Hollandais n'osèrent accepter le défi, et se retirèrent de crainte qu'il ne leur arrivât pis.

Le bonheur des Hollandais voulut que Michel et Brouage, ayant reçu fraîchement des nouvelles du général Grammont, ne songeassent qu'à le joindre et à se rendre au plus tôt à la Tortille, où était le rendez-vous général des flibustiers qui devaient l'accompagner dans une entreprise considérable qu'il avait concertée avec eux. Le capitaine Michel se contenta donc de faire connaître aux Hollandais qu'il ne les craignait point, et il alla au plus vite à la Nouvelle-Angleterre radouber son vaisseau qui en avait grand besoin. Le capitaine Brouage, qui n'était pas moins pressé de partir, fit route vers la Tortille ; mais à la hauteur des Bermudes il reçut un coup de vent qui le démâta complètement. Ce malheur l'obligea de s'arrêter à l'île de Saint-Thomas, habitée par les sujets du roi de Danemark, qui depuis peu a cédé les droits qu'il y avait à l'électeur de Brandebourg.

Cette île n'est éloignée de Santa-Cruz que de sept lieues ; elle a une bonne forteresse et un bon port. Le capitaine Brouage et les siens furent bien reçus du gouverneur, qui savait que les flibustiers apportaient toujours beaucoup d'or et d'argent. Néanmoins il les priva de la rançon de l'évêque dont nous avons parlé, et il renvoya le prélat à Porto-Rico, éloigné de cette île de quatre à cinq lieues. Outre cela il leur vendit bien chèrement des mâts, parce qu'ils en avaient un extrême besoin et n'en pouvaient point prendre ailleurs. Ce procédé du gouverneur ne plut point aux aventuriers ; mais ils n'étaient pas en état de s'en plaindre trop hautement.

Nous venons de voir la vie du capitaine Laurent, avec quelques incidents qui sont arrivés à ses associés. Voyons maintenant celle du capitaine Van Horn, avec quelques particularités qui concernent le capitaine Grammont, et le retour des flibustiers chargés du butin de la Vera-Cruz.

CHAPITRE XXIII

Vie du capitaine Van Horn.

Van Horn était basané de visage, de petite taille, et ne paraissait ni bien ni mal fait. Tout cela est peu de chose, car on ne juge pas des hommes par le corps, mais par l'esprit ; aussi s'est-il montré capable de commander également bien et sur mer et sur terre, étant bon pilote, grand capitaine, et délibérant mûrement sur toutes les circonstances qui doivent précéder ou suivre une entreprise, et sur les moyens d'en venir à bout ; aussi n'en proposait-il point qu'il ne fût sûr du succès, témoin celle de la Vera-Cruz, à laquelle il s'est fortement attaché, et qui a si bien réussi. Il fut blessé dans un combat qu'il eut à soutenir contre le capitaine Laurent, au sujet d'un différend dont on n'a rien su de particulier, sinon qu'un Anglais fut rapporter à Laurent que Van Horn avait dit quelque chose d'offensant contre lui. « Le lui soutiendras-tu ? » dit d'abord Laurent à l'Anglais. — « Oui », répliqua-t-il d'un ton ferme, étant assuré de son fait. — « Allons donc », poursuivit Laurent ; et partant sur l'heure, il alla trouver Van Horn, accompagné de l'Anglais, pour faire, en présence de l'un et de l'autre, le récit de ce qu'il venait d'entendre. Van Horn le dénia, l'Anglais le lui soutint. Sans rien entendre davantage : « Voilà, dit Laurent mettant l'épée à la main, voilà ce qui va me venger de l'injure que tu m'as faite. » Van Horn tira aussitôt la sienne ; Laurent lui porta un coup dans le bras, dont il mourut vingt-cinq jours après.

On dit pourtant que sa blessure n'était pas mortelle, mais qu'elle fut négligée. Le mauvais air qui régnait alors sur la flotte put beaucoup envenimer sa plaie, et contribuer à sa mort ; car le trop grand nombre d'esclaves que les aventuriers avaient sur leurs vaisseaux et l'extrême disette où l'on était de vivres causa un mal contagieux qui emporta la plus grande partie de ces esclaves et des aventuriers mêmes.

Pour revenir à Van Horn, il fut quelque temps matelot, et, par son économie, il amassa deux cents écus. Un autre matelot, qui en avait fait autant, s'étant joint à lui d'amitié et d'intérêt, ils vinrent de compagnie en France prendre une commission pour croiser. Van Horn, plus vif et plus intrigant que l'autre, acheta un petit bâtiment qu'il équipa de vingt-cinq ou trente hommes bien armés ; il accommoda ce bâtiment à la manière des pêcheurs pour mieux couvrir ses desseins. Avec cet équipage, il attaqua les Hollandais, fit sur eux diverses prises qu'il vendit de côté et d'autre. Il alla ensuite à Ostende, où il acheta un vaisseau de guerre, et recommença ses courses et ses prises avec tant de succès qu'au bout de quelques années il se vit chef d'une petite flotte.

Fortifié de la sorte, il entreprit plus qu'il n'avait jamais fait, sans garder de mesure avec personne, ami ou ennemi, suivant son caprice et selon le lieu où il était, l'occasion qui se présentait, et le profit qu'il trouvait à faire. Aveuglé de sa bonne fortune, il attaquait indifféremment tout ce qui se trouvait à sa rencontre. Fier jusqu'à l'excès, il faisait insolemment baisser le pavillon à la plupart des vaisseaux qu'il rencontrait, sauf à ceux du Roi de France. Encore s'oublia-t-il à tel point que, sa commission étant finie, il insulta les Français eux-mêmes. La chose alla si loin, que M. d'Estrées reçut ordre de la Cour de l'arrêter et qu'il détacha sur lui un vaisseau. Dès que Van Horn l'aperçut, il fit son possible pour échapper, parce que son bâtiment était bon voilier ; mais celui qui le poursuivait, étant meilleur voilier encore, l'eut bientôt atteint.

Van Horn, voyant qu'il n'y avait pas moyen d'éviter le combat, et sachant à qui il avait affaire, voulut tenter un accommodement. Dans cette vue, il descendit dans sa chaloupe avec quelques-uns des siens et alla trouver le commandant du vaisseau qui lui avait donné la chasse, croyant qu'il serait touché de l'honneur qu'on lui rendait. Cet officier lui apprit qu'il avait ordre du Roi de l'amener en France. Van Horn répondit qu'il était surpris de cet ordre, puisqu'il n'avait jamais rien fait contre la volonté du Roi, ni contre son devoir, quand il avait eu affaire avec quelqu'un chargé de la commission de France. Que s'il avait usé de la force, c'était contre ceux qui, sous prétexte d'être alliés de la France et sous son pavillon, tâchaient de lui échapper. Mais, malgré toutes les raisons qu'il put alléguer, le capitaine persista toujours à dire que ses ordres étaient précis et qu'il ne pouvait se dispenser de le mener à M. d'Estrées qui, sans doute, lui rendrait justice si, comme il disait, il n'avait rien fait contre la France.

Van Horn, voyant qu'en effet on allait lever l'ancre pour l'emmener : « Hé quoi, s'écria-t-il, transporté de colère et regardant le commandant en face, que prétendez-vous faire ? Croyez-vous que les miens me laissent ainsi enlever à leurs yeux sans combattre ? Sachez que ce sont tous gens de tête et d'exécution, principalement mon lieutenant, qu'ils affrontent les plus grands dangers, et qu'ils ne craignent point la mort. »

Le capitaine reconnut bientôt, à la contenance déterminée des flibustiers, la vérité de ce que lui disait Van Horn, et, comme il n'avait pas ordre exprès de risquer ni de commettre les armes du Roi contre de tels armateurs, il prit le parti, plus par politique que par tout autre motif, de le relâcher.

Van Horn, échappé de ce danger, ayant appris qu'une partie des galions du roi d'Espagne attendait à Porto Rico l'occasion favorable d'une escorte pour partir, fit voile de ce côté-là, et, étant entré au son des trompettes, il fit savoir au gouverneur qu'il venait lui offrir son service et sa flotte pour escorter les galions.

Le gouverneur, qui savait très bien de quelle manière il en avait usé, tant à l'égard des Hollandais qu'à l'égard des Français qu'il attaquait à toute heure, accepta volontiers ses offres, et consentit à ce qu'il partît avec les galions. Van Horn les accompagna quelque temps de peur qu'ils ne se méfiassent de lui, mais il n'eut pas plutôt trouvé l'occasion et son avantage, qu'aidé de plusieurs vaisseaux qui l'avaient rejoint, il coula à fond quelques galions, se saisit de ceux qui étaient le plus richement chargés, et donna la chasse au reste. Enfin, se voyant également haï des Français, des Espagnols et des Hollandais qu'il avait tous insultés, il se joignit aux aventuriers et fit plusieurs expéditions avec eux. Ayant eu quelque différend avec le capitaine Laurent, ils se battirent comme nous l'avons vu, et il mourut du coup que son ennemi lui porta. Leur combat se fit sur la Caye-de-Sacrifice, à deux lieues de la Vera-Cruz, et Van Horn fut enterré à la Caye-Logrette, qui n'est qu'à trois lieues du cap de Catoche, dans la province de Yucatan, éloignée de la Vera-Cruz de deux cents lieues ou environ.

S'il a eu de grands défauts, il avait aussi beaucoup de mérite. Il était si brave qu'il ne pouvait souffrir aucune marque de faiblesse parmi les siens. Dans l'ardeur du combat, il parcourait son vaisseau, observait tout son monde, l'un après l'autre, et s'il remarquait chez quelqu'un la moindre surprise aux coups imprévus de fusil, de canon ou de pistolet, soit qu'on baissât la tête, soit qu'on faiblît tant soit peu, il le tuait sur le champ ; en sorte que les véritables braves se faisaient plaisir de l'être à ses yeux, et les lâches, s'il y en avait, n'osaient le paraître. Mais s'il punissait ainsi ceux qui manquaient de cœur, il récompensait bien ceux qui en avaient ; car ses richesses étaient immenses et sa générosité à leur égard n'avait point de bornes.

Sa magnificence égalait ses richesses ; il portait ordinairement un fil de perles d'une grosseur extraordinaire et d'un prix inestimable avec un rubis d'une beauté surprenante. Il a laissé une veuve fort riche, qui s'est retirée à Ostende où elle vit heureusement.

CHAPITRE XXIV

Particularités qui regardent le capitaine Grammont,
et le retour des flibustiers chargés du butin de la Vera-Cruz.

Sans un coup du Ciel, Van Horn n'aurait pas été le seul qui eût péri après l'expédition de la Vera-Cruz. En effet, les flibustiers étaient dans une extrême disette, lorsqu'ils aperçurent un vaisseau chargé de farine, sortant de la Vera-Cruz, qui tomba entre leurs mains : sans quoi, ils n'auraient pu aller à lui, car il faisait calme. Ce bonheur inespéré leur donna le moyen de subsister et de suivre leur route.

Le capitaine Grammont les commandait alors, parce que Van Horn, à sa mort, lui avait laissé le commandement de son vaisseau, en attendant que son fils pût le prendre. Grammont, outré de la perte de Van Horn qu'il aimait et qu'il estimait, laissa échapper dans le premier mouvement de sa douleur quelque mot contre Laurent. Un aventurier, ami de celui-ci, se jeta à la nage pour venir le lui rapporter.

Prévoyant que les aventuriers allaient, sous prétexte de cet incident, prendre parti les uns contre les autres et s'entre-déchirer, Grammont appareilla, disant qu'il était plus à propos de réserver tant de braves gens pour défaire leurs ennemis communs. Bref, il ne songea plus qu'à partir avec tous ses gens, chargés du butin qu'ils avaient fait à l'expédition de la Vera-Cruz.

S'étant muni de quelques rafraîchissements à la Caye Mohere, ou « Cage-à-femmes », ainsi nommée à cause que les Espagnols, au commencement de la conquête des Indes, y laissaient leurs femmes pour suivre leurs ennemis, il mit à la voile et traita fort honnêtement le capitaine espagnol qui commandait le vaisseau chargé de farine, dont le hasard l'avait rendu maître ; et, après en avoir enlevé les vivres et tout ce qui l'accommodait le plus, il en ôta encore les deux huniers et ne lui laissa que ses basses voiles pour aller au premier port sous le vent. Il en usa ainsi dans la crainte que ce vaisseau ne gagnât au vent, et n'allât avertir les Espagnols de l'endroit où étaient les aventuriers.

Après cette sage retraite, Grammont disposa sa patache pour aller au Petit-Goave. Il s'y rendit heureusement ; mais la patache, s'étant écartée, n'eut pas le même bonheur : elle rencontra les armadilles qui lui donnèrent la chasse, et les aventuriers qui la montaient durent descendre dans un petit bateau et se sauvèrent à la faveur de la nuit, au nombre de quatre-vingt-dix hommes, emportant à la vérité tout leur argent, mais abandonnant les esclaves et les marchandises. Avec ce petit bateau, ils arrivèrent au cap de Saint-Antoine, et de là à la Jamaïque, sur des vaisseaux anglais.

Il est bon de remarquer que les flibustiers qui ont fait ce qu'ils appellent bon butin, c'est-à-dire qui rapportent beaucoup d'argent de leurs courses, vont plutôt à la Jamaïque ou à l'île de Saint-Domingue qu'ailleurs, parce qu'ils trouvent en ces lieux une pleine liberté et tout ce qui peut satisfaire leur débauche. Lorsqu'ils arrivèrent à la Jamaïque, leurs habits étaient délabrés, leurs visages pâles, maigres, défigurés. Mais on s'arrêta moins à regarder le désordre de leur extérieur que les richesses qu'ils apportaient.

On était ravi d'étonnement de voir les uns chargés de gros sacs d'argent sur leurs épaules ou sur leurs têtes, les autres tenant sur leur dos et entre leurs bras tout ce qu'un homme peut porter. Chacun se réjouit de leur arrivée et s'ingénia, selon son talent et sa profession, à profiter de leur butin, surtout les marchands et les cabaretiers, les femmes et les joueurs.

Ils firent leur première descente chez les cabaretiers où tout était en joie ; on leur servit d'abord ce qui était utile à leur nourriture et à leur rétablissement, et ils ne furent pas plutôt rétablis qu'ils passèrent du nécessaire au superflu. Ce ne fut plus que tables couvertes de toutes sortes de mets exquis et de vins délicieux. L'ardeur de la débauche jouant alors son jeu dans chaque tête, ils faisaient sauter les verres en l'air à coups de canne, et, renversant les pots et les plats mêlés confusément avec le vin et les débris des verres, laissaient dégénérer le festin en une crapule dégoûtante, où la profusion et le dégât avaient plus de part que le plaisir.

Quelques-uns, lassés de cette vie, allèrent chez les marchands lever des étoffes et s'habillèrent magnifiquement : ce ne furent qu'ajustements et que dorures. En cet état, ils passèrent chez les dames, de là chez les joueurs, et en fort peu de temps, ils se virent réduits à rien. Ils sortirent de la Jamaïque comme ils y étaient entrés, à leur argent près qu'ils n'avaient plus, paraissant aussi défaits et abattus de leur débauche et de l'abondance qu'ils l'avaient été de la disette et des fatigues de leur course.

Quand on leur demande quel plaisir ils prennent à dépenser en si peu de temps et avec tant de prodigalité les richesses qu'ils amassent avec tant d'efforts et de peine, ils vous répondent ingénument : « Exposés, comme nous le sommes, à une infinité de dangers, notre destinée est bien différente de celle des autres hommes. Aujourd'hui vivants, demain morts, que nous importe d'amasser et de ménager ? Nous ne comptons que sur le jour que nous vivons, et jamais sur celui que nous avons à vivre. Tout notre soin est plutôt de passer la vie, que d'épargner de quoi la conserver. »

CHAPITRE XXV

*Suite de ce qui est arrivé aux flibustiers,
pendant les années 1685, 1686, 1688 et 1690.*

En l'année 1685 les flibustiers entrèrent dans la mer du Sud, et firent descente sur la côte ; mais, leurs gardes les ayant trahis, ils tombèrent dans une embuscade d'Indiens, qui, s'étant mis en armes en plusieurs endroits, en tuèrent un bon nombre et suivirent les autres de si près qu'ils les obligèrent de regagner leurs vaisseaux, sans leur laisser le temps de faire de l'eau, ni de se pourvoir en vivres. Enfin, l'escadre que le vice-roi du Pérou avait envoyée en mer pour leur donner la chasse s'étant mise à croiser entre Lima et Panama, ils avaient été obligés de s'éloigner de la côte et de laisser le commerce libre entre ces deux villes.

Ceux qui s'étaient avancés jusqu'à Campêche ne furent pas plus heureux. Ils avaient débarqué au nombre de mille pour aller surprendre la ville de Mérida, dans la province de Yucatan. Les Espagnols y firent entrer promptement sept cents hommes et prirent si bien leurs mesures qu'ils mirent cette place en état de ne rien craindre. Quelque temps après, le gouverneur de Panama ayant envoyé deux vaisseaux pour leur donner la chasse, ces vaisseaux se saisirent de quatre bâtiments qui attendaient les flibustiers à la côte d'une île voisine, où ils avaient mis pied à terre pour faire de l'eau. Les Espagnols espéraient les faire périr dans cet endroit faute de vivres. Cependant, les flibustiers, aussi ingénieux que braves, ne laissèrent pas d'échapper à la vigilance de leurs ennemis.

En l'année 1686, ils furent plus heureux. Ayant fait descente aux environs de Carthagène, ils prirent une voiture de marchandises précieuses qu'on y conduisait et, s'étant ensuite avancés sans bruit dans le pays, ils pillèrent le faubourg de cette ville. Les habitants de celle-ci leur cédèrent une somme fort considérable, dans la crainte de voir mettre le feu à leurs maisons. Eux furent tellement enflés d'orgueil de se voir maîtres d'un si riche butin, qu'ils ne purent le partager sans se brouiller, contre leur ordinaire ; ils en seraient même venus aux mains, si quelqu'un d'entre eux n'eût proposé de s'en rapporter à ce qu'en dirait le gouverneur de la Tortue, où ils allèrent vider leur différend.

En l'année 1688, un particulier, revenant de ces pays où, depuis peu, il avait fait une fortune considérable, reçut dans son vaisseau treize boucaniers, pour les passer, chemin faisant, dans une île où ils voulaient aller et qui se trouvait sur sa route. Quelques jours après, il aperçut un vaisseau de guerre ostendais qui venait à lui.

La terreur le prit et, dans cette extrémité, il ne put faire autre chose que de déplorer son malheur, se voyant près de perdre dans un moment ce qui lui avait coûté tant de peine à acquérir.

Les treize boucaniers, qui étaient occupés à jouer, entendant cet homme se lamenter ainsi, voulurent savoir quel était le sujet de cette désolation si inopinée, et, voyant un bâtiment qui venait à eux, ils dirent à leur hôte de ne point s'effrayer, qu'il songeât seulement à leur préparer un bon repas, et qu'ils auraient soin de le défendre si bien, que d'autres qu'eux ne viendraient pas le manger.

En effet, s'étant mis en état de défense, et ayant fait descendre à la cale tous ceux qui auraient pu les embarrasser, ils commencèrent par une décharge de treize coups qui tuèrent treize des ennemis et, continuant ainsi deux fois sans manquer un seul homme, ils abattirent en trois décharges trente-neuf Espagnols. Ils se seraient rendus maîtres du vaisseau, si l'Espagnol qui le commandait, voyant qu'il avait affaire à des flibustiers, ne se fût retiré.

Une victoire remportée si à propos causa bien de la joie à ce particulier, qui aurait abandonné de bon cœur la meilleure partie de ce qu'il avait gagné pour sauver le reste. Aussi régala-t-il fort bien ses boucaniers, non seulement d'un repas comme ils l'avaient demandé, mais encore les défrayant pendant tout le temps de leur passage, qui ne fut que joie et profusion d'eau-de-vie et de tout ce qui pouvait convenir aux braves libérateurs.

Il se passa plus d'un an sans qu'on apprît rien de mémorable de la part des aventuriers ou flibustiers ; mais, en l'année 1690, M. de Cussi-Tarin, gouverneur pour le roi sur la côte de Saint-Domingue, ayant assemblé environ mille hommes, partie flibustiers et partie habitants du quartier du cap et du port de Para, fit une entreprise sur la ville de Santiago-de-los-Cavalleros, située au nord, presque au milieu de cette île, et, s'étant campé dans un endroit nommé la Savana d'Ogna-Igressa, il rangea sa petite armée en bataille, et présenta le combat au gouverneur espagnol, qui se retira au lieu de l'accepter.

Les flibustiers, ayant, par ce moyen, le passage libre, avancèrent sans se mettre en peine d'autre chose, et furent attaqués par trois mille Espagnols, à une demi-lieue de la ville, dans un défilé où ils s'étaient mis en embuscade. Le sieur Cussi, que ses guides avaient averti, loin de s'étonner, alla aux ennemis dans un si bel ordre et une telle résolution, qu'il les obligea de se retirer, fuyant çà et là dans les bois, après avoir laissé plus de mille des leurs sur la place.

Cette victoire ne lui coûta qu'environ quarante hommes et deux officiers subalternes ; et, comme il ne trouva plus d'obstacle, il marcha droit à la ville de Santiago, que les flibustiers pillèrent et brûlèrent, à l'exception des églises que M. de Cussi leur avait expressémentrecommandées.

Après cette expédition, ils retournèrent à la côte avec leur butin, où arrivèrent dans le même moment quelques Caraïbes, qui sont les anciens habitants naturels de ces contrées.

Ces Caraïbes venaient de l'île Saint-Vincent, à trente lieues au vent de la Martinique, pour troquer des perroquets, des poules, des fruits, des paniers de jonc résistant à l'eau, et quantité d'autres choses de leur façon, dont nos habitants s'accommodent fort bien. Quelques Français arrivés en ce pays furent surpris de les voir nus, tant les hommes que les femmes, et frottés d'un rouge sale qu'on appelle *roucou*, n'ayant qu'un petit morceau de toile attaché à leur ceinture, qui les couvrait par devant. Leurs cheveux étaient partagés d'une oreille à l'autre, ceux de devant coupés à une certaine longueur, descendant jusqu'au milieu du front, et ceux de derrière cordonnés et retroussés, ce qui faisait un toupet sur le derrière de la tête. Plusieurs d'entre eux avaient des colliers de cristal et de verre de différentes couleurs. Deux des plus distingués portaient chacun un petit cercle de bois en forme de couronne large d'un pouce environ. L'un était garni tout autour de plumes de perroquet de différentes couleurs mises toutes droites. L'autre avait une seule plume rouge, droite et longue de huit ou neuf pouces. Ces deux sauvages devaient être deux capitaines. Le premier avait l'entre-deux des narines percé, d'où pendait un anneau qui battait sur sa bouche ; outre cela, il avait à son col un caracoli, qui est une espèce de croissant du diamètre d'un écu blanc, qui lui tombait sur l'estomac, et deux sifflets de grandeur différente, dont il régala ceux qui lui avaient présenté de l'eau-de-vie. Après quelques autres honnêtetés qu'on lui fit, il prit le plus grand de ces deux sifflets et commença une aubade caraïbe plus forte que la première, mais que personne ne put supporter.

Un aumônier, qui se trouvait pour lors sur la côte, nous dit qu'il avait fait trois voyages chez ces Indiens et qu'ayant une fois fait descente sur leurs côtes avec quelques officiers, ils allèrent à un carbet ou village éloigné de la mer d'une bonne lieue, où leur chef faisait ordinairement son séjour. Les officiers lui présentèrent chacun une bouteille d'eau-de-vie dont ils s'étaient munis. Après avoir bu une gorgée de l'une et de l'autre, il leur témoigna sa reconnaissance en offrant une jeune fille à chaque officier. M. l'Abbé eut aussi la sienne ; mais bien qu'il fût assez éveillé, il ne pouvait s'accommoder d'un pareil présent. De sorte que ni les uns ni les autres n'acceptèrent les offres du Caraïbe ; ils le remercièrent seulement de son honnêteté.

Ces Indiens n'avaient pas encore échangé toutes leurs denrées, qu'on vit arriver encore une pirogue avec sept ou huit de leurs compatriotes. Il ne faut pas s'imaginer que ces pirogues indiennes soient semblables à celles dont les Espagnols se servent pour piller les côtes de l'île Saint-Domingue que les Français habitent et pour défendre les leurs de l'insulte des aventuriers qui viennent enlever leur bétail.

Celle des Caraïbes va à rames seulement, au lieu que la pirogue des Espagnols va à voiles et à rames. C'est une demi-galère qui porte ordinairement 120 hommes et nage à 36, 40 et 44 avirons. Sa longueur est de 90 pieds de roi et sa largeur au milieu est de 16 à 18 pieds, toujours en rétrécissant sur le devant, mais un peu moins sur le derrière, où l'on met quatre pierriers qui servent pour l'abordage d'un vaisseau, et sur le devant une pièce de canon. Sa profondeur est de quatre à cinq pieds et elle ne tire ordinairement qu'un pied et demi d'eau.

Elle peut être démâtée si on le veut. Pour cela on couche les deux mâts sur des chandeliers, qui sont deux fourches de fer plantées au milieu du vaisseau. Les Espagnols ne font cette manœuvre que quand le vent est contraire ou quand ils appréhendent d'être découverts par l'ennemi. S'ils sont alors le long de la côte, ils tirent la pirogue à sec, la couvrent de feuillages et se mettent à terre. De sorte que bien souvent de grands vaisseaux amarrent tout auprès sans l'apercevoir et les Espagnols qui sont à terre y rentrent la nuit et vont à la découverte du vaisseau, S'il est ennemi, ils le surprennent facilement et s'en rendent maîtres avant qu'on ait eu le temps de les apercevoir.

Ces sortes de pirogues vont fort vite ; parce que, outre qu'elles sont bâties de bois d'acajou qui est fort léger, elles peuvent aller en même temps à voile et à rame. Nos aventuriers n'en ont point, à moins que ce ne soit par surprise ; car pour en construire, ils ne savent pas ce que c'est, et ils ne s'attendent qu'à celles qu'ils prennent en mer. Cependant il serait nécessaire qu'il y en eût à la côte de Saint-Domingue pour conserver la colonie française que ces pirogues incommodent extrêmement.

Les Espagnols sont si adroits à les construire, qu'en huit ou dix jours, on les voit achevées et cela avec peu de monde. C'est avec ces sortes de bâtiments qu'ils ont pillé trois quartiers de la côte de Saint-Domingue, appartenant aux Français. Ces quartiers sont l'île à Vache présentement abandonnée, la Grande Anse aussi abandonnée et le quartier des Nipes.

CHAPITRE XXVI

La vie de Morgan, insigne aventurier.

Morgan est né dans la province de Galles en Angleterre, d'un laboureur aisé ; mais ne pouvant se réduire aux occupations que son père lui prescrivait, il se sauva de la maison et passa à la Barbade, dans les îles des Caraïbes qui appartiennent aux Anglais. Ayant demeuré là quelque temps, il entendit parler de la Jamaïque et eut envie d'y aller. À peine y fut-il arrivé qu'il s'embarqua sur un corsaire ; peu de temps après il fit une prise qui lui rapporta beaucoup et qui redoubla en lui l'envie de retourner en course.

Il fit trois ou quatre voyages, dans lesquels il se signala et il passa parmi les flibustiers pour un très bon soldat. Il était intrépide et déterminé ; rien ne l'étonnait, parce qu'il s'attendait à tout ; enfin il entreprenait les choses avec une assurance qui lui répondait toujours du succès.

Au bout de quelque temps, il se trouva fort à son aise, par le gain qu'il avait fait, tant en course qu'au jeu, où il était fort heureux. Il employa son argent à acheter un bâtiment avec quelques autres flibustiers qu'il associa avec lui. Il devint leur chef, eut de grands avantages dans ses entreprises et fit plusieurs captures à la côte de Campêche.

La première occasion où il parut avec éclat fut celle que lui donna Manweld, vieux corsaire, qui le prit en amitié et le fit vice-amiral. Manweld avait résolu de faire une descente en terre ferme. Il forma une petite flotte de quinze bâtiments sur laquelle il fit monter 600 hommes, et alla en cet équipage attaquer l'île Sainte-Catherine, située le long de la côte de Costa-Rica, environ à trente lieues de la rivière de Chagre.

La garnison espagnole qui était sur cette île, bien retranchée et dans des forts bâtis à chaux et à ciment, fit une vigoureuse résistance, et ce fut en cette rencontre que Morgan mérita l'estime des siens et des ennemis mêmes, par sa valeur. Manweld gagna l'île avec peu de perte. Mais croirait-on qu'il n'avait formé cette entreprise qu'à dessein d'avoir un guide qui le conduisît sûrement à la ville de Mata, qu'il voulait piller ? Cette ville est à la mer du Sud, de l'autre côté de l'isthme de Panama.

Manweld cherchait un guide à Sainte-Catherine plutôt qu'ailleurs, parce que les Espagnols envoient dans cette île ceux de leurs criminels que l'on condamnerait en France aux galères. Ils les y occupent à travailler aux forteresses et à porter les armes pour le roi. Manweld y trouva un mulâtre, natif de la ville même de Mata, qui lui promit de l'y conduire.

Mais voyant l'île de Sainte-Catherine si bien fortifiée et si importante par sa situation, et que son havre, qui est fort beau, peut contenir beaucoup de navires à l'abri de tous les vents, il résolut de la garder et fit connaître son dessein à Morgan et au sieur de Saint-Simon qui était français. Il proposa à celui-ci d'y demeurer comme gouverneur avec cent hommes moitié anglais, moitié français, en l'assurant de lui amener du secours de la Jamaïque et de la Tortue, et que l'île demeurerait toujours aux aventuriers, et qu'ils pourraient s'y réfugier mieux que dans les deux autres îles.

Saint-Simon accepta le gouvernement, promit à Manweld de s'acquitter de son devoir, et ajouta qu'il se faisait fort, avec le monde et les munitions qu'il lui laissait, de garder l'île contre toutes les forces que les Espagnols pourraient employer à la reprendre. En effet, la chose n'était pas difficile, parce que cette île était non seulement défendue par quatre grands forts et par plusieurs batteries, mais qu'elle était encore très forte par elle-même, n'ayant que trois endroits accessibles. Près de la grande île il y en a une petite qui communique avec la première par le moyen d'un pont et qui forme comme une espèce de citadelle. D'ailleurs on y peut planter assez de vivres pour nourrir et entretenir une garnison. Enfin on y trouve de l'eau douce, ce qui est la principale chose et la plus nécessaire à la vie. Par cette raison les Espagnols l'ont toujours gardée comme une place importante et avantageuse à leur dessein.

Manweld, ayant laissé Saint-Simon comme gouverneur de cette île, se prépara à achever son entreprise. Pour cela il fit embarquer la garnison espagnole sur ses vaisseaux, pour la porter à Puerto Bello qui est à la côte de terre ferme et fort proche du lieu où il voulait aller. Peu de jours après, étant arrivé à cette côte, il mit de nuit les prisonniers à terre, à deux lieues de la ville de Puerto Bello, et de là fut le long de la côte et entra dans la grande rivière de Coëlé, où il surprit la vigie espagnole, qui est toujours à l'embouchure de cette rivière afin de donner avis de tout ce qui paraît en mer.

Il crut au moyen de cette prise n'être point découvert ; mais un Indien, qui était proche de là et qui entendit le bruit, alla promptement avertir le président de Panama, lequel mit aussitôt du monde sur pied pour s'opposer au dessein des aventuriers. Mais ceux-ci, ne se sentant pas assez forts pour résister, ne s'opiniâtrèrent point et se rembarquèrent.

Manweld, voyant son entreprise manquée, tint conseil. Un des prisonniers espagnols qu'il avait gardé lui dit que, s'il voulait, il le mènerait à Carthage, ville voisine de la mer du Sud, fort riche, sans défense et qu'on pouvait facilement surprendre, parce que les Espagnols ne se défiaient pas qu'on les allât chercher jusque-là. La proposition fut acceptée de toute l'assemblée et le voyage entrepris. On naviguâ le long de la côte jusqu'à la rivière de Zuere, et on envoya un canot avec vingt hommes, afin de prendre une vigie qui est aussi à l'embouchure de cette rivière.

Les Espagnols ont là quelques habitations où ils plantent du cacao, mais ils commencent à les abandonner, parce que les corsaires y font souvent des descentes. Le canot fut assez heureux pour réussir et pour prendre la vigie sans être découvert, de sorte que toute la flotte entra dans la rivière, hormis quelques vaisseaux qui demeurèrent à un petit port assez près de là.

Les aventuriers, étant à terre, marchèrent au plus vite sur

Carthage. Les premiers jours, ils trouvèrent des habitations sur le chemin, et de quoi vivre, ce qui leur donna du courage ; mais cela ne dura guère ; ils se virent bientôt dans un chemin fort rude, au milieu des bois et des montagnes, ce qui les rebuta. Si par hasard ils rencontraient des Indiens portant quelques sacs de farine, les premiers venus se jetaient dessus, sans en vouloir faire part aux autres, et c'en fut assez pour mettre la discorde entre les Anglais et les Français. Les commandants Manweld et Morgan, de la nation des premiers, traitaient fort bien les Français, parce qu'ils étaient les meilleurs soldats de leur troupe et qu'un seul était plus brave que trois Anglais. Cependant quelque bon ordre que ces deux chefs y apportassent, ils ne purent prévenir cette division.

Il fallut donc retourner sur ses pas et abandonner l'entreprise. Manweld, s'étant embarqué, alla à Sainte-Catherine pour voir de quelle manière Saint-Simon se comportait dans son gouvernement. Il trouva qu'il avait déjà travaillé à faire mettre les forteresses en état et à planter quantité de vivres, ce qui lui plut beaucoup. De là, il se transporta à la Jamaïque pour avoir du secours ; mais le gouverneur, qui crut que ce serait son préjudice, le lui refusa aussi bien que la commission qu'il demandait, sous prétexte que le roi d'Angleterre n'était pas en guerre contre les Espagnols. Sur ce refus, Manweld alla à la Tortue ; mais le gouverneur, qui était français, lui fit le même refus et la même réponse. Il tenta encore toutes sortes de moyens pour obtenir ce qu'il souhaitait, mais la mort le prévint et arrêta tous ses projets.

Les Espagnols, à qui l'île de Sainte-Catherine, occupée par les aventuriers, était de la dernière importance, jugèrent que ceux-ci pourraient tellement s'y fortifier, que rien dans la suite ne serait capable de les en chasser, et qu'ainsi ils étaient en danger de perdre toutes les Indes. C'est pourquoi ils résolurent d'y apporter remède avant que le mal augmentât, et pour ce sujet ils équipèrent une petite flotte de quatre navires, montés de six cents hommes, sous le commandement de Dom Joseph Sanche Ximenès, major général de la garnison de Puerto Bello. Outre cela, le président de Panama,

Dom Juan Perez de Gusman, qui gouvernait pour lors, trouva moyen de traiter avec Saint-Simon, lequel voyant qu'il ne lui venait point de secours, n'en fit aucune difficulté. De cette manière, les Espagnols étaient sûrs de leur fait et n'eurent pas grande peine à se rendre maîtres de l'île, où bientôt après ils firent de grands feux de joie.

Quelque temps après, le gouverneur de la Jamaïque fit réflexion à ce que Manweld lui avait proposé et crut que cette île lui pourrait être d'un grand secours. Il y envoya donc un petit bâtiment avec des munitions, quelques femmes et une commission pour Saint-Simon, mais il était trop tard ; car les Espagnols, comme on l'a dit, l'avaient déjà reprise. Ils mirent même, à la vue de ce bâtiment, le pavillon anglais, et ils le prirent par cette ruse.

Après la mort de Manweld, Morgan devint le premier de tous les aventuriers de la Jamaïque. Comme il était estimé parmi eux, ils lui proposèrent une entreprise, l'assurant qu'ils le feraient leur capitaine et qu'ils lui obéiraient volontiers. Morgan y pensa et fit ensuite savoir à tous les flibustiers qui voudraient aller avec lui, qu'il avait un dessein de conséquence. Il en avertit aussi les Français et les Anglais et leur donna rendez-vous à l'île de Cuba.

CHAPITRE XXVII

Description de l'île de Cuba, comme elle est aujourd'hui.

L'île de Cuba, qui est située sous le 300ᵉ degré de longitude, s'étend d'Orient en Occident depuis le 20ᵉ jusqu'au 23ᵉ degré de latitude septentrionale. Elle a quatre cents lieues françaises de tour, deux cents de longueur et cinquante de largeur. On y voit de grandes montagnes qui renferment des mines de cuivre, d'argent et d'or ; mais pas une n'est ouverte. Elle a quantité de prairies, que les Espagnols nomment *savanas*, remplies de beaucoup de bétail, tant privé que sauvage. Elle est aussi peuplée de sangliers, de taureaux et de chevaux que l'île de Saint-Domingue.

On y trouve les mêmes arbres, plantes, reptiles, oiseaux et insectes. Mais par rapport aux oiseaux, il y a là beaucoup plus de marchands qu'on en trouve sur l'autre île. Ces oiseaux nommés marchands se répartissent en deux sortes : la première ressemble à celle dont j'ai parlé ; la seconde est de la grosseur et de la couleur de l'épervier, avec un gros bec orangé.

Ces oiseaux font une grande destruction et ne sont pas comme ceux de leur espèce qui ne mangent que des bêtes mortes. Ceux-ci s'attaquent aux veaux et aux poulains qui n'ont pas encore la force de se sauver. Les Espagnols ont fait inutilement tout ce qu'ils ont pu pour les détruire et ne savent d'où ils viennent ; car on ne trouve jamais leurs nids.

On ne voit point de corbeaux sur cette île, comme sur celle de Saint-Domingue ; et cela est d'autant plus surprenant, qu'elles sont assez voisines l'une de l'autre.

Les Indiens sauvages de l'île Saint-Domingue ont voulu peupler celles de Saint-Vincent, de la Tortue et de Cuba, de serpents qu'ils ont apportés des îles de Sainte-Lucie et de la Martinique ; cependant on n'y en a point rencontré, quoique plusieurs chasseurs français y aient pris garde. Il est certain qu'on ne trouve dans l'île de Cuba aucun animal venimeux.

Cette île est entourée d'une quantité prodigieuse de petites îles que les Espagnols et les Français nomment Cayes. Elle a aussi de très beaux ports, des rivières et des havres, où l'on voit des villes fort marchandes du côté du midi, vers l'Orient ; et trois fameuses baies, qui pourraient contenir une grande quantité de navires ; savoir Puerto Escondilo, qui veut dire Port-Caché, parce qu'on n'en voit point l'entrée qui est fort étroite ; le Port-de-Palme et le beau Port de Saint-Jago, où il y a une ville de même nom, fort marchande et où il aborde tous les ans plusieurs navires qui viennent des îles Canaries, chargés de vin d'Espagne, avec toutes sortes de marchandises du pays. Ils échangent ces marchandises contre des cuirs, du sucre et du tabac.

Le gouverneur de cette ville dépend du roi directement, et a sous sa domination la moitié de l'île, avec le bourg de Bayame, les villes du Port-au-Prince, de los Cayos et Baracoa. Quant à la justice politique et civile, elle dépend de l'audience présidiale de Saint-Domingue. Il y a aussi un évêque dont l'autorité et la juridiction s'étendent dans toute l'étendue du gouvernement. Tout le commerce que font ces villes et ces bourgs ne consiste qu'en cuirs, en sucre, en tabac et en confitures sèches, qui se transportent en plusieurs endroits de l'Amérique et même en Espagne.

Sortant du port de Saint-Jago, et allant le long de la côte, on rencontre une grande pointe qui s'avance en mer ; c'est ce qu'on appelle le Cap de Crux, et il est très dangereux d'y aborder, à cause de quantité de récifs qui sont aux environs. En doublant ce cap on entre dans une baie appelée le golfe de Saint-Julien, remplie de petites îles où les aventuriers vont souvent raccommoder leurs navires.

Dans le fond de ce golfe est le bourg de Bayame que j'ai déjà nommé. De l'autre côté, en suivant la côte, est le port de Sainte-Marie, qui est celui de la ville, nommée le Port-au-Prince : ville champêtre au milieu des prairies où les Espagnols ont quantité de *hatos* qui sont des lieux, où ils nourrissent des bêtes à cornes pour en avoir le suif et les cuirs. Ils possèdent encore des *materias*, qui sont des lieux où leurs boucaniers se retirent pour tuer des bêtes sauvages, et y faire sécher les cuirs. C'est de là que viennent tous ces cuirs qu'on estime tant en Europe et qu'on nomme cuirs de Havane ; parce que de la ville du Port-au-Prince, on les porte à la Havane, qui est la ville capitale de cette île, afin d'être embarqués pour l'Espagne, où ils passent dans toutes les autres contrées de l'Europe.

Le long de cette même côte, on trouve le bourg de Saint-Esprit et la petite ville de la Trinité, qui a un assez beau port, fort accessible et très commode pour les navires. Tout le trafic du bourg et de cette ville ne consiste qu'en tabac, que l'on transporte en tous les endroits des Indes et même en Espagne, où on le met en poudre. C'est ce bon tabac qu'on a par toute l'Europe, et qu'on nomme tabac de Séville.

Dans l'Amérique on en use fort peu en poudre, mais on fume beaucoup. Des feuilles de tabac qui ne sont point filées, on fait de petits boulets que les Espagnols nomment *gigarros*, et qui se fument sans pipe.

À dix ou douze lieues de la Trinité, il y a un port, nommé par les Espagnols le golfe de Xagua et par les Français le Grand Port. J'avoue que jamais je n'en ai vu un si beau ni si commode. Son entrée est comme un canal de la portée d'un canon de trois livres de balle, sa largeur d'une portée de pistolet. Ce canal est bordé de rochers, aussi égaux entre eux que le seraient des murailles faites exprès, ce qui forme une espèce de quai des deux côtés. Il y a assez de profondeur pour faire entrer les plus grands navires. Aux environs du port, les Espagnols ont des parcs, où ils nourrissent des porcs ; ils nomment ces lieux *coral* ; Ils ont ordinairement un paysan avec sa famille pour gouverner ce coral qui consiste en trois ou quatre grands parcs, faits de certains pieux de l'arbre nommé *monbain*, lesquels, étant plantés en terre, prennent aussitôt racine, comme les saules en Europe. De cette manière, ils font des palissades, qui par succession de temps deviennent de grands arbres. Leurs porcs ne leur coûtent rien à nourrir ; car ils n'établissent leurs coraux qu'en des lieux où il se trouve quantité de palmistes, lataniers, brignoliers, cormiers, monbains, abricotiers, genipayers, acomas et plusieurs autres. Ces arbres, dont les uns cessent de fleurir quand les autres commencent, produisent, pendant tout le cours de l'année, des semences de toute espèce, dont les porcs vivent ; de sorte que celui qui gouverne le coral n'a autre chose à faire que de laisser aller les porcs le matin, il les rappelle le soir, et ceux-ci ne manquent jamais de revenir.

Il y a des Espagnols à qui ces coraux rapportent plus de cinq à six mille écus par an, sans faire de grande dépense ; mais aussi ils courent le risque d'être pillés par les corsaires, qui viennent enlever les bêtes pour ravitailler leurs vaisseaux. Les porcs ont beau être cachés au milieu des bois, les corsaires ne laissent pas de les trouver ; car lorsqu'ils prennent quelque Espagnol, ils lui donnent la gêne, pour lui faire déclarer le lieu où ils sont, et celui-ci les y conduit.

Depuis le port de Xagua jusqu'à Montamano, il y a beaucoup de coraux. Vis à vis de Montamano, on voit l'île de Pinos, ainsi nommée à cause des pins qu'elle produit en abondance. Cette île n'est point habitée, on y voit seulement quelques Espagnols qui y vont pêcher des tortues. Il y a aussi des endroits où les aventuriers vont souvent raccommoder leurs vaisseaux.

Cette île est pleine de crocodiles, qui ne vont que rarement à l'eau et qui sont bien différents de ceux qu'on appelle en Amérique caïmans ; car ils ne sentent point le musc comme eux, et au lieu de fuir les hommes ils courent après eux. On a vu beaucoup de gens qui en ont été mangés, comme je rapporterai dans la suite un exemple dont j'ai été témoin. Il y a déjà longtemps que les Espagnols ont voulu peupler cette île de bœufs et de vaches, mais ces animaux les détruisent de manière qu'on n'y en trouve que très peu.

Le terroir de cette île est sablonneux ; ce qui fait qu'elle ne produit que des pins, de petits arbres et quantité de grandes herbes que la chaleur du soleil a bientôt desséchées. Depuis cette île jusqu'au cap de Corientes, il y a encore plusieurs coraux, parce que le pays y est bon et très beau. De là on va au cap de Saint-Antoine qui est à la pointe de l'occident de l'île ; et depuis cette pointe jusqu'à la Havane, il y a plusieurs beaux ports.

La Havane est la ville capitale de l'île de Cuba et une des plus grandes et des plus belles de toute l'Amérique. Sa population dépasse vingt mille habitants ; c'est là que tous les navires, qui partent de l'Espagne pour l'Amérique, viennent mouiller en dernier lieu, afin d'y prendre ce dont ils ont besoin pour retourner en Espagne. Cette ville gouverne la moitié de l'île et a sous elle le

Saint-Esprit, la Trinité, Santa-Cruz et plusieurs autres petits bourgs et villages. On y entretient beaucoup de petits vaisseaux qui naviguent à Campêche, à la Nouvelle-Espagne et à la Floride, pour trafiquer. Cette ville a un gouverneur qui dépend immédiatement du roi et une forte garnison.

Depuis cette ville jusqu'à la pointe de Mayesi, qui est à l'Orient de l'île, on ne rencontre de considérable que la fameuse baie de Mataça, où le célèbre Pieters Heyn, amiral de Hollande, battit la flotte des galions du roi d'Espagne, et la prit presque toute en 1627 ; ce qui remit les Provinces-Unies en état de lui faire la guerre par les richesses immenses dont cette flotte était chargée. Depuis là jusqu'à la pointe de Mayesi, on trouve Santa-Cruz. Voici pourquoi on lui a donné ce nom :

Un soldat de mauvaise vie, de la province de Charcas, craignant la justice qui le recherchait pour ses crimes, entra bien avant dans ce pays et fut bien reçu de ceux qui l'habitaient. S'étant aperçu que ceux-ci souffraient beaucoup d'une grande disette d'eau, et que pour en faire tomber du ciel ils faisaient quantité de cérémonies superstitieuses, il leur représenta que s'ils voulaient faire ce qu'il leur dirait, aussitôt ils en auraient en abondance. Ils y consentirent : à l'instant le soldat fit une grande croix, qu'il planta en un lieu éminent, leur disant qu'ils fissent là leur adoration et qu'ils demandassent de l'eau ; ce qu'ils firent. Dans le même instant, chose merveilleuse ! Il plut excessivement et, depuis ce temps-là, ces peuples ont eu tant de dévotion à la Sainte-Croix, qu'ayant eu recours à elle dans leurs besoins, ils ont obtenu tout ce qu'ils souhaitaient. Ils ont rompu leurs idoles, ils ont demandé des prédicateurs et le baptême. C'est là l'origine du nom de Sainte-Croix, que cette province porte aujourd'hui.

Après Santa-Cruz, on trouve la ville des Cayes de Baracoa. Il y a là le long de cette côte, quantité de petites îles, nommées les Cayes du Nord, où les aventuriers vont souvent chercher fortune. Ils y prennent des barques chargées de cuirs et de tabac pour le compte de la Havane, ou de l'argent pour acheter ces marchandises ; et c'est cet argent qui tente le plus les aventuriers. En voilà assez pour faire comprendre au lecteur ce que c'est que l'île de Cuba.

CHAPITRE XXVIII

La prise de la ville du Port-au-Prince par Morgan.

Morgan, comme j'ai déjà dit, voyant Manweld mort, résolut avec son conseil de faire une descente sur les terres des Espagnols. Il équipa un vaisseau, donna rendez-vous aux aventuriers dans les Cayes de l'île de Cuba, et dans le peu de temps qu'il fut là, il forma une flotte de quatre vaisseaux, montés de sept cents hommes, tous contents de lui et résolus de le suivre et de lui obéir.

Alors on fit une chasse-partie générale qui contenait ce qu'on donnerait au commandant et à chaque équipage en particulier. On en fit une à l'égard du capitaine du vaisseau. Il fut réglé dans la chasse-partie générale qu'on punirait quiconque ferait quelque mauvaise action, comme de tuer ou de blesser. Ce fut pour éviter les querelles qui pouvaient naître, comme autrefois, entre les deux nations anglaise et française dont cette flotte était composée, et qui avaient empêché l'exécution du dessein qu'on avait formé sur Carthage. Chacun en tomba d'accord ; les officiers français ajoutèrent que, si quelqu'un des leurs commettait quelque chose qui fût contre l'équité, non seulement ils autoriseraient Morgan à le punir, mais même qu'ils lui prêteraient main-forte.

Tout étant ainsi conclu, on tint conseil au sujet de la place qu'on attaquerait. On proposa celle de Panama, parce qu'elle était facile à surprendre de nuit, et qu'on pourrait enlever le clergé et les moines ; qu'avant que les forts fussent en état de se défendre, on aurait le temps de se sauver et que la rançon qu'on tirerait de ces gens-là serait suffisante et vaudrait mieux que le pillage que l'on ferait dans une petite ville. Cependant personne n'appuya cette entreprise. On proposa ensuite le Port-au-Prince, ville champêtre de l'île de Cuba, où l'on représenta qu'il y avait beaucoup d'argent, parce qu'il s'y faisait un grand commerce de cuirs et qu'à cause de son éloignement de la mer, les Espagnols ne se défieraient point ; ce qui en faciliterait beaucoup la prise. Ce dessein fut approuvé de tous les aventuriers, qui se préparèrent pour l'exécution.

Morgan fit lever l'ancre, et la flotte alla mouiller tant au port de Sainte-Marie, qui est le port de la ville dont nous parlons, que dans les petites îles qui sont vis à vis, sans approcher de terre, de peur d'être découverts par les chasseurs espagnols qui ne s'écartaient pas du bord de la mer.

La nuit, un Espagnol, qui avait été quelque temps prisonnier avec les aventuriers anglais, se jeta à l'eau et nagea d'abord à une de ces petites îles, de là à la grande, où il alla promptement donner avis au Port-au-Prince de ce qui se passait ; car depuis le temps qu'il était avec ces gens, il avait appris un peu d'anglais.

Le gouverneur se mit promptement en défense ; il ordonna aux bourgeois de prendre les armes ; il demanda du secours aux lieux voisins et, en peu de temps, il mit huit cents hommes sur pied, fit couper les arbres qui étaient sur le grand chemin et faire des embuscades, afin de repousser l'ennemi. Il marchait à la tête de tous ces gens dans une grande prairie et attendait les aventuriers, bien résolu de les empêcher d'aller jusqu'à la ville.

Les aventuriers, trouvant le chemin tout couvert d'arbres, virent bien qu'ils étaient découverts ; ils ne perdirent pourtant pas courage, ils prirent leur chemin au travers des bois et en peu de temps, ils arrivèrent à la savane, c'est-à-dire à la prairie où les Espagnols étaient en bon ordre.

Le gouverneur fit aussitôt environner les flibustiers par sa cavalerie, mais ils n'en furent point épouvantés : ils commencèrent à battre la caisse, à déployer leurs drapeaux et à donner de toutes parts sur les Espagnols, qui tinrent ferme et se défendirent bien au commencement. Mais voyant que les aventuriers ne portaient presque pas un coup à faux, ils prirent la fuite et se réfugièrent dans leur ville, où, renfermés dans les maisons, ils tiraient par les fenêtres.

Les aventuriers, enflés de ce premier succès, firent mine de brûler la ville, et ils l'auraient fait si les Espagnols ne se fussent rendus. On les chassa dans la grande église, où on les tint prisonniers. Cependant les aventuriers pillaient les maisons, mais ils n'y trouvaient point d'argent : les Espagnols l'avaient caché, car malgré l'embarras où les jette le soin de se défendre, ils ne manquent jamais de prévoyance à cet égard. Les aventuriers donnèrent la gêne à plusieurs d'entre eux, pour leur faire confesser où était l'argent. Les moines s'étaient sauvés et l'on n'en pouvait prendre aucun, quoiqu'on allât tous les jours en parti contre eux. Le pillage dura quinze jours ; ensuite de quoi Morgan fit demander aux principaux prisonniers la rançon de la ville, menaçant de la brûler en cas de refus. Ils députèrent quelques-uns des leurs pour en convenir, montaient encore à beaucoup plus que cela. Ils partagèrent ce butin, et n'eurent chacun que soixante ou quatre-vingts écus ; ce qui ne suffisait pas pour payer leurs dettes.

Morgan qui n'avait pas envie de retourner à la Jamaïque avec si peu de chose, proposa à ses gens de faire une autre descente. Tous les Anglais en étaient d'accord ; mais beaucoup de Français, mécontents de cette nation, ne voulurent pas y consentir, et comme ils avaient leurs propres équipages et leurs bâtiments, ils aimèrent mieux aller en course que de suivre Morgan, quoiqu'il se montrât toujours très affectionné pour eux et qu'il les protégeât en des occasions même où ils n'avaient pas trop raison ; ce qui donnait aussi de la jalousie aux Anglais. Ainsi Morgan, voulant contenter tout le monde, ne contenta personne.

——◆——

CHAPITRE XXIX

La prise de Puerto-Bello dans l'isthme de Panama.

Quoique plusieurs Français eussent quitté Morgan, il ne laissa pas de poursuivre le dessein qu'il avait de faire une nouvelle descente. Il proposa à ses Anglais d'aller à la ville de Puerto-Bello, leur disant qu'à la vérité la place était forte, mais qu'il y aurait moyen de la surprendre et qu'en cas que l'affaire manquât, la retraite était facile. Tous consentirent à sa proposition. En effet, ils ne demandaient que de l'argent et ils voyaient bien qu'ils en auraient beaucoup en prenant cette place, parce qu'elle est une des plus riches des Indes.

Étant donc tous dans la résolution d'acquérir du bien, et Morgan plus que les autres, il fît lever l'ancre à toute sa flotte, qui était de huit petits vaisseaux. Un aventurier de la Jamaïque qui revenait de Campêche s'étant trouvé à sa rencontre, il lui découvrit son dessein, et l'aventurier consentit de le suivre. Avec le bâtiment de celui-ci qui était un des plus grands de sa flotte, il se vit à la tête de neuf vaisseaux et de quatre cent soixante-dix hommes, parmi lesquels il se trouva encore un assez grand nombre de Français. Les choses en cet état, Morgan fit voile vers Puerto-Bello. C'est une petite ville, bâtie sur le bord de la mer océane, du côté du Nord de l'isthme de Panama. Elle est située sur une baie, à l'embouchure de laquelle il y a deux châteaux qui sont très forts. Les galions du roi d'Espagne y vont tous les ans charger l'argent que l'on mène des mines du Pérou à Panama, et qui est apporté par terre à cette ville sur des mulets, afin d'y être chargé pour l'Espagne.

Toutes les marchandises qui y viennent pour le Pérou, y sont aussi déchargées et portées, par la même commodité des mulets, à Panama, pour être chargées sur des galions de la mer du Sud, et rapportées au Pérou, au Chili et en d'autres lieux de la domination du roi d'Espagne. Il n'y a proprement en ce lieu que des magasins pour les marchandises ; car ceux à qui elles appartiennent demeurent tous à Panama, ne pouvant pas séjourner là, à cause que le lieu est déplaisant et malsain, étant environné de montagnes qui dérobentla vue du soleil et empêchent les rayons de cet astre de purifier l'air.

Il ne laisse pas d'y avoir quatre cents hommes capables de porter les armes, outre la garnison qui est toujours de quatre cents soldats, pour garder les forts et la ville.

Quand les galions arrivent, ce lieu est comme une foire, où les marchands abordent de tous côtés. Ils y louent des chambres et des boutiques ; mais les habitants qui ont des maisons en ce lieu en tirent plus de profit qu'aucun marchand : car il n'y a si petite chambre ou boutique qui ne rapporte au moins quatre ou cinq cents écus de loyer pour six semaines ou deux mois au plus que les galions séjournent en ce lieu. L'on n'oserait y demeurer plus longtemps à cause des maladies qui y surviennent dans ces occasions.

Voilà ce que je puis dire de plus certain touchant la ville de Puerto-Bello ; il ne reste qu'à faire voir de quelle manière Morgan y est entré et s'en est rendu maître avec si peu de forces.

Par bonheur, il avait avec lui un Anglais qui, peu de temps auparavant, prisonnier de Puerto-Bello, s'était échappé par je ne sais quel moyen et savait parfaitement bien les détours de cette côte. Ce n'est pas que Morgan les ignorât ; mais il se laissait toujours conduire par celui-ci, à cause qu'il y avait été plus longtemps que lui.

Cet homme fit en sorte que la flotte de Morgan arrivât sur le soir au port de Naos, où il n'y a personne et qui n'est éloigné de Puerto-Bello que de douze lieues. De là ils naviguèrent le long de la côte, à la faveur d'un petit vent de terre qui s'élève la nuit, jusqu'à un port qui n'est qu'à quatre lieues de Puerto-Bello et qu'on nomme el Puerto del Ponton.

Dès qu'ils y furent arrivés, ils débarquèrent promptement, se jetèrent dans leurs canots et ramèrent avec le moins de bruit possible jusqu'à un lieu nommé El Estera de Longalemo, où ils mirent pied à terre. Vers le milieu de la nuit, chacun prépara ses armes, et en cet état ils avancèrent vers la ville.

Après avoir marché un peu de temps, l'Anglais les fit arrêter et alla à une sentinelle avancée, qu'il enleva sans être découvert. La sentinelle amenée à Morgan lui dit que la garnison de la ville était en bon état, mais qu'il y avait peu de bourgeois et qu'assurément il la pourrait piller malgré les forteresses. Morgan fit lier le prisonnier et l'obligea de servir de guide à ses gens, l'assurant que s'il les conduisait mal, sa vie en répondrait ; qu'au contraire s'il les menait bien, ils lui donneraient récompense et l'emmèneraient avec eux, afin que les Espagnols ne lui fissent aucun mal.

Ce prisonnier marcha devant et fit le mieux qu'il put ; mais il lui fut impossible d'éviter une redoute remplie de soldats, du nombre desquels il était lui-même. Les soldats, étant venus le relever et ne le trouvant pas, jugèrent bien qu'il y avait quelque chose qui n'allait pas bien et eurent ainsi connaissance des aventuriers. Morgan leur envoya le prisonnier pour leur dire de se rendre sans faire de bruit, ou qu'il ne leur donnerait point de quartier ; mais ils ne voulurent rien entendre et commencèrent à tirer avec quelques pièces de canon et leurs mousquets, pour avertir au moins la ville et obliger les bourgeois et la garnison à les venir secourir avant que les aventuriersles eussent pris. Mais la résistance ne fut pas longue, car une partie des aventuriers passa la redoute tandis que l'autre la fit sauter avec tous les Espagnols qui étaient dessus.

De cette manière ils arrivèrent à la ville comme l'aurore commençait à paraître et trouvèrent la plupart des bourgeois encore endormis. La garnison s'était retirée dans les forts et commençait déjà à canonner sur la ville. Les aventuriers ne s'amusèrent point à piller ; une partie se rendit promptement aux couvents, où ils prirent les religieux et les femmes qui s'étaient réfugiées avec eux, pendant qu'une autre partie faisait des échelles pour escalader les forts. Ils tentèrent d'en prendre un en en brûlant les portes ; mais comme ellesétaient de fer, ils ne purent en venir à bout. D'ailleurs quand ils approchaient des murs, les Espagnols leur jetaient des pots pleins de poudre, auxquels ils avaient attaché des mèches ardentes. Plusieurs aventuriers en furent brûlés ; cependant l'avantage qu'ils avaient sur leurs ennemis, c'est que si quelque Espagnol paraissait à une embrasure, c'était toujours un homme de moins.

Pendant que les uns étaient ainsi occupés, les autres travaillaient à force pour faire les échelles, qui furent bientôt prêtes. Morgan leur fit dire que s'ils ne voulaient pas se rendre, il allait faire mettre des échelles, portées par les religieux et par les femmes, et qu'il ne leur donnerait point quartier. Ils répondirent qu'ils ne voulaient pas non plus. Alors Morgan exécuta ce qu'il avait dit, pendant qu'une partie de son monde prenait garde aux embrasures pour empêcher les Espagnols de charger leurs canons ; ceux-ci n'en chargeaient de pièce qu'il ne leur en coûtât sept ou huit hommes pour le moins. Il est vrai que les aventuriers qui n'étaient nullement couverts perdaient bien du monde.

Ce combat dura depuis la pointe du jour jusqu'à midi. Alors les échelles étant prêtes, on les fit porter par les femmes, par les moines et par les prêtres, croyant que quand ceux qui étaient dans les forts verraient ce spectacle, ils se rendraient de peur de blesser des gens consacrés à Dieu ; mais ils ne laissèrent pas de tirer comme auparavant. Les religieux leur criaient de se rendre, leur remontrant que c'étaient leurs frères qu'ils massacraient : rien ne les toucha.

Quand on posa les échelles, ils jetèrent une si grande quantité de pots à feu, qu'il y eut beaucoup de monde brûlé, tant des Espagnols mêmes de la ville que des aventuriers. Les échelles étant posées, quelques Espagnols voulurent paraître pour empêcher l'escalade et précipiter du haut en bas ceux qui monteraient ; mais ceux des aventuriers qui soutenaient les assaillants, tuèrent tous les assiégés qui parurent sur les murailles. Ainsi les assaillants montèrent généreusement, munis de grenades, de pistolets, et chacun de son sabre et d'un courage plus sûr que tout cela.

Ils jetèrent d'abord quantité de grenades dans le fort qui firent un grand effet ; puis, le sabre et le pistolet à la main, ils sautèrent dedans, malgré les Espagnols qui les repoussaient avec des piques et en jetaient, à la vérité, quelques-uns de haut en bas. Quand les Espagnols eurent vu que leur canon leur était inutile, ils auraient dû se rendre ; mais ils n'en voulurent rien faire, particulièrement les officiers, qui contraignirent les soldats de se battre jusqu'à la fin.

Les aventuriers se voyaient maîtres du premier fort, qui paraissait le plus avantageux, parce qu'il était sur une petite éminence et qu'il commandait à l'autre, bâti seulement pour défendre l'entrée du port. Cependant il fallait encore le gagner pour faire entrer les vaisseaux ; car ils étaient obligés de séjourner là, à cause de la quantité de blessés qu'ils avaient. Ils allèrent donc à l'autre fort qui tirait toujours mais sans beaucoup d'effet, et sommèrent le gouverneur de se rendre, l'assurant qu'on lui donnerait quartier. Mais il n'en voulut rien faire non plus que les autres, et les flibustiers furent obligés de prendre ce fort de la même manière que le premier, quoique les officiers de ce second fort se défendissent aussi vigoureusement que ceux du premier.

Les aventuriers étant maîtres de ces deux forts, le reste ne tint guère ; le combat fut terminé sur les trois heures après midi par la victoire qui demeura aux aventuriers. Ils renfermèrent tous les prisonniersdans un château, mettant les hommes et les femmes séparément, et leurs blessés dans un lieu voisin, avec des femmes esclavespour les soigner. Après quoi, ceux qui n'étaient point blessés commencèrent à se donner carrière et à faire débauche de vin et de femmes tant que la nuit dura ; en sorte que s'il était seulement survenu cinquante Espagnols aussi braves que ceux qui avaient défendu les forts, ils auraient massacré facilement tous les aventuriers.

Le lendemain matin, Morgan fit entrer ses vaisseaux dans le port, pendant que ses gens étaient occupés à piller la ville et à amasser l'argent qu'ils trouvaient dans les maisons pour l'apporter dans le fort. Il donna ordre de réparer les débris des forts et de remettre le canon en état afin que, s'il venait quelque secours aux Espagnols, il pût se défendre.

Après qu'ils eurent amassé tout ce qu'ils avaient trouvé, ils pressèrent les principaux bourgeois de la ville d'avouer où leur argent était caché. Ceux qui ne voulaient rien dire, et qui peut-être n'avaient rien, furent mis à la gêne si cruellement que plusieurs en moururent et que d'autres en furent estropiés. Les aventuriers se ménagèrent si peu, et firent dès le premier abord un tel dégât des vivres qu'ils trouvèrent dans ce petit lieu (à qui la campagne fournit abondamment les choses nécessaires à la vie), qu'au bout de quinze jours, mourant de faim, ils se virent contraints de manger les mules et les chevaux.

Quelques-uns d'eux allaient à la chasse, pour tuer des bœufs ou des vaches qui sont aux environs de cette ville. S'ils en apportaient quelques-uns, ils les gardaient pour eux et donnaient de la chair de mule à leurs prisonniers.

Cependant la méchante nourriture et l'impureté de l'air, causée par la quantité des corps morts jetés à quartier et qui n'étaient couverts que d'un peu de terre, causèrent bien des maladies parmi les aventuriers, qui d'abord s'étaient remplis de vin et plongés dans la débauche des femmes ; ils mouraient tout à coup, et les blessés ne réchappaient guère.

D'un autre côté, les Espagnols, incommodés et à l'étroit, s'embarrassaient les uns les autres et mouraient comme les aventuriers, mais d'une manière bien différente : car ceux-ci étaient tués par l'abondance et ceux-là par la disette. Accoutumés à se nourrir délicatement à avoir du chocolat bien préparé deux ou trois fois par jour, ils se voyaient réduits non seulement à manger un morceau de mule sans pain, mais encore à boire de méchante eau, n'ayant pas le temps ni le moyen de la rendre bonne en la purifiant à leur ordinaire – car ils la font passer au travers de certaines pierres qu'ils ont pour cet usage.

Le président de Panama, qui avait eu nouvelle de la prise de Puerto-Bello, tâcha d'amasser quelques troupes pour en chasser ceux-ci. En effet, il s'achemina, dit-on, avec plus de quinze cents hommes pour secourir cette ville ; mais Morgan, en ayant eu vent, fit tenir ses navires prêts à mettre à la voile en cas qu'il eût le dessous, pour se sauver avec le pillage, qui était déjà embarqué par son ordre.

Un esclave que ses gens avaient pris à la chasse lui ayant enfin donné avis que le président de Panama venait, il tint un conseil, où il fut arrêté de ne pas quitter Puerto-Bello, qu'on n'eût fait payer la rançon des forts et de la ville, qui pourrait monter à une somme aussi considérable que tout ce qu'ils avaient déjà. De plus, afin qu'on ne fût point surpris, on résolut d'envoyer des hommes bien armés au-devant du président et de l'attendre à un défilé où il ne pouvait passer plus de trois hommes de front. Ce projet fut exécuté ; le président vint, mais il n'avait pas tant de monde qu'on avait dit.

Les aventuriers qui l'attendaient l'empêchèrent d'avancer. Il ne s'obstina pas beaucoup et différa jusqu'à ce qu'une partie de son monde qui était demeuré derrière, le joignît. Cependant il envoya un homme vers Morgan, avec ordre de lui dire que s'il ne sortait au plus tôt de la ville et des forts, il marcherait avec deux mille hommes de renfort et qu'il ne lui donnerait point de quartier. Morgan répondit qu'il ne sortirait qu'à l'extrémité, et qu'on ne lui eût donné deux cent mille écus pour la rançon de la ville et des forts ; qu'autrement, il les démolirait à la barbe du président.

Il députa donc de son côté deux bourgeois de Puerto-Bello pour traiter avec lui de la rançon. Le président avait envoyé à Carthagène demander une flotte, dans le dessein de venir par mer assiéger Morgan, pendant qu'il l'amuserait en faisant composer les bourgeois de Puerto-Bello avec lui, sans toutefois qu'ils s'exécutassent. Mais comme ordinairement les Espagnols ne font pas grande diligence, et que Morgan le serrait de près, les bourgeois furent obligés de lui représenter qu'il valait mieux terminer promptement avec ces gens-là.

Tout bien considéré, le président leur donna la liberté de faire ce qu'ils jugeraient à propos. Ils composèrent donc avec Morgan et accordèrent que dans quatre jours ils lui donneraient cent mille écus pour la rançon des forts, des prisonniers et de la ville. Ce qu'il accepta pourvu qu'ils ne manquassent point à leur parole. Le président de Panama, nommé Dom Juan Perez de Gusman, homme de grand esprit et fort expérimenté dans les armes, était surpris d'entendre parler des exploits de ces gens-là, qui, sans autres armes que leurs fusils, avaient pris une ville où il aurait fallu employer du canon et faire un siège dans toutes les formes.

Il envoya à Morgan quelques rafraîchissements et lui fit demander de quelles armes ses gens se servaient pour exécuter des entreprises de cette nature et y réussir, comme ils faisaient. Aussitôt Morgan prit le fusil d'un des Français qui était dans sa troupe et l'envoya au président. J'ai déjà dit que ces fusils sont faits en France, qu'ils ont quatre pieds et qu'ils tirent une balle de seize à la livre ; la poudre dont on les charge est faite exprès, et ces armes sont fort justes.

Le président fut réjoui de les voir et satisfait de la civilité de Morgan qu'il n'avait pas cru s'étendre jusqu'à ce point ; il le fit remercier et louer de sa valeur, disant que c'était dommage que des gens comme eux ne fussent pas employés à une juste guerre au service d'un grand prince, et dans le même temps il lui fit présent d'une bague d'or enrichie d'une fort belle émeraude. Morgan ordonna à celui de qui il la recevait, de remercier le président et de lui dire que, pour le satisfaire, il lui avait envoyé une de ses armes, et que dans peu, pour le réjouir encore, il lui ferait voir, dans sa ville même de Panama, l'adresse avec laquelle il s'en servait.

Cependant les bourgeois de Puerto-Bello, lassés du trop long séjour des aventuriers, apportèrent avant le temps prescrit la rançon de la ville, des forts et des prisonniers, qu'ils payèrent en belles barres d'argent. Les aventuriers, ayant reçu cette rançon, ne tardèrent guère à décamper et s'embarquèrent au plus tôt, sans faire d'autre mal que d'enclouer les canons des forts, de peur que les Espagnols ne tirassent après eux ; ainsi ils quittèrent Puerto-Bello et firent route pour l'île de Cuba, où ils arrivèrent huit jours après et partagèrent le butin selon la manière accoutumée.

Ils trouvèrent qu'ils avaient en or et en argent, tant monnayé que travaillé, et en joyaux, qui n'étaient pas estimés le quart de ce qu'ils valaient, deux cent soixante mille écus, sans compter les toiles, soies et autres marchandises qu'ils avaient prises dans la ville, mais dont ils faisaient peu de cas.

Ayant ainsi partagé le butin, ils allèrent à la Jamaïque, où ils furent magnifiquement reçus, surtout des cabaretiers qui profitèrent le plus avec eux.

CHAPITRE XXX

Nouveau dessein de Morgan. — Prise de Maracaïbo.

Les aventuriers passent bientôt de l'abondance à la disette. Ceux-ci qui ne différaient en rien des autres, après avoir dissipé tout leur argent dans la débauche, ne pensèrent plus qu'à retourner en course pour en acquérir de nouveau. Morgan, qui en manquait aussi, parce qu'il n'était pas meilleur ménager qu'eux et qu'il avait besoin de faire une plus grande dépense, songea à quelque nouvelle entreprise pour s'enrichir. Dans ce dessein il ordonna à tous les aventuriers qui avaient des vaisseaux à la côte de Saint-Domingue, de venir le joindre à l'île à Vache.

Il donna ce rendez-vous dans la vue d'avoir des Français avec lui et de former une grande flotte, afin d'attaquer quelque forte place où il pût avoir assez d'argent pour se retirer et vivre plus tranquille et plus à son aise qu'il n'avait fait jusqu'alors.

Les Français, voyant que Morgan réussissait dans ses entreprises et qu'il ne revenait jamais sans butin, eurent de l'estime pour lui, quoiqu'intéressée ; plusieurs se rendirent au lieu qu'il leur avait marqué. Les autres se disposèrent à le joindre et travaillèrent au plus vite à raccommoder leurs bâtiments, pendant qu'une partie de l'équipage était occupée à la chasse, afin de saler de la viande pour ravitailler les vaisseaux, jusqu'à ce que l'on pût arriver en quelque lieu espagnol, où l'on en trouvât avec moins de peine.

Peu de temps après, Morgan se trouva au rendez-vous, où deux vaisseaux français l'avaient déjà prévenu ; il leur témoigna beaucoup d'affection et leur promit de les protéger et de bien vivre avec eux. Dans ce même temps un bâtiment de Saint-Malo, nommé le *Cerf volant*, arriva à l'île à Vache. Il avait passé en Amérique dans le dessein de traiter avec les Espagnols. Comme il n'avait pu y réussir, il s'était armé en course et avait pris sur son navire plusieurs aventuriers de la Tortue.

Ce bâtiment, accompagné d'une barque longue, était monté de vingt-deux pièces de canon et de huit berges de fonte. Il avait déjà fait quelques courses vers la côte de terre ferme et attaqué un navire génois appartenant aux *Grilles* – c'est une compagnie de Génois qui ont seuls le trafic des nègres dans les Indes du roi d'Espagne. Le Génois mieux monté, ayant quarante-huit pièces de canon, avec des munitions en abondance, s'était défendu et avait obligé le Malouin à se retirer ; il arriva donc à cette côte, pour réparer les dommages que l'autre lui avait faits.

Morgan, voyant que ce bâtiment était capable de quelque chose, fit ce qu'il put pour persuader le capitaine malouin de se joindre à lui. Mais comme ce capitaine ne savait pas bien la méthode de traiter avec ces gens de l'Amérique – qui est différente de celle des peuples de l'Europe –, il voulait faire d'autres conditions que celles qu'on observe dans ce pays-là. Il n'y réussit donc point et persista à retourner à la Tortue pour prendre quelques marchandises qu'il y avait laissées, et repasser ensuite en France.

Les aventuriers français qui étaient sur son bord, voyant cette résolution, débarquèrent et se joignirent aux Anglais. Quelques-uns qu'il avait irrités en les traitant impérieusement et comme des matelots, résolurent de s'en venger puisque l'occasion s'en présentait. Pour cela ils dirent à Morgan que ce capitaine avait pillé un Anglais en mer et que de plus il avait une commission espagnole pour prendre sur les Anglais.

Morgan avait écouté tout ceci fort volontiers et était dans le dessein de jouer un tour au Malouin et de se mettre en possession de son bâtiment ; mais il dissimula jusqu'à ce que l'occasion se présentât, car il n'osait rien entreprendre, craignant que les Français ne l'en empêchassent. Il les pressentit pour connaître s'ils ne prendraient point le parti du Malouin.

Pendant ce temps-là le gouverneur de la Jamaïque envoya vers Morgan un bâtiment qui venait de la Nouvelle-Angleterre, monté de trente-six pièces et de trois cents hommes. Ce navire se nommait *Hakts Yvort* et appartenait au roi d'Angleterre, qui l'avait donné pour un temps au capitaine qui le commandait. Ce capitaine venait dans le dessein de se joindre à Morgan et de faire le voyage avec lui. Morgan, à l'arrivée de ce vaisseau, ne garda plus de mesures pour attaquer le Malouin ; il s'en saisit et fit le capitaine et tous les officiers prisonniers, le prenant comme un voleur qui avait pillé un bâtiment anglais et comme un ennemi chargé d'une commission pour prendre sur les Anglais. Dans ce même temps le bâtiment que le Malouin avait pillé, selon ce que disaient les Anglais, arriva aussi et se plaignit à Morgan. Le Malouin se défendait, mais malgré tout cela Morgan le retint prisonnier.

Quelques jours s'étant passés, Morgan assembla tous les capitaines des vaisseaux aventuriers, pour tenir conseil au sujet de la place qu'on attaquerait, de quoi on était capable, et pour combien de temps on avait de vivres. Pendant qu'on tenait conseil, on buvait à la santé du roi d'Angleterre et à celle du gouverneur de la Jamaïque. Si les capitaines se réjouissaient dans la chambre, les autres en faisaient autant sur le tillac. Il arriva par je ne sais quel malheur que le feu se mit aux poudres et le navire sauta avec le monde qui était dessus.

Comme les navires anglais ont leurs soutes à poudre sur le

devant, au lieu que les autres nations les ont sur le derrière, ceux qui étaient dans la chambre n'eurent d'autre mal que celui de se trouver à l'eau sans savoir comment la chose était arrivée ; mais tout le menu peuple fut perdu, et il y eut plus de trois cent cinquante hommes de perdus. Le capitaine malouin et ses officiers se sauvèrent aussi ; car ils étaient avec les officiers dans la chambre.

Les flibustiers furent quelque temps occupés à pêcher les corps de leurs compagnons, non pour les enterrer, mais parce que la plupart avaient des bagues d'or aux doigts, comme c'est la mode parmi cette nation.

Morgan, malgré cette fâcheuse disgrâce, ne laissa pas de persister dans son entreprise. Il fit la revue de sa flotte, qu'il trouva forte de quinze vaisseaux et de neuf cent soixante hommes, tant Français qu'Anglais, tous vieux aventuriers, qui avaient déjà fait ce métier plusieurs années. On tint encore conseil pour délibérer sur la place qu'on attaquerait, et il fut conclu qu'on monterait le long de la côte jusqu'à l'île de Saône, qui est à la pointe de l'orient de l'île de Saint-Domingue. Ce fut là le lieu du rendez-vous, en cas que quelque vaisseau s'écartât de la flotte, afin de la pouvoir rejoindre en ce lieu avant qu'elle fût partie ; et en cas qu'elle le fût, on devait laisser un billet enfermé dans un flacon enfoncé en terre, marqué d'une certaine figure qui apprendrait le rendez-vous général.

Toutes ces mesures étant prises, Morgan mit à la voile et navigua le long de la côte de l'île de Saint-Domingue jusqu'au cap de Beata ou Lobos ; mais il trouva les vents et les courants si contraires, qu'il ne put jamais doubler ce cap, quelque effort qu'il fît. Cependant, après avoir demeuré là quelque temps, les vivres commencèrent à manquer. Morgan dit à ses gens qu'il fallait faire tout ce qu'on pourrait pour doubler le cap ; il ordonna à ceux qui ne pourraient pas le doubler, d'attendre l'occasion, et à ceux qui le pourraient, d'aller toujours attendre les autres dans la baie d'Ocoa qui n'est pas éloignée de ce cap.

Il donna ce rendez-vous, afin que les vaisseaux qui n'avaient point de vivres en pussent prendre, parce qu'il se rencontre là une grande quantité de bestiaux. Il avertit ceux qui seraient arrivés les premiers d'en faire bonne provision pour en donner aux autres lorsqu'ils les auraient joints. Après toutes ces précautions, Morgan et sa flotte firent de nouveaux efforts pour doubler le cap et ils réussirent ; car, le temps s'étant modéré un peu, ils doublèrent tous.

Sur le soir on vit un navire, à qui on donna la chasse pour le reconnaître ; mais il semblait venir de plein gré au-devant de ses amis, car il approchait à mesure qu'on allait à lui. Il mit pavillon anglais. Il venait d'Angleterre et allait à la Jamaïque. Six ou sept vaisseaux de la flotte demeurèrent auprès de lui pour acheter de l'eau-de-vie. Le temps étant toujours beau, ils ne quittèrent point ce bâtiment ; mais le lendemain, ils furent bien surpris lorsqu'ils se virent séparés de leur général, et celui-ci ne le fut pas moins quand il s'aperçut qu'il lui manquait sept vaisseaux. Il entra dans la baie d'Ocoa pour les attendre. Le temps devint si mauvais, qu'il fut obligé de séjourner dans cette baie plus qu'il n'aurait voulu.

Il donna ordre aux équipages des vaisseaux qui étaient demeurés avec lui, de ne point toucher à leurs vivres et d'envoyer tous les matins huit hommes de chaque équipage, qui feraient un corps de soixante et quatre hommes, afin d'aller chasser et d'apporter de la viande pour nourrir la flotte. Il forma encore une compagnie, qui devait descendre tous les jours à terre ; un capitaine de chaque navire était obligé à tour de rôle d'aller à la tête pour la sûreté des chasseurs.

Les Espagnols, n'étant pas en grand nombre pour lors en cet endroit, n'osèrent rien entreprendre contre leurs ennemis ; ils se contentèrentde chasser leurs bêtes dans les bois de peur qu'on ne les tuât. Cependant, comme les aventuriers avaient besoin de vivres, ils mettaient bas tout ce qui se présentait à eux : ânes ou chevaux, tout les accommodait. Ils ne laissaient pas d'avancer tous les jours dans le pays et parvinrent à la fin jusqu'au lieu où les Espagnols avaient chassé leurs bêtes. Ceux-ci, voyant que les aventuriers détruisaient tout, allèrent trouver le président de Saint-Domingue, dont ils obtinrent du secours. Il leur accorda deux compagnies de soldats, qui se mirent en embuscade sur le lieu où les aventuriers devaient passer pour aller à la chasse.

Certains mulâtres étaient venus vers le bord de la mer où les flibustiers descendaient ordinairement ; ils firent feinte de chasser avec empressement un petit nombre de bêtes. Les Anglais ne manquèrent point de courir après ; mais ces mulâtres, étant en avance sur eux, ne purent être joints que fort près de leur embuscade, d'où il sortit deux Espagnols avec une petite banderole blanche, pour marquer qu'ils voulaient parler. Les aventuriers leur permirent d'avancer et firent aussi avancer deux hommes. Les Espagnols les prièrent de ne pas tuer leurs vaches, leur offrant de leur donner des bêtes s'ils en avaient besoin. Les aventuriers leur répondirent de bonne foi que s'ils voulaient en donner, on les leur payerait, qu'on leur donnerait un écu et demi pour la viande de chaque animal, et qu'ils pourraient profiter du cuir et du suif. Après avoir ainsi traité, les Espagnols se retirèrent.

Ils étaient ainsi venus parler aux aventuriers pour les amuser jusqu'à ce qu'ils eussent fait avancer leurs soldats. Afin de les mieux persuader, ils firent paraître quelques bêtes, et au moment où les aventuriers ne se défiaient de rien, ils se virent tout d'un coup entourés d'Espagnols qui fondirent sur eux. Ils croyaient les tailler en pièces, mais en un instant les aventuriers firent face et se mirent en une telle posture qu'ils pouvaient tirer de tous côtés sur les Espagnols qui n'osaient approcher. Cependant les aventuriers battaient en retraite, et tâchaient de gagner le bois, craignant d'être accablés par le grand nombre de ceux qui pourraient survenir.

Alors les Espagnols, remarquant quelque timidité dans leurs ennemis, voulurent profiter de l'occasion et commencèrent d'avancer sur eux. Ils furent très mal reçus et en un moment on leur tua bien du monde. Les aventuriers, au contraire, voyant qu'il ne tombait personne des leurs, reprirent courage et crièrent aux Espagnols qu'ils ne mettaient point de balles dans leurs mousquets ou bien qu'ils tiraient en l'air. Cette bravade leur coûta cher ; les Espagnols qui au commencement, pour ne les pas faire languir, visaient à la tête, ne visèrent plus qu'aux jambes ; si bien qu'ils furent obligés de se retirer dans une petite touffe de bois voisine, où les Espagnols n'osèrent les aller attaquer.

Les aventuriers enlevèrent le plus promptement qu'ils purent les morts et les blessés. Cependant, une petite troupe d'Espagnols vint au lieu où avaient été les Anglais et ils y trouvèrent deux Anglais morts. Ils se mirent à percer ces deux cadavres avec leurs épées, lorsque les aventuriers, qu'ils croyaient être bien loin, firent une décharge et en tuèrent ou blessèrent la plus grande partie.

Les Espagnols s'étant retirés, les aventuriers se retirèrent aussi. Le soir ils arrivèrent à leurs vaisseaux et rendirent compte de leur aventure à Morgan, qui à l'heure même tint conseil et, le lendemain, à la pointe du jour, mit deux cents hommes à terre, choisis de chaque équipage et bien armés, pour aller aux ennemis. Il marcha à leur tête jusqu'au lieu où le combat s'était donné ; mais les Espagnols, qui s'étaient défiés de l'affaire, avaient décampé et emmené avec eux toutes les bêtes.

Morgan et ses gens pénétrèrent plus avant ; mais n'ayant trouvé que des maisons abandonnées qu'ils brûlèrent, ils revinrent à leurs vaisseaux. Le lendemain, Morgan tint conseil s'il n'irait point piller le bourg de Asso ; mais comme on jugea que c'était une expédition de peu d'importance, et que l'on y pourrait perdre beaucoup de monde, on trouva qu'il valait mieux se réserver pour quelque bonne occasion. Morgan, ennuyé d'être en ce lieu sans rien faire, et de ce que le reste de la flotte ne venait point, jugea qu'ils s'étaient rendus à l'île de la Saône, où, comme j'ai déjà dit, il leur avait donné rendez-vous. Il mit donc à la voile et navigua le long de cette côte, donnant l'alarme aux Espagnols, qui croyaient qu'il allait attaquer Saint-Domingue, ville capitale de l'île.

Après quelques jours de navigation, il arriva au rendez-vous et ne trouva personne, non plus que dans la baie d'Ocoa. Il résolut de les attendre encore huit jours, et pendant ce temps-là, il envoya cent cinquante hommes pour faire une descente dans la rivière d'Alta Gracia, et chercher des vivres pour la flotte qui en avait besoin. Tout son monde s'embarqua dans une bellandre et dans des canots ; on alla de nuit, afin de descendre à terre, au point du jour, surprendre les Espagnols, faire quelque prisonnier de conséquence et en tirer une forte rançon. Mais l'alarme étant par toute la côte et les Espagnols sur leurs gardes, cette entreprise fut inutile.

Les aventuriers, voyant les choses en cet état, se retirèrent sans rien risquer. Morgan, cependant, était en peine de savoir ce que le reste de la flotte était devenu, et ne pouvant plus attendre faute de vivres, il tint conseil sur ce qu'on devait faire. Chacun fut d'avis d'aller attaquer quelque place avec ce qu'on était de monde, qui consistait en cinq cents hommes.

Pierre le Picard, fameux aventurier, fit la proposition d'attaquer Maracaïbo, où il avait déjà été avec l'Olonnais ; il dit qu'il servirait lui-même de pilote pour faire entrer les vaisseaux sur la barre, et de guide pour conduire ses compagnons par terre. Il fit voir la facilité qu'il y avait de prendre cette place où l'on trouverait assez de bien pour enrichir toute la flotte. Morgan l'estimait à cause qu'il parlait fort bon anglais, et tout le monde fut charmé de sa proposition. Enfin, la résolution prise, on fit à l'ordinaire la chasse-partie, où on inséra qu'en cas que le reste de la flotte vînt à se joindre avant qu'on eût pris la forteresse, elle serait reçue à partager comme les autres.

Tout étant ainsi concerté, on laissa un billet dans un pot enfoui en terre, comme j'ai déjà dit, afin que, si les derniers venaient, ils sussent où étaient les premiers. Morgan avec sa flotte leva l'ancre et prit la route de terre ferme. Après quelques jours de navigation, il arriva à l'île d'Oruba, où il mouilla pour prendre de l'eau et quelques rafraîchissements.

Morgan y séjourna vingt-quatre heures pour y prendre de l'eau et de la viande de chèvre qu'on a des Indiens à bon marché ; car, pour un écheveau de fil, ils donnent une chèvre grasse, que vingt hommes affamés ne pourraient manger.

Après ce séjour, la flotte leva l'ancre et, le lendemain matin, elle arriva à la vue des petites îles qui sont à l'embouchure du lac de Maracaïbo, où elle fut découverte de la vigie qui est sur une de ces petites îles. Cette vigie ne manqua pas d'avertir les Espagnols qui eurent le temps de se préparer ; car il fit calme et la flotte ne put arriver à la Barre, qui est à l'entrée du lac, que sur les quatre heures de l'après-midi. Aussitôt tout le monde s'embarqua dans des canots pour aller prendre ce fort de la Barre, où les Espagnols faisaient entendre qu'ils avaient du canon ; car ils ne cessaient point de tirer, quoique les aventuriers fussent éloignés de plus de deux lieues.

Il était nécessaire de prendre ce fort, parce qu'il fallait que les vaisseaux le rangeassent pour entrer dans le lac. Les flibustiers étant à terre, Morgan les exhorta à ne point lâcher pied, car on croyait que les Espagnols se défendraient bien.

Sur les six heures du soir, les flibustiers approchaient du fort qui avait cessé de tirer ; mais ils furent surpris de ne voir personne, car ils s'attendaient d'y recevoir une belle salve. Ils crurent que les Espagnols avaient mis des mèches pour les surprendre et faire jouer quelque mine. On détacha du monde pour s'en assurer et l'on trouva qu'il y avait quantité de mèches allumées et de poudre répandue, dont la trace allait jusqu'au magasin ; c'était un malheur qu'il fallait éviter et chacun arriva assez à temps pour le prévenir.

Le fort n'était proprement qu'une redoute de cinq toises de haut, de six de long et de trois de large. On montait sur cette redoute par le moyen d'une échelle de fer qu'on tirait après soi lorsqu'on était monté.

Quand on eut tout visité, on fit abattre le parapet de la redoute, on encloua les canons qu'on jeta du haut en bas et on brûla les affûts. Cela se fit toute la nuit, afin de ne pas perdre de temps et de n'en point donner aux Espagnols qu'on croyait vouloir se sauver de Maracaïbo. À la pointe du jour, on fit entrer les bâtiments dans le lac et tout le monde se rembarqua pour aller à Maracaïbo, où, malgré toute la diligence qu'on put faire, on n'arriva que le lendemain.

La flotte étant devant la ville, on vit paraître quelques cavaliers qui firent juger qu'on se défendrait et que les Espagnols seraient fortifiés. On résolut donc d'aller mouiller proche d'un lieu un peu découvert et d'y mettre le monde à terre. La flotte en mouillant faisait des décharges de canon dans un petit bocage qui était là, en cas qu'il y eût quelque embuscade.

Cela étant fait, on partagea tous les soldats en deux bandes, afin d'attaquer les ennemis par deux différents endroits et de les embarrasser par ce moyen ; mais cela ne fut aucunement nécessaire, car on entra dans la ville sans trouver aucune résistance, ni même personne, excepté quelques pauvres esclaves qui ne pouvaient marcher et des malades dans l'hôpital. On ne trouva même rien dans les maisons ; car en trois jours de temps, ils avaient emporté leurs marchandises et leurs meubles. A peine y trouvait-on de quoi vivre. Il n'y avait ni vaisseau, ni barque dans le port ; tout s'était sauvé dans le lac qui est fort vaste et fort profond.

Dès ce même jour, on détacha cent hommes pour aller en parti ; ils revinrent le soir avec plusieurs prisonniers et quantité de chevaux chargés de bagage. Parmi ces prisonniers, il y avait des hommes et des femmes qui n'avaient pas l'apparence d'être riches. On leur donna la gêne, afin qu'ils indiquassent quelqu'un qui eût caché son argent. Il y en eut qui promirent de faire prendre du monde, disant qu'ils savaient un homme qui en avait de caché et l'endroit où il était. Mais comme ils marquèrent plusieurs endroits, on fut obligé de faire deux partis, qui allèrent dès la même nuit à cette recherche.

L'un des d'eux revint le lendemain au soir avec beaucoup de bagages, et l'autre fut deux jours absent, par la faute du prisonnier qui les conduisait et qui, dans l'espérance de se sauver lorsqu'il serait à la campagne, menait ce parti dans des pays inhabités, d'où l'on eut mille peines à se retirer.

Quand les flibustiers virent que cet homme se moquait d'eux, ils le pendirent à un arbre et en revenant ils trouvèrent un *hatos*, où ils surprirent du monde qui avait été chercher de la viande pendant la nuit, afin de vivre le jour caché dans les bois. C'étaient des esclaves à qui on donna la gêne pour savoir où étaient leurs maîtres. Un d'entre eux souffrit tous les tourments imaginables sans vouloir rien dire et même se fit hacher en pièces tout vif sans rien confesser. L'autre souffrit beaucoup aussi, quoiqu'avant que de lui donner la gêne, on lui eût promis la liberté ; mais il n'en fit point de cas. À la fin, on résolut de lui en faire autant qu'à son camarade, dont il voyait les morceaux devant lui qui palpitaient encore. Alors il avoua tout et dit qu'il mènerait la compagnie dans le lieu où était son maître. Ce qu'il fit. Le maître fut pris avec trente mille écus en vaisselle d'argent. On l'amena à la ville.

Ces partis continuèrent ainsi pendant huit jours, durant lesquels on fit un assez grand nombre de prisonniers, à qui on donnait la gêne, et qui disaient tous, d'une commune voix, qu'ils étaient pauvres, et que les riches s'étaient sauvés à Gibraltar. Ce qui ne faisait point douter aux aventuriers, qu'ils ne trouvassent là autant de résistance que l'Olonnais en avait trouvé trois ans auparavant.

Le capitaine Picard, qui était le guide des aventuriers, pressa Morgan d'aller à Gibraltar, avant que les Espagnols eussent fait venir du secours de Mérida. Morgan y consentit, et huit jours après qu'on eût pris possession de Maracaïbo, on fit embarquer le pillage, les prisonniers et tout le monde pour aller à Gibraltar.

On croyait bien y trouver à qui parler, et chacun avait déjà fait son testament ; car, ayant appris de quelle manière ces gens s'étaient défendus la première fois, on croyait qu'ils n'en feraient pas moins encore, puisqu'ils avaient abandonné le fort de la Barre et la ville de Maracaïbo. Mais aussi la consolation des flibustiers était que ceux qui en échapperaient auraient de quoi faire bonne chère à leur retour à la Jamaïque.

Ils arrivèrent en peu de jours à Gibraltar, où Morgan fit deux prisonniers, dans le dessein de les envoyer au gouverneur pour lui signifier que s'il ne rendait pas le bourg de bonne volonté, on ne lui ferait aucune grâce.

Le capitaine Picard qui avait déjà été là, et qui savait les endroits périlleux, fit descendre son monde à un demi-quart de lieue du bourg, et marcha au travers des bois pour prendre les Espagnols par derrière, en cas qu'ils se fussent retranchés dans le bourg, comme ils avaient fait quand l'Olonnais les prit. Cependant les Espagnols tiraient beaucoup de canon, ce qui faisait d'autant plus croire qu'ils étaient sur la défensive.

Enfin, quand on eut gagné le derrière, on trouva aussi peu de difficulté à entrer dans le bourg, qu'on avait fait dans Maracaïbo, quoiqu'à la vérité ils eussent eu le dessein de se retrancher. Mais, ou ils n'eurent pas assez de temps, ou ils ne se crurent pas assez forts pour pouvoir résister. Ils abandonnèrent donc tout et se contentèrent de faire quelques barricades sur les chemins, où ils avaient porté du canon en cas qu'ils eussent été suivis de trop près en faisant retraite.

Morgan et ses gens entrèrent de cette manière dans le bourg, aussi paisiblement qu'ils avaient fait dans d'autres places. Aussitôt on songea à se poster et à former un parti pour faire quelques prisonniers. On en envoya un de cent hommes dès ce même jour avec le capitaine Picard qui savait le chemin.

Les Anglais trouvèrent dans ce bourg un Espagnol assez bien vêtu, ce qui leur fit juger que c'était un homme riche et de condition. On lui demanda où était allé le monde de Gibraltar ; il dit qu'il y avait un jour qu'ils étaient tous partis, mais qu'il ne leur avait point demandé où ils allaient et que cela ne lui importait point. On le pressa de dire s'il ne savait pas où étaient les moulins à sucre, il répondit qu'il en avait vu plus de vingt en sa vie ; on s'enquit encore de lui où l'argent des églises était caché, il répondit qu'il était dans la sacristie de la grande église. Il les y mena et leur fit voir un grand coffre où il prétendait l'avoir vu ; et comme on n'y trouva rien, il leur dit qu'il ne savait pas où on l'avait mis depuis.

Toutes ces choses faisaient assez voir que cet homme était fou ou innocent. Cependant plusieurs crurent qu'il faisait cela pour s'échapper ; car les Espagnols sont fins et adroits. On lui donna l'estrapade, pour le faire confesser qui il était et où était son argent ; on le laissa deux heures suspendu avec des pierres à ses pieds, qui pesaient autant que tout son corps, de sorte que ses bras étaient entièrement tors. Aux demandes tant de fois répétées, il répondit qu'il s'appelait Dom Sébastien Sanchez, que le gouverneur de Maracaïbo était son frère ; qu'il avait plus de cinquante mille écus à lui et que, si on voulait un billet de sa main, il le donnerait afin qu'on le prît sur son frère et qu'on le laissât aller sans le tourmenter davantage. Ils le laissèrent libre et l'emmenèrent avec eux.

Quand il fut à une portée de mousquet du bourg, il se tourna vers ceux qui le menaient lié comme un criminel : « Que me voulez-vous, messieurs ? dit-il. Je suis un pauvre homme qui ne vis que de ce qu'on me donne et je couche à l'hôpital. » Cela mit tellement ces gens en colère, qu'ils voulaient le pendre. Ils prirent même des feuilles de palmiste, qu'ils allumèrent pour le flamber et brûler ses habits sur son corps. Ils l'auraient fait, si quelques-uns, plus pitoyables, n'eussent délivré cet homme de leurs mains.

Le lendemain matin, le capitaine Picard revint avec un pauvre paysan qu'il avait pris et deux filles qui étaient à lui. On donna la gêne à ce bon vieillard, qui dit qu'il mènerait aux habitations, mais qu'il ne savait pas où était le monde. Morgan se disposa lui-même pour aller en parti avec trois cents hommes, avec l'intention de ne point revenir qu'il n'eût assez de pillage pour s'en retourner à la Jamaïque. Il prit ce bon vieillard comme guide. Le pauvre homme était tellement interdit, qu'il ne savait où il allait et prenait souvent un chemin pour l'autre. Morgan, croyant qu'il le faisait exprès, le fit terriblement battre. Sur le midi, il prit quelques esclaves dont il se servit pour le conduire, et fit pendre ce vieillard à un arbre, à cause qu'un esclave avait dit que ce n'était pas là le bon chemin.

Ce même esclave, voulant se venger de quelques mauvais traitements que les Espagnols lui avaient faits, pria Morgan de lui donner la liberté et de l'emmener avec lui, sous promesse qu'il lui ferait prendre beaucoup de monde ; ce qu'il fit, car avant le soir il découvrit à Morgan plus de dix à douze familles, avec tous leurs biens.

Morgan, voyant cet esclave bien intentionné, le mit en liberté, lui ordonna de tuer plusieurs Espagnols, et à ce dessein l'arma d'un sabre et lui promit qu'il ne serait plus esclave : ce qui l'anima tellement qu'il fit son possible pour faire prendre tous les Espagnols.

Morgan fit ensuite quelques prisonniers, qui lui dirent que vers une grande rivière, à six lieues de Gibraltar, il y avait un navire de cent tonneaux avec trois barques chargées de marchandises et d'argent appartenant aux habitants de Maracaïbo. Aussitôt il détacha cent hommes et leur donna ordre d'amener le pillage avec les prisonniers au bord de la mer, où étaient les bâtiments qu'on devait aller prendre.

Cependant il se mit avec deux cents hommes à chercher dans les bois les Espagnols ou plutôt leur argent. Ce même jour, il arriva à une fort belle habitation et trouva du monde caché dans un bois voisin, où était entre autres un vieux Portugais avec un autre homme plus jeune. Le vieillard, âgé de plus de soixante ans, fut accusé par un esclave d'être riche, et là-dessus on le mit à la torture pour lui faire avouer où était son argent. Mais il ne dit rien, sinon qu'il avait cent écus, mais qu'un jeune homme qui demeurait avec lui les avait emportés et qu'il ne savait point où il était. Cependant sur l'accusation de l'esclave, on ne le crut point, mais on le tourmenta plus fort qu'auparavant.

Après lui avoir donné l'estrapade avec une cruauté inouïe, on le prit et on l'attacha par les deux mains et par les deux pieds aux quatre coins de la maison ; ils appellent cela *nager à sec*. On lui mit une pierre qui pesait bien cinq cents livres sur les reins et quatre hommes touchaient avec des bâtons sur les cordes qui le tenaient attaché, en sorte que tout son corps travaillait. Nonobstant ce cruel supplice, il ne confessa rien.

On mit encore du feu sous lui, qui lui brûla le visage, et on le laissa là pendant qu'on tourmentait son camarade, qui, après avoir été estrapade, fut suspendu par les parties que la pudeur défend de nommer et qui lui furent presque arrachées ; ensuite on le jeta dans un fossé et on le perça de plusieurs coups d'épée, en sorte qu'on le laissa pour mort, quoiqu'il ne le fût pas. Car quinze jours après, on eut nouvelle, par quelques prisonniers, qu'on l'avait trouvé, qu'on l'avait fait confesser et ensuite panser et qu'on espérait qu'il reviendrait de toutes ses plaies.

Pour le Portugais, ils le chargèrent sur un cheval, l'emmenèrent à Gibraltar et le mirent dans la grande église qui servait de prison, séparé des autres prisonniers et lié à un pilier de l'église ; on ne lui donnait à manger ou à boire que ce qu'il fallait pour l'empêcher de mourir. Après avoir souffert huit jours ce martyre, il avoua qu'il avait mille écus qu'il avait enfouis en terre et promit de les donner pourvu qu'on le laissât aller.

Morgan, ayant passé quinze jours hors de Gibraltar à courir les bois et à piller partout, revint dans cette ville avec beaucoup de pillage et un grand nombre de prisonniers, qu'il contraignit de payer leur rançon. Pour les belles femmes, il ne leur demanda rien, parce qu'elles avaient de quoi payer sans diminuer leurs richesses. Pendant qu'il fut absent, ceux qu'il avait envoyés à la rivière dont j'ai parlé, revinrent, après avoir pris le navire et les trois barques chargées d'Espagnols fugitifs, avec leur argent et leurs hardes. Morgan avait séjourné cinq semaines en ce pays en ravageant plus de quinze lieues aux environs, sans avoir perdu un seul homme ; et sans doute c'était bien la faute des Espagnols : car s'ils avaient été résolus, ils pouvaient avec cent hommes défaire tous les partis que Morgan envoyait à la découverte. Ils passaient quelquefois par des déniés où dix hommes retranchés en auraient pu défaire deux cents, sans en perdre un seul et sans qu'il pût échapper aucun des ennemis. Cependant ils furent assez lâches pour n'en rien faire.

Après cinq semaines de séjour en ce lieu, le pillage commença à diminuer et les vivres aussi ; car il n'y en a pas beaucoup en ce pays-ci. La viande y vient de Maracaïbo, où pour cette raison nos aventuriers résolurent de retourner afin de sortir du lac et de repasser à la Jamaïque. Morgan fit embarquer le pillage et signifia aux habitants de Gibraltar qu'ils eussent à payer la rançon pour le bourg, sinon qu'il allait le brûler comme l'Olonnais avait fait.

Le bourg était rebâti à neuf ; c'est pourquoi les Espagnols, ne voulant pas le laisser brûler une seconde fois, offrirent à Morgan d'aller quérir la rançon qu'il demandait, pourvu qu'il leur donnât du temps. Il leur accorda huit jours, après lesquels ils devaient le venir trouver à Maracaïbo, et il fit voile pour cette île, où il arriva trois jours après, avec les principaux habitants qu'il avait pris en otage.

CHAPITRE XXXI

Retour de Morgan à Maracaïbo. — La victoire qu'il remporta sur Dom Alonse del Campo d'Espinosa qui était venu l'enfermer dans ce lac.

Morgan à son retour apprit une nouvelle qui ne lui plut pas trop, non plus qu'aux siens ; car les flibustiers n'aiment guère à disputer le butin quand ils l'ont pris. Cette nouvelle portait que trois frégates du roi d'Espagne étaient arrivées à l'embouchure du lac, commandées par Dom Alonso del Campo d'Espinosa, contre-amiral d'une flotte que Sa Majesté catholique avait envoyée dans les Indes, sur les plaintes que le gouverneur avait faites à la cour, des hostilités des aventuriers dans l'Amérique ; que ce contre-amiral s'était emparé de la redoute de la Barre, sur laquelle il avait mis des canons, et qu'il était dans le dessein d'arrêter les aventuriers et de les passer tous au fil de l'épée.

Les flibustiers crurent qu'on leur faisait le mal plus grand qu'il n'était et Morgan envoya un petit vaisseau de sa flotte à l'embouchure du lac, afin de découvrir ce qui se passait. On lui rapporta que cette nouvelle n'était que trop vraie. En effet, les trois frégates étaient en parage avec leurs pavillons, pavois et les canons au sabord, et le grand pavillon arboré sur la redoute, sur laquelle, aussi bien que sur les trois vaisseaux, paraissait beaucoup de monde.

Cette conjoncture mit les flibustiers en peine ; car ils n'ignoraient pas que quand les Espagnols sont les maîtres, ils pardonnent d'autant moins qu'ils ne pouvaient ignorer les cruautés que les aventuriers exercent envers leurs compatriotes.

On tint donc conseil et on résolut de demander toujours la rançon de la ville de Maracaïbo, sauf à capituler quand il faudrait passer la Barre. Pour cet effet on envoya deux Espagnols à qui on fit entendre qu'il fallait vingt mille écus pour la rançon de la ville, ou qu'on la brûlerait, sans que les navires qui étaient à la Barre pussent l'empêcher ; parce que s'ils voulaient l'entreprendre, Morgan ferait passer au fil de l'épée tous ceux qu'il avait entre ses mains.

Cette résolution effraya de telle sorte ceux qu'on avait retenus, et qui étaient tous gens de considération, qu'ils donnèrent ordre aux envoyés pour la rançon, de prier ceux qui étaient à la Barre de laisser passer la flotte de Morgan, parce qu'autrement ils étaient en danger de perdre la vie ou la liberté. Deux jours après, ces envoyés revinrent et rapportèrent une lettre de Dom Alonse pour Morgan ; elle était conçue en ces termes :

> « *Nos alliés et nos voisins m'ayant donné avis que vous aviez eu la hardiesse, nonobstant la paix et la forte amitié qui est entre le roi d'Angleterre et Sa Majesté catholique le roi d'Espagne, mon maître, d'entrer dans le lac de Maracaïbo pour y faire des hostilités, piller ses sujets et les rançonner ; j'ai cru de mon devoir de venir au plus tôt pour y remédier. C'est pourquoi je me suis emparé d'une redoute à l'entrée du lac, que vous aviez prise sur des gens lâches et efféminés ; et l'ayant remise en état de défense, je prétends, avec les navires que j'ai ici, vous*

faire rentrer en vous-même et vous punir de votre témérité. Cependant si vous voulez rendre tout ce que vous avez pris : l'or, l'argent, les joyaux et les prisonniers, et les esclaves et toutes les marchandises, je vous laisserai passer pour retourner dans votre pays. Mais si vous refusez la vie que je vous donne, je monterai jusques où vous êtes et vous ferai tous passer au fil de l'épée. Voilà ma dernière résolution, voyez ce que vous avez à faire, n'irritez pas ma patience en abusant de ma bonté. J'ai des vaillants soldats qui ne respirent qu'à se venger des cruautés que vous faites tous les jours injustement ressentir à la nation espagnole. »
     D. *Alonso Del Campo d'Espinosa.*
 Du navire nommé la Madelaine *mouillé à l'embouchure du lac de Maracaïbo, le 24 avril 1669.*

 Outre cela, Dom Alonse avait donné ordre au porteur de sa lettre, de dire de sa part à Morgan, que la monnaie dont on payerait la rançon qu'il prétendait, ne serait que de boulets de canon et que dans peu il viendrait lui-même en personne la payer de cette monnaie.
 Sur le champ, Morgan assembla ses flibustiers et leur ayant fait lire publiquement la lettre en anglais et en français, il demanda leur avis. Tous répondirent unanimement qu'il ne fallait pas s'effrayer de ces rodomontades espagnoles ; que pour eux, ils étaient résolus de se battre jusqu'à l'extrémité, plutôt que de rendre ce qu'ils avaient pris.
 Un Anglais de la troupe dit que, lui douzième, il se faisait fort de faire périr le plus grand navire, qu'on croyait au moins de 48 pièces de canon à l'apparence qu'il avait. Néanmoins, Morgan voulait voir s'il ne pourrait point composer avec les Espagnols ; il envoya un homme de cette nation à Dom Alonse, avec les propositions suivantes :
 Qu'il quitterait Maracaïbo sans y faire aucun tort et sans demander rançon ; qu'il rendrait tous les prisonniers avec la moitié des esclaves sans en rien prétendre ;

Que la rançon de Gibraltar n'étant pas encore payée, il rendrait les otages sans rançon ni pour le bourg ni pour eux.

Dom Alonse, bien loin d'accorder ces propositions, ne voulut pas seulement en entendre la lecture. Alors Morgan et ses gens s'obstinèrent et décidèrent de se bien défendre, quoiqu'il n'y eût guère d'apparence, parce que les forces espagnoles étaient sans comparaison supérieures aux leurs.

Cet homme, qui avait fait la proposition dont nous avons parlé, l'exécuta. J'ai dit qu'on avait pris un navire dans la rivière des Épines ; on en fit un brûlot, on remplit le fond de feuillages trempés dans du goudron, qu'on trouve en assez grande quantité dans la ville. Tout le monde y travailla d'une telle force, qu'en huit jours il fut en état de faire effet.

Mais afin de tromper les Espagnols et de déguiser ce navire, on y avait fait des sabords, auxquels on avait posé plusieurs pièces de bois creuses, qui paraissaient comme des canons. De plus on avait mis sur des bâtons des bonnets, pour y faire paraître beaucoup de monde. Morgan même fit arborer son pavillon d'amiral sur ce vaisseau. Tous les autres étaient bien disposés à se battre.

Cet équipage ainsi préparé, Morgan descendit de Maracaïbo à l'entrée du Lagon et alla mouiller à portée de canon des vaisseaux espagnols, qu'on aurait pris pour des châteaux au prix de ceux des aventuriers, qui ne semblaient que des barques de pêcheurs. Ils demeurèrent là jusqu'au lendemain matin.

Le plus grand navire espagnol mouillait au milieu du canal, qui n'est pas fort large ; les deux autres étaient au-dessous de lui. Ce navire que les aventuriers avaient fait en brûlot, alla ranger l'amiral des Espagnols sans tirer un coup ; car il n'avait point de canon. L'autre, croyant que c'était un navire plein de monde qui le venait aborder, ne voulut pas tirer non plus qu'il ne fût près. Cependant le brûlot l'accrocha.

Dom Alonse, s'en apercevant, envoya du monde dedans pour couper les mâts et les Anglais y mirent le feu, lorsqu'il fut bien accroché et rempli d'Espagnols. En un moment on vit ces deux vaisseaux en feu, et Dom Alonse n'eut que le temps de se jeter à corps perdu dans sa chaloupe et de se sauver à terre.

Dès que ce vaisseau fut enflammé, on courut aux autres, on en aborda un qu'on fit bientôt rendre ; et l'autre, qui était le dernier, coupa promptement ses câbles et fut emporté par le courant sous le fort, où il fut consumé avant qu'on pût être à lui ; de manière qu'en moins de deux heures il y eut bien du changement.

Les aventuriers, voyant que les Espagnols avaient le désavantage, mirent aussitôt du monde à terre pour aller prendre le fort ; mais n'ayant point d'échelles pour l'escalader, ils trouvèrent tant de résistance, qu'ils furent contraints de se rembarquer, après avoir perdu plus de trente hommes.

On sauva quelques Espagnols du grand navire, qui étaient à l'eau et on sut d'eux toutes les forces de Dom Alonse. Ils dirent qu'il était dans le dessein de passer tout au fil de l'épée et que pour cela il avait fait faire à ses gens un serment, confirmé par confession et communion, de ne point donner de quartier à qui que ce fût.

Morgan se voyant ainsi victorieux, retourna avec sa flotte à Maracaïbo et laissa un petit navire à l'embouchure du Lagon, pour observer ce que ferait Dom Alonse et pour garder le fond du grand navire qui était échoué ; car il espérait pêcher les trente-six mille écus dont on venait de lui dire qu'il était chargé. En effet on y plongea et on tira bien, tant en vaisselle qu'en piastres deux mille livres d'argent à demi fondu et en morceaux.

Morgan, étant arrivé à Maracaïbo, fit savoir que si on ne lui apportait dans huit jours la rançon de la ville, il la brûlerait ; outre cela il demanda cinq cents vaches pour sa flotte, que les Espagnols amenèrent dans deux jours, et ils payèrent la rançon dans le temps qu'on leur avait prescrit.

Les aventuriers tuèrent ces vaches et en salèrent la viande, qui fut embarquée pour la provision des vaisseaux qu'on raccommoda ; ce qui dura encore quinze jours, que les Espagnols trouvèrent bien ennuyeux. Morgan descendit ensuite pour sortir du lac.

Quand il fut proche de Dom Alonse, il envoya un Espagnol lui demander passage, offrant de rendre les prisonniers sans leur faire aucun mal ; sinon, il passerait malgré lui. Mais aussi il attacherait tous les prisonniers aux cordages de ses vaisseaux, les exposerait à leurs coups et, étant passé, il ferait jeter dans l'eau ceux qui n'auraient pas été tués.

Nonobstant cela, Dom Alonse refusa le passage, disant qu'il ne se souciait point des prisonniers. Morgan de son côté ne voulut point risquer son monde pour prendre ce fort et résolut de passer par quelque stratagème.

Cependant, il fallut partager le butin ; on trouva que le comptant, tant en argent rompu qu'en autres joyaux, montait à 2 500 piastres, sans y comprendre les marchandises de toile et les étoffes de soie. On fit, avant de partager, les cérémonies ordinaires : c'est-à-dire le serment de fidélité qu'on n'avait rien retenu. Morgan commença le premier et fut suivi de tous les autres. Huit jours se passèrent dans ce partage, que Dom Alonse voyait de son fort avec bien du dépit.

Après cela il fut question de sortir et, pour en venir au bout, on fit de grands préparatifs pour l'attaque du fort, comme si l'on eût voulu le prendre. On mit un bon nombre d'aventuriers choisis avec leurs armes et leurs drapeaux dans des canots qui descendirent à terre. Lorsque ceux-ci furent à couvert des arbres, sans que ceux du fort pussent les apercevoir, ils se couchèrent à bas et revinrent presque en rampant à bord.

Dom Alonse crut que les aventuriers voulaient tenter encore une fois la prise du fort et, pour l'empêcher, il fit mettre la plus grande partie de ses canons sur la redoute, du côté de la terre. Cependant les aventuriers avaient préparé leurs vaisseaux pour passer la nuit au clair de lune. Ils étaient couchés sur le tillac ; mais quelques-uns se tenaient en bas pour boucher les ouvertures qui pourraient être faites par les boulets de canon. Ce fut ainsi que les aventuriers passèrent malgré Dom Alonse qui en fut au désespoir.

Les aventuriers, étant passés, mirent les prisonniers dans une barque qu'ils envoyèrent à Dom Alonse sans leur faire aucun mal, et ils prirent la route pour sortir de la baie de Venezuela ou Maracaïbo, où ils l'avaient échappé belle. Le même jour, la flotte fut surprise d'un mauvais temps ; les vaisseaux ne valaient pas grand'chose, en sorte qu'on avait peine à les tenir sur l'eau et qu'ils furent tous en danger de périr. Malheureusement pour moi je me trouvais dans un des plus mauvais.

Je suis sûr qu'il y en a beaucoup qui font des vœux au Ciel et qui ne se sont jamais trouvés dans une peine égale à la nôtre ; nous avions perdu nos voiles et nos ancres, et le vent était si furieux qu'il ne nous permettait pas d'en mettre d'autres. Il fallait sans cesse vider l'eau avec des pompes, et le navire se serait ouvert, si nous ne l'avions fortement lié avec des cordes. Cependant le tonnerre et les vagues nous incommodaient également. Il nous était impossible de dormir durant la nuit à cause de l'incertitude de notre destinée.

Cette tempête durait depuis quatre jours et il ne nous paraissait pas qu'elle dût jamais finir. D'un côté, nous n'apercevions que des rochers contre lesquels nos vaisseaux étaient prêts de se briser à toute heure ; de l'autre nous envisagions les Indiens qui ne nous auraient pas plus épargnés que les Espagnols que nous avions derrière nous ; et par malheur le vent nous poussait sans cesse et contre les rochers et vers les Indiens, et il venait de l'endroit où nous voulions aller.

Pour comble de disgrâce, lorsque le mauvais temps cessa, nous aperçûmes six grands navires qui nous alarmèrent terriblement. M. d'Estrées qui les commandait nous faisait donner la chasse, sans toutefois nous faire perdre l'envie de nous bien défendre. Mais lorsque nous redoutions sa valeur, nous éprouvâmes sa bonté ; car s'étant informé de nos besoins, il nous secourut généreusement. Après cela, chacun tira de son côté, Morgan avec plusieurs des siens à la Jamaïque et nous à la côte de Saint-Domingue.

CHAPITRE XXXII

Arrivée de Morgan à l'île de Saint-Domingue avec sa flotte.
— Descente en terre ferme.

La prospérité a coutume de rendre les hommes hardis et entreprenants ; en sorte que pour avoir été heureux en des choses difficiles et inespérées, ils présument qu'ils le seront toujours ; et même par je ne sais quel bonheur, il arrive qu'ils le sont souvent. Ce fut dans cette espérance que Morgan forma de nouveaux desseins qui tendaient à des entreprises plus grandes que les premières ; et elles furent suivies d'un succès si avantageux, qu'elles lui donnèrent autant de gloire, qu'elles imprimèrent de crainte aux Espagnols qui croyaient que rien n'était impossible à sa valeur.

Cependant, il ne voulut point perdre de temps, pendant que la fortune lui riait. Il fit avertir les aventuriers, tant Français qu'Anglais de la Jamaïque, de la Tortue et de Saint-Domingue, à dessein de former une armée considérable et d'attaquer une place d'importance, assurant que s'il remportait la victoire, chacun aurait assez de bien pour se retirer, et que pour lui, il se flattait que ce serait son dernier voyage.

À cette proposition, il n'y eut personne qui n'ouvrît les yeux et ne voulût suivre Morgan ; il ne manquait que des vaisseaux pour embarquer tout le monde, et c'était même une faveur de trouver une place dans ses navires.

Morgan donna rendez-vous à la bande du sud de l'île de Saint-Domingue, au port Gongon.

Les aventuriers français ne manquèrent pas de s'y trouver, et bientôt après, ils furent suivis de Morgan qui montait le navire malouin, nommé le *Cerf-volant*, sur lequel il avait mis vingt-quatre pièces de canon et huit berges de fonte. Ce navire avait été confisqué par le gouvernement de la Jamaïque sur le capitaine à qui il appartenait, et qui fut bien heureux d'en être quitte pour cela.

La plus grande partie des aventuriers étant assemblée – elle comprenait seize cents hommes montés sur vingt-quatre vaisseaux –, Morgan leur dit qu'il avait dessein de les enrichir en attaquant une place abondante en toute sorte de biens et en état de défense ; parce que, disait-il, où les Espagnols se défendent, il y a à prendre. Il leur proposa, pendant que l'on donnerait carène aux vaisseaux, de débâcher quatre bâtiments pour aller en terre ferme, faire une descente et prendre une place pour avoir des vivres, comme du mil ou blé de Turquie.

Morgan proposait ceci, sachant par expérience que les aventuriers avaient mal réussi en plusieurs entreprises faute de vivres, et qu'au lieu d'attaquer les Espagnols dans des lieux forts, on ne les attaquait que dans les faibles, seulement pour ravitailler la flotte : mauvaise conduite qui découvrait leurs desseins et en empêchait l'exécution.

Chacun approuva la prévoyance de Morgan, et à l'instant on détacha quatre vaisseaux avec quatre cents hommes pour aller à la rivière de la Hache, sur le bord de laquelle il y a une petite place nommée la Rancheria, où il se fait beaucoup de maïs pour la ville de Carthagène qui n'est pas loin de là. On eut en vue, en attaquant cette place, de s'emparer aussi des barques qui viennent de Carthagène pêcher les perles.

Pendant qu'on préparait les quatre navires, on forma les équipages du général de toute la flotte et les équipages de chaque vaisseau. Cependant les capitaines firent raccommoder leurs vaisseaux et envoyèrent une partie des leurs à la chasse, afin que tout le monde fût occupé à travailler au bien général de la flotte.

La commodité du lieu où ils allaient chasser était grande pour avoir des vivres. Comme on y trouvait beaucoup de sangliers sauvages, chaque équipage pouvait se séparer à droite et à gauche dans le pays qui est assez étendu, et saler autant de viande qu'il en voudrait. Ceux qui ne savaient pas chasser, comme les Anglais, prenaient un chasseur, à qui on donne ordinairement cent cinquante ou deux cents piastres. Il y a là des Français qui ne font autre chose, ayant des meutes de chiens dressés à cette chasse. De sorte qu'un seul chasseur peut charger tous les jours vingt ou trente hommes. Ainsi, chaque équipage anglais prit un chasseur français aux conditions que j'ai marquées.

CHAPITRE XXXIII

Prise du bourg de la Rancheria sur la rivière de la Hache.

Les quatre navires que Morgan avait détachés arrivèrent à la vue de la rivière de la Hache, six jours après leur départ de l'île de Saint-Domingue. Ils furent pris de calme en cet endroit, ce qui les fit découvrir par les Espagnols qui se mirent aussitôt en défense. Les uns travaillèrent à faire des retranchements, afin d'empêcher les aventuriers de se mettre à terre ; les autres s'occupèrent à cacher leurs biens et tout ce qu'il y avait dans le bourg.

Le calme dura jusqu'au soir. Sur le soir il se leva un petit vent de terre qui fit naître l'occasion d'échapper à un navire qui mouillait là ; mais comme il n'était pas bon voilier, les flibustiers le devancèrent et l'obligèrent à se rendre. Ce navire leur vint à propos, car il était chargé de maïs pour Carthagène et fut reconnu par quelques Français. C'était celui que l'Olonnais avait pris, chargé de cacao ; monsieur d'Ogeron l'avait donné au capitaine Champagne et il avait été pris par les Espagnols. Ceux-ci l'avaient vendu au marchand qui le montait alors. C'était le douzième navire que les aventuriers lui avaient pris dans l'espace de cinq années, et il nous dit que, nonobstant toutes ces pertes, il avait gagné cinq cent mille écus. On peut juger par là s'il y a des gens riches dans l'Amérique.

Après que nos aventuriers se furent saisis de ce navire, ils vinrent mouiller devant la rivière de la Hache, vis à vis du bourg de la Rancheria, où ils espéraient le lendemain matin descendre à terre. Les Espagnols n'oublièrent rien pour les en empêcher, s'étant retranchés au bord de la mer. Mais malgré leurs efforts, les aventuriers, à la faveur de leurs canons, mirent leur monde à terre et obligèrent les Espagnols à se retirer dans le bourg où ils s'étaient fortifiés, bien résolus de leur en défendre l'entrée.

Les deux partis s'opiniâtrèrent tellement que le combat dura depuis dix heures du matin jusqu'au soir ; à la fin les Espagnols, ayant perdu beaucoup de monde, furent obligés de se retirer. Les aventuriers, étant entrés dans le bourg et n'y trouvant que les maisons vides, poursuivirent les fuyards. Ils en firent une partie prisonniers, et le lendemain ils leur donnèrent la gêne pour leur faire avouer où était leur bien ; après cela, ils allèrent en parti et firent tous les jours de nouveaux prisonniers, outre les esclaves et le butin qui était considérable. Les Espagnols, pour se garantir de leurs violences, dressèrent des barricades par les chemins, se mirent en embuscade et tâchèrent de faire autant de mal à leurs ennemis qu'ils en recevaient, afin de les obliger à se retirer.

Les aventuriers demeurèrent un mois dans ce bourg et le capitaine Bradelet, leur commandant, ne trouvant plus rien à piller, résolut de partir. Il fit avertir les Espagnols de payer rançon pour leur bourg, sinon qu'il le brûlerait. Ils reçurent cette proposition froidement, la rejetèrent même avec mépris ; mais lorsqu'ils le virent prêt à exécuter ses menaces, ils demandèrent à composer. Le capitaine Bradelet, qui n'était venu que pour avoir des vivres, leur prescrivit de donner une certaine quantité de maïs, qui, avec celui qu'il avait pris, pouvait suffire pour toute la flotte.

Morgan était étonné que ces quatre vaisseaux tardaient si longtemps à revenir et ne savait que soupçonner. Tantôt il s'imaginait qu'ayant fait un grand butin, ils s'en seraient retournés à la Jamaïque, tantôt il craignait qu'ils n'eussent été battus, parce que le lieu où ils étaient allés pouvait facilement être secouru de Carthagène et de Sainte-Marthe.

Enfin, ne sachant que juger d'un si long retard, il balançait de prendre des mesures pour un nouveau dessein, dont il avait déjà fait quelques ouvertures à ses meilleurs amis ; il avait même fait assembler le conseil, lorsqu'on aperçut cinq vaisseaux et une barque. On envoya à l'instant les reconnaître ; mais comme ils avaient le vent favorable, ils ne tardèrent pas à tirer Morgan d'inquiétude en arrivant auprès de lui. Le capitaine Bradelet lui rendit compte de son expédition ; ensuite le maïs fut partagé à toute la flotte, selon la quantité de monde que chaque vaisseau contenait. Le pillage demeura à ceux qui avaient risqué leur vie pour avoir les vivres.

Le navire qu'on avait pris vint fort à propos ; car un capitaine français, nommé le Gascon, avait perdu le sien, et on lui donna celui-ci du consentement de tout le monde. Enfin, la flotte étant prête à faire voile, Morgan marqua le rendez-vous au Cap Tibron, afin que, si quelqu'un venait à être écarté par la tempête, il pût la rejoindre en ce lieu.

Le cap Tibron est la pointe de l'occident de l'île de Saint-Domingue, lieu très commode pour toutes sortes de vaisseaux qui y peuvent prendre du bois et de l'eau, choses absolument nécessaires et sans lesquelles on ne peut naviguer.

Morgan se trouva le premier au rendez-vous et y attendit sa flotte qui y fut aussi en peu de jours. Il y vint encore quelques vaisseaux de la Nouvelle-Angleterre, qui avaient armé à la Jamaïque dans le dessein de le joindre. Ainsi après avoir séjourné quelque temps au cap Tibron, Morgan se vit chef d'une flotte de trente-sept vaisseaux, tant petits que grands. Le sien était le plus considérable.

On fit la revue et il se trouva deux mille deux cents hommes tous armés à l'avantage et résolus de se bien battre pour avoir un riche butin.

Après cette revue, Morgan tint conseil avec tous les capitaines et les autres principaux officiers pour résoudre quelle place on attaquerait. On en proposa trois : Panama, Carthagène et la Vera-Cruz, dans le golfe de la Nouvelle-Espagne. On ne fit point de réflexion sur les forces que ces places pouvaient avoir, on ne songea qu'aux richesses qu'elles possédaient et au moyen de les avoir.

Enfin on jugea que Panama était celle dont la prise serait la plus avantageuse, parce qu'elle était la plus riche des trois, supposé que les galions du Pérou fussent arrivés : on pourrait prendre l'argent du roi et des Génois, outre celui des particuliers, ce qui monterait à une somme immense.

On arrêta donc l'attaque de Panama, et on conclut de prendre l'île de Sainte-Catherine, pour avoir des guides qui conduiraient l'armée à Panama. Car, Sainte-Catherine tenant lieu de galères dans les Indes pour le roi d'Espagne, on devait y trouver des bandits relégués, qui seraient bien aises de servir de guides et de sortir ainsi d'esclavage.

La résolution étant prise, on fit la chasse-partie, et on assembla les capitaines pour convenir ensemble de ce qu'on donnerait à Morgan pour son amirauté. On proposa de lui accorder sur chaquecent hommes le lot d'un homme ; ce qui fut publié et agréé par toute la flotte. Après cela les officiers convinrent en leur particulier de ce qu'on donnerait à chaque capitaine pour son vaisseau, et on régla huit, dix, douze lots ou parts d'hommes, selon que le vaisseau était grand, outre le lot particulier que chacun devait avoir encore comme les autres.

On fit aussi un compromis pour récompenser ceux qui se signaleraient, et comme il y a des curieux qui ne veulent rien ignorer, j'insère ici pour les satisfaire cette chasse-partie qui a des particularités assez remarquables.

CHAPITRE XXXIV

Chasse-partie remarquable.

Celui qui ôtera le pavillon ennemi d'une forteresse pour y arborer le pavillon anglais aura, outre sa part, cinquante piastres.

Celui qui prendra un prisonnier, lorsqu'on voudra avoir des nouvelles de l'ennemi, aura outre son lot, cent piastres.

Les grenadiers auront pour chaque grenade qu'ils jetteront dans un fort, cinq piastres outre leur part.

Quiconque prendra un officier de considération dans un combat en y risquant sa vie, sera récompensé selon le mérite de l'action.

Dans ces mêmes articles, on n'avait pas oublié les estropiés :

Celui qui aura perdu les deux jambes, recevra quinze cents écus, ou quinze esclaves, au choix de l'estropié.

Celui qui aura perdu les deux bras, aura dix-huit cents piastres ou dix-huit esclaves, au choix de l'estropié.

Celui qui aura perdu une jambe sans distinction de la droite ou de la gauche, aura cinq cents piastres ou six esclaves.

Celui qui aura perdu une main ou un bras sans distinction du droit ou du gauche, aura cinq cents écus ou six esclaves.

Pour la perte d'un œil, cent piastres ou un esclave.

Pour la perte des deux yeux, deux mille piastres ou vingt esclaves.

Pour la perte d'un doigt, cent piastres ou un esclave.

En cas que quelqu'un soit blessé au corps et obligé de porter la canule, il aura cinq cents piastres ou cinq esclaves.

On devait recevoir toutes ces récompenses outre la part ordinaire de l'estropié, et ces récompenses devaient être prises sur le total du butin avant que de le partager.

On inséra aussi dans cette chasse-partie qu'en cas qu'on prît quelque vaisseau en mer ou dans un havre, ce serait au profit de toute la flotte, à moins qu'il ne fût estimé plus de dix mille écus ; auquel cas, il y en aurait mille pour le premier vaisseau de la flotte qui l'aurait abordé, outre que sur chaque dix mille écus que le vaisseau pourrait valoir, celui qui l'aurait pris aurait droit d'en prendre mille d'avance à partager entre son équipage seul.

Chaque équipage promit au chirurgien et au charpentier une récompense ; à l'un pour ses remèdes et à l'autre pour son travail : savoir au premier deux cents piastres, outre son lot ; et au dernier, cent outre son lot.

Tout étant ainsi réglé, Morgan délivra des commissions aux capitaines qui n'en avaient point. Elles étaient données en vertu de celle que le général de la Jamaïque avait accordée pour prendre sur les Espagnols par droit de représailles, parce qu'ils s'emparaient des navires anglais qui étaient obligés d'entrer dans leurs ports de l'Amérique. Après quoi, il se fit reconnaître de tous comme amiral et général, fit prêter le serment de fidélité et divisa la flotte en deux escadres sous deux différents pavillons : l'une sous le pavillon royal d'Angleterre, qu'il portait au grand mât ; et l'autre sous le pavillon blanc, quoique anglais.

Ceux qui étaient de son escadre portaient derrière un pavillon rouge avec une croix blanche, qui est le pavillon du parlement ; et sur le beaupré le pavillon royal, mêlé de trois couleurs : bleu, blanc et rouge. Ceux qui étaient de l'escadre blanche portaient derrière un pavillon blanc avec quatre petits carreaux rouges en un des coins, et sur le beaupré, le pavillon royal, comme j'ai dit. Morgan créa aussi des hauts officiers pour commander ses escadres : comme un amiral du pavillon blanc, deux vice-amiraux et deux contre-amiraux. Quoique ces dignités ne fussent qu'honoraires, ceux qui les avaient ne laissaient pas d'être soumis à Morgan. Outre tout cela, il y avait des ordres pour chaque vaisseau, en cas de combat de nuit ou par mauvais temps. Il y avait encore un signal particulier, auquel chaque vaisseau se devait ranger à son devoir. Tout étant ainsi ordonné, Morgan commanda qu'on se tînt prêt à lever l'ancre et au premier signal de mettre à la voile.

CHAPITRE XXXV

Départ de Morgan. — Prise de l'île de Sainte-Catherine.

Morgan, ayant mis sa flotte en bon ordre, partit le 16 décembre de l'année 1670, et prit la route de Sainte-Catherine. Le même jour, on aperçut deux grands navires qui allaient à l'île de Cuba.

On leur donna la chasse ; mais il fut impossible de les prendre, parce que les vents étaient contraires, et ces navires en meilleur équipage que ceux des aventuriers, qui reconnurent à leur pavillon que c'étaient des Hollandais.

Ce fut un bonheur pour ces vaisseaux de s'être échappés. Morgan les aurait pris et gardés jusqu'à la fin de son voyage, s'il ne leur eût fait pis. Quatre jours après, il arriva sur le soir à la vue de l'île de Sainte-Catherine, et il envoya deux petits vaisseaux devant le port, pour faire garde toute la nuit, afin que personne ne pût aller avertir en terre ferme. Le lendemain, sur le midi, la flotte arriva à cette île et alla mouiller à une rade nommée l'Aguada grande, où les Espagnols avaient une batterie de quatre pièces de canon, abandonnée. Morgan fit mettre mille hommes à terre et marcha lui-même à leur tête au travers des bois, n'ayant pour guide que ceux qui s'étaient trouvés à la prise de cette île, lorsque Manweld s'en rendit maître.

Le soir, ils arrivèrent en un lieu où les généraux espagnols faisaient autrefois leur résidence ; car depuis quelque temps ils ont quitté la grande île et se sont retirés sur la petite, qui en est si voisine qu'on passe de l'une à l'autre sur un pont. Cette petite île est tellement fortifiée qu'on peut la disputer à une armée de dix mille hommes ; car il y a des forts et de bonnes batteries dans tous les lieux accessibles.

Les flibustiers furent donc obligés de camper sur la grande île et d'y passer la nuit ; car ils ne pouvaient marcher pendant l'obscurité parmi les bois, ayant plus d'une grande lieue à faire et n'étant pas dans le dessein d'attaquer les forts autrement qu'en plein jour. Une pluie froide et furieuse étant survenue, ils abattirent trois ou quatre maisons pour se chauffer.

Ce fut une grande imprudence ; car ces maisons auraient bien servi à les mettre à couvert et à empêcher que leurs armes et leurs munitions ne se mouillassent. Mais croyant que la pluie ne durerait point, ils ne poussèrent pas leurs vues plus loin. Or la pluie dura plus que le feu et ne cessa que le lendemain à midi. Elle incommoda beaucoup nos aventuriers qui n'avaient qu'un caleçon et une chemise pour tout vêtement ; et comme les nuits sont pour le moins de douze heures, celle-ci leur parut fort longue à passer.

Si cent Espagnols fussent venus en ce moment fondre sur eux le sabre à la main, ils les auraient tous défaits ; car leurs armes étaient complètement mouillées et ils étaient tout transis de froid. Ils se tenaient debout les uns contre les autres pour s'échauffer ; car de se coucher, il ne pouvait être question dans le lieu où ils étaient, et où ils avaient de l'eau jusqu'à mi-jambe.

Ainsi ils se voyaient pressés de la faim, submergés de la pluie, accablés de lassitude et sans aucun soulagement. En cet état, ils se croyaient plus misérables que s'ils avaient été environnés de leurs ennemis ; car ils auraient pu les vaincre ou mourir glorieusement.

À la pointe du jour, les Espagnols commencèrent à battre la diane et à faire une décharge de canon et de mousquets. Les aventuriers n'en purent pas faire autant ; car leurs tambours étaient mouillés, aussi bien que leurs armes, qu'ils ne pouvaient recharger à cause de la pluie qui tombait d'une telle sorte, qu'on voyait les torrents se précipiter des montagnes et l'eau, gagnant de toutes parts, leur fermer le passage pour retourner à leurs vaisseaux.

Sur le midi, le soleil parut et la pluie cessa. Alors Morgan envoya quatre hommes dans un canot portant pavillon blanc, pour sommer les Espagnols de rendre l'île et leur signifier que, s'ils faisaient résistance, il mettrait tout à feu et à sang. Le gouverneur envoya le major et un alferez, pour voir de quelle manière ils pourraient rendre le fort sans que le roi d'Espagne et les gouverneurs généraux dont ils dépendaient les pussent accuser de lâcheté.

Le major et l'alferez représentèrent à Morgan qu'ils étaient dans l'intention de rendre l'île ; mais que, comme il y allait de la tête, il lui plût voir de quelle ruse on se servirait, afin que personne ne fût en danger de perdre ni la vie ni l'honneur. Morgan leur demanda quel expédient ils avaient pour cela. Ils répondirent qu'il fallait que ces gens vinssent insulter le fort Saint-Jérôme, qui était au bout du pont et qui sépare la petite île de la grande ; que cependant il envoyât du monde dans un canot pour les venir attaquer par derrière ; que dans ce moment le gouverneur en sortirait pour aller au grand fort et qu'ainsi on le prendrait prisonnier, ce qui faciliterait la prise des autres forts ; qu'enfin pendant tout ce temps-là, il fallait ne point cesser de tirer de part et d'autre, sans toutefois tuer personne.

Morgan consentit à tout, et on attendit que la nuit fût venue afin de mieux couvrir l'affaire. Sur le soir, on marcha au lieu et en la manière dont on était convenu. Néanmoins Morgan, qui ne se fiait pas à la parole des Espagnols, commanda à ses gens de charger à halles et en cas qu'aucun d'eux fût blessé, de ne point tirer en l'air, mais tout de bon. Ils ne furent pas en cette peine ; car les Espagnols montrèrent si bien leur adresse à tirer sans blesser personne, que Morgan ni ses gens n'eurent aucun sujet de s'en plaindre. C'était une vraie comédie de voir tirer de toutes parts et prendre des forteresses sans tuer ni blesser personne.

Dès que les aventuriers furent les maîtres de l'île et des forteresses, et qu'ils eurent enfermé les habitants dans le grand fort de Sainte-Thérèse, la scène changea, et la comédie devint tragédie pour les veaux, les vaches et les poules. Chacun tuait ce qui s'offrait à lui, on ne voyait que des feux durant la nuit et il n'y avait aucun aventurier qui ne fît rôtir quelque pièce de viande. S'ils eussent eu du vin, rien n'aurait manqué à leur satisfaction, mais ils furent contraints de boire de l'eau ; et comme il n'y avait point de bois et qu'ils n'en pouvaient trouver à cause de l'obscurité de la nuit, ils abattaient les maisons pour faire du feu de la charpente.

Le lendemain au matin, on élargit les prisonniers qui se trouvèrent au nombre de quatre cent cinquante. On laissa tous les hommes et les enfants libres dans l'île pour y chercher leur vie, et de peur de désordre, on enferma les femmes dans l'église, où on eut soin de les nourrir et de les garder.

Après cela on visita les forteresses et on en trouva dix sur cette île, qui peut avoir une lieue et demie de circuit. La première, qui était au bout du port qui fait la séparation des deux îles, s'appelait le fort Saint-Jérôme ; il y avait huit pièces de canon de fer tirant douze, huit et six livres de balle, avec un corps de garde pour loger cinquante hommes.

La seconde était une batterie couverte de gabions, nommée la Plata-Forma de St. Matheo, où l'on voyait trois pièces de canon, qui tiraient huit livres de balle.

La troisième était le fort principal, nommé la Sainte-Thérèse, sur lequel on trouva vingt pièces de canon, dix jeux d'orgues, avec quatre-vingt-dix fusils et deux cents grenades, avec de la poudre, du plomb et de la mèche à proportion. Ce fort était inaccessible et bâti sur un rocher escarpé de tous côtés.

La quatrième place fortifiée, nommée la plate-forme de Saint-Augustin, était une batterie couverte de gabions remplis de terre, avec trois pièces de canon.

La cinquième, nommée la plate-forme de la Conception, était encore une batterie de deux pièces de canon.

La sixième, nommée la plate-forme de Notre-Dame de la Guadeloupe, était une batterie montée de deux pièces de canon.

La septième, nommée la plate-forme de Saint-Sauveur, était montée de deux pièces de canon, tirant également huit livres de balle.

La huitième, nommée la plate-forme des Canonniers, était montée de deux pièces de canon.

La neuvième, nommée la plate-forme de Sainte-Croix, était montée de trois pièces de canon.

La dixième, nommée le fort de Saint-Joseph, était une redoute où il y avait six pièces de canon tirant douze livres de balle. Il faut remarquer que tout le canon qu'on trouva sur ces îles était de fer, hormis trois ou quatre pièces de fonte.

On embarqua toutes ces munitions de guerre sur les vaisseaux et on démolit les batteries, jetant par terre les canons, qu'on encloua. Les forts de Saint-Jérôme et de Sainte-Thérèse furent réservés et l'on y faisait garde.

Les choses en cet état, Morgan fit demander si parmi les relégués qui se trouvaient dans cette île, il n'y aurait pas quelques forçats de terre ferme. Il s'en présenta trois de Panama, et c'était justement ce que Morgan cherchait. De ces trois, il y avait deux Indiens et un mulâtre, que je puis appeler barbare, après les cruautés que je lui ai vues exercer contre les Espagnols. Morgan interrogea lui-même ces trois personnes, car il parlait très bien la langue espagnole, et leur dit que s'ils voulaient mener son armée à Panama, il leur donnerait la liberté, outre leur part de l'argent qu'on prendrait.

Les Indiens tâchèrent à s'excuser, disant que s'ils savaient le chemin, ils feraient volontiers ce que Morgan demandait d'eux. Le mulâtre, au contraire, soutint qu'ils étaient des menteurs, qu'ils avaient fait plusieurs fois ce chemin en leur vie ; mais qu'ils ne voulaient pas l'enseigner sous l'espérance d'être récompensés des

Espagnols. Il ajouta que pour lui, comme il n'attendait rien de cette maudite nation que la mort, il était prêt de servir Morgan en toute occasion où il en serait capable.

On donna la gêne aux deux Indiens, dont l'un mourut et l'autre confessa qu'il savait le chemin et qu'il mènerait l'armée. Morgan aussitôt commanda quatre vaisseaux et une barque avec quatre cents hommes pour aller prendre le fort de Saint-Laurent de Chagre, qui était sur la rivière du même nom, et dans laquelle il fallait que les aventuriers entrassent pour aller à Panama.

Morgan n'y envoyait qu'un petit nombre de gens, afin que les Espagnols ne se défiassent pas du grand dessein qu'il méditait et ne songeassent point à se fortifier, comme ils en ont la commodité en ce lieu.

Huit jours après, Morgan devait suivre ces quatre vaisseaux, ayant pour guide un Indien qui avait été soldat dans ce fort. Pendant ce temps-là les aventuriers arrachaient des racines de manioc dont ils faisaient de la cassave pour leurs vaisseaux. Ils arrachèrent aussi les patates et les ignames, et lorsque tout fut pris et embarqué, Morgan donna ordre de mettre à la voile pour descendre en terre ferme.

CHAPITRE XXXVI

La prise du fort de Saint-Laurent.

Morgan avait détaché, comme j'ai dit, quatre vaisseaux de sa flotte pour aller prendre Chagre. Les vaisseaux étaient commandés par le capitaine Bradelet qui avait beaucoup d'expérience pour de semblables entreprises. Trois jours après son départ de l'île Sainte-Catherine, il arriva à la vue du fort de Saint-Laurent.

Ce fort, situé à l'embouchure de la rivière de Chagre, est bâti sur une haute montagne, large environ de trente toises, escarpée de roches et accessible seulement du côté de la terre, où elle est coupée par un fossé sans eau de six toises de profondeur. On entre dans ce fort par le moyen d'un pont-levis. Sur le bord de la mer, à l'extrémité de la montagne qui supporte le fort, est une tour presque aussi haute que la montagne même, sur laquelle il y a huit pièces de canon qui défendent l'entrée de la rivière.

De cette tour on passe au fort par un degré secret fait en vignoc. Les maisons qui sont sur le haut dans le fort, ne sont faites que de palissades, et couvertes de feuilles de palmistes. Les magasins aux poudres et autres munitions de guerre sont dans des voûtes sous terre, qu'on a creusées exprès dans la montagne.

Les Espagnols, ayant aperçu ces vaisseaux, mirent le pavillon royal et canonnèrent terriblement. Les aventuriers furent mouiller à un quart de lieue de la rivière, au port de Naranjas, où ils demeurèrent jusqu'au lendemain matin, qu'ils mirent quatre cents hommes à terre, pour être conduits par l'Indien qui était leur guide.

Il les mena par l'endroit le moins périlleux, cependant ils eurent beaucoup de peine ; car, dans le lieu où ils descendirent, il y avait une vigie qu'ils ne purent prendre. Les Espagnols, avertis par cet homme de la descente des ennemis, se mirent en défense, et les flibustiers furent obligés de se faire une route avec leurs sabres ; ils n'arrivèrent au fort qu'à deux heures de l'après-midi. Enfin ils arrivèrent sur une petite montagne, qui surplombait le fort d'où ils avaient entendu tirer le canon. Ils auraient pu facilement battre le fort et s'en rendre maître sans perdre un seul homme ; car de cette éminence ils découvraient ce qui s'y passait, mais ils en étaient éloignés plus que de la portée du fusil et il était impossible d'y apporter des canons.

Les Espagnols qui les apercevaient ne branlèrent pas. Ils voulurent les laisser approcher, afin de faire plus d'expédition. Les aventuriers fatigués descendirent dans une petite plaine découverte et se trouvèrent ainsi sous le canon des Espagnols, qui leur en envoyèrent une volée et firent ensuite une décharge de leur mousqueterie ; ce qui causa bien du fracas parmi les assiégeants, qui ne pouvaient rendre le change aux Espagnols, parce que le fossé les empêchait de gagner la palissade. Tout ce qu'ils pouvaient faire en cette occasion, c'était de tuer les Espagnols, lorsqu'ils venaient charger leurs canons ; mais dès que le canon jouait, leur recours était de se jeter par terre pour s'en garantir.

Cette attaque dura jusqu'au soir. Les aventuriers avaient déjà perdu beaucoup de monde ; ils commençaient à se ralentir et pensaient à la retraite, lorsque les Espagnols, qui les voyaient dans ce désordre, leur crièrent : « Ah ! Chiens d'hérétiques, Anglais endiablés, vous n'irez pas à Panama comme vous le croyez, et quand vos camarades seront ici, nous leur en ferons autant qu'à vous. » Ces paroles firent connaître aux Anglais qu'ils étaient découverts ; cependant les Espagnols les chargeaient à coups de canon, de mousquets et de flèches.

Enfin la nuit vint, et les aventuriers commençaient à se demander les uns aux autres ce qu'ils devaient faire ; une partie même s'était déjà retirée ; le commandant avait les deux jambes cassées d'un coup de canon. Tandis que les Français parlaient ensemble du mauvais succès de cette entreprise, une flèche vint tout d'un coup percer l'oreille et l'épaule à l'un d'eux, qui l'arracha sur le champ de sa plaie avec une fermeté admirable, disant à ceux qui étaient près de lui : « Attendez, mes frères, je m'en vais faire périr tous les Espagnols. » À l'instant il tira de sa poche plein sa main de coton, qu'il noua au bout de cette flèche ; il y mit le feu, il en rompit le fer, puis il enfonça la canne dans son fusil et la tira sur une des maisons du fort, qui, comme je l'ai dit, ne sont couvertes que de feuilles de palmiste. La maison commença à fumer ; les aventuriers, s'en apercevant, ramassèrent des flèches et firent la même chose : ce qui produisit un si bon effet que plusieurs maisons du fort furent enflammées.

Presque en même temps, je fus frappé de l'objet le plus digne de compassion qu'on verra peut-être jamais. Un camarade que j'aimais se présenta à moi dans un état déplorable ; il avait une flèche enfoncée dans l'œil. Ce malheureux, répandant une prodigieuse quantité de sang de son œil blessé, et autant de larmes de celui qui ne l'était pas, me pria avec instance de lui arracher cette flèche qui lui causait une violente douleur ; et comme il voyait que la pitié m'empêchait de le secourir assez promptement, il se l'arracha lui-même.

Après le bon succès dont je viens de parler, nos gens, sentant brûler leur cœur d'un feu plus ardent que celui qu'ils venaient d'allumer, firent revenir ceux qui s'étaient retirés et se rallièrent avec eux. Comme ils se cachaient à la faveur de la nuit, les Espagnols ne tiraient plus si sûrement que de jour, outre que la lumière des maisons qui brûlaient leur nuisait, pendant qu'elle profitait aux aventuriers qui, à la lueur de cet embrasement, voyaient agir les Espagnols et en tuaient autant qu'il en paraissait. Le feu prit aussi à leur poudre, ce qui leur causa beaucoup de dommages ; mais les flibustiers n'avaient point encore le moyen d'entrer dans le fort.

Quelques-uns s'avisèrent de faire une brèche de cette manière : ils se coulèrent dans le fossé et, montant l'un sur l'autre jusqu'à ce qu'ils pussent atteindre à la palissade, ils y mirent le feu qui prit bien ; car dès que les pieux étaient enflammés, ils brûlaient aussi vite que les matières les plus combustibles.

Les Espagnols, s'en étant aperçus, jetèrent dans le fossé quantité de pots à feu, qui consumaient beaucoup d'aventuriers avant qu'ils pussent se retirer. D'un autre côté, les Espagnols étaient occupés à éteindre le feu qui avait pris au fort et qui augmentait toujours, quelques efforts qu'ils fissent pour en empêcher les progrès ; et par malheur il faisait un furieux vent qui portait le feu partout. La palissade brûlait aussi d'une grande force.

Cependant, les aventuriers ne perdaient rien de ce qui se passait et, pour peu qu'un Espagnol parût à la lueur du feu, ils ne manquaient pas de l'abattre. Ce succès redoubla leur courage et fit naître dans leur cœur l'espérance de prendre le fort. Le jour étant venu, les pieux de la palissade qui servaient de gabion et de parapet se trouvèrent consumés et la terre qu'ils soutenaient tomba tout d'un coup dans le fossé. Néanmoins les Espagnols ne laissèrent pas de tenir bon sans quitter la brèche qu'ils défendaient vaillamment. Leur commandant les faisait battre jusque dans le feu qui les gagnait ; et comme ils n'étaient plus couverts, tous ceux qui se présentaient à la brèche étaient tués et tombaient dans le fossé ; enfin ils furent contraints de l'abandonner.

Les aventuriers y montèrent aussitôt et furent chercher les Espagnols qui s'étaient retranchés dans quelques corps de garde où ils avaient du canon et se battaient encore. On offrit de leur donner quartier, mais ils n'en voulurent point ; le commandant même se fit tuer sans vouloir se rendre. Quelques-uns, désespérés et craignant de tomber dans les mains de leurs ennemis, se précipitèrent et finirent ainsi misérablement leur vie.

De cette manière, les aventuriers se virent inopinément maîtres du fort ; mais sans le feu, qui fut un heureux coup de hasard pour eux, ils n'auraient jamais pu l'espérer, quand même ils l'auraient attaqué avec toute leur flotte. Ils n'y trouvèrent que quatorze hommes en vie et neuf ou dix blessés, cachés dans des trous parmi les morts. Ces malheureux assurèrent qu'ils étaient le reste de trois cent quatorze hommes, et que le commandant, se voyant ruiné par le feu, avait dépêché quelques-uns des siens pour donner avis au président de Panama de ce malheur, afin qu'il se tînt sur ses gardes.

Ils ajoutèrent que, depuis six semaines, on avait reçu nouvelle de Carthagène qu'un Irlandais, pris parmi une troupe de voleurs anglais venus pour piller la rivière de la Hache, avait dit qu'il se formait une flotte considérable pour aller à Panama et que les Anglais n'étaient venus à la rivière de la Hache qu'à dessein d'avoir des vivres pour leurs vaisseaux.

Il était vrai qu'un Irlandais avait eu la lâcheté d'abandonner les aventuriers et d'aller avertir les Espagnols de leur venue ; mais il ne savait pas leur principal dessein, qui était d'attaquer Panama. Les prisonniers firent encore entendre que le président de Panama s'était fortifié sur la rivière de Chagre en cas que le fort fût pris ; qu'il y avait plusieurs embuscades d'Espagnols que les aventuriers ne pouvaient jamais éviter ; que lui-même était dans une campagne proche de Panama avec deux mille hommes d'infanterie, quatre cents hommes de cavalerie et six cents Indiens, avec deux cents mulâtres qui chassaient deux mille taureaux, destinés à rompre les troupes des aventuriers et à les tailler en pièces.

Lorsque les aventuriers se furent emparés du fort, ils songèrent à mettre leurs blessés dans un lieu où ils pussent reposer à leur aise et être pansés par les chirurgiens, qui n'avaient fait qu'appliquer un appareil à leurs blessures pour étancher le sang ; encore ne l'avaient-ils fait qu'à ceux qui en avaient de grandes. On ne trouva point de lieu plus commode que la chapelle pour les mettre. Il y en avait soixante qui ne pouvaient se lever, outre ceux qui marchaient le bras en écharpe ou la tête bandée. Ils jetèrent les Espagnols morts du haut en bas du fort, mais les cadavres des Anglais et Français furent mis dans des trous qu'on fit faire par des esclaves et par des Espagnols.

Les aventuriers firent ensuite la revue pour savoir combien d'hommes ils avaient perdus. Ils trouvèrent que le nombre des morts montait à cent dix et celui des blessés à quatre-vingts. On rétablit le fort et la brèche le mieux qu'il fut possible, afin de se mettre en défense en cas que les Espagnols vinssent pour le reprendre avant la venue de Morgan.

On y trouva quantité de munitions, tant de guerre que de bouche, que l'on mit en ordre, et on tâcha de les bien conserver parce qu'il n'y en avait pas beaucoup sur la flotte ; ensuite on fit entrer les vaisseaux dans la rivière.

Morgan, qui était demeuré sur l'île de Sainte-Catherine, quatre jours après le départ des vaisseaux dont je viens de parler, fit faire diligence aux autres qui étaient restés avec lui, et leur ordonna de s'embarquer avec leurs vivres et tous les prisonniers, qu'il partagea sur les bâtiments de la flotte chacun selon sa grandeur.

Dom Joseph Ramirez de Leiba, qui était gouverneur de cette

île au nom du roi d'Espagne et qui commandait la garnison, fut mis sur le navire de Morgan avec ses principaux officiers, leurs femmes et leurs enfants. Morgan fit aussi enclouer les canons des forts et les jeta à l'eau ; il eut soin de faire aussi brûler les affûts et les maisons de l'île, excepté l'église et les forts, auxquels on ne toucha point.

Après cette opération, la flotte leva l'ancre et fit voile vers la terre. Le lendemain, il survint un mauvais temps qui la dispersa ; mais comme tout le monde savait le rendez-vous, chacun s'y trouva, quoiqu'en temps différents : car les derniers arrivèrent quatre jours après les premiers.

Morgan avec son vaisseau étant à la vue du fort et y apercevant le pavillon du roi d'Angleterre, en conçut une telle joie, qu'il voulut entrer dans la rivière avant de reconnaître s'il n'y avait point de péril, et sans même attendre un canot qui venait au-devant de lui pour l'avertir qu'à l'entrée de cette rivière il y avait un rocher caché sous l'eau. Il ne manqua pas d'y toucher, lui et un autre vaisseau ; et, dans le temps qu'il voulait se retirer, il survint un vent du Nord, qui éleva la mer et fit crever son navire, qui échoua, sans toutefois perdre un seul homme.

Morgan, étant entré dans la rivière de Chagre avec toute sa flotte, employa les prisonniers de l'île de Sainte-Catherine à travailler au rétablissement du fort, faisant réparer tout ce que le feu avait consumé, hormis les maisons. Au contraire, il fit encore abattre plusieurs de celles qui étaient restées sur pied, de peur que ce qui était arrivé aux Espagnols n'arrivât à lui-même, c'est-à-dire qu'on ne se servît pour les brûler du même moyen qu'avaient employé les siens. Après cela il visita les vivres et les munitions de guerre, fit la revue de son monde, et commanda ceux qui devaient demeurer à la garde du fort et ceux qui devaient aller à Panama.

On avait trouvé deux petits bâtiments à fond plat, faits exprès pour naviguer sur cette rivière ; cinq ou six hommes montent dessus et poussent de fond. Morgan commanda d'y mettre quelques pièces de canon et quelques berges de fonte, avec autant de monde qu'ils pouvaient en contenir. Il en fit mettre aussi sur deux petites frégates légères, dont l'une avait quatorze pièces de canon, l'autre huit, et le reste dans des canots. Tout étant ainsi ordonné, il laissa cinq cents hommes dans le fort de Saint-Laurent, dont il donna le commandement au capitaine Maurice ; il laissa cent cinquante hommes sur les vaisseaux pour les garder et en prit avec lui treize cents des mieux armés et des plus robustes.

Les prisonniers espagnols avaient donné l'épouvante aux aventuriers en assurant que le président de Panama avait été averti près de deux mois auparavant et qu'il s'était tellement précautionné qu'il n'y avait point d'apparence de rompre ses forces et de le défaire. D'ailleurs comme il y a des superstitieux partout, il se trouva des gens parmi les aventuriers mêmes, qui tiraient mauvais augure de ce que Morgan avait perdu son navire en entrant dans la rivière de Chagre, et que tant de monde avait péri à l'attaque du fort. Ils étaient encore intimidés sur la seule réflexion des embuscades qui pourraientse rencontrer sur la rivière. Les plus courageux, au contraire, se consolaient de tout, se représentant que si les Espagnols tenaient bon, c'était une marque certaine qu'il y aurait un grand butin à faire.

CHAPITRE XXXVII

Départ de Morgan pour Panama. — Prise de cette ville.

Morgan, ayant fait une exacte revue de ceux qu'il avait choisis pour son entreprise et visité jusqu'à leurs armes et leurs munitions, les exhorta de faire voir leur courage dans cette occasion, afin de retourner à la Jamaïque couverts de gloire et riches à jamais. Alors tout le monde cria : « Vive le roi d'Angleterre et Morgan ! »

Ils commencèrent leur voyage le 18 janvier 1670. Lorsqu'ils partirent, ils ne prirent point de vivres, de peur d'incommoder ceux du fort, qui n'en avaient pas trop pour nourrir près de mille personnes qu'ils étaient, en comptant les prisonniers et les esclaves que Morgan n'avait pas voulu libérer à Sainte-Catherine, de peur que les Espagnols ne les employassent contre lui.

*Journal de la marche des aventuriers
commandés par Morgan pour Panama.*

Le jour même du départ, ils firent tant à la voile qu'à la rame, et allèrent coucher en un lieu nommé Rio de los Bruços. Ils tardèrent là quelque temps, parce que, de nuit, ils ne pouvaient pas aller plus loin et qu'il y avait des habitations, où ils croyaient trouver des vivres ; mais ils furent trompés dans leur attente, car les Espagnols avaient tout ruiné. Ils avaient arraché jusqu'aux, racines et coupé même les fruits qui n'étaient pas encore mûrs, sans laisser de bestiaux, en sorte que les aventuriers ne trouvèrent que les maisons vides : celles-ci cependant ne laissèrent pas de leur servir pour coucher, car ils étaient si serrés, dans leurs vaisseaux qu'ils ne pouvaient pas même s'asseoir. Ils furent obligés de se contenter, ce soir-là, d'une pipe de tabac, quoique cela ne les inquiétât pas pour cette première fois.

Le dix-neuvième du mois et le deuxième de la marche, les aventuriers se préparèrent dès la pointe du jour à avancer ; et sur le midi, ils se trouvèrent en un lieu nommé la Cruz de Juan Galliego. En cet endroit ils furent obligés de laisser leurs frégates légères, tant parce que la rivière était basse que parce qu'un assez grand nombre d'arbres, qui étaient tombés dedans et qui l'embarrassaient, auraient trop donné de peine et fait perdre trop de temps à les retirer.

Les guides assurèrent qu'à trois lieues de là, on pouvait marcher les uns le long de la rivière et les autres dans les canots. Cependant il fallut faire le trajet en deux fois ; car les canots qui étaient pleins de monde allèrent se décharger au lieu dont je viens de parler, afin devenir quérir ceux qui étaient dans les frégates. On leur donna ordre de demeurer là deux ou trois jours, à dessein que si on trouvait les Espagnols trop forts et qu'on fût obligé de se retirer, on pût se réfugier en cet endroit et, par le moyen du canon, les repousser et les défaire.

On fit aussi défense à ceux qu'on avait laissés sur les bâtiments d'aller à terre, de peur d'être surpris dans le bois et d'être faits prisonniers ; ce qui aurait découvert aux Espagnols le peu de forces qu'avaient les aventuriers.

Le 20, qui était le troisième de la marche, dès le matin Morgan envoya un des guides avec quelques aventuriers pour découvrir le chemin ; mais lorsqu'ils entrèrent dans le bois, ils ne trouvèrent ni route ni aucun moyen de s'en faire une, parce que le pays était inondé et marécageux ; en sorte que Morgan fut encore contraint de passer son monde à deux reprises, jusqu'à un lieu nommé Cedro Bueno.

La faim qui pressait les aventuriers leur fit souhaiter ardemment de rencontrer bientôt les Espagnols ; car ils commençaient à devenir faibles, n'ayant point mangé depuis leur départ, faute de rien tirer, pas même du gibier. Quelques-uns mangeaient des feuilles d'arbres ; mais toutes n'étaient pas bonnes pour la nourriture. Il était nuit avant que tout le monde fût passé ; il fallut coucher sur le bord de la rivière avec beaucoup d'incommodités : car les nuits sont froides et les aventuriers étaient peu vêtus.

Le 21, qui était le quatrième de la marche, les aventuriers trouvèrent le moyen d'avancer : une partie allait par terre et l'autre dans des canots par eau, avec chacun un guide. Ces guides marchaient à deux portées de mousquet avec vingt ou trente hommes, pour découvrir les embuscades des Espagnols ; ils pensaient réussir à surprendre quelques prisonniers pour connaître les forces adverses. Mais les espions espagnols étaient plus fins que ceux des aventuriers ; et comme ils savaient très bien les chemins, ils avertissaient de ce qui se passait, une demi-journée avant que les aventuriers dussent arriver.

Vers le midi, les deux canots qui ramaient devant, rebroussèrent chemin et firent savoir qu'ils avaient découvert une embuscade. Chacun prépara ses armes avec une joie inconcevable, croyant trouver de quoi manger ; car les Espagnols ont soin, quelque part qu'ils aillent, d'être bien fournis de vivres. Quand ils furent à la vue de cette embuscade, ils commencèrent à faire des cris épouvantables et à courir, c'était à qui irait le premier ; mais ils demeurèrent plus morts que vifs, trouvant la place abandonnée.

Les Espagnols à la vérité s'y étaient retranchés ; mais ayant appris de leurs espions que les aventuriers venaient en grand nombre, ils crurent que la place n'était point tenable et laissèrent là leurs retranchements qui pouvaient contenir quatre cents hommes. C'était exactement une forte palissade en forme de demi-lune, dont les pieux étaient formés d'arbres entiers et fort gros.

En partant, ils avaient emporté leurs vivres et brûlé ce qu'ils n'avaient pu emporter. On trouva quelques canastres, qui sont des coffres de cuir qui servirent beaucoup à ceux qui s'en saisirent les premiers, car ils les coupèrent en pièces afin de les manger ; mais ils n'eurent pas le temps de les préparer, étant obligés de suivre leur route.

Morgan, voyant qu'il ne trouvait point de vivres, avança tant qu'il put dans l'espérance d'en trouver pour lui et pour ses gens. Ils marchèrent le reste du jour et arrivèrent le soir à Torna Muni, où ils rencontrèrent encore une embuscade, mais abandonnée comme l'autre. Ces deux embuscades leur avaient donné une fausse joie, au lieu de fausse alarme ; car ils n'aspiraient qu'à trouver de la résistance.

Ayant donc passé outre, ils avancèrent dans le bois plus qu'ils n'avaient fait, et suivirent moins la rivière où ils ne trouvaient pas de vivres ; mais ce fut en vain, car en quelque lieu que ce fût où il y avait la moindre chose, les Espagnols détruisaient tout, de peur que les aventuriers n'en profitassent. Ils croyaient les obliger par là à retourner à leurs vaisseaux : ce qui leur aurait été bien inutile, puisqu'ils n'avaient pas plus de vivres d'un côté que de l'autre.

Il fallut néanmoins se reposer ; car, la nuit étant venue, on ne pouvait plus marcher dans le bois. Ceux qui avaient encore quelques morceaux de canastre soupèrent, mais ceux qui n'en avaient point ne mangèrent rien : Ces canastres ne sont pas de cuir tanné ; ce sont des peaux de bœuf séchées, et on en fait ces canastres qui ressemblent à nos mannequins. Ceux qui ont toujours vécu de pain à leur aise ne croiraient pas qu'on pût manger du cuir et seront curieux de savoir comment on l'accommode pour le manger.

Je dirai donc que nos aventuriers le mettaient tremper dans l'eau, le battaient entre deux pierres et, après en avoir gratté le poil avec leurs couteaux, le mettaient rôtir sur le feu et l'avalaient haché en petits morceaux. Je puis assurer qu'un homme pourrait vivre de cela, mais j'ai peine à croire qu'il en devînt bien gras.

Le 22 qui était le cinquième de la marche, dès le matin, les aventuriers continuèrent leur chemin ; ils arrivèrent sur le midi à Barbacoa, où ils trouvèrent encore des barricades abandonnées sans vivres. Mais comme il y avait en ce lieu plusieurs habitations, les aventuriers, à force de chercher, trouvèrent deux sacs de farine enfouis en terre, avec quelques fruits qu'on nomme plantanos. Ces deux sacs de farine furent apportés à Morgan, qui les fit distribuer à ceux qui avaient le plus de besoin de nourriture, parce qu'il n'y en avait pas assez pour tout le monde.

Ceux qui en eurent la délayèrent avec de l'eau et en firent une pâte sans levain qu'ils coupèrent en morceaux et qu'ils enveloppèrent dans des feuilles de bananiers pour les faire cuire, les uns sous la braise, les autres dans l'eau. Ils appelaient ces morceaux de pâte ainsi cuite, des pouplains.

Après ce repas, ils reprirent leur marche ; ceux qui étaient fatigués de la faim et du chemin se mirent dans les canots sur la rivière, les autres marchèrent par terre jusqu'à un lieu nommé Tabernillas, où il y avait quelques habitations abandonnées et dégradées comme les premières, où ils couchèrent.

Le lendemain 23, qui était le sixième de la marche, ils continuèrent leur route ; mais ils se reposèrent souvent, car la faiblesse les empêchait d'avancer. Pendant qu'ils faisaient halte, ils allaient dans les bois chercher quelques graines d'arbres pour manger.

Ce même jour, ils arrivèrent sur le midi à une habitation un peu écartée du chemin, qu'ils trouvèrent pleine de maïs encore en épi. Il fallait les voir se jeter dessus et le manger tel qu'il était ; car la précipitation de leur marche ne leur donnait pas le temps de le faire cuire et la faim encore moins.

Fort peu de temps après, ils aperçurent quelques Indiens qui marchaient devant eux ; ils les poursuivirent dans l'espérance de rencontrer quelque embuscade d'Espagnols. Ceux qui avaient du maïs le jetèrent pour n'être point embarrassés à courir ; ils tirèrent sur les Indiens, en tuèrent quelques-uns et poursuivirent les autres jusqu'à Santa-Cruz. Les Indiens y passèrent la rivière, et échappèrent ainsi aux aventuriers, en leur criant de loin, pendant que ceux-ci passaient aussi la rivière à la nage : « *Ah ! Perros Inglezes, à la Savana, à la Savana, ally nos veremos* », c'est-à-dire : « Ah ! Chiens d'Anglais, venez à la prairie, nous vous y attendons. »

Les aventuriers avaient ainsi passé la rivière parce que leurs canots n'allaient pas si vite qu'eux et que la rivière serpente en cet endroit. La nuit les surprit ; ils furent obligés de coucher là, pour reprendre des forces et pour se préparer à se battre : car la rencontre des Indiens leur fit juger qu'ils ne marcheraient plus guère sans trouver de la résistance.

Le lendemain 24, qui était le septième jour du départ, ils firent une décharge générale de leurs armes, les nettoyèrent et les rechargèrent, croyant en avoir bientôt besoin. Après quoi ils passèrent la rivière, marchèrent jusqu'à midi et arrivèrent à la vue du bourg nommé Cruz, où ils virent s'élever une grande fumée ; ils crurent que les Espagnols, étant retranchés, brûlaient quelques maisons qui pouvaient leur nuire, et ils en sautèrent de joie. Quelques-uns dirent en riant que les Espagnols faisaient rôtir la viande pour les régaler.

Deux heures après, ils arrivèrent au bourg de Cruz, qu'ils trouvèrent en feu, sans y voir une seule personne. Les Indiens qu'ils avaient poursuivis étaient les auteurs de cet incendie, qui consuma tout, excepté les magasins du roi et les écuries. On avait même chassé toutes les bêtes qui étaient aux environs, dans l'espérance que les aventuriers seraient obligés de retourner sur leurs pas, faute de vivres.

Ce bourg est la dernière place où la rivière est navigable ; c'est là qu'on apporte la marchandise de Chagre, pour la transporter par terre sur des mulets jusqu'à Panama, qui n'est éloignée que de huit lieues de ce bourg : c'est pourquoi il y a de fort beaux magasins et de belles écuries. Les aventuriers résolurent d'y demeurer le reste du jour, afin de se reposer et de chercher de quoi vivre. On fit défense à tous de s'écarter du bourg, à moins qu'on ne formât un parti de cent hommes, dans la crainte que l'on avait que les Espagnols ne prissent quelqu'un. Cette défense n'empêcha pourtant pas cinq ou six Anglais de sortir pour chercher des fruits dans une habitation. Il y en eut un de pris par des Indiens qui fondirent sur eux.

On trouva dans un des magasins du roi quelques barils de vin du Pérou et un grand mannequin de biscuit. Morgan, de peur que ses gens ne s'enivrassent, fit courir le bruit que les Espagnols avaient empoisonné ce vin. Quelques-uns qui en avaient déjà bu, ayant l'estomac vide et affaibli par la diète, vomirent : ce qui fit croire que cela était vrai. Il ne fut pourtant pas perdu ; car il y en avait entre eux qui ne purent s'empêcher d'en boire, quoiqu'ils le crussent empoisonné.

Pendant que les plus actifs cherchaient de quoi vivre, ceux qui étaient dans le bourg préféraient le repos ; ils se contentaient de tuer les chiens et les chats et les mangeaient avec un peu de maïs qu'ils avaient apporté. Les canots qui se trouvaient inutiles, parce qu'ils ne pouvaient monter plus avant, furent renvoyés avec soixante hommes, ayant ordre de demeurer sur la rivière où étaient les navires. On cacha seulement un canot sous des broussailles, en cas que tout à coup on en eût besoin pour avertir les autres.

Le lendemain 25, huitième jour de la marche, dès que l'aurore parut, Morgan fit la revue de son monde, et trouva qu'il avait onze cents hommes, tous capables de combattre et bien résolus de le suivre. Il leur fit dire que cet homme qu'on avait cru pris le jour précédent par les Indiens, était revenu, s'étant seulement écarté dans le bois. Il en usa ainsi, de peur qu'ils ne crussent que cet homme n'eût découvert leur dessein et que cela ne leur fit perdre courage.

Dans ce même temps, il choisit deux cents hommes pour servir d'enfants perdus et marcher devant, afin d'investir les ennemis et que le gros ne fût point surpris, particulièrement dans le chemin qu'ils avaient à faire de Cruz à Panama et qui, en plusieurs endroits, était si étroit qu'on n'y pouvait passer que deux hommes de front. Ces deux cents hommes étaient des mieux armés et des plus adroits de l'Europe, et il est certain que deux cents de ces gens-là valent mieux que six cents autres.

Morgan fit du reste un corps de bataille, une avant-garde et une arrière-garde et, en cas de combat, une aile droite et une aile gauche, avec des gens de réserve qui marchaient toujours au milieu. En avançant, l'aile droite avait l'avant-garde et en revenant c'était l'aile gauche. Voilà l'ordre que Morgan tint dans sa marche depuis Cruz jusqu'à Panama.

Sur les dix heures, il arriva à Quebrada Obscura, qui veut dire crique obscure. Ce lieu n'est pas mal nommé, car le soleil ne l'éclaire jamais. Les aventuriers furent assaillis d'une pluie de flèches, qui leur tua huit ou dix hommes et en blessa autant. Ils se mirent en défense, mais ils ne savaient à qui ils avaient affaire ; ne voyant que des rochers, des arbres et des précipices ; ils tirèrent à tout hasard, sans savoir où.

Cette décharge ne laissa pas de faire effet ; car on vit tomber deux Indiens dans le chemin. L'un d'eux se releva tout en sang et voulut pousser une flèche qu'il tenait en main dans le corps d'un

Anglais, mais un autre para le coup et acheva de le tuer. Cet homme avait la mine d'être le commandant de cette embuscade, qui apparemment n'était que d'Indiens, car on ne vit que des flèches. Il avait sur la tête un bonnet de plumes de toutes sortes de couleurs, réunies en forme de couronne.

Quand les Indiens virent que cet homme leur manquait, ils lâchèrent pied et, depuis sa mort, on ne tira plus une flèche. On trouva encore deux ou trois Indiens dans le chemin, mais ils n'étaient plus en vie. Il est vrai que ce lieu était fort commode pour une embuscade ; car cent hommes résolus eussent pu empêcher le passage aux aventuriers et les défaire tous, s'ils eussent voulu s'opiniâtrer ; mais comme ces Indiens étaient sans conduite et peu aguerris, dès les premiers qu'ils virent tomber des leurs, ils se crurent perdus. De plus, ils avaient tiré toutes leurs flèches sans règle ni mesure, et les arbres et les broussailles, au travers desquels ils les lançaient, en avaient rompu la force et empêché le coup. C'est pour cette raison que les aventuriers en furent peu incommodés ; ils ne s'amusèrent pas plus longtemps à regarder d'où les flèches venaient, mais ils tâchèrent de se tirer promptement de ce mauvais chemin et de gagner le plat pays, d'où ils pussent découvrir leurs ennemis. Il y avait eu autrefois une montagne à cet endroit : on l'avait taillée pour abréger le chemin et pour faire passer plus facilement les mulets chargés.

Au sortir de là, les aventuriers entrèrent dans une grande prairie, où ils se reposèrent un peu et pansèrent ceux qui avaient été blessés à l'embuscade. Les Indiens parurent à une demi-lieue de là sur une éminence où il n'y avait point d'arbre et qui était près du grand chemin par où les aventuriers devaient passer. Morgan détacha cinquante hommes qui allèrent par derrière, afin d'en surprendre quelqu'un et savoir des nouvelles des Espagnols ; mais ce fut vainement, car ces gens savaient les détours et disparaissaient toujours sans les quitter de vue ; tantôt ils étaient devant et tantôt derrière.

Deux heures après, on les vit encore à deux portées de

mousquet sur l'éminence où ils avaient déjà paru, tandis que les aventuriers étaient sur une autre vis-à-vis. Entre ces deux éminences il y avait un grand vallonnement de bois de haute futaie, où les aventuriers croyaient qu'ils avaient une embuscade, parce que les Indiens y descendaient. Cependant il n'y en avait point : les Indiens ne descendaient que pour se cacher à la vue des aventuriers et pour prendre un autre chemin, et ils voltigaient autour d'eux afin d'en prendre quelqu'un. Bien souvent ils leur criaient : « À la prairie, à la prairie, chiens d'Anglais ! »

Ce même soir, les aventuriers furent obligés de camper de bonne heure, parce qu'il commençait à pleuvoir. Ils eurent de la peine à trouver de quoi se loger et se nourrir, car les Espagnols avaient tout brûlé et chassé le bétail ; en sorte qu'ils furent contraints de s'écarter du chemin pour chercher de quoi vivre. Ils trouvèrent à une lieue du grand chemin une halte dont les maisons n'étaient pas brûlées ; mais il n'y avait pas assez de maisons pour loger tout le monde. On s'en servit donc pour garantir les munitions et les armes de la pluie, et on ordonna que des hommes de chaque compagnie entreraient dans les maisons pour garder les armes, afin qu'en cas d'alarme chacun pût les retrouver.

Ceux qui étaient dehors firent des baraques, qu'ils couvrirent d'herbes pour dormir un peu la nuit. Pendant ce temps-là, on posa des sentinelles avancées et on fit bonne garde ; car on craignait les Indiens et les Espagnols, dont les lances pendant la pluie ne laissent pas de faire un grand effet, lorsque les armes à feu sont inutiles.

Le lendemain 26, neuvième jour de la marche, Morgan commanda qu'on déchargeât les armes à cause de la pluie, de peur qu'elles ne manquassent dans le besoin ; et lorsqu'elles furent déchargées, les aventuriers reprirent leur marche. Ils avaient un très mauvais chemin à faire : ce n'était que des prairies et du pays découvert où il n'y avait point de bois qui pût les garantir de l'ardeur du soleil.

La troupe d'Indiens du jour précédent parut encore et ne cessa de les observer. Tantôt, comme on l'a dit, ils étaient devant et tantôt derrière. Morgan, à qui il importait beaucoup d'avoir un prisonnier, détacha cinquante hommes pour cela et promit, à celui qui en prendrait un, trois cents écus outre sa part ordinaire.

À midi, les aventuriers montèrent sur une petite montagne d'où ils découvrirent la mer du Sud et un grand navire accompagné de cinq barques, qui partaient de Panama pour aller aux îles de Taroga et Tarogilla, qui n'en sont éloignées que de trois ou quatre lieues. Ils se réjouirent à cette vue, espérant que leur fatigue serait bientôt terminée. Leur joie augmenta encore lorsque, descendant de cette montagne, ils se trouvèrent dans une vallée où il y avait une prairie pleine de bétail que plusieurs Espagnols à cheval chassaient. Mais apercevant les aventuriers, ils abandonnèrent ces animaux et s'enfuirent.

C'était un plaisir de voir les flibustiers fondre sur ces bêtes : l'un tuait un cheval, l'autre une vache, celui-ci une mule, celui-là un âne ; enfin chacun abattait ce qui se présentait à lui. Pendant qu'une partie était à la chasse, l'autre allumait du feu pour faire rôtir la viande. Dès qu'on en apportait, chacun en coupait à la hâte un morceau qu'il faisait griller sur la flamme pour le manger tout de suite. Mais à peine avaient-ils commencé ce repas que Morgan fit donner une fausse alarme.

Tout le monde fut aussitôt sous les armes et prêt à donner. Il fallut donc marcher ; chacun se saisit néanmoins de quelque morceau de viande à demi-rôtie ou toute crue, qu'il porta en bandoulière. Il est vrai qu'en cet état, les flibustiers étaient capables, à leur seul aspect, d'épouvanter les plus hardis ; car, en guerre aussi bien qu'en amour, on sait que les yeux sont les premiers vaincus. Ils marchèrent ainsi jusqu'au soir, et campèrent alors sur une petite éminence, d'où ils aperçurent les tours de la ville de Panama.

À cette vue, ils poussèrent trois fois des cris de joie. Deux cents des ennemis parurent à la portée du mousquet et se mirent à leur répondre.

Quelques aventuriers s'approchèrent pour les saluer de leur fusil ; mais ils s'enfuirent en criant : « *Manama, manama, perros a la Savana* », ce qui veut dire : « Demain, demain, chiens que vous êtes, nous vous verrons à la prairie. »

De cette petite éminence où Morgan avait fait camper ses gens, on découvrait tout autour les Espagnols. Il y avait encore plus de deux heures de soleil, mais il ne voulut point passer outre, afin d'avoir un jour entier pour le combat, résolu de le commencer le lendemain de grand matin. Il fit battre les tambours, jouer les trompettes et déployer les drapeaux. Les Espagnols en firent autant de leur côté ; il parut plusieurs compagnies d'infanterie et quantité d'escadrons de cavalerie autour des aventuriers.

Ces petits préliminaires durèrent jusqu'à l'entrée de la nuit, pendant laquelle Morgan fit faire bonne garde et doubler les sentinelles. Il faisait donner de temps en temps de fausses alarmes, afin de tenir ses gens en haleine ; ceux-ci étaient dans une joie extrême, espérant faire grand'chère le lendemain.

Cependant, ceux qui avaient encore de la viande ne laissèrent pas de la manger telle qu'elle était, car il ne fut permis d'allumer du feu que pour fumer. Chacun avait son ordre particulier en cas d'attaque nocturne des ennemis et, après cela, reposa qui put, car les Espagnols tirèrent toute la nuit du canon.

Le lendemain 27, dixième et dernier jour de la marche, les Espagnols firent battre la diane les premiers. Morgan leur répondit et, dès l'aube, on vit paraître autour de son armée plusieurs petits escadrons de cavalerie qui venaient l'observer. Morgan commanda à ses gens de se préparer au combat, et, à ce moment, un des guides leur donna avis de ne pas suivre le grand chemin, parce que les Espagnols y pouvaient être retranchés et faire bien du carnage.

On trouva cet avis à propos, et on laissa le grand chemin à droite en défilant dans un petit bois, sur un chemin si mauvais qu'il fallait être aventurier pour se résoudre à y passer. Après deux heures de marche, ils arrivèrent sur une petite éminence, d'où ils découvrirent l'armée espagnole, qui était très belle et qui marchait en bon ordre. La cavalerie était aussi leste que quand elle va au combat des taureaux. L'infanterie ne lui cédait en rien ; on ne voyait que des habits de soie de toutes couleurs qui éblouissaient par la réflexion des rayons du soleil.

Les aventuriers, à cette vue, poussèrent trois cris qui auraient épouvanté les hommes les plus hardis. Les Espagnols en firent autant de leur côté, et les deux partis s'avancèrent les uns contre les autres.

Quand on fut prêt à donner, Morgan fit ranger son armée en bataille, mais seulement pour la forme, car il est impossible d'obliger ces gens-là à garder leur rang, comme on fait en Europe. Les deux cents enfants-perdus allèrent s'opposer à la cavalerie qui espérait fondre sur les aventuriers avec deux mille taureaux furieux que les Espagnols chassaient de l'autre côté. Mais leur dessein fut rompu, non seulement parce qu'ils rencontrèrent un lieu marécageux où les chevaux ne voulurent point passer, mais encore parce que les enfants-perdus les prévinrent, et qu'ayant mis un genou en terre, ils firent une furieuse décharge sur eux : la moitié tirait, pendant que l'autre chargeait ; et le feu ne discontinuait point.

Le combat dura au moins deux heures et la cavalerie fut défaite. à peine cinquante hommes purent-ils s'enfuir. L'infanterie voulut avancer, mais lorsqu'elle vit cette défaite, elle tira seulement, puis jeta les armes et s'enfuit en défilant à côté d'une petite montagne hors de la vue des aventuriers.

Quand la cavalerie fut défaite, les taureaux ne servirent plus de rien ; ceux qui les conduisaient n'en pouvaient plus être les maîtres. Les aventuriers, s'apercevant de leur embarras, envoyèrent contre ces animaux quelques fusiliers qui firent voltiger leurs drapeaux devant eux avec des cris terribles, de sorte que ces taureaux furent épouvantés et coururent d'une telle sorte que ceux qui les conduisaient furent également contraints et fort aises de se retirer.

Lorsque les aventuriers virent que les Espagnols ne se ralliaient point et qu'ils fuyaient çà et là par petites troupes, ils donnèrent dessus et en tuèrent une grande partie. Quelques cordeliers, qui étaient dans cette armée, furent amenés à Morgan ; il les fit mourir sur l'heure.

On trouva aussi parmi les morts un capitaine de cavalerie qui n'était que blessé ; on l'amena à Morgan qui défendit de faire plus de prisonniers, disant qu'ils ne feraient qu'embarrasser jusqu'à ce qu'on fût maître de tout. Il interrogea ce capitaine sur les forces qu'il y avait dans la ville. Il répondit que tout le monde en était sorti, au nombre de deux mille fantassins et de quatre cents cavaliers avec six cents Indiens et deux mille taureaux ; que depuis quinze jours ces gens couchaient dehors dans la prairie ; qu'on avait abandonné la ville, ayant envoyé les femmes et les richesses aux îles de Taroga ; qu'on avait laissé dans la ville cent hommes avec vingt-huit pièces de canon braquées sur les avenues de la place et les principales rues. Il ajouta que les lieux où étaient ces canons étaient gabionés avec des sacs de farine de la hauteur d'un homme. Il donna aussi avis qu'on ne prît pas le chemin de Cruz, parce que, disait-il, on trouverait, à l'entrée de la ville, une redoute avec huit pièces de bronze, qui feraient bien du fracas.

Morgan, ayant appris ces nouvelles, rassembla ses gens et leur représenta que si on donnait le loisir aux Espagnols de se rallier dans la ville, on ne pourrait plus la prendre ; qu'il fallait marcher promptement pour y être aussitôt qu'eux et leur barrer l'entrée. Il fit la revue, et on trouva qu'il n'y avait que deux flibustiers de morts et deux de blessés.

Morgan s'avança donc vers la ville, exhortant ses gens à ne se pas abandonner les uns les autres, mais à combattre courageusement comme ils avaient déjà fait, sans leur déguiser toutefois que ce second combat ne serait pas si facile que le premier. Les aventuriers, conduits par le capitaine de la cavalerie espagnole qu'ils avaient fait prisonnier, marchèrent par le chemin de Porto Bello, où il n'y avait aucun péril. Etant entrés dans la ville, et voyant qu'il n'y avait personne, ils coururent l'un d'un côté, l'autre de l'autre, sans songer à l'avis qu'on leur avait donné d'éviter les canons qui étaient dans la grande place. Quelques-uns s'y exposèrent en poursuivant deux ou trois hommes qu'ils avaient vu fuir.

Aussitôt on tira le canon, qui en blessa vingt-cinq ou trente et en tua bien autant ; mais il n'y eut que cette décharge, car, à l'instant, les aventuriers fondirent sur les canonniers et passèrent au fil de l'épée ceux qu'ils trouvèrent dans la ville. Dès que Morgan se vit maître de Panama, il fit assembler son monde et défendit de boire du vin, assurant que les prisonniers espagnols l'avaient averti qu'il y en avait beaucoup d'empoisonné. Cela n'était pas vrai, mais Morgan voulait empêcher ses gens de s'enivrer, ce qu'ils auraient fait sans cette appréhension.

CHAPITRE XXXVIII

Morgan envoie ses gens en course, fait brûler Panama et retourne à Chagre.

Morgan, après avoir donné ces ordres et distribué ses gens dans des quartiers différents, fit équiper une barque qui était demeurée dans le port, remplie de marchandises et de hardes que les Espagnols voulaient sauver ; mais ils n'en avaient pas eu le temps, parce que la mer avait baissé avant que leur barque fût chargée, et, ne croyant pas que les aventuriers entrassent si tôt dans la ville, ils attendaient la première marée pour sortir. Mais ils furent prévenus, car Morgan la fit au plus tôt décharger pour y embarquer vingt-cinq hommes bien armés avec un guide espagnol. Il donna le commandement de cette barque à un capitaine anglais et demeura dans Panama.

Avant que cette ville ne fût brûlée, elle était située sur le rivage de la mer du Sud, dans l'isthme du même nom ; on la voyait alors ouverte de toutes parts et sans murailles, n'ayant pour toute forteresse que deux redoutes : l'une sur le bord de la mer avec six pièces de canon de fonte, l'autre vers le chemin de Cruz, sur laquelle il y avait huit pièces de canon de bronze. Elle pouvait contenir six à sept mille maisons, toutes bâties de bois de cèdre ; on en voyait quelques-unes en pierre, mais en petit nombre. Les rues étaient belles, larges, et les maisons également bâties. Il y avait huit monastères, tant d'hommes que de femmes, une église épiscopale, une paroissiale et un hôpital administré par des filles religieuses.

C'était en cette ville que venaient les marchandises du Pérou : il arrivait tous les ans une flotte de ce pays, chargée de barres d'or et d'argent pour le roi et pour les marchands. Quand elle s'en retournait, elle chargeait les marchandises qui étaient à Panama pour les royaumes du Pérou et du Chili, avec les nègres que les Génois envoient en ces lieux pour travailler aux mines de ces deux royaumes. Il y avait plus de deux mille mulets entretenus toute l'année et employés à porter l'or et l'argent qui venaient du Pérou vers cette ville pour être embarqués à Porto Bello sur les galions du roi d'Espagne. Cette ville était environnée de très beaux jardinages et de maisons de plaisance qui appartenaient aux plus riches marchands des Indes du roi d'Espagne. Elle était gouvernée par un président qui était aussi capitaine général du royaume de terre ferme, et dont l'autorité s'étendait encore sur les villes de Porto Bello, de Nata et sur les bourgs de Cruz, Penonome, Capira et Veragua, tous peuplés par les Espagnols.

Ce royaume est un des meilleurs des Indes, tant pour la bonté de son climat que pour la fertilité de ses contrées qui sont riches en mines de toute sorte de métaux et de bois à bâtir des navires dont on pourrait peupler les deux mers du Sud et du Nord ; sans compter la fertilité du terroir qui produit toutes les choses nécessaires à la vie. Les Espagnols y nourrissent une très grande quantité de bétail et ils tirent des cuirs seuls un profit considérable.

Voilà ce qui se peut dire en général de l'isthme et de la ville de Panama qui fut brûlée par les aventuriers en l'an 1670 et rebâtie par les Espagnols en un lieu plus commode que celui où était l'ancienne, parce que le port en est meilleur et l'eau douce en plus grande quantité, étant sur le bord d'une rivière qui se décharge dans la mer du Sud et qui peut donner entrée à plusieurs beaux vaisseaux. Cette rivière est nommée par les Espagnols Rio Grande ; elle est d'une grande étendue.

La barque que Morgan avait envoyée sur la mer du Sud, ne fut pas plutôt partie que les aventuriers visitèrent la ville de Panama et fouillèrent les maisons les plus apparentes. Ils trouvèrent quantité de magasins pleins de marchandises que les Espagnols avaient laissées, n'ayant pas assez de vaisseaux pour les embarquer, ni assez de temps pour les emporter quoiqu'ils eussent eu un mois entier pour cela. Ceux qui n'avaient pas le crédit de les mettre dans des vaisseaux pour les sauver par mer, voie la plus sûre, les emmenaient par terre avec des mulets.

Il y avait encore beaucoup d'autres magasins, les uns pleins de farine, les autres d'instruments de fer destinés au Pérou, où ce métal vaut huit piastres la robe, qui est un poids espagnol pesant vingt-cinq livres. Ces instruments consistaient en houes, haches, enclumes, socs de charrue, et généralement tous ceux qui servent aux mines d'or et d'argent. Il y avait aussi quantité de vin, d'huile d'olive et d'épices : en un mot tout ce qu'on pouvait rencontrer dans une des plus fameuses villes d'Europe.

Morgan, qui craignait que les Espagnols ne le vinssent surprendre la nuit, fit mettre le feu subtilement le soir à quelques maisons écartées et fit courir le bruit parmi les prisonniers, et parmi ses gens mêmes, que les Espagnols étaient les auteurs de cet incendie qui gagna tellement qu'avant la nuit, la ville était à moitié brûlée. Il y eut quantité d'esclaves et d'animaux qui périrent dans cet embrasement. Le lendemain, elle se trouva entièrement consumée, excepté la maison du président qui, étant un peu éloignée, n'eut aucun dommage, outre un petit coin, où il resta cinq ou six cents maisons de muletiers et deux cloîtres.

Les aventuriers couchèrent cette nuit hors de la ville, de peur que les Espagnols ne les vinssent attaquer, et, le matin, Morgan détacha six hommes par compagnie, dont il fit un corps. Il envoya à Chagre annoncer la victoire qu'il avait remportée et voir si les gens qu'il avait laissés au fort, n'avaient besoin de rien. Il fit encore deux détachements de même force pour aller en parti ; ces trois corps faisaient chacun cent quatre-vingts hommes. Morgan employa les autres à mener les canons, dont les affûts n'étaient pas brûlés ; il les fit placer autour de l'église des Pères de la Trinité et s'y retrancha, en cas d'attaque. On y mit les blessés avec les prisonniers qu'on tint en deux lieux séparés.

La barque que Morgan avait envoyée sur mer revint avec trois autres chargées de pillage et de prisonniers ; mais ils avaient manqué la plus belle prise du monde. Le soir de leur départ ils arrivèrent à une des petites îles qui sont devant Panama ; ils y prirent la chaloupe d'un vaisseau du roi d'Espagne de quatre cents tonneaux. Il y avait dans cette chaloupe sept hommes qui dirent aux aventuriers que l'argent du roi était dans ce vaisseau ainsi que les trésors des églises de Panama, la plupart des religieux et religieuses et les femmes des plus fameux marchands de Panama avec leurs pierreries et leurs richesses ; si bien que ce bâtiment n'avait aucun lest ni aucune des autres choses que l'on a coutume de mettre au fond du vaisseau pour servir d'équilibre. C'était tout l'or et l'argent de Panama qui servaient à cet usage. Ils ajoutèrent que ce vaisseau n'était monté que de six pièces de canon avec peu d'hommes et beaucoup d'enfants, qui ne craignaient rien, ne croyant pas que les aventuriers eussent des bâtiments pour venir sur cette mer.

Le capitaine Chart, qui commandait ces aventuriers, crut que le navire ne pouvait lui échapper, parce qu'il en avait pris la chaloupe et que le navire même n'avait point d'eau. Comme il était tard, il ne fit aucune diligence et il s'imagina qu'il pouvait attendre jusqu'au lendemain matin. Ses gens et lui passèrent la nuit à boire et à se divertir avec les femmes espagnoles qu'ils avaient prises sur les petites îles.

Le lendemain matin, il pensa à poursuivre sa proie, mais le navire, voyant que sa chaloupe ne revenait point et s'étant douté qu'elle était prise, avait levé l'ancre et pris la fuite. Les aventuriers, s'en étant aperçus, jugèrent qu'il amasserait des forces et qu'ils ne seraient pas assez de monde pour le prendre. Ils en allèrent quérir à Panama, où ils arrivèrent le soir avec les trois barques qu'ils avaient prises.

Morgan, ayant entendu ce qui s'était passé, les renvoya dans de plus grandes barques suffisamment remplies de gens. Les prisonniers de la chaloupe dirent que le navire n'était pas en état de faire voile, faute d'eau, de vivres, de cordages et d'agrès ; mais qu'il pouvait aussi s'être retiré quelque part et mis en état de se défendre, après avoir débarqué les femmes et les enfants qui ne faisaient qu'embarrasser.

Ceci me donne lieu de faire une réflexion. Comme les aventuriers jettent la terreur partout où ils passent, on voit souvent que les Espagnols se croient vaincus avant de combattre, et qu'ils semblent ne se défendre que pour avoir le temps de sauver leurs biens ; en sorte que si les aventuriers, dans leurs entreprises comme celle dont il s'agit, menaient assez de monde pour en disperser sur terre et sur mer, tout ce que l'on voudrait sauver sur l'un et sur l'autre élément, tomberait infailliblement entre leurs mains ; rien ne leur échapperait, leurs gains seraient prodigieux et la perte des Espagnols inestimable.

Les deux partis que Morgan avait envoyés à la campagne depuis deux jours revinrent avec plus de cent mulets, chargés de butin et d'argent et plus de deux cents prisonniers que l'on mit dans l'église, dont les aventuriers avaient fait un corps de garde. On leur donna la gêne dès qu'ils furent arrivés ; aucun n'en fut exempt et plusieurs l'eurent si fort qu'ils en moururent. Les aventuriers ne se souciaient pas de leur mort, car ils ne leur étaient qu'à charge, la plus grande partie des vivres ayant été brûlée avec la ville.

L'autre parti, qu'on avait envoyé à Chagre, rapporta la nouvelle que tout y était en bon état ; que le commandant du château avait envoyé deux petits vaisseaux croiser devant la rivière, afin de découvrir le secours qui pourrait venir aux Espagnols ; que ces deux bâtiments avaient donné la chasse à un navire de la même nation, qui, se voyant pressé, était venu se réfugier dans la rivière de Chagre ; que ceux du fort, le voyant venir avec le pavillon espagnol, n'avaient pas manqué d'arborer le pavillon espagnol et de faire paraître quelques Espagnols, si bien que ce navire, croyant éviter un malheur, était tombé dans un autre, car on s'en était emparé. Ce bâtiment venait de Carthagène, chargé de maïs, d'autres vivres et de quelques émeraudes.

Ces bons succès déterminèrent Morgan à demeurer à Panama plus longtemps qu'il n'aurait fait. Il attendit avec tranquillité les barques qui étaient allées après le grand navire, mais elles revinrent sans l'avoir trouvé. Ils ramenèrent quelques barques chargées de pillage, d'argent et de prisonniers, et un navire qu'ils avaient pris, venant de Païta, ville du Pérou, chargé de biscuit, de sucre, de savon, de drap du Pérou et de vingt mille piastres en argent monnayé.

Si les gens que Morgan envoyait en course étaient ainsi en action, ceux qu'ils retenaient avec lui ne demeuraient pas oisifs. Tous les jours, ils s'en allaient en partis de deux cents hommes qui n'étaient pas plutôt revenus, qu'on en renvoyait un autre. Ceux qui restaient à la ville fouillaient dans les maisons brûlées et trouvaient de l'argent que les Espagnols avaient caché dans des puits. Les autres brûlaient des dentelles et des étoffes, afin d'en tirer l'or et l'argent. Morgan se plaignit que les partis qu'il envoyait ne faisaient pas assez bonne expédition ; il voulut y aller lui-même à la tête d'un parti de trois cents hommes et, lorsqu'il trouvait des Espagnols, il leur faisait donner la gêne d'une manière extraordinaire.

J'en rapporterai ici un exemple, sur lequel on pourra juger du reste. Un pauvre Espagnol, étant entré dans une maison de campagne appartenant à un marchand de Panama, y trouva quelques hardes qu'on avait laissées çà et là en se sauvant. Cet homme s'accommoda sur le champ de linge et de quelques vêtements meilleurs que les siens. Il les changea, prit une chemise blanche et un caleçon de dessous de taffetas rouge. Il avait ramassé une clef d'argent qui servait à l'ouverture de quelque cassette et, n'ayant point de poche pour la mettre, il l'avait attachée à l'aiguillette de son caleçon.

Là-dessus, les aventuriers entrèrent dans la maison, prirent cet homme et, le voyant ainsi paré, crurent qu'il en était le maître. Il avait beau montrer les méchants habits qu'il venait de quitter, et dire qu'il était un pauvre homme que le hasard avait conduit en ce lieu, ils lui firent souffrir des tourments incroyables, et, comme il ne confessait rien, ils les redoublèrent. Enfin, voyant qu'il ne pouvait en revenir, ils l'abandonnèrent à des nègres qui l'achevèrent à coups de lances.

Morgan avait passé huit jours à exercer des cruautés inouïes, en pillant les Espagnols. Le grand butin qu'il avait ramassé l'obligea de retourner à Panama. Il trouva les barques, revenues de leur course, qui avaient encore amené quantité de pillage et de prisonnières, entre lesquelles s'en trouvait une que l'on distinguait des autres. Toutes ses manières marquaient une personne de qualité ; ce n'était pourtant que la femme d'un marchand que quelques affaires avaient obligé de passer au Pérou. Il l'avait laissée, en partant, entre les mains de ses proches, avec qui elle s'était sauvée : elle venait d'être prise.

Cette femme était alors fort négligée, mais une grande jeunesse accompagnée de ses charmes, la parait naturellement ; car avec des cheveux du plus beau noir du monde, on lui voyait une blancheur à éblouir et des yeux extrêmement vifs. Elle avait aussi de la taille, de la gorge et de l'embonpoint, ce qu'il lui en fallait pour s'attirer les regards ; et la fierté espagnole, qu'on a peine à souffrir dans celles de sa nation, plaisait en elle. En un mot, je n'ai jamais vu ni dans les Indes ni dans l'Espagne une femme plus accomplie.

Elle toucha le cœur de Morgan, et tous ceux qui la virent envièrent le bonheur d'en être aimé ; ils l'auraient disputée à Morgan même, sans la déférence qu'ils avaient pour lui. On s'aperçut de sa passion à ses habits qu'il prit plus propres et à son humeur qu'il rendit plus sociable. Il eut soin de séparer cette prisonnière des autres, et ordonna qu'elle ne manquât de rien ; il mit des esclaves auprès d'elle pour la servir et donna la liberté à ses amies de converser avec elle, ce qui lui fit dire que les corsaires étaient aussi galants que les Espagnols ; et plusieurs femmes de sa suite, considérant les aventuriers, s'écriaient toutes surprises : « Hé, mon Dieu ! Les pirates sont hommes comme les Espagnols. » Ces femmes s'exprimaient ainsi parce que leurs maris leur faisaient accroire que les Anglais étaient des monstres hideux, et pour les en convaincre, ils leur promettaient souvent de leur en apporter les têtes. Elles étaient même si frappées de cette prévention que plusieurs d'entre elles m'ont ingénuement avoué qu'elles ne pouvaient s'empêcher d'admirer que nous fussions des hommes comme les autres.

Cependant, la dame espagnole recevait les bienfaits et les visites de Morgan de la manière du monde la plus obligeante, ne les attribuant qu'à la bonté de son naturel, qu'elle admirait dans un homme de ce caractère. Mais elle fut bien surprise, lorsqu'une esclave qui la servait et que Morgan avait gagnée, lui découvrit les sentiments de l'aventurier amoureux, qui lui faisait demander des choses qu'elle était bien éloignée d'accorder. Elle résolut de lui parler elle-même, et un jour qu'il vint la voir, elle le fit en ces termes :

« Il est vrai, lui dit-elle assez doucement, que l'on m'a fait entendre que vos semblables étaient sans humanité et abandonnés à toutes sortes de vices ; je suis convaincu de votre humanité par les bons offices que vous m'avez rendus jusqu'ici, et il ne tiendra qu'à vous, en tenant une conduite différente de celle que vous tenez à mon égard, que je ne sois également persuadée de votre vertu, afin que je n'ajoute plus de foi aux bruits désavantageux qui courent sur vous et que, détrompée par ma propre expérience, je puisse aussi détromper les autres. »

Morgan était trop préoccupé des charmes de la belle Espagnole pour songer à ses discours. Il crut même dans ce moment que son refus n'était pas sincère, et voulut s'émanciper ; mais elle le repoussa avec force et lui fit voir dans cette occasion tant de sagesse et de courage qu'elle réprima son insolence et confondit sa brutalité. Il se retira, mais sa fierté en conçut un secret dépit, dont il résolut de se venger.

Pour cela il lui fit faire sous main tous les déplaisirs qu'il put imaginer ; il donnait des ordres sévères qu'il désavouait adroitement en sa présence pour lui mieux faire sentir les services qu'il lui rendait et l'assurer de sa bonne volonté.

On la sollicita encore de sa part avec beaucoup d'insistance, mais à ces nouvelles poursuites, elle fit de nouveaux refus et, un jour que les femmes, qui la servaient d'intelligence avec Morgan, l'avaient laissée seule avec lui sous divers prétextes, il la pressa plus fortement que jamais. Elle lui résista de même et, comme il la tenait embrassée pour lui faire violence, elle s'arracha d'entre ses bras, et s'éloignant de lui avec précipitation : « Arrête, lui cria-t-elle, voyant qu'il voulait la suivre ; arrête, et ne t'imagine pas qu'après m'avoir ôté mes biens et ma liberté, tu puisses aussi facilement me ravir ce qui m'est plus précieux que tout le reste. » Puis, s'approchant de lui toute furieuse : « Apprends, poursuivit-elle, que je sais mourir et que je me sens capable de porter les choses à la dernière extrémité contre toi et contre moi-même. » à ces mots, tirant un poignard qu'elle tenait caché, elle le lui aurait plongé dans le sein s'il n'avait évité le coup : car Morgan, surpris d'une action si déterminée et si imprévue, avait reculé de quelques pas. Il reconnut par là que cette femme serait toujours inflexible ; il la quitta outré de rage et résolut de ne la plus revoir.

Dès ce moment, il commença de changer de conduite envers elle. Il lui retira les esclaves qui la servaient, les femmes qui l'entretenaient et ne lui fit donner que ce qu'il fallait pour conserver sa vie. Enfin, il la fit avertir de payer trente mille piastres pour sa rançon ; sinon, il l'emmènerait à la Jamaïque. Pour mieux couvrir son jeu, il s'avisa de faire courir le bruit que cette femme s'entendait avec ses ennemis, qu'on avait surpris des lettres échangées entre eux. Cette accusation fut cause qu'on ne trouva plus si étrange les mauvais traitements qu'elle recevait de lui.

J'oubliais de dire que les aventuriers qui croyaient Morgan

favorisé de la belle Espagnole, et jaloux de son bonheur, commençaient à murmurer, s'imaginant que retenu par son amour, il les arrêtait en ce pays et qu'enfin ce retardement donnerait lieu aux Espagnols de les y surprendre. Mais ils changèrent bientôt de pensée, lorsqu'ils virent que Morgan se préparait à retourner à Chagre.

En effet, il avait séjourné trois semaines à Panama sans presque rien faire, et les partis qu'il envoyait ne trouvaient plus rien. Il donna donc ordre à chaque compagnie d'amener un certain nombre de mulets, de charger le pillage et de le porter à Cruz pour l'embarquer sur la rivière et le transporter à Chagre.

Comme il faisait ces préparatifs, cent des siens complotèrent ensemble et résolurent de s'emparer du navire et des barques qu'on avait prises sur la mer du Sud, d'aller en course et d'abandonner Morgan. Leur dessein était de bâtir un fort sur une île, pour y cacher ce qu'ils prendraient et quand ils auraient assez de pillage, de s'assurer d'un grand navire espagnol et d'un bon pilote, afin de se retirer ensuite par le détroit de Magellan. Ce complot était si bien arrêté qu'ils avaient déjà caché une partie des munitions de guerre et de bouche et qu'ils voulaient se saisir de quelques pièces de canon qui étaient à Panama.

Ils étaient sur le point d'exécuter leur entreprise, lorsque l'un d'entr'eux en vint avertir Morgan, qui à l'heure même envoya couper les mâts du grand navire et dégréer les barques. Il ne coula pas le navire à fond, à la prière du capitaine qui en était le maître, auquel il le rendit.

Les mulets que Morgan avait commandés furent prêts en peu de jours ; on fit des ballots de tout le butin et quoiqu'on n'emportât presque rien autre chose que de l'argent, comme il y en avait quantité, soit en vaisselle, soit en ornements d'église, il tenait bien de la place. Ainsi, on fut obligé de le casser et de le réduire au moins d'espace qu'il fût possible, afin qu'on pût l'emporter plus aisément.

Après cela, Morgan fit savoir aux prisonniers qu'il avait le dessein de partir incessamment et que chacun songeât à payer sa rançon ou qu'il les emmènerait avec lui. À ces menaces, il n'y eut personne qui ne tremblât, personne qui n'écrivit, l'un à son père, l'autre à son frère, tous enfin à leurs amis, pour être promptement délivrés.

Alors, Morgan apprit que le président de Panama, Dom Juan Perez de Gusman, rassemblait son monde, qu'il avait pris le bourg de Cruz où il s'était retranché et que là, il se préparait à s'opposer à son passage. On détacha un parti de cent cinquante hommes pour savoir la vérité, avec ordre d'aller à Cruz et même jusqu'à Chagre, et de faire venir les canots afin d'embarquer le pillage. Ce parti ne fut pas longtemps à revenir. Il rapporta qu'il n'avait rien vu et que des gens qu'il avait pris et interrogés sur ce sujet n'avaient rien dit, qu'il était cependant vrai que le président avait voulu rassembler son monde et même mandé du secours de Carthagène, mais qu'il n'avait pu trouver personne qui voulût le seconder. Ils ajoutèrent que les Espagnols avaient eu une telle peur lorsqu'ils virent défaire en si peu de temps leur cavalerie à la Savane, qu'ils fuyaient sans s'arrêter, qu'ils ne se fiaient même pas les uns aux autres et que, lorsqu'ils s'entrevoyaient de loin, croyant apercevoir des Français et des Anglais, ils fuyaient encore de plus belle.

Morgan avait attendu quatre jours la rançon des prisonniers, lorsqu'ennuyé d'attendre, il résolut de partir. Dès le matin, il fit charger l'argent sur des mulets, enclouer le canon et rompre les culasses, de manière qu'on ne pût plus s'en servir. Après quoi, il mit son armée en ordre, une partie devant, l'autre derrière et, au milieu, les prisonniers au nombre de cinq à six cents, tant hommes que femmes et enfants ; et cela fait, il fallut partir.

À la vérité, c'était un spectacle touchant ; ils se regardaient tristement les uns les autres sans rien dire ; on n'entendait que des cris et des gémissements. Ceux-ci pleuraient un frère, ceux-là une femme, qu'ils quittaient, et tous leur patrie qu'ils abandonnaient, car ils croyaient que Morgan les emmenait à la Jamaïque. Le soir, Morgan fit camper son armée au milieu d'une grande savane, sur le bord d'une petite rivière dont l'eau était très bonne et qui se trouva fort à propos, car ces pauvres gens, ayant marché au plus fort de la chaleur, étaient si pressés de la soif, qu'on vit des femmes qui avaient de petits enfants à la mamelle, demander les larmes aux yeux un peu d'eau dans laquelle elles délayaient de la farine pour donner à leurs enfants : ces malheureuses mères, ayant beaucoup souffert, n'avaient plus de lait pour les nourrir.

Le lendemain matin, cette pitoyable marche recommença avec les pleurs et les gémissements et sur le milieu du jour, au plus fort de la chaleur, deux ou trois femmes tombèrent pâmées. On les laissa sur le chemin ; elles paraissaient mortes. Il y en avait de jeunes et d'aimables, à qui les flibustiers faisaient assez de bien, mais par intérêt. Celles qui avaient leurs maris étaient secourues ; ils les aidaient à porter leurs enfants et faisaient pour elles tout ce qui leur était possible.

Enfin, Morgan arriva à Cruz ; on déchargea aussitôt les mulets dans le magasin du roi ; tout autour s'établirent les prisonniers, que gardaient les aventuriers.

Les Espagnols avaient été un peu lents à apporter la rançon ; mais quand ils virent que c'était tout de bon qu'on emmenait les prisonniers, ils se hâtèrent et se trouvèrent à Cruz un jour après Morgan. Deux pères étaient aussi avec eux, ils apportaient de quoi retirer leurs frères et les autres religieux qu'on retenait. La belle Espagnole que Morgan avait aimée et persécutée fut atterrée lorsqu'elle vit revenir les pères sans argent pour elle.

Le lendemain de l'arrivée des pères, il vint un esclave avec une lettre pour cette dame, qui était sa maîtresse. Elle la lut et la montra ensuite à Morgan qui comprit aussitôt qu'on avait confié aux pères trente mille piastres pour la rançon de la dame espagnole, dont ils avaient racheté leurs frères, au lieu d'elle. Morgan ne put se dispenser de faire justice ; il laissa paisiblement aller cette dame avec ses parents qui étaient aussi prisonniers, et retint tous les moines, qu'il résolut d'emmener à Chagre. Ils prièrent qu'on laissa libres deux d'entre eux pour aller chercher de l'argent, pendant que les autres demeureraient en otages, et cette grâce leur fut accordée.

Les canots que Morgan avait commandés arrivèrent ; on y embarqua le pillage, avec le riz et le maïs qu'on avait amassé autour de Panama et de Cruz. On fit embarquer aussi quelques prisonniers qui n'avaient pas payé leur rançon et cent cinquante esclaves. Ils partirent en cet état de Cruz le 5 mars 1670. Cette séparation fit répandre quantité de larmes, aux uns de douleur, aux autres de joie. Ceux qui étaient libres témoignaient leur allégresse en remerciant Dieu de les avoir délivrés. Ceux qui ne l'étaient pas s'affligeaient d'être réduits à passer leur vie avec des gens dont ils n'avaient rien de bon à attendre. Ils furent mis dans des canots avec autant d'aventuriers qu'il en fallait pour les conduire, et comme ces canots étaient trop chargés, une partie des aventuriers alla par terre.

Deux jours après, ils arrivèrent à Barbacoas, où les religieux vinrent payer la rançon de leurs frères et les délivrer : ce qui donna beaucoup de joie à Morgan qui aurait été obligé de les laisser aller.

Avant que de passer outre, Morgan fit entendre à ses gens que c'était la coutume de jurer qu'on ne retenait aucune chose, mais que comme on avait souvent vu plusieurs personnes jurer à faux, il était d'avis, pour obvier à la mauvaise foi, que chacun souffrît qu'on le fouillât. Plusieurs ne purent souffrir cette proposition, mais ils ne se trouvèrent pas les plus forts, et, bon gré mal gré, il y fallut consentir.

Morgan se fit fouiller le premier ; chacun, à son exemple, se dépouillait et était fouillé ; on déchargeait les armes avec des tire-bouts, pour voir s'il n'y aurait quelques pierres précieuses cachées dedans. Les lieutenants de chaque équipage étaient commis pour fouiller tout le monde ; on leur avait fait prêter serment de s'en acquitter avec exactitude, sans favoriser personne.

À la vérité, Morgan fit là un coup de maître ; mais ce ne fut pas sans beaucoup risquer, car plusieurs murmuraient furieusement et voulaient lui casser la tête avant qu'il arrivât à la Jamaïque. Cependant, comme tous les esprits ne sont pas de même trempe, ceux qui étaient les plus sages arrêtèrent les plus emportés, leur faisant connaître que, malgré cela, chacun avait lieu d'espérer un bon partage. Enfin, Morgan arriva victorieux à Chagre. Ceux du château furent réjouis de le revoir : ils s'ennuyaient dans ce lieu où ils ne faisaient pas grand'chère, ne mangeant qu'une fois le jour un peu de maïs, dont il fallait se contenter.

Le lendemain, on estima le pillage et on trouva qu'il se montait à quatre cent quarante-trois mille deux cents livres. Les pierreries furent vendues d'une manière assez inégale ; car les unes le furent trop et les autres trop peu. Morgan et ceux de son parti qui en achetèrent un grand nombre y trouvèrent fort bien leur compte, outre celles qu'ils avaient retenues et qui ne leur coûtaient rien.

D'ailleurs, quelques aventuriers avouèrent qu'ils avaient apporté bien des choses considérables que l'on n'avait pas mises à l'encan. Dès lors, chacun commença à murmurer hautement, mais on sut les apaiser en leur faisant espérer qu'ils seraient contents. Il n'y avait personne qui ne s'attendît d'avoir au moins mille écus pour sa part. Ils furent bien étonnés, le partage fait, lorsqu'ils virent que tout était d'un côté et presque rien de l'autre, Morgan et ceux de sa cabale ayant détourné la meilleure part. Il n'en fallait pas tant pour porter ces gens à d'étranges extrémités. Il s'en trouva qui menacèrent de rien moins que de se saisir de la personne de Morgan et de ses effets. D'autres parlaient de lui faire sauter la cervelle. Les moins emportés voulaient qu'il rendît compte de ce qu'on lui avait mis entre les mains.

Tandis qu'ils formaient ces résolutions, sans en exécuter aucune, Morgan, qui avait intérêt d'être instruit de tout, détachait des espions pour savoir leur pensée et pour les adoucir autant qu'il était possible. Mais, quelque chose qu'on pût leur dire, ils en revenaient toujours à considérer le grand butin qu'on avait fait et le peu de profit qu'ils en tiraient. Morgan n'oubliait rien pour les éblouir ; il ordonna de délivrer les vivres du fort à tous les vaisseaux et envoya les prisonniers de l'île de Sainte-Catherine à Porto-Bello, avec ordre de demander la rançon du fort de Chagre.

On refusa de la payer, de sorte qu'après en avoir enlevé le canon et les autres munitions de guerre, il le fit démolir.

Malgré tout cela, Morgan ne s'aperçut que trop que le nombre et l'animosité des mécontents augmentaient sur sa flotte ; il craignit enfin que leur ressentiment n'allât jusqu'à lui jouer un mauvais tour. Il sortit de la rivière de Chagre, sans faire aucun signal, accompagné seulement de quatre vaisseaux qui le suivirent, et dont les capitaines, ses confidents, avaient participé au vol insigne fait à leurs camarades.

Quelques aventuriers français voulurent les poursuivre et l'attaquer, mais ils s'en avisèrent trop tard. Morgan fit route en diligencepour la Jamaïque où il s'est enfin retiré, et où il a épousé la fille d'un des principaux officiers de l'île, sans avoir eu envie depuis de retourner en course. Il est certain qu'il y aurait été très mal venu, après avoir trompé si indignement les aventuriers. À l'heure que je parle, il est élevé aux plus éminentes dignités de la Jamaïque : ce qui fait voir qu'un homme, quel qu'il soit, est toujours estimé et bien reçu partout, quand il a de l'argent.

CHAPITRE XXXIX

Particularités historiques sur la perfidie de Morgan.

Le temps devait avoir effacé de la mémoire des aventuriers la perfidie de Morgan ; cependant, ils ressentaient aussi vivement le déplaisir qu'ils en avaient reçu que s'ils venaient de le recevoir. Un jour, entre autre, que l'eau-de-vie jouait son jeu dans chaque tête, ils s'emportèrent furieusement contre lui. Les uns, transportés de colère, tiraient leur sabre, avançant le bras pour frapper le traître Morgan comme s'il eût été présent. D'autres, outrés de douleur, montraient leurs blessures dont le perfide emportait la récompense. Tous généralement regrettaient leurs camarades, qui avaient exposé et même perdu leur vie pour les enrichir ; ou, pour mieux dire, ils regrettaient les richesses dont Morgan les avait privés.

Pour moi, j'examinais avec mes camarades la scélératesse de cet homme, et les circonstances odieuses dont elle se trouvait accompagnée. Je leur faisais remarquer qu'il avait été beaucoup plus inquiet après avoir exécuté l'entreprise qu'avant son exécution ; qu'il avait toujours quelques conférences particulières avec trois ou quatre aventuriers que nous appelions ses confidents ; qu'il ne pouvait même s'empêcher de leur parler à l'oreille, lorsqu'on était obligé de s'assembler ; qu'enfin, lui qui en toutes rencontres avait été fort ouvert avec nous, était devenu fort réservé, principalement lorsqu'on parlait de partager le butin.

Toutes ces choses bien pesées, leur disais-je, nous devaient faire entrer en de grands soupçons, et toutefois nous étions si persuadés qu'il était honnête homme, que nous ne pensions à rien moins qu'à ce qui est arrivé. Je me souviens d'une chose que je lui ai entendu dire, et d'une autre que je lui ai vu faire, qui devaient bien m'ouvrir les yeux.

Voici ce qu'il lui échappa de dire en ma présence, un jour qu'il était auprès d'un de ses confidents, que je pansais d'une plaie qui s'était rouverte : « Courage, lui dit-il en anglais, croyant que je ne l'entendais pas, courage, guérissez-vous promptement ; vous m'avez aidé à vaincre, il faut que vous m'aidiez encore à profiter de la victoire. » N'était-ce pas dire en bon français, comme l'événement ne l'a que trop confirmé : vous m'avez aidé à faire un grand butin, il faut que vous m'aidiez aussi à l'emporter.

Voici maintenant ce que je lui ai vu faire. Une autrefois que j'étais allé chercher quelque herbe dont j'avais besoin pour un remède, j'aperçus Morgan seul dans un canot ; il était baissé, et mettait dans un coin quelque chose que je ne pus discerner, à cause de l'éloignement. Ce qui me fit juger que c'était quelque chose d'importance, c'est qu'il tournait souvent la tête, pour voir s'il n'était point observé. Il m'aperçut, et vint aussitôt à moi assez interdit, à ce qu'il me semblait. Quelque temps après, il me demanda – mais avec une indifférence fort étudiée – ce que je faisais en cet endroit, et s'il y avait longtemps que j'y étais. Lorsqu'il m'interrogeait ainsi, j'aperçus l'herbe que je cherchais, et ma réponse fut de la cueillir à ses yeux, et de lui en dire les propriétés. Il me tint plusieurs discours sans suite, et me fit aussi mal à propos plusieurs offres de service. Je m'étonnais que lui, qui était le plus fier de tous les hommes, et qui ne faisait comparaison avec personne, prît le chemin que je tenais, quoique ce ne fût pas le sien. Par honnêteté, je ne voulus pas le souffrir : il s'aperçut de sa bévue, et me quitta.

Examinant depuis toutes les particularités de cette aventure : « Voilà, continuai-je, ce qui m'est venu en pensée, fondé sur ce que l'on apportait à Morgan toutes les pierres précieuses que l'on avait trouvées dans le pillage : j'ai toujours cru qu'il avait retenu les plus belles. » En effet, on se ressouvenait fort bien de lui en avoir mis entre les mains de considérables, et qui, cependant, ne parurent point à la distribution du butin. Il est à présumer que lui qui avait dessein, comme on a vu, de nous faire tous fouiller, et de permettre qu'on le fouillât, n'avait garde de porter sur lui les pierreries qu'il nous dérobait, encore moins de les mettre dans ses coffres, qu'on pouvait fouiller aussi bien que lui. Cela me fait croire qu'il avait pris le parti de les cacher dans un trou au coin du canot dont j'ai parlé et qu'effectivement il y en cachait lorsque je le surpris. Il fallait sans doute que cette cachette fût pratiquée avec beaucoup d'adresse, puisque, ayant visité le canot partout, je ne pus découvrir la moindre apparence de ce que je soupçonnais. Ce qui me confirma encore dans mes soupçons, c'est que Morgan, étant en voyage, avait grand soin de ce canot et ne le perdait jamais de vue.

C'est ainsi que chacun disait sa pensée sur l'infâme conduite de ce traître, et il nous aurait été bien plus avantageux de le faire dans le temps qu'on pouvait y remédier ; mais personne n'osait alors s'expliquersur ce sujet, craignant d'être décelé ; car Morgan, depuis sa victoire, devenait tous les jours plus sévère, et se rendait redoutable par ses hauteurs.

Ce qui redoublait notre désespoir, c'est que, pendant que nous faisions toutes ces réflexions aussi affligeantes qu'inutiles, pendant que nous étions dans un méchant vaisseau, avec quelques pauvres esclaves aussi vieilles que laides (car Morgan nous avait ainsi partagés), le même Morgan était en repos à la Jamaïque, riche, heureux, et le plus content du monde entre les bras d'une belle et jeune épouse.

CHAPITRE XL

Histoire d'un aventurier espagnol.

Le mauvais état de notre vaisseau, et l'incertitude du lieu où nous irions le raccommoder, nous donnaient beaucoup de peine, lorsqu'une de nos esclaves, qui connaissait le pays, nous dit qu'aux environs il y avait un vieil aventurier espagnol, qui recevait très bien les aventuriers français et anglais, et commerçait avec eux des marchandises qu'ils apportaient ; qu'à la vérité il y avait longtemps qu'elle était sortie du pays, et que l'aventurier dont elle parlait étant fort âgé quand elle partit, elle ne savait pas s'il serait encore en vie ; mais que si nous voulions lui permettre d'aller s'en informer, elle reviendrait nous en rendre compte. La proposition de l'esclave fut bien reçue, et nous naviguâmes du côté qu'elle nous indiqua. Comme nous connaissions sa fidélité, nous la mîmes à terre, à l'endroit où elle voulut.

Elle revint un jour après son départ, et nous apprit que l'aventurier espagnol n'était point mort, qu'elle l'avait vu de notre part et qu'enfin, il ne demandait pas mieux que de nous accommoder de ce qui nous serait nécessaire. Nous descendîmes à terre, et nous marchâmes en bon ordre vers l'habitation de l'aventurier, guidés par l'esclave. À peine avions-nous fait six heures de chemin, que nous aperçûmes une forteresse, défendue par des fossés d'une grande profondeur, et par des murailles toutes couvertes de mousse, et extrêmement épaisses. Nous en fîmes le tour, et nous vîmes aux quatre coins quatre bastions assez bien faits, munis chacun d'une bonne batterie de canon. Nous déployâmes nos étendards, nous battîmes la diane, et il ne parut personne ; mais un quart d'heure après, nous aperçûmes un homme au travers des embrasures d'un de ces bastions, qui mettait le feu au canon. Nous nous couchâmes tous à terre, surpris de la réception. Le canon tiré, et sans effet, à cause de notre précaution, nous nous relevâmes, et nous nous mîmes hors de sa portée. Nous croyions que l'esclave nous avait trahis et nous allions la mettre en pièces, lorsqu'elle courut vers la forteresse. Aussitôt elle appela la sentinelle, qui parut. « Pourquoi, lui cria-t-elle, votre maître manque-t-il de parole ? Ne m'a-t-il pas promis de recevoir les aventuriers ? — Il est vrai, répondit la sentinelle, mais il a changé d'avis. »

Ces paroles nous firent connaître l'innocence de l'esclave et la perfidie de l'Espagnol. Nous cherchions le moyen de nous en venger, lorsque nous vîmes quatre hommes. Ils nous crièrent d'assez loin qu'ils venaient de la part de leur maître, et que si nous voulions les écouter, on pourrait accommoder les choses. Ils approchèrent, et nous dirent que leur maître avait coutume de bien recevoir les aventuriers, lorsqu'ils en députaient quelques-uns vers lui ; mais que nous voyant en si grand nombre, il avait cru que nous venions l'attaquer, et qu'il s'était mis en défense ; que si nous voulions envoyer de notre part autant de personnes qu'il en envoyait de la sienne, ils demeureraient en otage pour sûreté.

Nous trouvâmes la proposition raisonnable ; on envoya quatre hommes d'entre nous, et je fus du nombre, parce que je parlais bien espagnol. Lorsque nous fûmes arrivés, on nous introduisit auprès de l'aventurier. Il était assis ayant deux vieillards à ses côtés. Nous le saluâmes, il baissa la tête sans pouvoir se lever de son siège, à cause de sa vieillesse. Cet homme me parut vénérable, et par son âge, et par sa bonne mine. Tout vieux qu'il était, il avait encore les yeux bien ouverts, fort nets et fort riants. Les années ne le défiguraient point tant qu'on ne remarquât en lui certains traits qui plaisaient ; ses rides même semblaient n'avoir fait que graver plus profondément je ne sais quoi de majestueux qui régnait sur toute sa physionomie.

Je lui fis un compliment, auquel il voulut répondre. Je dis qu'il voulut, car je ne le vis que remuer les lèvres et une grande barbe blanche sans articuler les paroles, tant il avait la voix faible. Il se tourna vers l'un des hommes qui l'accompagnaient, et lui fit signe de nous parler.

Cet homme nous assura que son maître était bien aise de nous voir, et qu'il avait ordre de nous donner satisfaction. « C'est pourquoi, ajouta-t-il, si vous désirez passer au magasin, vous choisirez ce qui vous accommodera, et l'on prendra en échange ce que vous donnerez ». Il parlait ainsi, sachant qu'il y a beaucoup de choses que les aventuriers n'estiment pas, qui cependant ne laissent pas d'être considérables, et sur lesquelles il y a du profit à faire.

Nous fîmes nos remerciements au vieillard, et nous allâmes au magasin, qui était vaste et bien garni. Nous reconnûmes à beaucoup de choses, que les aventuriers venaient souvent commercer avec l'hôte de cette maison. Comme nous parcourions tout des yeux, nous aperçûmes quelques tonneaux d'eau-de-vie, dont nous nous accommodâmes et notre conducteur vint à notre vaisseau prendre les marchandises que nous avions convenu de lui donner en échange.

Chemin faisant, je lui demandai quelques particularités de son maître, et je fus surpris d'apprendre qu'il n'était ni Espagnol, ni aventurier. On l'a cru l'un et l'autre, nous dit cet homme, parce qu'il a été élevé chez les Espagnols et qu'il a passé sa vie avec les aventuriers. Il est Portugais de nation ; un vaisseau l'enleva fort jeune comme il était dans un canot ; le maître du vaisseau, qui était Espagnol, le mena dans une de ses maisons, où il faisait cultiver par des esclaves quelques jardins plantés d'arbres de cacao. Il le mit parmi ces esclaves, et le dressa si bien à travailler avec eux, qu'il gouvernait en son absence.

Cet Espagnol ne manquait pas tous les ans de venir charger un vaisseau de cacao. Un jour qu'il était venu dans ce dessein, et que celui dont je parle était dans le vaisseau pour surveiller les esclaves qui le chargeaient, un coup de vent jeta ce navire en pleine mer, et l'emporta bien loin. Mon maître, qui avait fait plusieurs voyages sur mer, était devenu assez bon pilote, et voulut ramener son vaisseau ; mais les esclaves s'y opposèrent fortement, disant qu'ils voulaient profiter de l'occasion, et se libérer de leur esclavage. J'étais du nombre des esclaves dont je parle, et des plus animés contre celui qui voulait perpétuer notre servitude. Il fut donc contraint de céder au nombre, et de s'abandonner à la fortune. Il avait beau demander où l'on voulait aller, on ne se déterminait à rien, ne trouvant point de lieu où l'on crût être en sûreté. Là-dessus, il nous arriva ce qui ne manque guère d'arriver sur mer.

Un vaisseau, que nous n'aperçûmes qu'au moment où il fut assez près de nous, nous donna la chasse. Notre maître employa toute son adresse pour lui échapper, et une tempête qui survint encore à propos nous écarta bien loin du vaisseau ennemi. La tempête cessée, nous commencions à respirer, lorsque nous revîmes ce même vaisseau, qui nous joignit promptement, et ceux qui le montaient passèrent à notre bord, où l'on ne fit aucune résistance.

Peu de jours après, leur chef, qui était un corsaire, nous mena au lieu que vous venez de quitter et qui lui appartenait ; il nous y a toujours fort bien traités, surtout notre maître, pour lequel il a eu tant d'affection, qu'en mourant il lui a laissé tout son bien. Comme ce corsaire avait aimé toute sa vie les aventuriers, il vivait et commerçait avec eux ; après sa mort, notre maître a fait de même, et nous nous en sommes bien trouvés. »

Lorsqu'il eut cessé de parler, je lui demandai pourquoi ils

avaient là une forteresse : « C'est, dit-il, à cause des Espagnols qui y ont déjà fait plusieurs descentes ; mais ils l'ont toujours attaquée inutilement, et même avec pertes, surtout la dernière fois ; et je ne pense pas qu'ils aient envie d'y revenir davantage. »

Durant ces discours nous arrivâmes insensiblement au bord de la mer. Nos camarades furent ravis de nous voir, et plus que tout, de l'eau-de-vie que nous leur apportions. Ceux qui étaient venus avec nous choisirent ce qui leur était propre en échange, et ceux qui étaient restés en otage s'en retournèrent, après avoir été tous régalés du mieux qu'il nous fût possible.

Au second voyage que j'ai fait en Amérique, j'ai eu occasion de retourner dans ce même lieu ; mais je trouvai la forteresse ruinée. J'eus la curiosité de savoir des nouvelles du bon vieillard à qui elle appartenait. On me dit qu'à sa mort, il avait laissé deux fils qui, se voyant puissamment riches, avaient équipé des vaisseaux pour aller contre les Indiens, appelés *Indios Bravos*, et conquérir leur pays ; mais qu'ils n'étaient point revenus, et que, selon toutes les apparences, ils s'étaient établis ailleurs.

CHAPITRE XLI

Route des aventuriers vers la côte de Costa Rica,
jusqu'au Cap Gracia-a-Dios.

Lorsque Morgan sortit de la rivière de Chagre, le vaisseau où j'étais ne put le suivre faute de vivres, et parce qu'il faisait eau de tous côtés ; ceci nous détermina à passer dans une grande baie à trente lieues de Chagre, nommée Boca del Toro, où nous espérions trouver de quoi réparer notre vaisseau. Deux jours après notre départ, nous arrivâmes à la pointe de Saint-Antoine, qui fait l'entrée de cette baie, et qui forme comme une péninsule habitée par des Indiens, que les Espagnols nomment *Indios Bravos*, parce qu'ils ne les ont jamais pu réduire. L'opinion commune, et qui est reçue en ce pays-là, c'est qu'il y a eu autrefois parmi eux des Indiens extrêmementadroits, robustes et courageux, et dont la manière d'attaquer et de se défendre était fort singulière.

Je me souviens que Morgan avait plusieurs fois juré de leur faire perdre la qualité d'*Indios Bravos*, et d'aller chez eux avec tant de monde qu'il pût battre tout le pays, et les relancer comme des bêtessauvages jusque dans leurs tanières. Aujourd'hui qu'il est à son aise, je m'imagine qu'il ne songe plus guère à ce dessein, et qu'il le regarde comme l'entreprise d'un aventurier qui peut tout hasarder, parce qu'il n'a rien à perdre.

Autrefois, les aventuriers traitaient avec ces Indiens, qui les accommodaient de ce dont ils avaient besoin. En échange, ces mêmes aventuriers leur donnaient des haches, des serpes, des couteaux et d'autres instruments de fer. Ce commerce a duré longtemps, et les Indiens n'ont pas été les premiers à le rompre. Voici de quelle manière la chose est arrivée.

Quelques aventuriers s'étant rencontrés à la Baie de Boca del Toro, dont je viens de parler, engagèrent les Indiens d'y amener leurs femmes. Ils se régalèrent ensemble ; mais, pris de vin, ils en tuèrent quelquesuns, et enlevèrent les femmes. Depuis ce temps-là, les Indiens n'ont voulu ni commerce, ni réconciliation avec eux,

Cette baie a vingt-cinq ou trente lieues de circuit, et beaucoup de petites îles, dont l'une d'elles peut être habitée, à cause de l'eau qui y est très bonne. Dans ce lieu, on trouve plusieurs sortes d'Indiens qui se font la guerre, et ont même divers langages. Les Espagnols n'ont jamais pu les assujettir, à cause de leur courage et de la fertilité de leur pays, dont la terre est si excellente qu'elle leur fournit de quoi vivre, sans qu'ils soient obligés de la cultiver.

De là, nous allâmes à la Pointe-à-Diego, ainsi nommée à cause d'un aventurier espagnol de même nom qui allait là. Elle est arrosée d'une petite rivière d'eau douce, dans laquelle nos gens croyaient pêcher beaucoup de tortues ; mais ils furent trompés, et il fallut se contenter d'œufs de crocodiles que nous trouvâmes dans le sable. Ils étaient d'aussi bon goût que les œufs d'oie.

Nous allâmes ensuite à l'Orient de la baie, où nous rencontrâmes des aventuriers français qui raccommodaient leurs navires et qui avaient assez de peine à vivre, ce qui nous obligea à n'y point faire un long séjour, et à nous retirer du côté du Ponant, où nous nous trouvâmes mieux. Nous prenions tous les jours autant de tortues qu'il nous en fallait pour vivre, et même assez pour en saler.

Au bout de quelques jours, l'eau nous manqua, et nous allâmes en prendre dans une rivière qui n'était qu'à deux lieues de nous. Comme nous savions bien qu'il y avait là des Indiens, on mit du monde à terre pour voir s'il n'y avait point de danger; mais on ne découvrit rien, et nos gens prirent de l'eau.

Peu de temps après, quelques Indiens fondirent sur eux sans leur faire de mal ; au contraire, les nôtres en tuèrent deux, dont l'un portait une barbe d'écaille de tortue ; l'autre paraissait quelque homme de considération, parce qu'il avait une écharpe qui couvrait sa nudité, et une barbe d'or qui le distinguait. Cette barbe était une plaque d'or battu qui avait trois doigts de large, et autant de long ; elle pesait une once et demie.

Cela suffit pour persuader qu'on trouve de l'or dans le pays de ces Indiens, qui s'étend assez loin, et qu'on pourrait facilement habiter malgré les Espagnols, qui n'y ont pas plus de droit que toute autre nation. Le terroir en est humide, parce qu'il y pleut trois mois de l'année ; cependant il ne laisse pas d'être merveilleusement bon, car la terre en est noire et produit de puissants arbres.

Peu de jours après, nous essayâmes de faire route vers la Jamaïque ; mais le temps n'était pas meilleur que lorsque nous sortîmes de la rivière de Chagre. Nous ne laissâmes pas de poursuivre notre chemin, et nous fûmes chassés par un bâtiment que nous croyions ennemi, parce qu'il ne nous montrait point de pavillon, et que la fabrique en était espagnole. Nous fîmes du mieux que nous pûmes pour lui échapper, mais en vain, et nous nous préparions à nous battre, lorsqu'en nous approchant, il arbora son pavillon qui nous tira de peine. C'était un des bâtiments qui s'étaient trouvés avec nous à Chagre et à Panama. Il nous dit que les brises – c'est un vent de Nord-Est qui y dure six mois de l'année – l'avaient empêché de doubler pour faire sa route, et de gagner Carthagène.

Voyant que ce vaisseau qui était meilleur que le nôtre n'avait pu avancer, nous résolûmes de relâcher vers la Jamaïque par le Cap de Gracia-a-Dios, et, dans ce dessein, nous revînmes dans Boca del Toro, où nous demeurâmes quelque temps, afin de nous munir de ce qui nous était le plus nécessaire.

Nous passâmes à Boca del Drago, où nous espérions faire mieux, parce qu'il y a beaucoup de lamantins. Boca del Drago communique avec Boca del Savoro, et n'est clos que par une quantité de petites îles, dont il y en a qui sont habitées, et éloignées de la grande terre de deux petites lieues tout au plus.

On connaît qu'elles sont habitées, parce qu'on y voit des Indiens, et que, quand on les côtoie, on sent l'odeur des fruits qui sont sur les arbres. Jamais chrétien n'a pu avoir communication avec ces Indiens ; les aventuriers n'oseraient prendre d'eau chez eux, ni approcher de leurs terres de trop près avec leurs canots. Un jour, un aventurier envoya son canot pour pêcher. Comme il allait le long du rivage, ceux qui étaient dedans furent surpris de voir les Indiens se laisser tomber du haut des arbres dans l'eau ; d'où, sortant tout à coup, ils chargèrent un des leurs et l'emportèrent, sans qu'on en ait jamais eu de nouvelles.

Le fameux aventurier Louis Scot, se trouvant dans cette baie, fit descente sur cette petite île, pour en découvrir les habitations : mais, quoiqu'il eût plus de cinq cents hommes avec lui, il fut obligé de se retirer, car, à mesure qu'il avançait dans le pays, on lui tuait son monde, sans qu'il pût découvrir personne. Ces Indiens sont encore extrêmement agiles à courir dans les bois.

Un jour que j'étais dans cette baie à la pêche de la tortue, avec mes camarades, nous vîmes de loin, dans un canot, deux de ces Indiens qui pêchaient avec des filets. Nos gens tâchèrent de les surprendre, et pour cela ne faisaient point de bruit de leurs rames ; ils tiraient le canot le long de la terre avec une main, en empoignant de l'autre les branches des arbres. Ces Indiens, qui font toujours bon guet, les aperçurent, et prirent aussitôt leurs filets et leur canot, qu'ils portèrent à plus de vingt-cinq pas dans le bois. Nos gens, qui n'étaient qu'à dix-huit pas d'eux, sautèrent aussitôt à terre avec leurs armes, croyant les joindre : mais ils ne purent en venir à bout ; car lorsque ceux-ci se virent pressés, ils abandonnèrent leur canot, leurs filets et leurs armes, et firent des hurlements horribles en se sauvant. Les aventuriers, au nombre de onze, tous forts et vigoureux, eurent beaucoup de peine à remettre à l'eau ce même canot que deux Indiens avaient porté si loin ; ce qui fait juger qu'ils ont une extrême force.

Nous demeurâmes là quelque temps pour voir s'il n'y aurait pas moyen de négocier avec eux, mais nous entendîmes redoubler leurs hurlements, et faire un bruit si effroyable que nous n'osâmes pas nous arrêter davantage. Nous retournâmes au plus vite, emmenant avec nous le canot que nous leur avions pris, nous y trouvâmes leurs filets, de la même façon que les nôtres, excepté qu'ils avaient environ deux pieds de hauteur, et quatre ou cinq brasses de longueur, des cailloux au lieu de plomb, et du bois léger au lieu de liège. On y voyait aussi quatre bâtons de palmiste de la grosseur du pouce, et longs de six pieds ou environ. Un des bouts était pointu et fort dur, l'autre l'était aussi et avait à chaque côté trois crocs en forme de flèche. Les pointes de ces bâtons étaient tellement endurcies au feu, qu'elles auraient percé une planche comme le meilleur instrument de fer. Leur canot était de bois de cèdre sauvage, sans forme, et mal vidé, plus épais d'un côté que de l'autre, ce qui nous fit présumer que ces Indiens n'ont aucun outil de fer propre à travailler. Ils sont en petit nombre, et la plus grande des îles qu'ils habitent n'a pas plus de trois ou quatre lieues de circuit.

Un Indien que nous avions avec nous, et qui avait pratiqué le pays, nous dit que ces Indiens n'ont aucune habitude avec ceux de la terre ferme, qu'ils ne s'entendent même point, et qu'ils se font sans cesse la guerre. La raison qu'il nous en donna est que les Espagnols, voulant les réduire, en tourmentèrent une partie d'une manière cruelle. L'autre partie, s'étant sauvée, s'était accoutumée à vivre de la pêche, et des fruits qui croissent naturellement dans ce pays. Ils y sont errants et vagabonds, et n'osent avoir de lieu fixe, ni de commerce avec d'autres Indiens, parce qu'ils sont soumis aux Espagnols, et qu'ils les aident à détruire ceux qui ne le sont pas. Pour cette raison, ils se font encore aujourd'hui la guerre, et s'épargnent aussi peu les uns les autres, que s'ils n'étaient pas de la même nation.

CHAPITRE XLII

Suite de la route des aventuriers jusqu'au cap Gracia-a-Dios.
— Singularités que l'auteur a remarquées dans ce voyage.

Le péril que nous courions, de tomber entre les mains de ces Indiens sauvages, ne nous empêcha pas de demeurer quelque temps à Boca del Drago et d'y chercher de l'eau, sans toutefois oser nous hasarder dans le pays, ni approcher des fruits dont nous ressentions l'odeur, quoique nous fussions pressés de la faim.

Enfin, voyant que nous ne pouvions y subsister, parce que la pêche n'est pas toujours bonne en ce lieu-là, nous sortîmes de Boca del Drago, et fîmes route le long de la côte, jusqu'à El Porteté, qui est une petite baie à l'abri de tous vents, excepté de celui d'Ouest. El Porteté veut dire petit port. Celui-ci sert aux Espagnols quand ils arrivent avec des vaisseaux chargés de marchandises à la rivière de Suere, où ils ont des habitations, et où ils plantent du cacao qui est le meilleur des Indes ; de là, ces marchandises sont portées par terre à la ville de Carthagène. À l'embouchure de cette rivière, les Espagnols entretiennent une garnison de vingt-cinq ou trente hommes, avec un sergent. Ils ont aussi une vigie qui découvre en mer.

Dès que nous fûmes arrivés dans ce port, nous marchâmes pour piller les Espagnols à la rivière de Suere, nommée par les aventuriers la Pointe Blanche, et nous prîmes des précautions qui nous furent inutiles, car nous trouvâmes les habitations ravagées, ce qui nous fit juger que quelques-uns des nôtres nous avaient devancés. Tout ce que nous pûmes faire alors, ce fut de prendre quantité de bananes, dont nous chargeâmes notre vaisseau à moitié, et qui nous servirent de nourriture le long de la côte. Nous les faisions cuire dans de l'eau, et nous les mangions avec de la tortue que nous avions salée dans Boca del Drago.

Peu de jours après, nous sortîmes de Suere, et nous passâmes devant l'embouchure de la rivière de Saint-Jean, nommée Desaguadera, où nous prîmes quelques requins que nous mangeâmes avec nos bananes. Nous cherchions toujours un lieu pour raccommoder notre vaisseau, qui faisait eau et coulait bas, faute d'avoir les matières propres à le tenir sain, étanché, et franc d'eau. Nos esclaves étaient extrêmement fatigués de le pomper, et n'osaient quitter la pompe un quart d'heure, car autrement l'eau nous aurait gagnés ; ce qui nous obligeait de nous ranger le plus près de la terre qu'il était possible, pour découvrir quelque lieu qui fût propre à le raccommoder.

Nous entrâmes ensuite dans la grande baie de Bluksvelt, ainsi nommée à cause d'un vieil aventurier anglais qui s'y retirait ordinairement. Son embouchure est fort étroite au dehors, et a beaucoup d'étendue au-dedans, quoiqu'elle ne puisse contenir que de petits vaisseaux, parce qu'elle n'a que 14 à 15 pieds d'eau. Le pays des environs est marécageux, à cause d'un assez grand nombre de rivières qui s'y répandent. On trouve encore là une petite île qui nourrit des huîtres aussi bonnes que celles d'Angleterre ; mais elles sont plus petites.

Nous allâmes mouiller vis-à-vis de cette petite île, en terre ferme, contre une pointe qui fait une péninsule, où nous cherchâmes le moyen de donner carène à notre bâtiment ; mais nous ne trouvâmes aucun lieu plus commode que celui où nous étions. Il n'y avait point d'eau douce, ce qui nous réduisit à creuser des puits qui nous en donnèrent de très bonne. Nous cherchâmes des vivres. À cet effet, une partie de nos gens alla à la pêche, et l'autre à la chasse, pendant que le reste déchargeait le vaisseau, pour lui donner carène. Enfin, chacun avait son occupation.

Le soir, nos pêcheurs revinrent sans avoir rien pris, ni vu même aucune apparence de lamantin. Nos chasseurs rapportèrent quelques faisans, et une biche. On fit cuire la moitié de la biche, avec les faisans dont nous soupâmes d'un grand appétit, n'ayant point mangé de viande depuis que nous étions sortis de Panama. Il y avait un homme parmi nous, qui nous recommanda de nous garder des Indiens ; mais comme ceux du canot, et ceux qui avaient été à la chasse, n'en avaient point aperçu, nous crûmes qu'il n'y en avait point ; cependant nous ne laissâmes pas de faire bonne garde pendant la nuit. Le lendemain matin, chacun de nous reprit sa fonction, les uns la chasse, les autres la pêche ; et pour cela, tous se firent mettre à terre de l'autre côté de la baie, où, à cause des bois, ils croyaient trouver de quoi tirer.

Le soir, les chasseurs apportèrent des singes qu'ils avaient tués, n'ayant trouvé rien autre chose, et les pêcheurs apportèrent quelques poissons nommés savales. On apprêta le poisson, et on le mangea pendant que les singes cuisaient. On en fit rôtir une partie et bouillir l'autre, et tout nous sembla fort bon. La chair de ces animaux ressemble à celle du lièvre, mais elle est un peu douçâtre, et il faut y mettre beaucoup de sel en la faisant cuire. La graisse en est jaune comme celle du chapon, et a bon goût. Nous ne vécûmes que de ces animaux pendant tout le temps que nous fûmes là ; parce que, comme je l'ai déjà dit, nous ne pouvions trouver autre chose, et les chasseurs en apportaient chaque jour autant que nous en pouvions manger.

Je fus curieux d'aller à cette chasse, et je ne fus pas moins surpris de l'instinct qu'ont ces bêtes de reconnaître plus particulièrement que les autres animaux ceux qui leur font la guerre, et de chercher les moyens, quand ils sont attaqués, de se secourir et de se défendre. Lorsque nous les approchions, ils se joignaient tous ensemble, se mettaient à crier, à faire un bruit épouvantable, et à nous jeter des branches sèches qu'ils rompaient des arbres. Il y en avait même qui faisaient leur saleté dans leurs pattes, et qui nous la jetaient à la tête.

J'ai remarqué aussi qu'ils ne s'abandonnent jamais, et qu'ils sautent d'arbre en arbre si subtilement, que cela éblouit la vue. J'ai vu encore qu'ils se jetaient à corps perdu de branche en branche, sans jamais tomber à terre ; car, avant qu'ils puissent être à bas, ils s'accrochent avec les pattes ou avec la queue, ce qui fait que quand on les tire à coups de fusil, à moins qu'on ne les tue tout à fait, on ne peut les avoir : car lorsqu'ils sont blessés, même mortellement, ils demeurent toujours accrochés aux arbres, ils y meurent, et ils n'en tombent que par pièces.

J'en ai vu de morts depuis plus de quatre jours, qui pendaient encore aux arbres ; on en tirait quinze ou seize pour en avoir trois ou quatre. Mais ce qui me paraît le plus singulier, c'est qu'au moment où l'un d'eux est blessé, on voit les autres s'assembler autour de lui, mettre leurs doigts dans la plaie et faire la même chose que s'ils voulaient la sonder. Alors, s'ils voient couler beaucoup de sang, ils la tiennent fermée pendant que d'autres apportent quelques feuilles qu'ils mâchent, et qu'ils poussent ensuite adroitement dans l'ouverture de la plaie. Je puis dire avoir vu cette opération plusieurs fois, et l'avoir toujours autant admirée.

Les femelles n'ont jamais qu'un petit, qu'elles portent de la même manière que les négresses leurs enfants ; ce petit, étant sur le dos de la mère, lui embrasse le cou par-dessus les épaules avec les deux pattes de devant, et, des deux de derrière, il la tient par le milieu du corps. Quand la mère veut lui donner à téter, elle le prend dans ses pattes, et lui présente la mamelle comme les femmes.

Je ne dis point ici de quelle manière sont faits les singes, parce qu'ils sont fort communs en Europe. On sait qu'il y en a avec des queues, d'autres qui n'en ont point : ceux dont nous venons de parler ont des queues ; les autres qui n'en ont point sont plus communs en Afrique qu'en Amérique. On n'a point d'autre moyen pour avoir les petits que de tuer la mère ; comme ils ne l'abandonnent jamais, ils tombent avec elle lorsqu'elle meurt, et alors on les peut prendre. S'ils se trouvent embarrassés en quelques lieux, ils s'entr'aident pour passer d'un arbre ou d'un ruisseau à un autre, ou en quelque autre rencontre que ce puisse être.

J'ai même entendu dire à des gens dignes de foi que, quand les singes veulent passer une rivière, ils s'assemblent un certain nombre, se prennent tous par la tête et par la queue, et forment ainsi une espèce de chaîne. Par ce moyen, ils se donnent le mouvement et le branle nécessaires, ils s'élancent et se jettent en avant ; le premier, secondé de la force des autres, atteint où il veut, s'attache fortement au tronc d'un arbre, aide, attire et soutient tout le reste, jusqu'à ce qu'ils soient tous au lieu où est arrivé le premier.

À la vérité, je n'ai jamais vu ceci, et j'ai peine à le croire ; cependant, j'ai observé qu'on voit un grand nombre de singes tantôt sur un rivage, tantôt sur un autre, et la preuve que ce sont les mêmes, c'est que du côté où on les a vus cinq ou six heures auparavant, on ne les y voit ni on ne les y entend plus, ce qui semble confirmer ce que je viens de dire, puisqu'on a coutume de les entendre crier d'une grande lieue.

On trouve encore dans ce pays, et tout le long de cette côte jusque dans les Honduras, une espèce de singes que les Français nomment paresseux, parce qu'ils demeurent sur un arbre tant qu'il y a une feuille à manger ; ils sont plus d'une heure à faire un pas et, en levant les pattes pour se remuer, ils crient d'une telle force qu'ils percent les oreilles. Ils sont hideux et fort maigres : excepté cela, ils ne sont point différents des autres. Il faut sans doute que ces animaux soient sujets à certain mal des jointures, comme la goutte, ou quelque autre incommodité, car, si on en prend plusieurs, et qu'on les nourrisse bien, ils sont toujours les mêmes : ils mangent peu, et demeurent toujours secs et arides. Les jeunes sont aussi incommodés que les vieux ; lorsqu'on les peut atteindre, on les prend facilement avec les mains, sans qu'ils fassent autre chose que de crier.

Tous les singes de ce pays vivent de fruits, de fleurs, et de quelques insectes qu'ils attrapent de côté et d'autre.

Nous avions déjà séjourné huit jours dans cette baie et nous y serions demeurés plus longtemps, sans l'accident qui nous arriva. Un matin, à la pointe du jour, nos chasseurs et nos pêcheurs étaient prêts à partir et chacun de nous à remplir sa fonction : nos esclaves brûlaient des coquillages pour faire de la chaux, au lieu d'arcanson, qui est une espèce de poix, afin de raccommoder notre bâtiment ; les femmes étaient occupées à remplir nos futailles d'eau, qu'elles allaient tirer tous les jours aux puits avant que la mer, qui l'aurait salée, ne fût haute. Comme ces femmes s'étaient levées plus matin qu'à l'ordinaire, pour aller à l'eau, une d'entr'elles demeura derrière et s'amusa à cueillir et à manger de petits fruits qui croissent au bord de la mer.

Cette femme, étant baissée, vit, à vingt-cinq pas d'elle, sortir du chemin même par où étaient parties ses compagnes, quelques Indiens qui venaient à elle. Aussitôt, elle courut vers nous, et cria : « Voilà des Indiens ! » À l'instant, nous prîmes nos armes et courûmes du côté où elle les avait vus, et nous trouvâmes nos trois femmes esclaves par terre, percées chacune de quatorze ou quinze flèches dans plusieurs parties de leurs corps ; en sorte qu'elles ne donnèrent pas le moindre signe de vie, quoique le sang coulât encore de leurs blessures.

Nous allâmes dans le bois plus d'un quart de lieue sans rien découvrir ; nous ne distinguâmes pas même une trace d'homme, quoique nous fussions bien assurés que ceux-ci s'étaient sauvés par le chemin que nous prenions. Nous fûmes curieux de voir comment ces flèches étaient faites, et nous les retirâmes du corps de ces femmes.

Nous trouvâmes qu'elles n'avaient aucune pointe de fer ou d'autre métal, qu'elles étaient même faites sans le secours d'aucun instrument. Elles avaient cinq ou six pieds de long, la verge était de bois commun du pays, de la grosseur du doigt, bien arrondie, et pliante. À l'un des bouts, on voyait une pierre à feu fort tranchante, enchâssée dans le bout même avec un petit croc de bois en façon de harpon. Tout cela était lié avec un fil d'archal, et avec tant de force, qu'on pouvait darder ces flèches contre les corps les plus durs sans pouvoir rien rompre ; la pierre aurait plutôt cassé que de quitter le bois. L'autre bout était pointu.

Il y en avait quelques-unes de bois de palmiste, curieusement travaillées, et peintes en rouge, à un bout desquelles on voyait une pierre à feu, comme j'ai dit, et à l'autre, un petit morceau de bois creux de la longueur d'un pied, où étaient renfermés de petits cailloux ronds, qui faisaient du bruit ensemble lorsqu'on remuait la flèche. Ces Indiens avaient eu la subtilité de mettre des feuilles d'arbre dans ce bois, afin d'empêcher ce bruit des petits cailloux, qu'ils emploient, je crois, pour donner plus de coup à leurs flèches. Ceci laisse penser que les Indiens n'ont aucun commerce avec qui que ce soit.

Après avoir enterré les corps de nos esclaves, nous allâmes voir si nous ne trouverions point les canots de ces Indiens, pendant qu'une partie de notre monde travaillait à rembarquer promptement notre pillage : car nous n'osions pas demeurer davantage, et bien que notre bâtiment ne fût pas encore en état, nous ne laissâmes pas de le remettre à la mer, espérant, avant qu'il nous manquât, gagner le cap de Gracia-a-Dios, où nous étions assurés de trouver des Indiens de nos amis, qui nous donneraient ce qui nous serait nécessaire. Ainsi, dès le même jour, nous nous embarquâmes et, le lendemain matin, nous sortîmes de la baie de Bluksvelt.

CHAPITRE XLIII

Arrivée de l'auteur au cap Gracia-a-Dios. — Description de la vie et des mœurs des Indiens de ce pays, et la manière dont les aventuriers traitent avec eux.

Au sortir de Bluksvelt, nous naviguâmes entre quantité de petites îles qui forment une espèce de dédale agréable à la vue. On les appelle les îles de Perles. Nous y mouillâmes et notre canot fut mis à l'eau pour prendre quelques tortues. Il y en a quelquefois beaucoup. Nous n'en prîmes qu'une, après quoi nous allâmes chercher de l'eau douce.

Dès le même soir, nous mîmes à la voile et, le lendemain, nous nous trouvâmes devant les îles de Carneland. Mais comme le vent était favorable, nous continuâmes notre route, et, en peu de jours, nous arrivâmes au cap de Gracia-a-Dios, accompagnés d'un aventurier français qui avait été avec nous et qui nous avait fait peur devant la rivière de Chagre. Lorsque nous fûmes à terre, plusieurs Indiens nous vinrent recevoir et nous firent mille caresses.

Jamais les Espagnols n'ont pu réduire ces Indiens, non plus que les sauvages ; cependant les premiers ont toujours traité sans répugnance avec les aventuriers, tant Anglais que Français, sans distinction. L'origine de cette alliance vint de ce qu'un aventurier, passant par là, se hasarda à descendre à terre et à offrir quelques présents à ces Indiens ; ceux-ci les reçurent, et lui apportèrent en échange des fruits et ce qu'ils avaient de meilleur.

Quand l'aventurier fut prêt à partir, il déroba deux de ces Indiens. Il les savait admirablement adroits à la pêche au harpon ; et il avait besoin de poisson pour nourrir son équipage. Il traita bien ces Indiens, qui apprirent la langue française. Les ayant gardés un an ou deux, il leur demanda s'ils voulaient retourner en leur pays. Ils répondirent qu'ils en seraient charmés. Il les y ramena, et, de retour chez eux, ils dirent tant de bien des aventuriers à leurs compatriotes que ceux-ci conçurent pour eux de l'amitié ; mais ce qui l'augmenta encore davantage, c'est qu'ils leur firent entendre que les aventuriers tuaient les Espagnols.

Dès lors, cette nation a commencé à caresser les Français, qui, de leur côté, leur faisaient amitié, leur donnant des haches, des serpes, des clous et d'autres ferrures pour faire des armes. Par ce moyen, ils se rendirent insensiblement si familiers avec eux, qu'ils apprirent leur langue et prirent chez eux des femmes, que ces Indiens leur accordaient volontiers, de sorte que, quand les Français partaient, il se trouvait toujours des Indiens pour vouloir les accompagner ; ce que les aventuriers ne refusaient jamais.

Dans la suite des temps, les Français donnèrent quelques-uns de ces Indiens aux Anglais, leur apprenant comment il les fallait traiter, et avertissant aussi les Indiens que les Anglais étaient de bonnes gens, qu'ils les traiteraient bien et qu'ils les ramèneraient chez eux. Ils se sont ainsi accommodés avec les Anglais et ne font aujourd'hui aucune difficulté pour s'embarquer sur les vaisseaux de l'une ou de l'autre nation.

Quand ils ont servi trois ou quatre ans et qu'ils savent bien parler la langue française ou anglaise, ils retournent dans leur pays, sans demander d'autre récompense que quelques instruments de fer, et méprisant l'argent et les autres choses que les peuples de l'Europe recherchent avec tant d'empressement. Ils se contentent de ce qu'ils trouvent dans leur pays et disent que, s'ils ont peu, ils sont du moins en repos, et qu'on ne leur demande rien.

Ils se gouvernent à peu près en république, car ils ne reconnaissent ni roi, ni personne qui ait aucune domination sur eux. Quand ils vont en guerre, ils choisissent pour les commander le plus marquant et le plus expérimenté des hommes de leur tribu, quelqu'un par exemple qui aura vécu avec les aventuriers. Mais l'autorité de ce chef cesse dès le retour du combat. Le pays qu'ils habitent n'a que quarante ou cinquante lieues d'étendue. Ils sont environ quinze cents habitants en tout, séparés en deux bandes, qui forment comme deux colonies. Les uns sont au cap et les autres à Moustique. Ce sont ceux de Moustique qui vont ordinairement avec les aventuriers ; car les autres sont moins courageux et ont moins d'inclination pour la mer. Ils ne s'allient ni ne se querellent avec leurs voisins ; mais si ceux-ci commencent à les attaquer, ils savent bien se défendre.

Ils n'ont aucune religion, et cependant on tient que leurs ancêtres avaient autrefois leurs Dieux et leurs sacrifices, dont je dirai un mot, parce qu'ils avaient quelque chose de singulier. Ils donnaient tous les ans à leurs prêtres un esclave qui devait être la représentation de l'idole qu'ils adoraient. Dès que cet esclave entrait en office, après avoir été bien lavé, ils le revêtaient des habits et des ornements de l'idole, l'appelant du même nom, en sorte qu'il était toute l'année honoré et révéré comme leur Dieu. Il avait toujours avec lui douze hommes de garde, tant pour le servir que pour empêcher qu'il ne prît la fuite. Avec cette garde, on le laissait aller librement où il voulait ; et, si par malheur il s'enfuyait, celui qui en était le chef était mis à la place pour représenter l'idole et ensuite être sacrifié.

Cet esclave occupait l'appartement le plus honorable de tout le temple ; il y mangeait, il y buvait, et les principaux Indiens de la Cité venaient l'y servir régulièrement avec l'ordre et l'appareil dont on a accoutumé d'user envers les grands. Quand il allait par les rues, il était accompagné de seigneurs et portait à la main une petite flûte qu'il touchait par intervalles pour faire entendre qu'il passait. Aussitôt, les femmes sortaient avec leurs petits enfants dans les bras, les lui présentaient pour les bénir, et l'adoraient comme leur Dieu. Le reste du peuple en faisait autant. La nuit, ils le mettaient dans une forte prison, de peur qu'il ne s'évadât, et ils continuaient ainsi jusqu'au jour de la fête, où ils le sacrifiaient.

Ceci fait voir en passant que l'ancienne coutume des Indiens était d'immoler des hommes à leurs fêtes solennelles. Il est vrai que les Espagnols ont aboli cette coutume détestable en exterminant la nation ; mais en sont-ils moins coupables ? Si ces peuples ont sacrifié des hommes à leur superstition, les Espagnols n'ont-ils pas aussi sacrifié des hommes à leur intérêt en massacrant ces malheureux ? Ils semblent même plus inexcusables, car ces idolâtres croyaient honorer leur Dieu par ce sacrifice ; les Espagnols, au contraire, n'ont pensé qu'à satisfaire leur avarice par le massacre des Indiens.

Pour revenir à ceux qui n'ont point de religion, quand on leur parle de Dieu et qu'on les exhorte à se convertir, ils répondent que si Dieu est tout-puissant, il n'a que faire d'eux, et que s'il avait voulu les appeler, il n'aurait pas attendu jusqu'alors. Ils croient pourtant que nous avons une âme, mais ils ne sauraient définir ce que c'est. Enfin, ils font des cérémonies après la mort et aux mariages. Lorsqu'un Indien recherche une fille qui a son père, il s'adresse à lui. Alors, le père lui demande s'il sait bien tuer du poisson, faire des harpons pour le prendre, et s'il est bon chasseur ? Quand le jeune homme a répondu à toutes ces questions, le père prend une grande calebasse qui tient pour le moins deux pintes ; il y verse une liqueur faite de miel et de jus d'ananas et avale ce breuvage d'un seul trait ; il remplit ensuite la calebasse, la présente à son futur gendre, qui la boit de même et reçoit alors la fille pour sa femme, après que le père a pris le soleil à témoin qu'il ne la tuera pas. C'est ainsi qu'ils se marient. Voyons de quelle manière ils vivent ensemble lorsqu'ils sont mariés.

L'homme fait une habitation, et la femme la plante de toutes sortes d'arbres fruitiers dont ils se nourrissent. Lorsque l'habitation est plantée, la femme a soin de l'entretenir et de préparer ce qui en provient pour boire ou pour manger. La plupart vivent de bananes qu'ils font rôtir étant mûres, et qu'ils écrasent dans l'eau jusqu'à ce qu'elles soient réduites en bouillie. Ils nomment cette nourriture *Nichela* ; elle est bonne et fort nourrissante. Il y a une sorte de palmiste, qui produit un fruit qu'ils préparent de la même manière, si ce n'est qu'ils ne le font pas cuire, et qu'il est de couleur rouge.

La femme vient tous les matins peigner son mari et elle lui apporte à déjeuner. Ensuite, il va à la chasse ou à la pêche et, à son retour, elle apprête ce qu'il a tué. Les femmes s'occupent ordinairement, outre le travail de leur habitation, à filer du coton, dont les hommes font des hamacs et des ceintures pour cacher leur nudité. Ils n'ont que cela pour vêtements ; encore ne portent-ils pas tous des ceintures de coton, mais seulement d'une certaine écorce d'arbre qui, battue entre deux pierres, devient douce comme de la soie et dure longtemps. Ils font beaucoup de choses de ces écorces, comme des lits et des langes pour leurs enfants.

Quand ils commencent leurs loges, les femmes amassent ce qui est nécessaire pour les faire et les hommes les construisent. Ils sont si peu jaloux les uns des autres, que, parmi eux, les hommes et les femmes se communiquent également. Ces deux tribus de la même nation, savoir celle du cap et celle de Moustique, se voient réciproquement. Celui qui rend visite porte ses plus belles armes, et se noircit autant qu'il peut. Quand il arrive dans le lieu où sont ceux à qui il va rendre ses devoirs – car cette visite est générale –, il s'arrête à la première maison où on le mène. Au premier Indien qu'il aperçoit, il se jette tout de son long, la face contre terre. L'autre, qui le voit en cette posture et qui sait que c'est un Indien de l'autre tribu, va avertir ceux de la sienne que quelques-uns de leurs amis sont arrivés, car ils ne vont jamais seuls en visite, et il y en a toujours un qui précède les autres. Alors trois ou quatre Indiens notables se noircissent promptement, prennent leurs armes, et vont recevoir celui qui est couché le ventre à terre. Ils le relèvent et vont ensuite vers les autres qui, sitôt qu'ils les aperçoivent, se jettent par terre comme le premier ; ils les relèvent encore, et les mènent tous au lieu où les autres sont assemblés.

Pendant que ces trois ou quatre Indiens sont occupés à recevoir les nouveaux venus, le reste de leurs hommes se noircissent et les femmes se rougissent avec du rocou, afin de recevoir aussi la visite. Lorsque les étrangers sont arrivés on leur prépare du Nichela, de l'Achioco, et une boisson aussi forte que le vin pour le lendemain ; car ils s'enivrent quand ils en boivent. Pendant ce régal, ils se réjouissent, rient, sautent et dansent ; les hommes témoignent de grandes amitiés aux femmes, et néanmoins, ils ne les baisent jamais au visage ; du moins ne l'ai-je point remarqué. Mais comme ils sont fort lascifs, ils ne laissent pas de faire beaucoup d'actions indécentes. Après toutes ces réjouissances, je ne sais s'ils vont reconduire ceux qui les sont venus voir, car je ne l'ai jamais vu, ni demandé à des gens qui eussent pu m'en rendre raison.

Nous autres Français, nous sommes étonnés de voir des manières si différentes des nôtres. Que dirions-nous donc de celles des autres nations, qui le sont bien davantage ? Par exemple, nous buvons l'eau froide, et les Japonais la boivent chaude. Nous estimons belles les dents blanches, eux les noires ; et si elles sont d'une autre couleur, ils les teignent aussitôt de quelque drogue qui les noircit. Ils montent à cheval du côté de la main droite, nous de la gauche. Pour saluer, nous découvrons la tête, eux les pieds, en secouant légèrement leurs pantoufles. Quand notre ami arrive vers nous, nous nous levons ; eux, au contraire, s'asseyent. Chez nous, les pierres précieuses sont fort estimées ; chez eux ce sont choses communes. Nous donnons aux malades des choses fort douces et bien cuites ; ils leur en présentent de salées et de crues. Nous les nourrissons de volailles ; ils les nourrissent de poisson. Nous usons de médecines amères et de mauvaise odeur ; ils en prennent de douces et qui sentent bon. Nous saignons terriblement le malade et eux, jamais ; et ce qui est bien remarquable, c'est qu'ils donnent de bonnes raisons de tous leurs usages. Ils prétendent, par exemple, que s'abaisser quand un ami se présente, au lieu de se relever, est une plus grande marque de respect ; que les vases de quelque usage doivent être plus estimables que les pierres précieuses qui ne sont d'aucune utilité ; que l'eau que l'on boit froide resserre les extrémités des intestins, cause la toux et les autres maladies de l'estomac, et que la chaude, au contraire, entretient la chaleur naturelle ; qu'il faut donner aux malades des médecines que la nature désire et non pas celles qu'elle abhorre. Ils disent enfin qu'il faut ménager le sang, qui est la source de la vie. Pour les dents noires, outre qu'ils les trouvent plus belles ainsi, ils soutiennent qu'il faut leur donner cette couleur, parce que, si elles ne sont pas noires, elles le deviendront par quelque accident qui les rendra telles. Ils raisonnent du reste à peu près de la même manière. Ainsi, les Indiens ont leurs coutumes, différentes des nôtres, mais qui pour cela ne doivent pas nous paraître ridicules.

Quand l'un d'entre eux est sur le point de mourir, tous ses amis le viennent visiter, et lui demandent s'il est fâché contre eux de vouloir ainsi les abandonner. Lorsqu'il est mort, sa femme va lui faire une fosse de trois ou quatre pieds, tant en profondeur qu'en largeur, selon sa fortune ; et s'il a des esclaves, on les tue pour les enterrer avec lui. On jette aussi dans la fosse ses habits, ses armes, et tout ce qu'il a possédé. Sa femme lui porte pendant un an, qu'ils comptent par quinze lunes, à boire et à manger deux fois par jour, parce que, selon la superstition des Indiens, elle s'imagine qu'il en a besoin après sa mort, et lorsqu'elle ne trouve plus ce qu'elle a apporté, elle tient cela de bon augure, croyant que son mari en a profité, quoique ce soit quelque animal qui l'ait mangé. Si au contraire elle trouve tout, comme il arrive assez souvent, elle va l'enterrer, de peur que les bêtes n'y touchent. J'ai quelquefois fait bonne chère de ce que je trouvais sur ces fosses, car ce sont les meilleurs fruits qu'elles y apportent.

Lorsque les quinze lunes sont passées, la femme va ouvrir la fosse, prend les os de son mari, les lave et les nettoie le mieux qu'il lui est possible ; elle les enveloppe, et les lie si bien les uns avec les autres, qu'ils ne se peuvent désunir ; enfin, elle les porte sur son dos autant de temps qu'ils ont été en terre. Après cela, elle les met au haut de son habitation si elle en a une ; et si elle n'en a point, chez les plus proches parents qui en possèdent.

Les veuves ne peuvent prendre d'autres maris, qu'elles ne se soient acquittées de tous ces devoirs. On ne déterre point les os de ceux qui meurent sans avoir été mariés, mais on leur porte à manger. Les maris dont les femmes meurent ne sont point obligés à ces cérémonies.

Quand les aventuriers sont chez cette nation, ils y prennent des filles, et les épousent suivant le rite que les Indiens observent entre eux et, après la mort du mari, la femme indienne fait autant de cérémonies que s'il était Indien.

Autrefois, quand un grand seigneur mourait parmi eux, ils l'exposaient quelque temps dans une chambre ; ses parents et ses amis accouraient alors de toutes parts, apportaient des présents au mort, et le saluaient comme s'il eût été en vie. Outre les esclaves qu'il avait, ils lui en offraient encore de nouveaux pour être mis à mort avec lui, afin de l'aller servir en l'autre monde. Ils faisaient aussi mourir son prêtre ou son chapelain, car tous les grands seigneurs avaient un prêtre chez eux pour faire les cérémonies de leur religion. Ils le tuaient donc dans ce même moment, pour aller faire son office en l'autre monde ; et ce qui est étrange, c'est que tous ces domestiques s'offraient volontiers pour aller servir leur maître défunt, et cela avec d'autant plus d'empressement qu'ils en avaient été bien traités durant sa vie. Ils tuaient aussi le sommelier, le cuisinier, les nains et les bossus.

À ce propos, on raconte qu'un Portugais, étant esclave de ces barbares, avait perdu un œil d'un coup de flèche qu'il avait reçu au combat. Comme ils voulaient le tuer pour accompagner un grand seigneur qui venait de mourir, il leur remontra que les habitants de l'autre monde ne pouvaient souffrir ceux qui avaient le moindre défaut, et qu'ils feraient peu d'état du défunt, si on voyait à sa suite un homme qui n'eût qu'un œil et qu'il serait donc bien plus honorable pour le même défunt, d'en avoir un qui eût deux yeux. Les Indiens approuvèrent ces raisons et cet adroit Portugais sut éviter la mort.

Ils ont maintenant beaucoup de nègres pour esclaves ; il y en a aussi beaucoup de libres, à qui leurs maîtres en mourant ont donné la liberté. Ces nègres ne sont pas naturels du pays ; la race en est venue de Guinée, et voici comment.

Un navire portugais qui venait de traiter en Guinée pour porter des nègres au Brésil s'en trouva si chargé, que les nègres mêmes s'en rendirent maîtres, et qu'ils jetèrent tous les Portugais à l'eau.

Alors, ne sachant de quel côté faire voile, ils allèrent où les conduisit le vent, et arrivèrent au cap de Gracia a Dios, sans savoir où ils étaient. Plus de la moitié moururent de faim et de soif, et ceux qui échappèrent furent faits esclaves par les Indiens. Ils sont encore plus de deux cents de cette race. Ils parlent comme les Indiens, et vivent de même, sans avoir aucun souvenir de leur pays, sans pouvoir dire ni comment, ni d'où ils sont venus.

Les Indiens sont sujets à des maladies dangereuses, comme la petite vérole, les fièvres chaudes, le flux de sang. Quand ils ont la fièvre chaude, ils se mettent dans l'eau jusqu'au cou, et se guérissent ainsi parfaitement ; mais quand il leur survient quelque maladie d'une autre nature, ils n'y font rien. Aussi en meurt-il un grand nombre et ne se multiplient-ils guère ; car, au rapport des aventuriers qui ont le plus fréquenté cette nation, il y a plus de soixante ans qu'on les voit toujours dans le même état, quoique l'air du pays soit fort bon, et que la terre en soit fertile. Voilà ce que j'ai pu remarquer dans tout le temps que j'ai séjourné en cet endroit. J'aurais encore beaucoup de choses à dire, si j'écrivais tout ce qu'on m'en a rapporté ; mais je ne veux écrire que ce que j'ai vu, et que ce que j'ai appris de personnes dignes de foi.

Pendant notre séjour, nous amassâmes autant de fruits qu'il nous en fallait pour gagner les côtes de Cuba où nous voulions aller, et pour ces fruits, nous donnâmes aux Indiens ce qu'on a coutume de donner. Nous en emmenâmes deux, qui s'embarquèrent volontairement avec nous, ayant envie de faire autant de progrès que deux de leurs camarades que nous avions ramenés de Panama, et qui en avaient rapporté beaucoup d'instruments de fer qu'ils regardent comme de grands trésors. Je me souviens que, lorsque les deux premiers dont je parle participaient au pillage de Panama, s'ils trouvaient quelque argent, ils nous l'apportaient, et ne voulaient pas même mettre la main sur les habits, disant qu'ils n'en avaient pas besoin en leur pays, où la douceur de l'air les rendaient inutiles. Ils ne s'attachent précisément qu'aux choses les plus nécessaires à la vie ; enfin ils boivent et mangent peu.

CHAPITRE XLIV

*Histoire de l'aventurier Monbars,
surnommé l'Exterminateur.*

Dès que nous fûmes embarqués, nous levâmes l'ancre, et nous fîmes voile vers l'île de Cuba, où nous arrivâmes quinze jours après notre départ. En vérité, il était temps que nous arrivassions, car nous ne pouvions plus tenir notre navire à l'eau, le fond étant pourri et mangé des vers. Les deux Indiens qui nous accompagnaient et nos chasseurs allèrent à terre dans un canot. Sur le soir, les Indiens revinrent avec de la tortue et du lamantin, et les chasseurs avec du sanglier et de la vache ; en sorte qu'ils apportèrent à manger pour plus de deux cents hommes.

À cette vue, notre chagrin se dissipa ; nous oubliâmes nos fatigues, et tandis que, durant notre misère, nous nous supportions difficilement à dix pas les uns des autres, nous prenions alors plaisir à nous rapprocher, et à nous faire mille amitiés, ne nous appelant plus que frères. En un mot nous étions tous satisfaits, et résolus de demeurer longtemps dans ce lieu, afin de nous bien rétablir. Par bonheur, nous n'avions là d'ennemis que les Espagnols ; mais nous les cherchions plutôt qu'ils ne nous cherchaient. Il semble que la providence ait suscité les aventuriers pour châtier les Espagnols. En effet, comme les Espagnols ont été le fléau des Indiens, on peut dire que les aventuriers sont le fléau des Espagnols ; mais je n'en sache point qui leur ait fait plus de mal que le jeune Monbars surnommé l'Exterminateur.

L'Olonnais même, à ce qu'on prétend, ne leur a jamais été si redoutable. On trouve sur ce sujet une grande différence entre ces deux aventuriers : l'Olonnais a souvent fait mourir plusieurs Espagnols qui ne lui résistaient pas, au lieu que Monbars n'en a jamais tué un seul qui ne lui ait résisté.

Ceci me fait souvenir d'un incident que je rapporte maintenant, de peur qu'il ne m'échappe dans la suite. Car les choses qui regardent Monbars sont, à l'heure où je parle, si confuses dans mon esprit, que je les réciterai plutôt selon l'ordre dans lequel elles se présenteront à ma mémoire, que selon le temps qu'elles sont arrivées. J'écris celle-ci moins pour la rareté du fait, que pour la singularité de l'aventure qui y a donné lieu.

Un jour que Monbars était en mer, il se vit obligé de descendre à terre pour les besoins de son vaisseau, et fut bien surpris de trouver des Espagnols dans un lieu où l'on n'en devait point rencontrer. Ils marchaient en bon ordre, et bien armés, dans une plaine assez éloignée de l'endroit où étaient les aventuriers. Monbars, craignant qu'ils ne prissent la fuite s'ils voyaient tout son monde, ne fit paraître que quelques Indiens qui ne l'abandonnaient point, parce qu'ils l'aimaient, et qu'il les aimait aussi. Les Espagnols ne manquèrent pas de se jeter sur ce petit groupe d'Indiens, qui s'étaient avancés exprès pour les faire donner dans l'embuscade. Monbars, qui observait les ennemis, fondit sur eux et ne leur fit point de quartier. À l'heure même, il avança dans le pays, où il trouva beaucoup de choses nécessaires à la vie, dont il munit son vaisseau. Après cette expédition, les aventuriers se rembarquèrent, toujours étonnés d'avoir rencontré là des ennemis ; et ils avaient certes raison de l'être, car les Espagnols n'y étaient venus que par une aventure extraordinaire, comme on le va voir par ce qui suit.

Les Espagnols montaient une barque remplie de nègres, qui allaient commercer à leur ordinaire. Ces nègres étaient tous d'intelligence et, dans le dessein de se sauver, ils trouvèrent le moyen de percer la barque en plusieurs endroits, ils avaient aussi des tampons faits exprès, qu'ils mettaient et qu'ils étaient selon qu'ils voulaient ouvrir ou aveugler les voies d'eau ; et ils faisaient cette manœuvre si adroitement qu'on ne pouvait en apercevoir rien.

Un jour que les Espagnols s'entretenaient assez tranquillement, comme ils ont coutume de faire à cause de leur humeur flegmatique, l'eau, survenant tout à coup, les obligea d'interrompre leur entretien, et de courir partout pour retirer des hardes que l'eau gâtait considérablement. Les nègres qui avaient causé le désordre s'empressèrent comme à l'envi pour l'arrêter, et y réussirent si bien que les Espagnols admirèrent leur promptitude et leur adresse. Ce fut là le premier essai de leur ruse, et ils résolurent de la mettre en pratique jusqu'à ce qu'ils eussent trouvé un moment favorable pour en profiter au gré de leurs désirs. Ainsi, ils prenaient occasion du moindre vent et de la moindre tempête pour faire entrer l'eau, et ils la faisaient entrer autant de fois qu'ils le jugeaient à propos, pour faire croire que la barque était mauvaise.

Les Espagnols commençaient à en être persuadés, parce que, le plus souvent au milieu de leurs repas, et de leur sommeil même, ils étaient surpris par des inondations, d'autant plus incommodes qu'elles étaient toujours imprévues. Un jour que la barque était proche d'un récif où les nègres l'avaient conduite à dessein, ils débouchèrent toutes les ouvertures, si bien que les Espagnols, se voyant prêts d'être submergés, abandonnèrent la barque et les nègres, et se jetèrent sur le récif, d'où ils gagnèrent une langue de terre voisine, puis enfin l'endroit où Monbars les tailla en pièces.

Cependant, un nègre, étonné de ce que l'eau entrait de toutes parts, et avec une impétuosité qu'il n'avait point encore vue, jugea qu'il fallait promptement boucher les ouvertures, ou se résoudre à périr. Mais il n'en put trouver aucune, et il crut ses camarades dans la même peine, ne pouvant s'imaginer qu'ils eussent ainsi laissé inonder la barque, s'ils avaient pu l'empêcher. Alors, effrayé d'un péril si évident, il fut assez malheureux pour se sauver avec les Espagnols. Il regarda ce qu'étaient devenus ses compagnons, et les aperçut en pleine mer qui avaient arrêté l'eau et qui jouissaient de la barque. À cette vue, le nègre parut au désespoir, ce qu'il ne fit que trop connaître en trépignant et en s'arrachant les cheveux. Les Espagnols s'en étonnèrent, parce qu'ils croyaient sa destinée meilleure que celle de ses camarades qu'ils considéraient comme des gens perdus, ou prêts à se perdre, prévenus qu'ils étaient du mauvais état de la barque.

Mais, comme ils sont naturellement méfiants, ils soupçonnèrent quelque raison à l'emportement du nègre. Ils lui firent plusieurs questions qui l'embarrassèrent, et qui redoublèrent leurs soupçons. Enfin, ils le menacèrent des plus cruels tourments, s'il ne leur disait la vérité ; et comme il ne les contentait pas, ils en vinrent des menaces aux effets, le tourmentèrent cruellement, et le forcèrent d'avouer la chose. C'est de lui qu'on a su tout ce que l'on vient de raconter.

Cependant, Monbars continuait son voyage pour une grande expédition dont je ne dis rien à présent, parce qu'avant de passer outre, il est nécessaire, pour l'intelligence de ce qui va suivre, de reprendre plus haut l'histoire de cet aventurier.

L'Olonnais qui le connaissait particulièrement m'a assuré qu'il était d'une des bonnes familles du Languedoc, qu'il avait été très bien élevé, et qu'il s'était appliqué surtout à tous les exercices qui peuvent former un gentilhomme.

On prétend que, dans sa jeunesse, il avait lu plusieurs relations de la conquête des Indes par les Espagnols et, par conséquent, des cruautés inouïes qu'ils y ont exercées. Cette lecture fit naître dans son âme la haine pour les vainqueurs, et la compassion pour les vaincus. Il témoigna toujours dans la suite un grand désir de venger ceux-ci, et il sentait une joie excessive, lorsqu'il apprenait que les Indiens avaient battu les Espagnols.

On avait fait une comédie qui devait être jouée par les écoliers du collège où il étudiait. Parmi les acteurs, on introduisait sur la scène un Français et un Espagnol. Monbars représentait le Français et un de ses camarades, l'Espagnol. Celui-ci déclama une longue tirade d'invectives contre la France, mêlée de rodomontades offensantes. Monbars sentit aussitôt sa bile se réchauffer, et se réveiller l'aversion qu'il avait contre les Espagnols, aversion qui était née et qui croissait tous les jours avec lui. Impatient et furieux tout ensemble, il interrompit son camarade au milieu de son discours ; des paroles, il en vint aux coups et, si on n'était venu lui ôter des mains le prétendu Espagnol, il l'aurait tué infailliblement.

Cependant, Monbars se formait de jour en jour, et son père songeait à l'établir, lorsqu'il s'enfuit de sa maison, et alla trouver au Havre-de-Grâce un de ses oncles qui commandait un vaisseau pour le roi, avec ordre de croiser sur les Espagnols, contre lesquels nous étions alors en guerre. Il fit part de son intention à son oncle qui, le voyant bien fait et né pour les armes, en écrivit à son père, et peu de jours après, Monbars fit voile pour joindre la flotte que l'on équipait.

Pendant le voyage, au moindre vaisseau que l'on découvrait, il demandait s'il était espagnol. Il en parut un de cette nation ; son oncle lui fit donner la chasse, et en approcha d'assez près pour s'apercevoir qu'on se disposait à mettre le feu au canon. Comme il craignait que son neveu ne s'exposât inconsidérément, il le fit enfermer, et essuya le canon des ennemis, qui, par bonheur, ne lui fit pas grand mal. Il joignit ensuite le vaisseau espagnol, et on en vint à l'abordage. Alors on lâcha le jeune Monbars, qui fondit le sabre à la main sur les ennemis, se fit jour au milieu d'eux, et, suivi de quelques-uns que sa valeur animait, passa deux fois d'un bout à l'autre du vaisseau, renversa tout ce qui se trouva sur son passage, et ne cessa de combattre que lorsqu'on fut maître du vaisseau. Ce bâtiment était richement chargé. On y trouva trente mille balles de toile de coton, des tapis velus, et d'autres ouvrages des Indes de grande valeur, deux mille balles de soie reprise, deux mille petites barriques d'encens, mille de clous de girofle ; enfin une cassette remplie de diamants bruts, dont quelques-uns paraissaient de la grosseur d'un bouton commun. Elle était garnie de plusieurs barres de fer, et fermée à quatre ferrures.

Pendant que les autres considéraient avec plaisir les richesses qui leur tombaient entre les mains, Monbars se réjouissait à la vue du grand nombre d'Espagnols qu'il voyait sans vie ; car il ne ressemblait pas à ceux qui ne combattent que pour le butin : il ne hasardait sa vie que pour la gloire, et pour punir les Espagnols de leur cruauté.

Je me souviens de l'avoir vu en passant aux Honduras. Il était vif, alerte, et plein de feu, comme sont tous les Gascons. Il avait la taille haute, droite et ferme, l'air grand, noble et martial, le teint basané. Pour ses yeux, on n'en saurait dire ni la forme, ni la couleur : ses sourcils noirs et épais se joignaient en arcade, et les couvraient presque entièrement, de sorte qu'ils paraissaient cachés comme sous une voûte obscure. On voit bien qu'un homme fait de cette sorte ne peut être que terrible. Aussi dit-on que, dans le combat, il commençait à vaincre par la terreur de ses regards, et qu'il achevait par la force de son bras.

Malgré la fureur du carnage, on épargna les matelots dont on avait besoin, et quelques officiers, parce qu'ils n'étaient pas Espagnols. Ils donnèrent avis que le vaisseau qu'on venait de prendre était suivi de deux autres encore plus richement chargés, que la tempête avait écartés, mais qui arriveraient infailliblement dans peu de jours, parce que le rendez-vous était au Port Margot. J'avais oublié de dire que ce combat s'était donné vers Saint-Domingue, dont ce port n'est pas éloigné.

L'oncle de Monbars profita de l'avis qu'on lui donnait, et crut que les vaisseaux dont on parlait valaient bien la peine d'attendre dans le port sept ou huit jours, et plus même s'il le fallait. Il ne douta nullement que la prise n'en fût certaine, ne laissant paraître au port que le vaisseau espagnol dont il venait de s'emparer, persuadé que les vaisseaux de cette nation, le voyant au rendez-vous, ne manqueraient pas de le joindre et d'être pris.

Là-dessus, Monbars aperçut plusieurs canots qui tiraient vers les vaisseaux. Il demanda ce que c'était ; on lui répondit que c'était des boucaniers qui venaient, attirés par le bruit du combat. Ils présentèrent quelques paquets de chair de sanglier, qu'ils savent si bien apprêter, et qui est, comme je l'ai dit ailleurs, d'une odeur admirable, vermeille comme la rose, et dont la vue seule donnerait envie d'en manger. On reçut très bien leur présent, et on leur donna de l'eau-de-vie. Ils s'excusèrent sur ce qu'ils présentaient si peu de cette viande, et donnèrent comme raison que, depuis peu, la cinquantaine espagnole avait battu le pays, ravagé leurs boucans, et tout emporté. « — Comment souffrez-vous cela ? dit brusquement Monbars. — Nous ne le souffrons pas non plus, répliquèrent-ils avec la même brusquerie, et les Espagnols savent bien qui nous sommes ; aussi ont-ils pris le temps que nous étions à la chasse ; mais nous allons joindre plusieurs de nos camarades, qu'ils ont encore plus maltraités que nous, et, de leur cinquantaine, fût-elle devenue centaine, et même millième, nous en viendrons bien à bout. — Si vous voulez, dit Monbars, qui ne demandait que l'occasion de se signaler, je marcherai à votre tête, non pour vous commander, mais pour m'exposer tout le premier. »

Les boucaniers, voyant à son air et à son port qu'il était homme d'expédition, l'acceptèrent volontiers. Monbars en demanda la permission à son oncle qui ne put la lui refuser, considérant qu'il avait encore longtemps à demeurer là, et qu'il ne pourrait jamais retenir son neveu, avec la vivacité dont il faisait preuve. Il lui donna quelques gens de son âge, et de sa valeur, pour l'accompagner ; mais il lui en donna peu, parce qu'il ne voulait pas dégarnir son vaisseau, ayant peur d'être attaqué lui-même. Sur-le-champ, le neveu quitta l'oncle, en lui promettant néanmoins qu'il serait bientôt de retour auprès de lui. — « Vous ferez bien, lui dit son oncle, car je vous assure que, les vaisseaux que j'attends pris ou manqués, je partirai à l'heure même. » Il lui parlait de la sorte, non pas qu'il eût dessein d'en user ainsi, car il l'aimait trop tendrement, mais pour précipiter son retour.

Monbars, suivi des siens, passa avec joie dans un des canots des boucaniers. Cependant un chagrin secret se mêlait à cette joie, et son cœur souffrait un rude combat. D'un côté, il appréhendait que les vaisseaux qu'on attendait n'arrivassent, qu'on ne se battît en son absence, et qu'il ne pût partager le péril ou la gloire de l'action. De l'autre, les boucaniers l'assuraient qu'ils ne seraient pas longtemps sans rencontrer les Espagnols, ce qui le détermina enfin, espérant que s'il trouvait sous peu l'occasion de battre les Espagnols sur terre, il serait assez tôt revenu pour les battre encore sur mer.

Il pensait juste. À peine fut-il descendu dans une prairie environnée de bois et de collines, qu'on découvrit quantité de cavalerie espagnole leste et bien montée, qui s'était ainsi assemblée sur la nouvelle que les boucaniers s'assemblaient aussi. Monbars allait donner sur eux tête baissée, sans considérer leur multitude et le petit nombre des siens, lorsqu'un boucanier qui était auprès de lui, homme de cœur et d'expérience, lui dit : « Attendez, nous allons avoir ces gens-là sans qu'il en échappe un seul. » Ces mots, « sans qu'il en échappe un seul », arrêtèrent Monbars. En même temps, le boucanier fit faire halte à ses camarades, qui tournèrent le dos aux Espagnols, comme s'ils ne les avaient point vus. Il déroula une tente de toile, qu'il portait en bandoulière comme ont coutume d'en porter les boucaniers lorsqu'ils vont en campagne et, l'ayant dressée, ses camarades aidés de leurs engagés, qui les avaient joints dans la prairie, dressèrent pareillement les leurs, sans trop pénétrer son intention, et se confiant à son adresse qui les avait déjà plusieurs fois tirés d'affaire.

À ce moment, on fit paraître des flacons d'eau-de-vie, et d'autres choses propres à se bien réjouir. Les Espagnols, qui observaient la contenance des boucaniers, crurent qu'ils les tenaient déjà, s'imaginant qu'ils ne campaient de cette sorte que pour se régaler. Ils jugèrent à propos de leur donner tout le temps de s'accabler d'eau-de-vie, comme les boucaniers ont coutume de faire quand ils en ont à souhait, et cela dans le dessein de les surprendre quand ils seraient ivres, et de les vaincre sans peine. Et pour tromper mieux encore les boucaniers, ils se dérobèrent à leurs yeux, et quittèrent le haut de la colline pour descendre dans le vallon.

Cependant, le boucanier qui était l'auteur du stratagème le fit savoir de main en main à ses camarades, envoya secrètement avertir les autres boucaniers de l'état où étaient les siens, et les pria de les venir secourir, mais surtout de se cacher dans les bois ; néanmoins de peur de surprise, il fit observer les Espagnols.

Sur la brune, les boucaniers quittèrent secrètement leurs tentes, et passèrent sans bruit dans les bois, où ils trouvèrent ceux qu'ils avaient mandés, bien armés, et prêts à combattre, aussi bien que leurs engagés, qu'ils avaient amenés avec eux. Monbars mourait d'impatience de voir les Espagnols, et s'imaginait qu'ils ne viendraient jamais. Ceux-ci cependant attendaient le plus longtemps possible, se figurant que plus ils attendraient, plus ils trouveraient les boucaniers plongés dans la débauche, et que, les trouvant ivres morts, ils n'auraient plus qu'à les ensevelir sous leurs tentes.

À la pointe du jour, on aperçut qu'ils faisaient quelque mouvement. Peu de temps après, on les vit descendre en bon ordre de la même colline où ils avaient paru la première fois, quelques Indiens à leur tête, en manière d'enfants perdus. Les boucaniers les attendaient de pied ferme, et bien postés : ils ne pouvaient être vus, mais ils avaient l'œil attentif à tous les mouvements de leurs ennemis. Comme ils avaient eu la précaution de dresser leurs tentes fort éloignées les unes des autres, cette ruse obligea les Espagnols à diviser leur cavalerie par petits escadrons, et à fondre séparément sur chacune des tentes où ils croyaient trouver les boucaniers, qui les surprirent étrangement en sortant de toutes parts, chargeant à propos et sans relâche ces pelotons de cavalerie ainsi dispersée, abattant tantôt les hommes, tantôt les chevaux, et le plus souvent tous les deux ensemble.

Monbars, monté sur un cheval espagnol dont il avait tué le maître, courait partout où l'on faisait résistance. Il alla presque seul charger inconsidérément un escadron de cavalerie, et plus inconsidérément encore s'en laissa environner. Il aurait sans doute cédé au nombre, s'il n'avait été promptement secouru et dégagé par les boucaniers ; enfin, voyant que les ennemis écartés fuyaient à droite et à gauche, il les poursuivait à outrance.

Un boucanier s'aperçût que les flèches des Indiens les incommodaient beaucoup. « Quoi, leur cria-t-il en espagnol, et en leur montrant Monbars, ne voyez-vous pas que Dieu vous envoie un libérateur, qui combat pour vous délivrer de la tyrannie des Espagnols ? » À ces mots, les Indiens s'arrêtèrent et crurent ce que le boucanier leur disait, en voyant ce que faisait Monbars ; ils se joignirent à ses côtés, et tournèrent leurs flèches contre les Espagnols. Aussitôt les flèches, la mousqueterie et les autres armes assaillirent les Espagnols de toutes parts, et fondirent sur eux comme la grêle.

Monbars regardait ce jour comme le plus beau de sa vie, voyant les Indiens à ses côtés, qui le secondaient. Il prenait plaisir à les venger des cruautés que les Espagnols avaient exercées contre eux, et se sentait transporté de joie, en voyant ceux qu'il haïssait nager dans leur sang. Jamais peut-être, à ce que l'on m'a rapporté, n'a-t-on vu un carnage si horrible, et la déroute fut si grande, que les chevaux et les hommes ne parurent plus avoir de force que pour fuir devant le vainqueur.

Les boucaniers vainqueurs, et les Indiens qui se voyaient libérés prièrent Monbars de profiter de sa victoire, et d'aller ravager les habitations des Espagnols, qu'on ne manquerait pas de trouver consternés de la défaite des leurs. Monbars y consentit, et marchait à leur tête lorsqu'il entendit un coup de canon qui venait du port où étaient les vaisseaux de son oncle. Il partit en diligence, croyant que les vaisseaux espagnols étaient arrivés, et qu'on en était aux mains. Mais il trouva tout tranquille ; le coup qu'il avait ouï était le coup de partance, que son oncle avait fait tirer pour l'avertir, jugeant au bruit de la mousqueterie qu'il entendait, que le lieu du combat n'était pas éloigné. En effet, son oncle ne voulait pas attendre davantage, étant pressé d'aller où le service du roi de France, son maître, l'appelait. Il fut ravi de voir son neveu de retour, victorieux, et sans blessures, et d'entendre les éloges qu'on faisait de sa valeur.

Les boucaniers, qui ne pouvaient plus quitter Monbars, et qui n'ont point d'autre pays que celui où ils trouvent bonne chasse, s'embarquèrent avec lui. Les Indiens, prévoyant le danger qu'ils risquaient s'il leur fallait retourner dans leur pays après avoir abandonné les Espagnols, firent la même chose ; de sorte que le vaisseau qu'on avait pris sur les Espagnols se trouva rempli de braves gens. On arma les Indiens de fusils et de sabres, dont ils se servaient aussi adroitement que de l'arc et des flèches. L'oncle donna le commandement du vaisseau à son neveu, et nomma pour lieutenant un officier habile, afin qu'il pût l'aider, en cas de besoin, de son conseil et de son expérience ; après quoi, il fit mettre à la voile.

Je n'ai point su quelle route il tint, mais je sais bien qu'après avoir vogué huit jours, il fut attaqué, au sortir d'une grande baie, par quatre vaisseaux de guerre espagnols, qui coururent sur lui avant qu'il pût les éviter. Ils allaient, dit-on, au-devant de la grande flotte chargée de l'argent des Indiens.

L'oncle de Monbars fut donc assailli par deux de ces grands navires. Il se défendit vaillamment, et fit reculer bien loin ceux qui pensèrent l'aborder. Ayant combattu plus de trois heures, et ne voyant aucun secours, parce que son neveu était extrêmement pressé par les deux autres, il se résolut à un dernier effort, et le fit avec tant de force que les deux navires espagnols allèrent à fond les premiers, et qu'il les suivit de près, avec la satisfaction d'avoir vu périr ses ennemis.

Ainsi périt l'oncle de Monbars, grand homme de mer et de guerre, après s'être défendu fort longtemps avec autant de bonheur que d'adresse ; ses ennemis n'auraient pu triompher de lui, tout goutteux qu'il était, pour peu qu'il eût été secouru.

Monbars, outré de la perte de son oncle et impatient de le venger, soutenait les efforts des deux autres vaisseaux avec tant de valeur et de fortune, qu'après en avoir coulé un à fond, il aborda l'autre. Les Indiens qui le virent entrer par un côté, se jetèrent promptement à la nage pour le joindre de l'autre côté ; ils entrèrent à l'improviste, et, surprenant les Espagnols par derrière, ils en enlevèrent un grand nombre à bras le corps, les jetèrent à la mer, et en expédièrent aussi beaucoup d'autres à coup de sabre, dans le navire même, tandis que Monbars, secondé des siens, passait au fil de l'épée tous ceux qu'il rencontrait. Ainsi il se vit maître en peu de temps d'un navire plus grand et mieux équipé que ceux qui avaient sombré.

Si Monbars avait conçu tant de haine contre les Espagnols, pour avoir massacré les Indiens, on peut bien s'imaginer que cette haine redoubla lorsqu'ils eurent causé la mort de son oncle. Il cherchait tous les moyens de la venger, et se trouvait même assez fort pour l'entreprendre ; car il se voyait monté de deux vaisseaux des plus beaux et des meilleurs voiliers qui fussent peut-être alors sur la mer ; et pendant le naufrage de celui de son oncle les plus braves gens avaient été sauvés, et il avait perdu peu des siens. Les boucaniers lui proposèrent donc de faire une descente dans un lieu qui se rencontrait sur leur route, et qui était tout propre à exercer sa vengeance, à cause de la multitude des Espagnols qui l'habitaient.

Il n'en fallut pas davantage pour l'y résoudre ; mais il ne put exécuter son dessein avec tant de promptitude, ni de secret, que le Gouverneur du pays n'en fût averti, et qu'il ne donnât bon ordre à tout et ne fît embusquer dans les bois et dans les crevasses des montagnes, quelques nègres qu'il avait, et d'autres soldats de la milice du Roi d'Espagne. Outre cela, il prit avec lui cent hommes de pied, qu'il disposa en trois bataillons, et quelque cent à cent vingt chevaux, à la tête desquels il se mit, avec quatre pièces de canon, lesquelles commencèrent à tirer pour incommoder la descente de Monbars, qui leur fit rendre la pareille avec tout le canon de ses vaisseaux.

Les canonnades des ennemis, loin de faire peur aux boucaniers et aux Indiens, ne firent qu'allumer leur ardeur ; car, suivant l'exemple de Monbars qui tout le premier s'était jeté à terre, ils le suivirent de si près, que celui qui se trouva le dernier à s'y jeter s'estima le plus malheureux. Aussitôt, tous furent en rangs de bataille et en vinrent aux mains avec les ennemis qui, croyant les surprendre à demi-débarqués, avaient fait avancer un de leurs bataillons, soutenu des deux autres, pour les charger avant qu'ils fussent en ordre. Mais les Espagnols furent eux-mêmes si brusquement chargés par les boucaniers, qu'à peine la salve des mousquetades fut-elle achevée, qu'ils eurent à leur flanc Monbars avec les Indiens, qui les enfonça. Ainsi, le premier bataillon des ennemis était renversé sur les deux autres, et, poursuivis chaudement, ils regagnèrent la côte plus vite qu'ils n'en étaient descendus. Monbars, les ayant joints, en fit alors un prodigieux carnage, pénétra bien avant dans le pays, le parcourant en victorieux, et eut la satisfaction de venger pleinement sur cette nation la mort de son oncle, et le massacre des Indiens.

CHAPITRE XLV

Combat d'un aventurier portugais dans l'île de Cuba.

Il est bon de se ressouvenir que lorsque j'ai commencé cette histoire, nous étions à l'île de Cuba. Comme cette île était pleine de crocodiles, nous nous divertissions à les prendre et à les assommer. Une partie de nos gens continuait toujours à chasser et à pêcher, pendant que l'autre s'occupait à raccommoder notre vaisseau, afin qu'il pût nous porter jusqu'à la Jamaïque.

Nos chasseurs allaient ordinairement dix ou douze ensemble, afin de se garantir des crocodiles, car cette île est la seule de toute l'Amérique où il y en ait qui courent après les hommes. Voici le moyen d'empêcher qu'ils ne vous atteignent. Il faut aller tantôt à droite tantôt à gauche. Si vous allez tout droit, fussiez-vous montés sur les meilleurs chevaux du monde, ils vous joindront en un moment : ce qu'ils ne peuvent faire lorsque vous biaisez, car la nature de ces animaux est telle que la grandeur de leur corps ne les empêche point de courir, mais seulement de se retourner ; et comme les éléphants ont peine à se relever quand ils sont tombés, de même ces monstres, qui sont pesants et raides, se tournent difficilement, et se trouvent embarrassés lorsqu'il faut faire tant de crochets, qui font gagner du temps et permettent de prendre avantage sur eux, jusqu'à ce qu'enfin on les fatigue si fort, qu'on les laisse bien loin derrière ; autrement on n'échapperait jamais à leurs poursuites.

Quelques vieux aventuriers nous ont appris pourquoi ces crocodiles s'acharnent tant contre les hommes. Ils disent qu'un navire portugais était venu en cette île avec une charge de nègres ; la plupart de ceux-ci devinrent malades, et ils moururent en si grand nombre, que les Portugais ne faisaient que les jeter à l'eau, et que ces corps, poussés par la vague le long de la côte, étaient dévorés par les crocodiles, en sorte que depuis ce temps ils sont devenus fort carnassiers. Ils détruisent même tout le bétail que les Espagnols ont mis sur cette île, qui est très propre à le nourrir, à cause de l'abondance des pâturages. Ces crocodiles surprennent ces animaux lorsqu'ils vont boire, et mangent les petits lorsque leurs mères les mettent bas.

Nos gens n'allaient point de jour à la chasse, qu'ils n'en rencontrassent quelques-uns prodigieusement gros, et ils les tuaient quoiqu'ils y courussent d'assez grands dangers.

Un des nôtres, Portugais de nation, qui, dès sa plus tendre jeunesse avait vécu avec les Français et était devenu boucanier puis enfin aventurier, voulut aller à la chasse, accompagné seulement d'un esclave nouveau venu de Guinée, et encore demi-sauvage. Il avança dans le bois pour chercher une proie, et en passant un ruisseau, un crocodile, qui comme il nous l'a dit, avait plus de cinq pieds de long, le prit tout d'un coup par une jambe, l'abattit et se jeta sur lui. L'aventurier, qui était vigoureux, se défendit et appela son esclave ; mais celui-ci, à la vue de ce terrible animal, prit la fuite, et alla se tapir dans un buisson.

Le crocodile avait déjà presque emporté une jambe à l'aventurier qui perdait beaucoup de sang, et qui ne laissa pas, malgré cela, de donner tant de coups de couteau à cette furieuse bête, qu'il la mit hors d'état de lui faire plus de mal. Enfin, se relevant le mieux qu'il lui fût possible, il acheva de la tuer. Mais comme il ne pouvait plus marcher, il appela encore son esclave à son secours.

Ce pauvre garçon nous a avoué depuis que, dans sa frayeur, il n'avait pas pris garde au lieu où il s'était jeté, et que, quoiqu'il fût alors presque nu dans ce buisson, et percé de mille pointes d'épines, il les souffrait plutôt que de se résoudre à sortir, parce qu'il craignait encore plus les morsures du crocodile. Ainsi, son maître avait beau lui crier que le crocodile était mort, il ne se hâtait pas davantage. Notre aventurier fut donc obligé de se traîner jusqu'au lieu où était son esclave, qui le chargea sur ses épaules, et le porta deux grandes lieues dans le pays le plus sauvage du monde, par de si mauvais chemins, qu'ils étaient tous deux extrêmement fatigués, le maître de la douleur de ses blessures, et l'esclave du poids de son fardeau.

Le soleil commençait à baisser, de sorte qu'ils se voyaient réduits à demeurer tous deux dans le bois, à la merci de ces bêtes carnassières, et à y passer la nuit. L'aventurier, qui avait de la vigueur et de la présence d'esprit, se fit porter sur une petite montagne, d'où il découvrit le bord de la mer qu'il montra à son esclave, et le chemin qu'il devait tenir pour y parvenir, afin de nous avertir de le venir prendre. Avant que de le quitter, il lui fit bander ses plaies avec sa chemise qu'il déchira, et posa son fusil et ses couteaux près de lui pour se défendre, en cas d'attaque de quelque autre crocodile. L'esclave vint nous avertir de l'état de son maître, que nous fûmes aussitôt chercher. Nous l'apportâmes dans le vaisseau, où, après l'avoir visité, je trouvai que, d'une jambe, il ne lui était resté que les muscles et les nerfs qui pendaient tout déchirés. Il avait encore plusieurs blessures à la cuisse, et les parties génitales entièrement emportées.

Je le pansai, et la fièvre qui depuis peu l'avait quitté, le reprit. Deux jours après, la gangrène se mit à sa jambe, en sorte que je fus obligé de la lui couper. Après cette opération, ses plaies allèrent fort bien, et nous parlions déjà de lui faire une jambe de bois lorsque, en une nuit, il lui vint un érésipèle à la jambe saine, depuis la hanche jusqu'au talon. Je le saignai, le purgeai doucement, et tâchai d'apaiser l'inflammation avec des remèdes convenables.

Cependant la jambe tomba en pourriture, et, quelques soins que je pusse lui donner, il mourut. Je fus curieux d'ouvrir toute la jambe depuis la hanche, d'où, disait-il, provenait son mal. Je trouvai que le périoste, qui est une petite peau couvrant l'os, était mangé par une matière séreuse et noire, d'une puanteur inconcevable.

Je ne puis pourtant attribuer sa mort au venin du crocodile, car j'en ai vu plusieurs qui en ont été mordus, et dont la guérison n'a été suivie d'aucune mauvaise suite. Je crois donc que celui-ci n'est mort que parce qu'il était malsain, et d'une humeur sombre et mélancolique.

Telle fut la malheureuse destinée de ce Portugais, pour n'avoir pas voulu croire ceux qui l'avertissaient de n'aller point seul dans ce bois. Mais, comme je l'ai déjà dit, il était d'une humeur chagrine, et si opiniâtre, qu'il ne déférait à rien.

Enfin, notre vaisseau étant en état, nous partîmes gros et gras ; il ne paraissait pas que nous eussions fait un voyage si pénible. Nous ne songions plus qu'à retourner à la Jamaïque, pour trouver un autre vaisseau afin d'aller en course, car le nôtre ne valait plus rien. Nous fîmes route le long de la côte de Cuba, au travers des petites îles où nous fûmes pris d'un calme qui dura près de quinze jours, et qui nous réduisit à une telle pénurie d'eau, que nous fûmes obligés de nous contenter d'un demi-setier par jour, parce que nous ne pouvions aborder nulle part pour en prendre.

Après avoir passé quelques jours dans cette disette, et même sans boire, nous arrivâmes enfin dans le golfe de Xagua, que les aventuriers nomment Grand Port ; nous y trouvâmes deux navires hollandais, qui étaient ceux que notre flotte avait vus quand elle partit de l'île espagnole pour aller à Panama.

Ces navires avaient été obligés de relâcher en ce lieu-là pour se raccommoder, car l'un des deux avait été démâté de son grand mât par un coup de tonnerre, qui avait même tué beaucoup de ses gens. Je m'embarquai sur ces vaisseaux pour repasser en Europe, remerciant Dieu de m'avoir retiré de ce misérable genre de vie ; car ce fut là la première occasion que je trouvai depuis cinq années que je faisais ce métier.

J'ai fait trois autres voyages dans l'Amérique, tant avec les Hollandais qu'avec les Espagnols, et j'ai eu le temps d'y arriver à connaître parfaitement toutes les choses que j'y avais remarquées la première fois. Je reviens à mon histoire, et je compte sur l'indulgence de mon lecteur, qui voudra bien me pardonner cette petite digression.

Les aventuriers avaient toujours sur le cœur le tort que Morgan leur avait fait, et ils ne perdaient point l'envie de s'en venger. Ayant appris qu'il se préparait à aller prendre possession de l'île de Sainte-Catherine, soit qu'il ne se crût pas en sûreté à la Jamaïque, soit qu'il se défiât du gouverneur, les aventuriers avaient résolu de l'attendre sur son passage, de l'enlever, lui, sa femme et les siens, et de le mettre en lieu sûr, jusqu'à ce qu'il leur eût fait raison de son vol, lorsqu'ils en furent empêchés par un incident qui rompit leurs mesures. Un navire du roi de la Grande-Bretagne arriva à la Jamaïque avec un nouveau gouverneur, et un ordre exprès pour Morgan de repasser en Angleterre, pour y répondre des plaintes du roi d'Espagne et de ses sujets.

Si, en même temps, on avait écouté celles des aventuriers, on aurait pu voir, par ce qui s'est passé, qu'ils auraient eu sujet d'en faire de grandes contre lui. Morgan fut donc obligé d'aller en Angleterre, et j'ai fait tout mon possible pour connaître la suite et l'issue de cette affaire, mais je n'en ai pu rien apprendre.

Le nouveau gouverneur, une fois établi à la Jamaïque, observa plus de ménagements pour les Espagnols que son prédécesseur. Il envoya le vaisseau qui l'avait apporté, et qui était parfaitement bien équipé en guerre, dans tous les principaux ports du roi d'Espagne, sous prétexte de renouveler la paix avec eux, et de tenir la mer de la part du roi son maître, pour détruire les aventuriers qui commettraient des hostilités sans son aveu. Cependant les aventuriers ne laissèrent pas de piller presque à sa vue une ville qui appartenait aux Espagnols.

Il sera mal aisé, pour ne pas dire impossible, de s'opposer aux desseins de ces gens-là, qui, animés par le seul espoir du gain, sont capables des plus grandes entreprises. Il est vrai qu'ils succomberaient souvent dans ces entreprises, s'ils n'avaient ni bâtiments, ni vivres, ni munitions de guerre, ni ports.

Mais d'abord, pour ce qui est des bâtiments, ils n'en manquent pas, et on les voit souvent s'embarquer sur la mer avec les moindres vaisseaux, et prendre les plus grands, qu'ils rencontrent presque toujours remplis de vivres et de munitions de guerre.

À l'égard des ports, ils n'en sauraient non plus manquer : comme les Espagnols fuient devant eux, ils y entrent avec facilité, et s'en rendent maîtres aussi bien que des autres lieux, qu'ils parcourent en victorieux, et où l'on voit qu'ils agissent aussi tranquillement que s'ils en étaient les possesseurs légitimes ; de sorte que l'on ne voit rien qui puisse arrêter leurs courses et leurs progrès, sinon une vigoureuse résistance.

Par exemple, si l'on en croit les nouvelles apportées depuis peu à la Jamaïque par des vaisseaux venus de Carthagène, on a su que les aventuriers, étant entrés dans la mer du Sud, n'ont pu exécuter le dessein qu'ils avaient de se saisir de quelques postes avantageux pour troubler la navigation de Lima à Panama, parce que les Indiens, s'étant soulevés en plusieurs endroits de la côte, les ont empêchés de débarquer, et même de se pourvoir d'eau et de vivres. De plus, l'escadre du vice-roi du Pérou, qui croisait entre Lima et Panama, leur donnait la chasse, et avait ouvert par ce moyen le commerce entre ces deux places. Enfin, quelques aventuriers qui avaient débarqué dans la mer du Sud avaient été défaits et contraints de se retirer.

De pareils efforts, et souvent réitérés par les Espagnols, pourraient peut-être à l'avenir faire perdre aux aventuriers la coutume et l'envie de les attaquer. Je dis : peut-être, car, dans le fond, les aventuriers sont de terribles gens.

Ces efforts pourraient même leur être plus utiles que les soins qu'ils prennent pour empêcher que le nombre de leurs esclaves ne diminue. C'est pour ce sujet que les Espagnols sont si inexorables en Amérique, et qu'ils punissent si rigoureusement les négresses qui s'abandonnent à des hommes blancs ; c'est-à-dire, à des hommes de l'Europe. Ils n'en usent pas de même lorsqu'elles s'abandonnent à des nègres qui sont esclaves comme elles.

Comme ces négresses pourraient nier qu'elles aient eu habitude avec un homme blanc, et soutenir le contraire, on ne baptise leurs enfants que neuf jours après leurs couches ; au bout de ce temps, la nature de l'enfant mâle ou femelle devient blanche, et on est ainsi convaincu de la vérité.

On ne prend pas tant de précautions sans intérêt ; c'est que l'enfant qui vient d'un nègre est toujours esclave, au lieu que celui qui vient d'un homme blanc naît libre.

Il n'est donc pas surprenant qu'on observe les négresses avec tant de soin.

CHAPITRE XLVI

Diverses courses des flibustiers qui ont précédé la prise de la ville de Campêche.

Le 16 août 1683, quarante-six aventuriers flibustiers partirent dans un bateau de 40 tonneaux avec 4 pièces de canon pour joindre la flotte du général Grammont à l'île de la Tortue. Ils y trouvèrent quatre bâtiments français, venant d'une expédition sur la rivière d'Ynocq ; et, pendant six semaines qu'ils y demeurèrent, les capitaines Laurent et Michel, qui commandaient chacun un vaisseau de 36 pièces de canon et de 300 hommes, y vinrent aussi, de même que le capitaine Peduan, monté sur un vaisseau de 14 pièces de canon et de 130 hommes. Tout cela, joint ensemble, faisait environ 900 hommes propres à une descente.

On détacha les capitaines Vigneron et La Garde, pour faire quelques prisonniers sur la côte de Sainte-Marguerite et de Cumana, et savoir d'eux quelque endroit où il y eût de l'argent ; mais ceux qui furent pris assurèrent qu'il n'y en avait point.

Les flibustiers se séparèrent sur cette réponse. Le capitaine Peduan alla se caréner à la côte de Carac ; les autres allèrent à l'île d'Or. Et comme chaque flibustier est libre de choisir et de changer de vaisseau en payant les vivres, ils emmenèrent avec eux ceux qui voulurent être de leur partie, et réunirent de cette manière près de 400 hommes. L'île d'Or est voisine du golfe d'Arien, sur la côte de Carthagène. Ils prétendaient en traversant cet espace de terre, qui n'est que de quatorze lieues, passer dans la mer du Sud.

Quant au capitaine Michel, avec qui j'étais, il alla au cap Cordière pour faire de l'eau et pour surprendre le vaisseau qui vient tous les trois ans recevoir les épingles de la reine d'Espagne, qui montent à trois millions de piastres, la plus grande partie en perles tirées de la Marguerite et de la rivière de la Hache. Il manqua cette prise, parce que les flibustiers avaient tellement bu en célébrant la fête des Rois, qu'ils ne purent équiper assez promptement des canots pour poursuivre une pirogue espagnole qui les avait découverts, et qui vira de bord aussitôt pour en donner avis.

Cet événement obligea le capitaine Michel à sortir du cap Cordière. Comme il tournait vers Corrosel, il rencontra le capitaine Laurent avec un bâtiment chargé de quinquina et de 5 000 livres en espèces. La nuit les empêcha de se reconnaître ; le capitaine Laurent, dans la crainte que ce ne fussent des Espagnols, avait résolu de se brûler plutôt que de se rendre. C'est sa manière, qu'il garde encore aujourd'hui, et lorsqu'il reçoit quelques aventuriers à son bord, il leur dit qu'avec lui, ils peuvent s'assurer de n'être jamais pris par des Espagnols.

Il fut agréablement surpris d'avoir rencontré ses amis, mais cette joie fut traversée par la fâcheuse nouvelle des épingles de la reine d'Espagne, que lui apprit Michel. Ce coup lui donna du chagrin ; il lui tenait trop au cœur pour ne pas tenter une seconde fois la fortune. On leva l'ancre, et on alla au cap de la Vêle, à 14 lieues de la rivière de la Hache, où les flibustiers, ayant appris qu'on avait déchargé le vaisseau de ce qu'ils cherchaient, et qu'on avait trop bien pourvu à sa sûreté, détachèrent cent d'entre eux qui descendirent à l'île d'Or, puis allèrent dans la mer du Sud joindre ceux qui y étaient déjà passés. Ces derniers avaient écrit qu'il ne leur manquait que du monde, et que ceux qui voudraient les venir trouver prissent garde aux eaux croupies qui avaient fait périr plusieurs des leurs, avant que de s'apercevoir qu'elles étaient empoisonnées.

Les cent flibustiers qui avaient quitté le capitaine Laurent l'affaiblirent aussi considérablement. Il ne put faire autre chose avec le capitaine Michel, que de croiser le long de la côte de Carthagène, en attendant le retour de leurs deux meilleurs voiliers, qu'ils avaient envoyés s'informer si quelques aventuriers ne croisaient pas dans ces parages. Mais ils ne rencontrèrent que deux vaisseaux ennemis qui leur donnèrent la chasse, et, peu de temps après, parut la flotte espagnole, forte de cinq à six mille hommes, qui contraignit les flibustiers d'abandonner leur dessein sur Carthagène. C'est ce qui donna lieu à l'entreprise de Campêche, dont le succès paraissait assuré, car cette ville, n'ayant point d'armée pour la défendre, demandait aussi moins de monde pour la forcer.

CHAPITRE XLVII

La prise de la ville de Campêche, faite en l'année 1686.

Quoique l'entreprise des flibustiers sur Campêche ne leur ait pas été aussi avantageuse que celle de la Vera-Cruz, elle n'a pas laissé de leur être glorieuse, et l'on ne sera pas moins satisfait d'en apprendre le récit.

Le rendez-vous des flibustiers était à l'île-à-Vache. Ils s'y trouvèrent au nombre d'environ douze cents hommes. Après avoir fait la revue de toutes leurs forces, on proposa la prise de Carthagène, dans, l'espérance de se joindre encore à 700 hommes que l'on croyait être à l'île d'Or, et que l'on ne trouva point. On s'arrêta à l'expédition de Campêche, quoique l'on vît bien qu'elle ne devait pas être si profitable que celle de la Vera-Cruz ; mais on crut qu'elle était nécessaire aux aventuriers, parce qu'ils manquaient de vivres, et qu'après en avoir trouvé, ils seraient en état de faire de plus grandes entreprises.

Après que le conseil eut approuvé cette expédition, on recommanda le secret, on prit garde que personne ne s'échappât de la flotte, on ne dit aucune nouvelle aux barques d'avis qu'ils allaient à la Jamaïque et ailleurs, et on dépêcha un exprès vers M. de Cussy, gouverneur de la Tortue, pour avoir une commission d'aller en course, contre les Espagnols, sans spécifier le but de l'entreprise.

Mais M. de Cussy prévint les aventuriers : il avait appris depuis peu de jours, qu'on lui envoyait des ordres avec quelques frégates pour aller contre les flibustiers, et pour les obliger à se soumettre aux ordres du roi, qui n'approuve point ces sortes de courses.

M. de Cussy se transporta donc à l'île-à-Vache, où les aventuriers attendaient sa commission. Ils furent bien surpris de le voir en personne, et encore plus de lui entendre dire que leur dessein était contraire à la volonté du roi.

Le capitaine Grammont, qui a beaucoup de vivacité d'esprit, lui répondit :

« — Hé, monsieur, comment le roi saurait-il notre dessein, pendant que la plus grande partie de la flotte ne le sait pas encore ? Il est impossible que Sa Majesté vous ait fait savoir son intention là-dessus. Mais ce que je puis conjecturer de tout ceci, c'est que votre bonté ordinaire ne peut souffrir que l'on exerce des cruautés contre les Espagnols. Je vous promets, foi de capitaine, qu'il n'en sera fait aucune, et que nous garderons si bien le secret, que nous espérons surprendre la ville où nous allons, nous en rendre maîtres sans coup férir, et même la piller sans que les habitants aient le temps de s'en apercevoir ni de s'en plaindre.

— Raillerie à part, répartit M. de Cussy, capitaine Grammont, le roi n'approuve point cela ; il m'a fait savoir depuis peu ses ordres là-dessus, et il m'envoie quelques frégates pour réduire ceux qui y seront rebelles. C'est pourquoi je vous exhorte tous d'abandonner ces sortes d'entreprises, et je vous promets de vous rendre en cour tous les bons offices imaginables, et de procurer à chacun de vous des emplois selon son mérite et sa qualité. Vous savez que S. M. se fait plaisir de contenter tout le monde.

— Je n'en doute point, poursuivit Grammont, et si nos frères, qui sont ici présents, veulent renoncer au dessein que nous avions pris, j'y consens. »

Tous se récrièrent à l'instant que l'affaire était trop avancée pour la quitter, et que si M. de Cussy ne voulait pas leur accorder une commission pour aller contre les Espagnols, ils se serviraient de celle qu'il leur avait donnée pour la chasse et pour la pêche, faisant entendre par là que s'ils rencontraient des hommes qui voulussent leur résister, ils leur donneraient indifféremment la chasse, comme aux bêtes. M. de Cussy, les voyant dans cette résolution, les quitta brusquement, après les avoir exhortés à rentrer d'eux-mêmes dans leur devoir, pour ne pas le forcer de les y réduire.

Ce discours ne fut pas capable de les détourner du dessein qu'ils avaient formé. M. de Cussy ne fut pas plutôt parti qu'ils profitèrent du vent qui leur était favorable, firent voile, et arrivèrent en un endroit nommé Champeton, à quatorze lieues de Campêche. Sans perdre de temps, ils débarquèrent avec des canots, neuf cents hommes, et naviguèrent doucement à l'aviron, depuis deux heures du matin jusqu'à cinq heures du soir. Leur flotte était composée de vingt-deux canots, avec chacun leurs étendards, ce qui formait un spectacle assez agréable. Ils campèrent le soir devant la ville à la portée du canon, et passèrent la nuit dans leurs canots. La nécessité d'avoir les vivres qui leur manquaient les poussaient bien plus à poursuivre cette entreprise, que l'espérance du gain, sur lequel ils ne comptaient pas.

Dès le lendemain, sur les neuf heures du matin, M. de Grammont donna les ordres nécessaires pour la descente. C'était un coup bien hardi, et néanmoins assez ordinaire aux aventuriers, que d'aller ainsi attaquer en plein jour et à découvert une place de cette force. On fit donc débarquer toutes les troupes qui occupaient les vingt-deux canots, et celles qui étaient en trois bateaux et dans notre grand vaisseau, que l'on avait fait avancer. Puis elles parurent aussitôt en bataille à la vue des ennemis qui ne savaient que penser, pouvant croire aussi facilement que c'était une armée royale, qu'un amas de flibustiers.

Ils ne trouvaient aucune résistance pendant leur marche ; et ce qui les favorisa encore, c'est qu'il y avait sous la forteresse un vaisseau du roi d'Espagne de vingt-quatre pièces, qui périt en tirant plusieurs coups de la Sainte-Barbe.

Chacun le regardait comme un obstacle capable de retarder l'entreprise et de donner aux Espagnols le temps de se préparer à bien recevoir les aventuriers.

Mais le feu prit aux poudres et fit sauter ce vaisseau avec tout ce qui était dedans. Ce fut grand dommage, car il était fort bien fait, et ne tirait que quatre pieds d'eau, quoiqu'il portât vingt-quatre pièces, ce qui n'est pas commun. Aussi les Espagnols firent-ils courir le bruit qu'ils y avaient mis le feu exprès, de crainte qu'il ne tombât entre nos mains, et cela paraît assez vraisemblable. Cependant, si on attache la moindre attention à ce qui suit, il sera bien difficile de ne pas se persuader que ce fût un pur accident. En effet, le vaisseau sauta avec son pavillon royal en poupe, et au grand mât ; ce qui ne serait pas arrivé, si on l'avait fait exprès. Mais c'est la coutume des Espagnols de se prévaloir de leurs prospérités et de tirer avantage de leurs malheurs mêmes.

On marcha plus d'un quart de lieue sans trouver qui que ce fût qui résistât. Les aventuriers, toujours attentifs et sur leurs gardes, tombèrent à la fin dans une embuscade de 800 hommes, qui firent sur eux une furieuse décharge, mais avec si peu de succès qu'il n'y eut que deux hommes de tués et cinq ou six de blessés. Les aventuriers donnèrent sur les Espagnols en gens déterminés, et les obligèrent à décamper au plus vite. Ils entrèrent ensuite dans la ville de Campêche, qu'ils trouvèrent fortifiée à chaque carrefour de quatre pièces de canon.

Tout autre que le capitaine Grammont eût peut-être reculé ; mais en homme d'esprit et d'expérience, il s'avisa sur-le-champ de faire monter du monde sur les maisons qui sont bâties, comme celles des Turcs, en plate-forme. En sorte que voyant les ennemis du haut en bas, et à découvert, principalement ceux qui gardaient le canon, on faisait feu sur eux avec tout l'avantage possible. Les aventuriers qui étaient dans les rues, profitant de l'occasion, fondirent en même temps sur leurs ennemis, les forcèrent d'abandonner leurs canons, et s'emparèrent des quarante pièces, toutes en batterie.

Cette entreprise, qui aurait demandé un siège dans les formes, et occupé plusieurs jours avec d'autres gens qui prennent plus de précaution, et qui gardent plus de mesure que les aventuriers, fut exécutée par eux en une demi-journée, sans avoir perdu plus de quatre hommes.

Après la prise de cette ville, il ne restait plus qu'à se rendre maître de la forteresse. Elle était défendue de dix-huit pièces de canon, de 24 livres de balle, et de six pièces plus petites, avec 400 hommes de garnison. On se reposa durant trois jours, si c'est se reposer que d'être jour et nuit sur ses gardes et sous les armes. On ne laissa pas de prendre quelques rafraîchissements.

Cependant le capitaine Grammont, qui ne voulait pas en demeurerlà, donna ordre de faire venir de son bord cent boulets de canon, cent gargouges pleines de poudre, et dix affûts, sur lesquels il fit aussitôt monter dix pièces de canon, de celles que l'on avait prises dans la ville. Il commanda de faire une embrasure dans une maison voisine de la forteresse, qui servait de prison, et d'y placer les dix pièces de canon. On commença dès lors à canonner la forteresse, sans discontinuer pendant huit heures, à dessein d'y faire brèche, d'y monter, et de donner un assaut général.

Pendant que l'on canonnait ainsi, les flibustiers, au nombre de 600 hommes bien armés, étaient postés dans les maisons voisines, et faisaient un feu continuel sur le fort, tirant néanmoins à coup perdu, parce qu'ils ne voyaient personne. Ils eurent seulement le plaisir de hacher en pièces trois drapeaux plantés sur la forteresse, sans que l'on osât en arborer de nouveaux ; les balles qui tombaient alors comme la grêle en étaient l'envie et le moyen.

On tira sur la forteresse plus de quatre-vingts coups de canon sans aucun effet, ce qui en fit différer la prise jusqu'au lendemain, espérant d'ici là trouver quelque stratagème pour s'en rendre maître. Mais les Espagnols tirèrent les flibustiers de peine en l'abandonnant la même nuit, n'y laissant que le canonnier, un Anglais et l'enseigne de la forteresse, homme de cœur et de naissance, puisqu'il aima mieux se défendre jusqu'à l'extrémité, et être fait prisonnier de guerre, que de se sauver lâchement comme les autres. Aussi le capitaine Grammont le traita-t-il selon le mérite de sa personne, et sa fidélité envers son prince. Il le renvoya généreusement, après lui avoir fait rendre toute sorte d'honneurs, avec les biens qu'il possédait dans le pays. Il y joignit même beaucoup de présents de sa part.

On apprit l'évacuation de la forteresse par l'Anglais dont je viens de parler, qui cria au corps de garde avancé des enfants perdus, que les flibustiers pouvaient entrer. On le fit savoir au général, qui ne se fia à cet avis que de bonne sorte ; car, pour s'en assurer pleinement, il fit dire à cet Anglais, qui obéit, de tirer tous les canons à la volée, et l'on connut qu'ils étaient chargés de mitrailles. Le général jugea à propos de remettre au lendemain la prise de possession, parce qu'il faisait nuit, et qu'il se méfiait des Espagnols, dont il est plus difficile de prévenir la trahison que d'arrêter la bravoure.

Le capitaine Laurent, qui fut choisi pour en être le gouverneur, prit avec lui 80 hommes dont on composa la garnison. On songea ensuite à loger les flibustiers dans les maisons qui étaient autour de la place d'armes, et à s'y fortifier, parce que tous les jours on pouvait y être attaqué par plus de 1 500 hommes que les Espagnols auraient assemblés facilement s'ils l'eussent voulu ; mais ils n'en firent rien.

On demeura plus de deux mois dans la ville, allant tous les jours en parti à dix ou douze lieues à la ronde, sans rencontrer d'autres gens que quelques sauvages, ou quelque maigre butin.

Un jour, les flibustiers firent un parti de 1 300 cavaliers montés sur des chevaux et sur des mulets ; ils tombèrent dans une embuscade d'Espagnols, qui firent si à propos une décharge furieuse, qu'ils leur tuèrent plus de vingt hommes, et en blessèrent beaucoup davantage. Leur plus grande perte fut le capitaine Garderies, brave s'il en fut jamais. Cet échec leur apprit à ne plus aller à cheval, et, en effet, ce n'est pas là leur métier.

Il y avait dans cette embuscade plus de 900 hommes, et le gouverneur de Mérida y était en personne. Il est étonnant qu'il ne les ait pas tous taillés en pièces.

Pendant ces deux mois, on prit plus de 600 prisonniers, la plupart sauvages. Le capitaine Grammont, qui aimait les siens autant qu'il en était aimé, envoya vers le gouverneur de Mérida demander deux flibustiers que ses gens avaient faits prisonniers, à condition de lui rendre tous les siens, sans en excepter le commandant, le major, et le Castillan qu'il avait entre ses mains, sans quoi tout serait mis à feu et à sang dans la ville. Le gouverneur de Mérida lui fit répondre qu'il pouvait brûler et massacrer tout ce que bon lui semblerait, qu'il avait de l'argent pour rétablir la ville, et des hommes pour le combattre, et qu'il s'approchait à cette fin.

Le capitaine Grammont, outré de cette rodomontade, prit l'envoyé par la main, et, le promenant par la ville, il y fit mettre le feu en sa présence, et couper la tête à cinq Espagnols. Cela fait, il dit à cet envoyé : « Allez, et assurez votre maître de ma part que j'ai ponctuellement exécuté ses ordres. » Il le chargea en même temps de lui témoigner qu'il en ferait autant à ceux qui étaient encore entre ses mains, sur quoi, peu de jours après, il ne reçut pas d'autre réponse que la première.

Malgré tout cela, M. de Grammont fut aussi humain que le gouverneur espagnol était cruel, et il donna la liberté à tout le monde ; mais il fit sauter la forteresse, et brûla toute la ville.

Ce furent les fruits de l'indiscrétion et de la rodomontade espagnole ; car si le gouverneur de Mérida avait écrit et fait parler plus honnêtement au capitaine Grammont, on ne se serait pas aperçu du séjour des flibustiers à Campêche. Ils y arrivèrent le 7 juillet 1686 et n'en partirent que le 29 août au soir, jour où ils s'embarquèrent après y avoir célébré la fête du Roi, qui est le jour de Saint Louis, à grands coups de canon et de mousqueterie. On brûla dans le feu de joie pour plus de deux cent mille écus de bois de Campêche.

Cette expédition eut tout le succès que l'on en pouvait espérer, à l'argent près, que les flibustiers cherchent toujours et qu'ils ne trouvèrent pas. Le sieur de Grammont y fit voir toute la conduite, l'expérience et la valeur que l'on pouvait attendre d'un grand capitaine.

On dit qu'il est de Paris, et qu'il était fort jeune lorsque son père mourut. Le mari que la veuve épousa dans la suite donna entrée dans sa maison à un officier de ses amis, qui devint amoureux de la sœur de Grammont. Sa grande jeunesse semblait le mettre hors d'état de se mesurer avec un homme de valeur. Cependant, un jour que son beaupère était absent, il voulut écarter l'amant de sa sœur, et l'ayant prié de régler ses visites, il lui refusa sa porte. Mais la mère étant survenue avec sa fille, l'une et l'autre le traitèrent d'enfant, et firent monter le cavalier.

Grammont, indigné de ce procédé, fit quelques menaces dont le galant se sentit piqué. Le lendemain, il rencontra Grammont, et le traita de petit mutin qui faisait le brave. Grammont répliqua que, s'il était dans un âge plus avancé, il lui ferait l'honneur de tirer l'épée contre lui. La fierté du jeune homme irrita l'officier, qui mit aussitôt l'épée à la main. Grammont en fit autant, et blessa son ennemi de trois coups dont il mourut, laissant dix mille livres à la sœur de Grammont, et à lui-même de quoi se sauver. Il lui procura encore sa grâce par le moyen de M. de Castellan, major des gardes, que le Roi avait envoyé pour s'informer du fait. Il lui fit entendre que c'était lui-même qui s'était attiré ce malheur, et que, bien loin que l'on eût commis un assassinat sur sa personne, les choses s'étaient passées avec honneur.

Peu de temps après, Grammont fit quelques campagnes en qualité de cadet, au régiment royal des vaisseaux, dans la compagnie de la Leuretière. Il y acquit de la réputation, et fit très bien son devoir quelques années sur mer. En sorte qu'ayant eu le commandement d'une frégate armée en course, avec un cinquième du profit qu'il ferait, il passa à la Martinique, et prit une flotte hollandaise appelée les Bourses d'Amsterdam, de la valeur de plus de quatre cent mille livres.

Grammont amena cette prise à Saint-Domingue, sans se mettre en peine s'il ne lui en appartenait qu'un cinquième, parce que les intéressés étaient bien éloignés de là ; mais, ayant presque tout gaspillé au jeu et dans la débauche, il lui fallut retourner en course. Le malheur voulut qu'il perdit la frégate dont il sauva néanmoins le canon, les armes et tous les agrès. Il se trouva encore assez à son aise pour acheter un autre bâtiment de 50 pièces, et il s'acquit une grande réputation à Saint-Domingue. Les flibustiers l'aimaient et l'estimaient, d'autant plus qu'il était libéral et bienfaisant. Il a été fort longtemps leur commandant ; il s'est signalé en plusieurs rencontres, et se signale encore tous les jours, quoiqu'il soit âgé de plus de cinquante années, et que la goutte ne le quitte presque point. Mais la maladie ne l'empêche pas d'être toujours actif et entreprenant. C'est un des plus braves capitaines qui se soit encore trouvé parmi les aventuriers, qui le suivent volontiers et s'attachent à lui. Il a un secret tout particulier pour gagner leurs cœurs, et s'insinuer dans leurs esprits. Il est bien fait dans sa taille, quoiqu'elle soit médiocre. Il a le teint brun, les cheveux noirs, la mine guerrière, et agréable. La débauche du vin et des femmes l'a rendu perclus de tous ses membres. Il est impie, sans religion, et exécrable dans ses jurements. En un mot, il est fort attaché aux choses terrestres, et ne croit point aux célestes. C'est là son grand défaut.

CHAPITRE XLVIII

La prise de la ville de Carthagène, faite en l'année 1697.
Et la relation de ce qui regarde les flibustiers à ce sujet.

Après l'expédition de Panama, célèbre par la conduite que Morgan y a tenue, et par une marche qu'il a faite dans un pays, désolé par deux camps volants qu'il avait sans cesse sur les bras, tout entrecoupé de rivières et de rochers, on peut dire que rien n'est impossible aux flibustiers bien commandés.

C'est ce que l'on a déjà vu dans les entreprises de Marecaye, de Gibraltar, de Porto Rico, de Campêche et de l'île Sainte-Catherine ; on le verra encore dans le récit que je vais faire de ce qui s'est passé à Carthagène.

En effet toutes ces entreprises sont remarquables ; les unes, par la valeur des combattants ; les autres, par les grandes difficultés qu'il a fallu surmonter, et par la vigoureuse résistance que l'on y a trouvée ; les autres enfin, comme celle de la Vera-Cruz, par les immenses richesses que l'on en a remportées. Mais l'expédition de Carthagène est considérable par toutes ces choses ensemble.

Cette expédition se distingue des autres en ce qu'elle a été exécutée dans un temps de guerre ouverte, par des troupes réglées, et si bien accoutumées à vaincre que, par les choses qu'elles ont déjà faites, elles sont presque sûres de celles qu'il leur reste à faire.

On me dira peut-être que je devrais ne parler ici que de ce qui regarde les flibustiers ; je l'avoue, et c'était aussi mon dessein ; mais je n'ai pu me dispenser de rendre justice à la valeur des officiers et des troupes, que j'ai vu moi-même tant de fois s'exposer pendant le siège de Carthagène.

Si cette entreprise a eu des suites qui ont fait tant de bruit dans le monde, il est à présumer qu'avant que de rien entreprendre, on avait mûrement réfléchi, et pourvu à tout ce qu'il fallait pour porter avec succès dans les Indes, aussi bien qu'en Europe, la gloire des armes de France.

Ainsi donc, comme méditer une entreprise et l'exécuter est pour les Français la même chose, à peine eut-on arrêté ce dessein qu'on agissait déjà sur les lieux. Le baron de Pointis, homme de tête et expéditif, avait détaché deux mois auparavant la frégate *le Marin*, sous le commandement du sieur de Saint-Vandrille, avec des ordres adressés au sieur Ducasse, gouverneur de l'île de Saint-Domingue, pour assembler le plus de flibustiers, d'habitants, de boucaniers ou de chasseurs, et de nègres, qu'il pourrait trouver sur la côte.

Toutes ces sortes de gens sont braves et propres au coup de main. Ils joignent à leur adresse une intrépidité insurmontable, et rien ne peut les faire reculer. Il fallait cela ; c'est pourquoi M. de Pointis avait donné ses ordres pour les trouver prêts à son arrivée, afin de les joindre aussitôt à l'escadre dont il avait le commandement.

Cette escadre, armée en course au profit des particuliers, partit de Brest le 9 janvier 1696 pour l'île de Saint-Domingue. Elle faisait plaisir à voir ; tout y était dans un ordre charmant. On pouvait bien l'appeler une armée ; je ne craindrai pas même de la nommer ainsi dans la suite de cette relation.

Elle était composée de dix-sept voiles, savoir :

Le Sceptre, commandé par M. de Pointis.

Le Saint-Louis, par M. de Lévy.

Le Fort, par M. le Vicomte de Coëtlogon.

Le Vermandois, par M. du Buisson.

Le Furieux, par M. la Mothe Michel.

L'Apollon, par M. Gombaud.

La Mutine, par M. Maffiat.
Le Saint-Michel, par M. Marolles.
L'Avenant, par M. Francine.
La Galliote, par M. de Monts.
La Providence, corvette, par M. du Bonchel.
La Diépoise, flûte, par M. Tanberleau.
La Ville d'Amsterdam, par M. Monier.
Quatre traversiers par quatre officiers matelots.

En cet état, le baron de Pointis passa par le Raz de Fontenay, à dessein d'éviter une escadre anglaise beaucoup plus forte que la sienne, qui l'attendait à l'embouchure de Siroise.

Le 25 février, il fit route sur Finisterre, et atterrit sur l'île de Saint-Domingue, sans qu'il se soit rien passé dans cette traversée de douze cents lieues qui mérite d'être relaté.

Le premier mars il envoya *la Providence* au Port Real ou Cap Français, qui est le quartier le plus au vent de ceux que nous habitons dans cette île.

Le sieur de Galiffet, qui y commandait, ayant exactement pourvu de sa part à tout ce que le sieur Ducasse lui avait ordonné de tenir prêt, s'embarqua sur *la Providence* avec le sieur de Saint-Vandrille, pour aller à bord du *Sceptre* recevoir les ordres de M. de Pointis, qui était demeuré au large avec l'escadre, et lui rendre compte des vivres qu'il avait amassés, et des autres secours qu'il pouvait attendre du pays, pour l'exécution de ses projets. Il avertit M. de Pointis que la frégate du roi, *le Favori*, de l'escadre que commandait le chevalier des Augers, était en rade ; que le vaisseau *le Christ*, vice-amiral de l'Armadille de Valorviente, avait été pris par le sieur des Augers, et qu'il en avait donné le commandement au sieur de la Motte d'Airan, pour le mener en France par le plus court chemin.

M. de Pointis, profitant de cet avis, dépêcha vers le sieur de la Motte, et lui fit dire de joindre incessamment au petit Goave, pour le suivre dans ses expéditions.

Le 14 mars, tous les officiers montèrent sur *l'Amiral*, et y demeurèrent la journée à tenir conseil sur ce que l'on avait à faire, pendant que l'armée resta en panne, c'est-à-dire sous voile, sans changer de place, à cause de la manière dont les voiles sont orientées. Et, sur les cinq heures du soir, les vaisseau *la Mutine* et *l'Avenant* eurent ordre d'aller mouiller au port français à 14 lieues sous le vent, pour y prendre les flibustiers et nos rafraîchissements, parce que les vaisseaux qui étaient dans cette rade ne suffisaient pas pour contenir les troupes et les munitions qu'on avait pris soin d'y amasser.

On fit route à six heures le même soir, ayant le cap à l'ouest ; et le matin, on se trouva à deux lieues du cap Saint-Nicolas au sud-ouest.

Le lendemain, l'armée appareilla à cinq heures du matin, et fit route pour le petit Goave, où elle mouilla, et fit de l'eau et du bois pour trois mois.

Le petit Goave est un quartier situé à trente lieues sous le vent du cap Français, et à sept lieues de Leogane. C'est l'endroit que les flibustiers choisissent ordinairement pour s'assembler ; et Leogane, le lieu où séjourne M. Ducasse, gouverneur de l'île Saint-Domingue. Il vint à bord de *l'Amiral*, et conféra avec les officiers. On trouva dans cette rade environ mille flibustiers dans plusieurs petits navires, avec lesquels ils ont coutume de faire leurs courses.

Les vaisseaux, partis le 13, mouillèrent le 17. Le 18, on mit à la côte la frégate *le Favori*, qui n'était armée qu'en flûte. Son équipage avait passé dans *le Christ*, et on embarqua dans chaque vaisseau les troupes qui devaient composer un même bataillon pour la facilité du débarquement.

Sur ces entrefaites, il arriva une affaire assez particulière. On arrêta au corps de garde de la marine un flibustier qui avait causé quelque désordre. Ses camarades se trouvèrent choqués de sa détention ; ils le demandèrent avec assez d'arrogance, et, sur le refus qu'on leur fit de le relâcher, ils résolurent de l'enlever de force.

Un garde de la marine qui commandait, les voyant approcher, leur cria de se retirer, ou qu'il ferait tirer sur eux. Cette menace ne les étonna point et ils continuèrent ; on fit sur eux une décharge de laquelle il en resta trois sur le carreau. L'officier se renferma dans son fort, les flibustiers coururent tous aux armes et s'assemblèrent, se proposant de sauver la vie à quelque prix que ce fût à leur camarade.

On fit tout ce que l'on put pour empêcher cette sédition ; et comme on avait affaire à ces sortes de gens, il était de l'intérêt général de détourner cette espèce de guerre civile. Mais leurs oreilles n'entendaient aucune raison, et ils méprisaient tout ce qui pourrait leur arriver. Ils avaient résolu de se retirer dans les bois, et d'y faire des cabales, ou de passer au pays ennemi.

Ce qu'on pouvait leur dire, loin de les détourner de leurs desseins, en hâtait l'exécution. On avertit M. de Pointis du désordre qui allait arriver. M. Ducasse était malheureusement absent.

On fut surpris de les voir arriver deux cents en très bon ordre, marchant quatre par quatre, leurs fusils sur l'épaule, leur drapeau déployé. Ils entourèrent le fort, et se mirent en devoir d'exécuter les projets qu'ils avaient formés.

On leur représenta de nouveau qu'ils couraient à leur perte et qu'ils s'embarquaient dans une mauvaise affaire dont ils seraient fâchés dans la suite. Ils répondirent qu'ils voulaient avoir l'officier qui avait fait tirer sur eux, mort ou vif. Sans les contredire, on tâcha de les ramener à la raison. Leur mauvais procédé usa la patience des troupes, et les choses commençaient à s'aigrir, quand M. de Pointis, qui arriva heureusement, calma l'orage par sa prudence ordinaire. Il se rendit au fort ; quoique l'officier eût fait son devoir, on l'envoya à bord du *Pontchartrain*, dont il était.

M. Ducasse arriva le lendemain de cette révolte ; il réprimanda les flibustiers et leur dit que l'intention du roi était qu'on gardât une exacte discipline dans l'armée. Les flibustiers marquèrent par leur soumission le profond respect qu'ils avaient pour Sa Majesté. On se réconcilia avec eux, et l'on fit en sorte que la férocité de leur esprit s'accommodât avec la douceur de celui des troupes réglées, ce qui a continué pendant toute l'entreprise.

Pour rapporter ici avec autant de vérité que d'exactitude ce qui a pu contribuer au succès de cette expédition, voici en quoi consistaient toutes les forces de cette armée. On a déjà vu celles des navires.

L'équipage était composé d'environ 2 638 officiers, d'un assez grand nombre de mariniers ou de matelots, de 1 700 soldats, de 190 autres soldats de renfort embarqués à Saint-Domingue, et d'environ 130 officiers ou gardes de la marine.

Quoique le vaisseau *le Pontchartrain*, commandé par le sieur Monjay, fût destiné à d'autres armateurs, il ne laissa pas comme flibustier de se joindre à cet armement ; ce fut celui que M. Ducasse, gouverneur de Saint Domingue, choisit pour s'embarquer ; et la *Ville-au-Glamma*, de Saint-Malo, suivit *le Pontchartrain*.

Il est à propos de marquer ici le nom et le nombre des navires flibustiers qui se sont trouvés à cette expédition ; j'en sépare les habitants et les nègres pour éviter la confusion.

VAISSEAUX FLIBUSTIERS

La Serpente, commandée par Godefroy.
La Gracieuse, par Blouc.
La Pembrock, par Galet.
Le Cerf-volant, par Pierre.
La Mutine, par Pays.
Le Brigantin, par Sales.
Le Jersé, par Macary.
L'Anglais, par Colong.

COMPAGNIES D'HABITANTS.

Le Cap Boing, par Lessan.
Le Cap Limonade, par Grenier.
Le Port de Paix, par Pin.

COMPAGNIES DES NÈGRES.

Léangane, par Janot.
Le Cap, par Guimba.

Tout cela faisait environ seize cents hommes, tous gens de bonne volonté, et qui n'avaient d'autre désir que d'arriver promptement au lieu où on les devait employer, pour donner des marques de leur zèle et de leur valeur. Ainsi, l'armée partant du petit Goave était composée de vingt-neuf voiles et d'environ 6 500 hommes, tant pour la garde des navires que pour l'entreprise du siège. A l'égard des nègres, comme ils étaient destinés à un emploi particulier, on les mit sous les ordres du sieur Paty, capitaine d'infanterie à Saint-Domingue. Les habitants et les flibustiers faisaient un corps séparé sous le commandement du sieur Ducasse.

Enfin, tous les matelots furent armés d'espontons et de faux, et passèrent sous les ordres de plusieurs capitaines de vaisseau.

Après avoir réduit toutes les compagnies à cinquante hommes, on augmenta le nombre des officiers, faisant servir en cette qualité tous les gardes de la marine. On forma ensuite un bataillon de cinq compagnies de grenadiers, et six autres bataillons du reste des troupes, dont le commandement fut donné aux plus anciens capitaines d'infanterie. Le vicomte de Coëtlogon était général de l'artillerie, et les autres capitaines de vaisseau servaient comme lieutenants généraux sous M. le baron de Pointis.

Le commandement de l'armée étant ainsi réglé, on songea aux choses nécessaires à sa subsistance.

Le 20, on appareilla dans ce dessein pour le cap Tibron, situé sur la pointe ouest de l'île Saint-Domingue, à 175 lieues au nord de Carthagène.

Le besoin que l'on avait d'eau et de bois fut cause que l'on prit cette route. Les troupes mirent pied à terre pour faire la revue, afin de ne manquer de rien quand on serait arrivé à Carthagène. On fit reconnaître tous les officiers à la tête de leurs bataillons, et on régla un billet de convention qui fut envoyé à M. Ducasse, tant pour les flibustiers que pour les soldats de la côte. La plupart s'étaient retirés sur une montagne, prétendant qu'on ne leur avait pas rendu justice dans l'invasion de la Jamaïque, mais on les vit revenir sous l'espérance que l'expédition de Carthagène leur serait avantageuse. Comme ces gens-là ne font guère de courses qu'ils n'en rapportent de très bonnes prises, ils ont coutume d'arrêter, avant que de rien entreprendre, ce que chacun aura pour sa part ; c'est ce qu'on trouva à propos de leur faire savoir.

Cette manière de vivre procède de ce que leur armement se fait à leurs dépens, et que c'est à leurs risques et fortunes qu'ils entreprennent des courses. Celui d'entre eux qui fournit le bâtiment a tant de lots pour le corps du vaisseau, et tant de lots pour les pièces de canon sur les prises qui se font ; ainsi du reste, comme on peut le voir dans la chasse-partie faite pour l'expédition de Panama.

Pendant le temps de l'embarquement, ils sont aussi grands maîtres que leur capitaine. S'ils n'en sont pas contents, ils en nomment un autre à la pluralité des voix, et celui qu'ils croient le plus mériter cet emploi.

Quelquefois, ils sont eux-mêmes les matelots. Quand le capitaine veut croiser en quelque endroit, il faut le consentement de tous, et la plus forte voix l'emporte.

Les prises sont portées au pied du grand mât, où l'on en fait le partage. Ils ont de bonnes qualités et de bonnes maximes parmi eux ; la fidélité leur est naturelle, et quand quelqu'un d'eux a volé ses camarades, il est dégradé du nom et de la qualité de flibustier. Ils le mettent dans une île déserte, sans vivres et sans habits, à la merci du sort. Ils sont sans pitié, et même cruels à ce sujet.

Le premier avril, la flotte fit route pour la côte de terre ferme. Elle marchait dans un ordre à faire trembler toutes les Indes. Les équipages et l'armement étaient disposés à bien faire ; et, en attendant l'occasion de se signaler, les jeux et les plaisirs de la mer ne leur manquaient pas. Quoiqu'il n'y eût que trente lieues du cap Tibron au petit Goave, on fut cinq jours sans y arriver. La première terre que l'on découvrit fut la montagne de Sainte-Marthe, que l'on voit de quarante lieues par temps clair. On croit que c'est la plus haute montagne du monde.

On passa à l'embouchure de la Grande Rivière, ainsi appelée à cause de sa largeur. Elle vient se perdre dans la mer avec une si furieuse impétuosité, qu'à dix lieues de terre l'eau y est encore douce. La plupart des vaisseaux y firent de l'eau, et paraissaient plus calmes qu'à l'ordinaire ; la raison que j'en appris est que l'eau douce n'a pas la force de l'eau de mer.

Le 6 avril, la flotte mouilla aux Zembles, à quinze lieues au vent de Carthagène, où elle essuya un coup de vent qui l'agita jusqu'au 11 avril, jour où elle appareilla, et alla se ranger à deux lieues de la ville.

Les Zembles sont des îles sur la côte de Carthagène. Elles ont peu d'étendue. Les Français les appellent ainsi par corruption ; et les Espagnols, îlas de San-Blas, ce qui signifie îles de Saint-Blaise.

On tenta la même nuit le débarquement des flibustiers ; mais la mer était alors si haute, qu'il fut impossible d'en approcher.

Le douze avril, à deux heures après midi, on mouilla devant Carthagène. Le *Saint-Louis* y tira plusieurs bordées d'assez loin et sans effet ; mais on ne put mieux faire, à cause des brisants qui avancent dans la mer, et qui empêchent que les vaisseaux n'abordent près de la ville. On en peut voir la situation sur le plan que j'ai jugé à propos de faire de cet endroit, et que j'ai levé moi-même sur les lieux. Outre cela, voici la description de cette place et des forts dont elle est défendue. On verra par ce moyen l'ordre que les Français ont gardé pour réussir dans une entreprise où il ne fallait pas moins de prudence que de valeur.

La ville de Carthagène est située sur la côte du même nom, à quinze lieues sous le vent des Zembles. Elle est divisée en haute et basse ville. La ville haute s'appelle Carthagène, et la ville basse se nomme Gezemanie, ou Imaine, mot indien qui signifie Faubourg. Les rues de ce faubourg peuvent être prises en enfilade par le canon et le mousquet de la ville haute, parce qu'il n'y a point de remparts du côté qui la regarde, et qu'il n'en est séparé que par un fossé où la mer dégorge, sur lequel est un pont-levis qui sert de communication pour aller de l'un à l'autre. On voit de ce Faubourg ou ville basse, une fort belle maladrerie qui n'en est éloignée que d'une portée de fusil.

Les fortifications de Carthagène sont bonnes et assez régulières. La rade de cette ville est la même que celle de la côte, et les vaisseaux qui veulent y aborder sont obligés de passer devant trois forts qu'elle a pour sa défense, à cause des brisants qui en défendent l'accès du côté de la mer.

Le premier est le fort de Saint-Lazare, éloigné de Carthagène d'environ 400 toises, et situé à l'est de cette ville. Il la commande, et il n'est commandé que par une petite montagne d'accès difficile. On ne peut aller à ce fort que par un petit sentier du côté de la ville ; mais il est tellement exposé à ses batteries, qu'elles foudroient tout ce qui ose y paraître. Notre-Dame-de-la-Poupe, que l'on voit au-dessus de Carthagène, n'en est éloignée que de 150 toises.

Le second est le fort de Sainte-Croix, situé à une lieue au sud de Carthagène ; ses fortifications ne sont pas régulières, mais sa situation le rend presque inaccessible ; il ne peut y aborder à la fois que peu de chaloupes. On ne saurait y aller par terre, à cause des marécages dont il est environné, et d'un grand fossé plein d'eau où arrive la marée.

Le troisième est le fort de Boucachie, à trois lieues au sud-ouest de Carthagène. Il a quatre bons bastions ; la mer bat le pied du rempart d'un côté, et les trois autres côtés sont entourés d'un fossé à sec taillé dans le roc, dont le glacis est tout de roc aplani. Les remparts de Boucachie sont à l'épreuve de la bombe, et un boulet de 36 livres, tiré de la portée du mousquet contre ses murailles, ne fait que blanchir.

Ce fort est appelé Boucachie, de Bocca-chicca, qui signifie en espagnol petite bouche, parce que l'entrée du golfe de Carthagène est si étroite en cet endroit, qu'il n'y peut passer qu'un vaisseau ; encore est-il obligé de ranger le fort, pour éviter un écueil qui se rencontre au milieu de cette passe.

Le vaisseau *Saint-Louis* tira, comme j'ai dit, sa bordée sans effet. Il voulait s'approcher de plus près de la ville de Carthagène ; comme il touchait, il fut obligé de virer au bord au plus vite. *Le Vermandois* et les autres vaisseaux ne jugèrent pas à propos de tirer ; ils allèrent mouiller au-delà de la portée du canon de la ville.

La galiote bombarda toute la nuit jusqu'au lendemain, à la distance de la grande portée du canon. Ces machines, inconnues jusqu'alors dans les Indes, firent au premier abord plus de bruit que d'effet, et plus de peur que de mal. Mais on s'approcha de manière que toutes les bombes portent dans la ville. La plupart des femmes l'avaient abandonnée ; celles qui y étaient demeurées redoublèrent leur empressement à en sortir, lorsqu'elles virent le fracas du bombardement. Les Espagnols ont avoué que, dans ce moment, ils commencèrent à douter de leur fort, et à craindre ce qui leur est arrivé.

Le 14, on mouilla devant le fort de Boucachie. J'en donne encore ici la description, pour faire connaître l'intérêt qu'avaient les Espagnols à le conserver. Il commande partout ; on ne saurait en approcher par terre, et les bâtiments n'y peuvent aborder, ni du côté de la mer, ni du côté de la rivière. Ce fort est éloigné de trois lieues de Carthagène, et muni de quatre bastions ; la mer bat au pied du rempart de quatre côtés différents ; il est défendu par un fossé à sec taillé dans le roc, et le glacis de ses fossés est fait de ce même roc aplani ; les remparts sont à l'épreuve de la bombe, et les murailles à celle du canon ; il y en avait trente-trois pièces en batterie lorsqu'on l'attaqua.

Le vaisseau *Saint-Louis*, à bonne portée, se mit à canonner ; la galiote et deux traversiers commencèrent à bombarder. Ils firent les uns et les autres si bien leur devoir pour faciliter la descente des troupes, qu'elles furent à terre en bon ordre, se mirent aussitôt en bataille, et avancèrent jusqu'à un quart de lieue du fort, sans trouver qui que ce fût qui osât s'opposer à leur marche.

Les flibustiers, qui connaissaient le pays, représentèrent qu'il fallait traverser les bois ; que, par ce moyen, on marcherait à couvert, et que c'était le plus court chemin pour arriver à Boucachie. Leur proposition fut approuvée, et on fit à cet effet un détachement de trois mille hommes, dont ils firent partie. Ils marchèrent avec une fermeté héroïque, quoiqu'ils fussent obligés de suivre de petits sentiers où il ne pouvait passer qu'un homme de front, et qu'ils eussent lieu de craindre quelque embuscade sur la route, où 500 hommes retranchés auraient défait tout ce qui se serait présenté au passage.

En sortant de ce défilé, ils trouvèrent un chemin où l'on pouvait marcher deux hommes de front : c'était le chemin qui menait de Carthagène au fort. Ils se mirent en état de passer la nuit dans cet endroit, que l'on fortifia des deux côtés, afin d'arrêter le secours que les Espagnols pourraient envoyer de Carthagène, et d'empêcher toute communication du fort avec la ville.

Les troupes remuaient déjà la terre et coupaient des arbres, lorsque la garde avancée cria : « Qui vive ». Chacun quitta la hache, prit ses armes et serra la file, parce qu'on ne pouvait aller qu'un à un. Après une demi-heure de marche, ils arrivèrent dans un petit village, où six nègres furent pris ; le reste se sauva au fort de Boucachie, qui n'était qu'à une portée de mousquet de cet endroit. Quelques drapeaux furent aussitôt plantés sur un petit tertre qui se trouve là, et sur les maisons qui sont fort basses.

À cette vue, la garnison fut fort étonnée parce qu'il n'y avait que très peu de temps que les troupes avaient mis pied à terre. Elle tira cinq coups de canon qui tuèrent cinq hommes, sans faire d'autre mal.

Toute l'armée passa la nuit sans dormir ; on s'occupa à reconnaître la place, à envoyer des détachements de tous côtés, et à mettre doubles sentinelles, de crainte de surprise. Celle du poste le plus avancé donna l'alarme au camp, en faisant sa décharge sur cinq hommes des ennemis qui s'enfuirent à toute bride, après avoir mis en croupe un des leurs qui fut démonté, comme ils le dirent dans la suite. On y courut aussitôt, et on trouva le cheval blessé d'un coup dans l'épaule.

Cependant, quelques-uns allèrent sur le glacis ventre à terre, pour observer les mouvements des ennemis. D'un autre côté, M. de Pointis, M. de Lévy et M. Ducasse s'aventurèrent beaucoup en allant reconnaître un poste au bord de la mer. Un enseigne qui était à leurs côtés eut son chapeau percé d'une balle de mousquet.

Le 15 avril, à la pointe du jour, il parut une pirogue espagnole qui nageait pour gagner le fort à dessein de le secourir. Les flibustiers firent une décharge dessus, se jetèrent dans d'autres pirogues qu'ils trouvèrent sur le bord de la mer, coururent après, tuèrent une bonne partie de ceux qui étaient dedans, et la prirent. On fit vingt prisonniers, parmi lesquels étaient deux moines et deux des principaux du pays. Ils dirent qu'il n'y avait pas plus de 200 hommes de garnison dans le fort, mais que le même jour, dans l'après-midi il devait y arriver deux demi-galères chargées d'hommes et de vivres.

On envoya un des moines avec un de nos tambours et un trompette pour sommer le gouverneur de se rendre, sans quoi la garnison serait passée au fil de l'épée. Un tambour de la garnison vint avec nos gens, et répondit que son maître s'étonnait de la proposition qu'on venait de lui faire ; qu'il verrait, quand on l'aurait bien battu, le parti qu'il aurait à prendre ; qu'on l'attaquât bien, qu'il se défendrait de même.

On le fit aussitôt. Les nègres avaient aplani le chemin pour dresser une batterie de mortiers et de canon au bourg, où une partie de l'armée était venue camper. Dans ce moment, les bombes, le canon, les troupes, les flibustiers, tout joua son jeu ; les assiégés répondirent de même. Sur les deux heures après midi, on vit venir les deux demi-galères dont nous avons parlé ; elles tâchaient de gagner le fort malgré le feu des flibustiers. Cette résistance les obligea de s'avancer à découvert sur la grève, où le canon chargé à cartouches donnait sans relâche. Cependant ils firent fermer, et les deux galères furent obligées de virer de bord pour retourner à Carthagène.

Ils se trouvèrent trop engagés pour pouvoir se retirer sans

pertes considérables ; ils avancèrent jusqu'aux fossés avec ceux qui les soutenaient, afin de se mettre à l'abri du canon. Cet incident devait faire périr beaucoup de braves gens. On se battit à coup de fusil pendant près d'une heure. Le combat était chaud, parce que l'on était si près des ennemis, que les uns et les autres ne pouvaient se manquer.

Les grenadiers avaient déjà gagné le pont-levis, et ils étaient prêts à l'abattre ; les troupes arrivaient de toutes parts, et tous se disposaient à monter à l'assaut ; on voyait les échelles plantées ; les ordres se donnaient à cet effet, lorsque les assiégés arborèrent un pavillon blanc et demandèrent à capituler.

Ils voulaient avoir des conditions avantageuses, mais on leur signifia qu'il fallait que tous se rendissent prisonniers de guerre, et que si cette condition ne les accommodait pas, on allait monter à l'escalade. Il y avait trente échelles posées, et on y montait pour tenir sa parole. Tant de fermeté les obligea de se rendre, ils jetèrent leurs armes du haut des remparts, et ouvrirent la porte.

Les troupes que l'on commanda pour entrer dans le fort se saisirent aussitôt du rempart et des batteries, enfermèrent dans une chapelle la garnison, qui se trouva de cent ou cent-vingt hommes, avec de bonnes sentinelles pour les garder. Lorsque le gouverneur se vit devant M. de Pointis, il jeta son épée à terre. M. de Pointis en fit apporter une autre à la française, et la lui mit lui-même au côté. Sa générosité alla jusqu'à lui donner encore la liberté de se retirer, et d'emporter ce qui lui appartenait.

On prit ainsi cette place importante, et, le 16, on y mit une garnison française. Plusieurs flibustiers se distinguèrent en cette occasion, et réparèrent bien la faute de quelques faux frères qui avaient fait difficulté pour marcher.

Le sieur Marin, lieutenant de vaisseau, fut tué à ce siège ; le sieur Ducasse y fut blessé d'une mitraille à la cuisse ; et le sieur Canet, premier ingénieur, d'un coup de mousquet dans le bras.

Pendant que les troupes se reposaient, M. de Pointis fit sommer Dom Sanche Ximenès, gouverneur de Carthagène, de se rendre, et lui offrit une capitulation très avantageuse. Ce gouverneur répondit fièrement qu'il ne manquait ni de munitions, ni d'hommes, ni de courage pour se défendre, qu'il ferait le devoir de sa charge, et que, si dans la suite il se trouvait pressé, il tâcherait de profiter des offres obligeantes qu'on lui faisait de sa part.

Après cette réponse, il ne se passa rien de nouveau ; on fit seulement embarquer les flibustiers dans tous les traversiers, pour aller à Notre-Dame-de-la-Poupe, qui est à une portée du canon de la ville de l'autre côté du fort. C'est un couvent de religieux situé sur le haut d'une montagne vis-à-vis de Carthagène. Ce couvent était très riche ; mais, par précaution, les moines n'y avaient rien laissé, pensant bien que l'on ne manquerait pas de leur rendre visite.

En effet, les flibustiers avaient reçu l'ordre de s'en emparer, d'occuper les hauteurs et les passages, et d'arrêter tout le butin qui pourrait sortir de la ville ; ils ne rencontrèrent que quelques embuscades qu'ils eurent bientôt dispersées.

Le 17, l'armée ayant décampé, on marcha au fort de Sainte-Croix, qui est à deux lieues de là et à une lieue de la ville. Tant qu'elle suivit le bord de la mer, elle eut un assez beau chemin ; mais à mesure qu'elle entra dans les bois, dont le pays est tout couvert, elle fut obligée de passer par des défilés impraticables, et de souffrir une soif extrême, parce qu'il n'y avait point d'eau, et qu'il faisait des chaleurs excessives. On fit halte dans un vallon pour se reposer, et le hasard voulut que quelques-uns, ayant creusé un peu avant dans le sable, trouvassent de l'eau. À leur exemple, chacun creusa, et but à souhait, quoique l'eau fût un peu douceâtre.

Après que les troupes se furent rafraîchies, elles continuèrent leur chemin vers le fort de Sainte-Croix. Elles y arrivèrent un peu avant le coucher du soleil.

Ce fort est situé sur le bord de la mer, et défend aux vaisseaux l'entrée de Carthagène. Ils sont obligés, pour éviter un banc qui est au milieu de la rivière, de se ranger presque à portée du pistolet. Ses fortifications ne sont pas si régulières que celles de

Boucachie ; mais ce fort il est plus meurtrier, parce qu'il est revêtu d'un bon chemin couvert et d'un fossé où la mer entre. Il bat généralement de tous les côtés, et l'on y peut mettre soixante pièces de canon. Sa situation fermait le passage tant par mer que par terre à Carthagène, et les troupes avaient de la peine à en approcher, parce que c'est un pays plat et marécageux. Elles ne trouvèrent qu'un petit chemin où la boue montait jusqu'à mi-jambe, et encore fallait-il y aller à découvert. Aucun obstacle ne put les arrêter ; elles arrivèrent au fort, et leur surprise ne fut pas médiocre quand elles virent un pavillon blanc. Elles entrèrent sans coup férir, et désarmèrent la garnison, que les Espagnols avaient affaiblie pour renforcer la ville de Carthagène.

Le même jour, M. de Pointis, attentif à tout ce qui pouvait contribuer à l'avancement et au succès de l'entreprise, résolut d'attaquer Gezemanie, qui est la ville basse, ou le principal faubourg de Carthagène, et qui occupe une très forte situation.

Il fallait pour cela se rendre maîtres du fort de Saint-Lazare, parce qu'il commande Gezemanie ; et comme il est de l'autre côté de la ville, on se trouvait dans la nécessité d'embarquer du monde pour y passer, et de gagner Notre-Dame-de-la-Poupe, qui n'en est éloignée que d'une portée de fusil ; de là seulement il était possible d'organiser l'attaque. On détacha dans ce dessein les grenadiers et le bataillon de la Chevau ; mais lorsqu'ils s'embarquaient, on vit paraître des signaux d'assurance, et l'on apprit que les flibustiers, sous les ordres de M. Galifet, avaient passé dans des chaloupes, qu'ils avaient mis pied à terre, qu'ils s'étaient emparés de Notre-Dame-de-la-Poupe, et qu'ils étaient à portée de canon du fort de Saint-Lazare. Cette nouvelle fit plaisir à M. de Pointis. Néanmoins, il ne pouvait se dispenser de faire défiler les troupes à découvert du canon de Carthagène. Il usa de stratagème pour couvrir le dessein qu'il avait formé. Dans ce moment, il partit avec un détachement de grenadiers pour sommer la garnison de se rendre, et parlementa tout le temps qu'il fallut pour défiler sans danger.

Sur les dix heures du soir, il envoya le sieur de la Chevau avec cinquante hommes pour reconnaître le port de plus près. Ils passèrent dans les bois avec le moins de bruit qu'il fût possible, afin de cacher leur marche. Cette précaution n'empêcha pas que les sentinelles ne les entendissent ; les Espagnols firent aussitôt un grand feu de mousqueterie et de grenades ; malgré cela ils ne purent empêcher que leurs ennemis ne vinssent jusqu'au pied du fort.

M. de Pointis fit visiter les postes qui pouvaient être avantageux et voulut être présent à tout ce qui se passerait. M. de Lévy en fit autant de son côté ; ensuite on retourna au camp et on essuya encore le feu des Espagnols, qui tua le sieur de Vigny, blessa le sieur de Simonet et plusieurs soldats.

Le lendemain, on fit des chemins dans une colline d'où l'on pouvait approcher du fort à la faveur des bois, et on alla se poster à la portée du pistolet de la place, derrière une petite hauteur qui mettait l'armée à couvert du feu des Espagnols. Cela ne se fit pas sans perdre quelques hommes ; mais lorsque les flibustiers eurent le fort à découvert et qu'ils purent voir les assiégés derrière leurs embrasures, leur feu les obligea à quitter la partie et à se retirer en désordre dans la ville, après avoir tué leur commandant qui voulait se défendre jusqu'à l'extrémité.

Cependant, nos flibustiers tiraient sans cesse. On en avait posté vingt ou trente sur une petite montagne qui commande le fort, et qui est d'un accès très difficile. Ce fut de là que, continuant leur feu, non seulement ils abattirent autant d'ennemis qu'il en paraissait, mais qu'ils favorisèrent encore les troupes destinées à l'escalade, et leur facilitèrent le moyen de monter dans le fort et d'y introduire ceux des leurs qui étaient campés au pied de la montagne où est situé le fort de Saint-Lazare, à une portée de mousquet de Gezemanie.

Les ennemis nous le rendirent bien et leur canon démonta plusieurs fois le nôtre. Le sieur de Mornay fut blessé de plusieurs éclats et l'on y perdit beaucoup de monde, eu égard au petit nombre qu'il y avait dans le fort de Saint-Lazare.

Pendant que ce feu durait de part et d'autre, l'armée alla camper entre le fort et Gezemanie. Elle se prépara à former le siège de la ville.

Le 21, on fit venir deux pièces de canon et six livres de balles, on les mit en batterie dans la chapelle d'une maladrerie qui était à une portée de fusil de Gezemanie. À peine s'en était-on servi qu'on fut obligé de les retirer et de les faire monter au fort de Saint-Lazare.

Les ennemis tuèrent ou blessèrent plus de trente personnes dans cette occasion. Ils ne cessèrent point de tirer sur notre camp, ce qui diminuait tellement le nombre de l'armée, que M. de Pointis donna ordre d'aller camper derrière Saint-Lazare, où l'on était à l'abri du canon.

Comme il s'avançait pour observer la contenance des assiégés, il reçut un coup de mousquet qui lui découvrit l'estomac d'une épaule à l'autre. L'armée fut dans une consternation étrange à cette nouvelle ; mais elle se rassura lorsqu'elle apprit que la blessure n'était pas mortelle. M. de Lévy prit aussitôt sa place ; il continua le siège et fit travailler à quelque épaulement où l'on mit un mortier en batterie.

Le 22, le 23 et le 24, on travailla jour et nuit à débarquer les canons, les mortiers et d'autres instruments. On était obligé de les traîner sur leurs affûts près d'une demi-lieue, car il n'y avait pas moins de chemin à faire depuis le débarquement jusqu'au camp. Cette rude occupation et les chaleurs excessives donnaient beaucoup de peine aux soldats que M. de Lévy encourageait par sa présence.

Le 26, les batteries se trouvèrent fort avancées ; la première était de six pièces de canon, dont quatre étaient de 26 et de 36 livres de balles. Destinée à faire brèche, elle fut placée directement sous le fort, à l'opposé de la portée de Gezemanie.

La seconde batterie était encore de six pièces de canon, dont cinq étaient de 18 livres de balles, et la sixième de 36 livres. Cette batterie fut dressée sur une hauteur, à droite du fort, pour battre deux bastions qui étaient entre ces endroits et le fossé ; on y joignit un mortier.

La troisième était de trois pièces de canon de 18 livres de balles ; elle pouvait battre la porte de Gezemanie à droite et à gauche. Les ennemis avaient mis derrière de gros arcs-boutants et une infinité de pierres. Cette précaution n'empêcha pas qu'elle ne fût abattue par notre grande batterie royale.

Toutes les batteries tiraient si à propos qu'elles démontèrent plusieurs canons de la place et diminuaient à tout moment le feu des assiégés, d'où l'on jugea que la résistance ne serait pas longue.

La galiote qui était en rade et les mortiers qui étaient à terre ne cessèrent pas de la nuit le bombardement avec tout le succès possible. On alla reconnaître la tranchée, que l'on ne trouva pas praticable.

Le lendemain, sur l'avis qu'on avait eu que 800 Indiens venaient au secours de la place, on détacha 350 flibustiers qui battirent la campagne plus de quatre lieues. Ils rapportèrent environ quatre mille écus et quelque butin. Ils firent 50 prisonniers et se saisirent de quantité de bestiaux qu'ils amenèrent au camp.

Le 28 et le 29, on canonna jusqu'à cinq heures du soir ; la brèche parut alors fort avancée. Les sieurs de Coëtlogon et de la Chevau, qui étaient de tranchée, firent défiler les grenadiers que l'on avait postés dans la chapelle, et, soutenus de quelques autres troupes, ils allèrent jusqu'au pont-levis qu'ils voulurent abattre, pour monter ensuite à la brèche. Le bruit que l'on fit en abaissant ce pont découvrit l'entreprise ; la sentinelle des ennemis fit un faux feu, mais ils tirèrent du canon à cartouche et obligèrent les assiégés à se retirer dans leur tranchée, qui était entre la ville et leur batterie.

Le 30, on canonna jusqu'à 3 heures après midi et on avertit M. de Pointis que la brèche était assez grande. Toutes les batteries eurent ordre d'y venir pour la rendre plus facile à monter. On résolut ensuite de donner l'assaut général et on fit prendre les armes à toute l'armée. La marche fut réglée de cette sorte :

M. Ducasse, qui était de tranchée, marcha à la tête des grenadiers, quoique sa blessure demandât du repos, et fut accompagné des volontaires, qui étaient bien aises de trouver cette occasion de se distinguer.

Ensuite, marchaient les flibustiers, commandés par le sieur Macharis, et soutenus du bataillon de la Chevau. Les autres troupes marchèrent selon leur rang et défilèrent toutes par dedans la tranchée.

Lorsqu'elles se trouvèrent au bout du pont, le bastion de Sainte-Catherine, qui était dans la ville, battit en face et tua beaucoup de monde. Cet obstacle n'empêcha pas que l'on ne passât le pont-levis sur des planches que l'on fut obligé d'y mettre, parce que les assiégés l'avaient rompu la nuit du 28 en voulant l'abaisser.

Le feu des ennemis redoubla dans ce moment, et comme ils étaient à couvert derrière leurs remparts, ils tuèrent plusieurs personnes sans qu'on pût leur rendre la pareille. On remarqua qu'ils s'attachaient à tirer sur les sieurs de Lévy et Coëtlogon. Enfin, malgré leur résistance, on monta à l'assaut et l'exemple des officiers fit tant d'impression sur les soldats qu'ils arrivèrent enfin au haut de la brèche.

Elle était si difficile qu'on n'y pouvait monter qu'un par un ; ainsi les assiégés se contentèrent d'y laisser la garde ordinaire, et remirent au lendemain le soin de la redoubler ; d'ailleurs la tranchée avait si peu d'étendue, qu'allant tous à découvert, la plupart des officiers les plus avancés y furent blessés et les soldats commençaient à s'ébranler.

Il y eut un très grand carnage dans cette expédition. Deux cents Espagnols qui s'étaient réfugiés dans une église furent passés au fil de l'épée. On en trouva plusieurs autres qui s'étaient cachés sous la route du bastion par où nous étions entrés, et qui voulurent se défendre. Ils payèrent bien cher leur résistance. On ne fit quartier à personne, sauf au gouverneur, qui se nomma et se rendit. Il s'était fait porter sur la brèche dans un fauteuil pour animer ses gens, et n'en sortit que quand il vit les choses désespérées.

Plusieurs flibustiers furent tués ou blessés pendant le siège. M. de Pointis en avait posté cinquante sur une éminence qui commandait le fort Saint-Lazare, d'où ils décimèrent à coups de fusil la garnison de la place ; et, lorsqu'elle fut prise, les flibustiers qu'on y mit obligèrent ceux de Gezemanie à se couvrir de cuirs de bœuf ; leur feu incommodait tellement les Espagnols qu'ils furent obligés, pour l'arrêter, de pointer toute leur artillerie sur cet endroit, ce qui força aux assiégeants à dresser leurs batteries pour les battre en brèche. Il ne se passait point de jour que quelque flibustier n'allât faire le coup de feu avec les assiégés au pied de leurs murailles. Les nègres ne furent pas non plus inutiles ; un d'entre eux alla sonder le fossé de Carthagène, et c'en fut encore un autre qui alla sonder celui de Gezemanie à la faveur des coups de mousquet.

Je ne donne point ici la description de Gezemanie, parce que je l'ai faite avec celle de Carthagène.

Dès qu'on fut maître de la place, on s'empara de tous les postes, on établit des corps de garde dans toutes les rues et sur les bastions, on s'approcha le plus près qu'il fût possible du pont de communication pour entrer dans Carthagène. Les ennemis, ayant été vigoureusement repoussés à deux sorties qu'ils voulurent faire, rentrèrent dans Carthagène, et ne parurent plus que sur les remparts, d'où ils tuaient toujours quelqu'un.

Comme la rue où nous étions se trouvait en enfilade vis-à-vis la porte de Carthagène, on fut obligé de faire un retranchement au bout de cette rue, pour mettre la garde à couvert. À la pointe du jour, on fit retirer nos troupes dans les maisons, pour les garantir des coups qu'on tirait continuellement, et on passa deux jours à soulager les blessés, à pointer le canon de Gezemanie sur Carthagène, et à disposer des batteries en divers endroits pour faire brèche. Dès qu'elles furent en état, on songea aux moyens de faire agir utilement le peu de troupes qui restaient, les uns étant malades, les autres blessés, et d'autres fort fatigués.

Les ennemis avaient beaucoup de monde en état d'agir, des munitions et des vivres pour six mois. La ville de Carthagène était environnée d'un fossé plein d'eau, et les remparts garnis de quatre-vingts pièces de canon. S'ils avaient pu profiter de tous ces avantages, il n'y a pas d'apparence qu'on eût pu les réduire, et nous fûmes étonnés de voir quelque temps après deux pavillons blancs, qu'ils arborèrent pour parlementer.

Tout était en mouvement pour commencer le siège dans les formes lorsqu'on apprit que deux mille Indiens venaient se jeter dans la ville. On détacha aussitôt un bataillon avec cinq cents flibustiers pour s'opposer à leur passage. Mais leurs coureurs ayant reconnu nos gens pendant la nuit, ils se retirèrent, et ne firent halte qu'à deux lieues de l'endroit où ils apprirent de nos nouvelles.

Le 2 mai, notre détachement revint au camp, où l'on proposait de faire une nouvelle attaque ; *le Sceptre*, *l'Amiral*, et le *Vermandois* canonnèrent toute la journée, et sur les trois heures après midi, les assiégés demandèrent à capituler. C'était à quoi nous pensions le moins ; et comme on avait lieu de craindre quelque surprise, on envoya un nouveau détachement semblable à celui du jour précédent pour observer la contenance des Indiens, et, en même temps, on fit savoir au gouverneur qu'on n'entrerait point en conférence, qu'il ne les eût fait retirer.

Cependant, de part et d'autre, on cessa de tirer. Tous les officiers s'assemblèrent pour tenir conseil, et il fut résolu d'envoyer M. Ducasse écouter les propositions des assiégés. Il se transporta dans la ville ; mais ils ne voulurent traiter qu'avec M. de Pointis. Quatre des principaux d'entre eux furent députés pour savoir ce qu'il en pensait. La discussion fut très longue. Enfin, M. de Pointis leur ayant dit que, si les propositions qu'il venait de leur faire ne les accommodaient pas, ils pouvaient se retirer, ils demandèrent jusqu'au lendemain, n'ayant pas ordre de conclure. On leur laissa le traité entre les mains et ils furent reconduits à la ville, nous laissant deux des leurs en otage.

Le 3 mai, le gouverneur, mis en demeure de prendre parti, et ayant devant les yeux l'exemple de Gezemanie que l'on venait de prendre d'assaut l'épée à la main, considérant enfin que ses gens ne tendaient plus qu'à une sédition s'il ne se rendait pas, il envoya le même jour, et donc en temps voulu, vers M. de Pointis, pour signer la capitulation.

Elle contenait six articles, et elle était conçue en ces termes :

1° Le gouverneur sortira accompagné de la garnison composée des troupes et des milices qui voudront suivre, tambour battant, mèche allumée, avec deux pièces de canon de campagne. Le gouverneur emportera aussi tous les effets qui lui appartiendront.

2° Il ne sera fait aucun tort aux églises.

3° Les canons, tous les trésors et autres biens, appartenant au Roi Catholique, seront incessamment remis entre les mains de M. de Pointis, par ceux qui en sont chargés, avec leur livre de certification.

4° Il sera permis à chacun de se retirer où bon lui semblera, sans rien emporter de leurs biens, excepté ce qui leur sera laissé de hardes et d'argent pour se conduire.

5° Les marchands porteront à M. de Pointis leur livre de comptes, et remettront en entier l'argent et les autres effets dont ils se trouveront chargés pour leurs correspondants.

6° Les habitants qui voudront demeurer sous l'obéissance du roi très-chrétien jouiront des privilèges, droits et immunités dont ils jouissaient sous celle du roi catholique. On les laissera dans la paisible possession de leurs biens, à la réserve de l'or, de l'argent, et des pierreries qu'ils seront tenus de déclarer fidèlement, auquel cas on leur en laissera la moitié ; sinon ils en seront entièrement privés.

Tous ces articles ayant été signés de part et d'autre, on envoya un détachement de flibustiers pour occuper un des côtés des bastions que le gouverneur venait de céder, avec un côté de la porte de la ville. On y fit entrer aussi une partie de nos troupes qui se saisirent des remparts et de toutes les avenues. On fit défense à tous soldats et matelots d'entrer dans aucune maison, sous peine de mort. Le charpentier de *l'Amiral* entra dans une maison, et y prit quelque chose ; on l'arrêta, on le fit confesser, et, sur-le-champ, il eut la tête cassée. Les Espagnols en furent très satisfaits, et nous en marquèrent leur reconnaissance.

Le 4 mai, le gouverneur sortit, suivi d'environ 700 hommes sous les armes. M. de Pointis entra immédiatement après dans la ville, avec les troupes qu'il jugea nécessaires pour la garder, et alla d'un même pas faire chanter le *Te Deum* dans l'église cathédrale où les Français et les Espagnols firent des prières pour le roi. On peut bien juger que leur joie était aussi feinte que la notre était naturelle et véritable.

Cette cérémonie achevée, M. de Pointis alla à la Confedorie, où il devait loger. C'est une grande maison où l'on met ordinairement l'argent du roi d'Espagne, en attendant que les galions le viennent prendre. Ce fut dans cette confedorie que l'on apporta l'or, l'argent et les pierreries que l'on trouva chez les Espagnols qui en avaient caché.

Le 12, le 13, le 14 et le 15 se passèrent à recevoir l'argent des particuliers. Leur empressement faisait plaisir à voir ; c'était à qui en apporterait le plus. Ils se déclaraient les uns les autres, et criaient tous qu'on les expédiât promptement, c'est-à-dire qu'on les débarrassât de notre présence.

Il y en eut qui apportèrent jusqu'à quatre cent mille écus. Nous poussâmes l'honnêteté si loin, que bien souvent nous en laissions une bonne partie, et cela nous attirait mille remercîments. La perquisition que l'on fit dans toute la ville ne fut pas inutile, car on trouva beaucoup d'or et d'argent caché, tant en vaisselle qu'en monnaie.

Le reste du mois fut employé à ramasser tous les trésors, à les numéroter et à les embarquer. Cependant on fit mettre sur les vaisseaux tous les canons de fonte, au nombre de 86 pièces ; on creva ceux de fer, et on mina les principales fortifications de la ville.

On avait résolu de garder les trois forts pour être maîtres de tout le pays. Le gouvernement en avait été donné au sieur de Galifet, lieutenant du roi sur la côte de Saint-Domingue, et la garde devait être composée de dix compagnies d'infanterie, de 80 nègres et de 150 flibustiers armés, sur un navire pour la garde de la rade et celle de la côte.

Dès ce moment, on prit le parti de tout abandonner. Dans ce dessein on fit sauter le 27, le fort de Saint-Lazare, et le 28, partie de celui de Boucachie ; car on n'acheva de le ruiner qu'après que toute l'armée fut sortie de la rade. Le même jour, elle vint mouiller devant ce fort ; les flibustiers restèrent les derniers à terre ; et le sieur de Galifet les fit embarquer suivant l'ordre qu'il reçut de M. de Pointis et de M. Ducasse, sans qu'ils eussent causé aucun désordre.

Avant que de passer outre, on envoya de l'argent pour payer les flibustiers, sur le pied des matelots. Mais M. Ducasse, malgré leurs prétentions, refusa de le recevoir ; car leur coutume est, à chaque prise de ville ou de vaisseau, de faire autant de parts du butin qu'ils sont d'hommes, et de tirer chacun la leur.

Les flibustiers, voyant qu'on ne les satisfaisait pas, remirent à la voile et retournèrent à Carthagène, où ils refusèrent de recevoir le major de Saint-Domingue, et les ordres que M. Ducasse leur envoyait. Je ne doute point qu'ils n'y aient commis toute sorte de méfaits.

On peut juger des cruautés qu'ils sont capables d'exercer, par celles qu'ils ont si souvent exercées. Accoutumés au sang, on les a vus en répandre dans les rencontres, plus par inclination que par nécessité, et suivant cet instinct barbare, traiter les hommes comme des animaux. Car enfin, pour peu qu'ils eussent eu d'humanité et de bon sens, n'auraient-ils pas fait réflexion que ceux de Carthagène ne devaient pas être responsables de leur mécontentement, et qu'ils ne pouvaient rien exiger d'eux, après une capitulation aussi authentique que celle que l'on venait de conclure ? Mais uniquement attachés à leurs droits, ils ne se mettent guère en peine de celui des gens.

On pressa le départ à cause des maladies qui commençaient à nous attaquer plus cruellement que jamais, et à nous enlever beaucoup de monde.

Le premier jour de juin, après avoir entièrement ruiné le fort de Boucachie ; on appareilla de Carthagène pour aller à la Grande Rivière faire de l'eau, et de là continuer notre route au cap Tibron. *Le Pontchartrain* où le sieur Ducasse avait fait la campagne, et *le Malouin*, forcèrent de voiles, et nous quittèrent le même jour pour se rendre à Saint-Domingue, et porter incessamment le sieur Galifet en France. Il y était envoyé par M. Ducasse pour rendre compte au roi de la campagne. Il pouvait s'en acquitter dignement, lui qui s'était fait distinguer dans cette expédition par sa conduite et par son courage ; outre cela, il était encore chargé de demander justice pour les flibustiers et les soldats de la côte de Saint-Domingue. Il se défendit autant qu'il put de cette commission ; mais M. Ducasse l'en pressa tellement, qu'il fut obligé de l'accepter.

Le 25 juin, nous donnâmes le matin dans le golfe de Bahama.

Le lendemain, sur le midi, nos pilotes prirent hauteur, et trouvèrent que nous étions débouqués dans ces parages. Les courants y sont si forts, qu'ils nous firent faire quatre-vingts lieues en moins de 24 heures ; ils nous emportaient comme la foudre, quoiqu'il fît calme tout plat.

Le 28, nous rencontrâmes *le Marin* sur l'atterrage de Plaisance, qu'il quittait pour aller en France. Le même jour, nous trouvâmes dans la baie l'escadre commandée par M. le marquis de Nesmond, qui attendait celle que les Anglais avaient envoyée pour prendre Plaisance.

Le 29, nous y mouillâmes, n'ayant presque plus personne qui pût naviguer ; nos équipages étaient si maltraités, et nous-mêmes si fatigués de la longueur de notre traversée que, sans le bon accueil que nous fit le gouverneur de cette île, sans le prompt secours et les bons rafraîchissements qu'il nous donna, nous n'aurions jamais eu la force de regagner la France, où nous sommes enfin arrivés.

Nous y trouvâmes *le Fort* qui était arrivé avant nous, et qui s'était sauvé quand les ennemis nous donnèrent la chasse au sortir de Carthagène. Nous apprîmes aussi que la frégate *le Marin* était au Port-Louis, et que *l'Apollon* et *l'Avenant* avaient joint M. de Nesmond au Canada.

La joie que nous eûmes d'apprendre que tous nos vaisseaux étaient heureusement sauvés et le plaisir que nous ressentions de nous voir en France ne se peuvent décrire. Les malades en furent soulagés plus que par tous les remèdes des chirurgiens du royaume.

Nous n'attendions que le moment où il nous serait permis d'aller à terre, pour rendre grâce au Seigneur qui, par sa bonté infinie, nous a préservés de tous les dangers qui se sont présentés, et faire des prières pour quelques-uns des nôtres dont nous n'avons point appris de nouvelles. En faisant route, on les avait envoyés à terre dans un canot, pour les besoins de la flotte.

Je ne saurais m'empêcher de remarquer que les flibustiers et les autres gens de la côte ont été fort zélés pour le succès de l'expédition de Carthagène. On a vu leur empressement dans le service, lorsqu'ils se sont offerts pour recevoir les ordres de M. de Pointis, toutes les fois qu'ils ont cru que la connaissance qu'ils avaient du pays pouvait leur attirer cet honneur.

En effet, aussitôt que la flotte fut en vue de Carthagène, on les mit dans des canots pour aller investir cette ville du côté de Notre-Dame-de-la-Poupe ; mais il fallut revenir dans les vaisseaux, parce que la mer était haute, et on alla au fort de Boucachie. Ils furent les premiers à terre, percèrent les bois, et ouvrirent le chemin à l'armée. Ensuite, ils firent descente en terre ferme, traversèrent quatre lieues de bois, forcèrent deux embuscades, assurèrent la seconde descente de l'armée, en occupant les dunes du nord. Ils secondèrent les troupes qui les devançaient à l'attaque de Gezemanie, et prirent une partie des pavillons et des drapeaux qui ont été présentés au roi.

Voilà ce qu'ils ont fait. Que ne pouvaient-ils point faire, animés par la présence de Français disciplinés, prévenus de leur exemple, aidés de leur valeur, et de plus, soutenus partout de leur intrépidité, et de l'invincible ascendant qu'ils ont sur toutes les nations, sans avoir rien trouvé de contraire que le changement de climat.

Ainsi, les gens de la côte n'ont eu aucun avantage sur eux, que leur tempéramentaccoutumé à l'air d'un climat si différent du nôtre, et la connaissance qu'ils avaient du pays.

Il est remarquable que tant de contrées, si différentes et si éloignées les unes des autres, aient fourni presque en même temps une ample matière à la gloire des Français, par la prise d'Ath en Flandres, de Carthagène dans les Indes, et par celle de Barcelone en Espagne, par les efforts de deux armées toujours agissantes, pendant que l'on a vu d'un autre côté cinq armées en état de tout conquérir, demeurer en suspens, se contenter de tenir la campagne et de la parcourir victorieusement ; et qu'enfin, au moment où toute l'Europe était en effervescence, on a vu succéder à cette agitation universelle le calme subit d'une paix générale.

Tant d'événements extraordinaires sont les productions du puissant génie d'un seul prince, mais supérieur à tous les autres en force, en équité et en grandeur d'âme, puisqu'il est constant que si le roi est grand par la manière dont il a soutenu la guerre, il ne l'est pas moins par celle dont il a conclu la paix ; et il est vrai que l'une et l'autre sont surprenantes.

Pour ce qui regarde la guerre, veut-on l'attaquer ? Il prévient. Cherche-t-on à l'accabler ? S'efforce-t-on de diminuer son royaume par des entreprises considérables ? Il l'augmente par de nombreuses conquêtes.

À l'égard de la paix, on s'était imaginé qu'il ne relâcherait rien de ses conquêtes. Il les abandonna généreusement pour le repos de l'Univers, lors même qu'il était le plus en état de les conserver et de les accroître, sans en tirer d'autre avantage que la gloire de les avoir faites. D'où l'on peut conclure que le roi n'a jamais armé que pour se défendre, ni triomphé que pour la paix. Toutes ses entreprises ont été importantes à l'église, glorieuses pour lui-même et avantageuses pour ses sujets.

Table des Matières

Avant-propos 4

Sur la vie et les éditions d'Œxmelin . 7

Cartes . . . . 18 à 20

Chapitre premier. 21
Départ de l'auteur. — Ce qui lui est arrivé jusqu'à son débarquement dans l'île de la Tortue.

Chapitre II 27
Description de la Tortue.

Chapitre III 29
Établissement d'une colonie française dans l'île de la Tortue. — Les Français, chassés par les Espagnols, y reviennent. — Après divers changements, ils en demeurent les maîtres. — Le chevalier de Fontenay prend possession du gouvernement de la Tortue au nom du général des Antilles : il en est chassé par les Espagnols. — Les boucaniers la reprennent, établissent M. du Rosay leur gouverneur. — Sa mort. — Son neveu lui succède.

Chapitre IV 36
Le chevalier de Fontenay prend possession du gouvernement de la Tortue au nom du général des Antilles : il en est chassé par les Espagnols. — Les boucaniers la reprennent, établissent M. du Rosay leur gouverneur. — Sa mort. — Son neveu lui succède

Chapitre V 45
La Compagnie Occidentale abandonne la Tortue et permet aux marchands d'y négocier. — Gouvernement de M. d'Ogeron dans cette île.

Chapitre VI 52
Description générale de l'Ile Espagnole appelée Saint-Domingue.

Chapitre VII 59
Des boucaniers français et espagnols et de leur origine.

Chapitre VIII 72
Des habitants des îles espagnoles et de la Tortue, et de leurs engagés.

Chapitre IX 79
L'auteur s'embarque avec les aventuriers. — Leurs entreprises.

Chapitre X 84
Particularités des aventuriers ou flibustiers dans leurs courses. — Côtes qu'ils fréquentent ; chasse-partie qu'ils font entre eux. — Leur manière de vivre.

Chapitre XI 89
Conduite des aventuriers pour la prise d'un vaisseau. — Partage du butin. — Droit du gouverneur qui leur a donné la commission. — Îles où ils vont se caréner.

Chapitre XII 92
Histoire de Pierre Franc et de Barthélemy, aventuriers flibustiers.

Chapitre XIII 99
La vie et les actions du capitaine Roc. — Histoire de David Manweld.

Chapitre XIV 106
Histoire de l'Olonnais, sixième aventurier.

Chapitre XV. 111
Descente de l'Olonnais en terre ferme. — Prise de la ville de Maracaïbo et de Gibraltar.

Chapitre XVI 122
Nouveau dessein de l'Olonnais. — Son voyage aux Honduras.

Chapitre XVII. 129
L'Olonnais prend la hourque de

Honduras ; il est abandonné d'une partie des siens. — Son naufrage. — Sa mort.

Chapitre XVIII 141
Aventure d'Alexandre, surnommé Bras-de-Fer.

Chapitre XIX 148
Voyage du capitaine Montauban en Guinée, avec quelques particularités de sa vie.

Chapitre XX. 155
Relation de la prise de la ville de la Vera-Cruz.

Chapitre XXI 162
Histoire du capitaine Laurent. — Particularités curieuses qui regardent ses associés.

Chapitre XXII. 168
Incidents qui sont arrivés aux capitaines Michel et Brouage.

Chapitre XXIII 170
Vie du capitaine Van Horn.

Chapitre XXIV 174
Particularités qui regardent le capitaine Grammont, et le retour des flibustiers chargés du butin de la Vera-Cruz.

Chapitre XXV. 176
Suite de ce qui est arrivé aux flibustiers, pendant les années 1685, 1686, 1688 et 1690.

Chapitre XXVI 182
La vie de Morgan, insigne aventurier.

Chapitre XXVII 186
Description de l'île de Cuba, comme elle est aujourd'hui.

Chapitre XXVIII. 192
La prise de la ville du Port-au-Prince par Morgan.

Chapitre XXIX 195
La prise de Puerto-Bello dans l'isthme de Panama.

Chapitre XXX. 203
Nouveau dessein de Morgan. — Prise de Maracaïbo.

Chapitre XXXI 218
Retour de Morgan à Maracaïbo. — La victoire qu'il remporta sur Dom Alonse del Campo d'Espinosa qui était venu l'enfermer dans ce lac.

Chapitre XXXII 225
Arrivée de Morgan à l'île de Saint-Domingue avec sa flotte. — Descente en terre ferme.

Chapitre XXXIII. 227
Prise du bourg de la Rancheria sur la rivière de la Hache.

Chapitre XXXIV. 231
Chasse-partie remarquable.

Chapitre XXXV 233
Départ de Morgan. — Prise de l'île de Sainte-Catherine. — La prise du fort de Saint-Laurent.

Chapitre XXXVII 245
Départ de Morgan pour Panama. — Prise de cette ville.
Journal de la marche des aventuriers commandés par Morgan pour Panama. 246

Chapitre XXXVIII. 259
Morgan envoie ses gens en course, fait brûler Panama et retourne à Chagre. —Particularités historiques sur la perfidie de Morgan.

Chapitre XL. 276
Histoire d'un aventurier espagnol.

Chapitre XLI 280
Route des aventuriers vers la côte de Costa Rica, jusqu'au Cap Gracia-a-Dios.

Chapitre XLII 285
Suite de la route des aventuriers jusqu'au cap Gracia-a-Dios. — Singularités que l'auteur a remarquées dans ce voyage.. . . . .

Chapitre XLIII 292
Arrivée de l'auteur au cap Gracia-a-Dios. — Description de la vie et des mœurs des Indiens de ce pays, et la manière dont les aventuriers traitent avec eux.

Chapitre XLIV 301
Histoire de l'aventurier Monbars, surnommé l'Exterminateur.

Chapitre XLV 313
Combat d'un aventurier portugais dans l'île de Cuba.

Chapitre XLVI. 319
Diverses courses des flibustiers qui ont précédé la prise de la ville de Campêche.

Chapitre XLVII 321
La prise de la ville de Campêche, faite en l'année 1686.

Chapitre XLVIII. 330
La prise de la ville de Carthagène, faite en l'année 1697. — Et la relation de ce qui regarde les flibustiers à ce sujet.

www.ingramcontent.com/pod-product-compliance
Lightning Source LLC
Chambersburg PA
CBHW031612160426
43196CB00006B/110